FÉDÉRATION NATIONALE

DES

COOPÉRATIVES DE CONSOMMATION

Siège Social : 85, Rue Charlot, PARIS (3')

14ᵉ Congrès National

TENU A NIMES

Salle des Fêtes du Lycée de Garçons

Boulevard Victor-Hugo

LES 26 ET 27 MAI 1927

AMIENS

IMPRIMERIE NOUVELLE (Coopérative Ouvrière)

28-30, Rue des Vergeaux, 28-30

1927

QUATORZIEME CONGRÈS NATIONAL

TENU A NIMES

Salle des Fêtes du Lycée de Garçons

:: Boulevard Victor-Hugo ::

LES 26 ET 27 MAI 1927

FÉDÉRATION NATIONALE

DES

COOPÉRATIVES DE CONSOMMATION

Siège Social : 85, Rue Charlot, PARIS (3ᵉ)

14ᵉ CONGRÈS NATIONAL

Tenu a NIMES

Salle des Fêtes du Lycée de Garçons

Boulevard Victor-Hugo

Les 26 et 27 MAI 1927

AMIENS

IMPRIMERIE NOUVELLE (Coopérative Ouvrière)

28-3o, Rue des Vergeaux, 28-3o

—

1927

Fédération Nationale des Coopératives de Consommation

85, Rue Charlot, PARIS (3ᵉ)

QUATORZIÈME CONGRÈS NATIONAL

Tenu à Nîmes

PREMIÈRE SÉANCE, JEUDI 26 MAI 1927 (matin)

La séance est ouverte à 9 h. 30, salle des Fêtes du Lycée de Garçons, à Nîmes.

OUVERTURE DU CONGRÈS

Poisson. — Au nom du Conseil Central, je déclare ouvert le XIVᵉ Congrès de la Fédération Nationale des Coopératives de Consommation.

Le Conseil Central vous propose notre camarade GAILLARD comme président et nos camarades AFFRE, de *La Famille, de Nîmes*, et PRACHE, secrétaire de la Fédération régionale du Nord et du Pas-de-Calais, qui nous a reçus lors de notre dernier congrès, comme assesseurs.

Je prie ces camarades de venir prendre place au bureau.

LE PRÉSIDENT. — La parole est à M. Affre.

Discours de M. AFFRE

Camarades, Coopérateurs,

La petite phalange des coopérateurs gardois qui a créé la Fédération du Gard, groupés à la Fédération Régionale du Midi, éprouve la plus grande joie à recevoir aujourd'hui dans cette bonne ville de Nîmes, « Rome de la Coopération », comme l'a appelée notre illustre et vénéré maître Charles Gide, les délégués amis de France et de l'Etranger, au XIVᵉ Congrès des Coopératives.

Je remercie mes camarades de m'avoir procuré l'honneur de vous adresser le salut fraternel des Coopérateurs du Gard et de la Région marseillaise. Dans la ville de Nîmes, « éternelle préface de l'Italie, qui offre au voyageur le décor de la vie publique romaine », ainsi que l'a dit un de nos compatriotes, je vous souhaite la bienvenue.

C'est ici, en 1885, grâce à un petit groupe de coopérateurs, que la coopération de consommation prit conscience d'elle-même, s'unit et s'étendit. Les principes étaient, avec quelques variantes, ceux des 28 Pionniers de Rochdale qui, des premiers, avaient jeté la semence coopérative, et c'est ce mouvement qui se désigna presque aussitôt sous le vocable d'Ecole de Nîmes.

Dans ce petit groupe de consommateurs se trouvait Auguste Fabre, qui appartenait à cette vaillante cohorte des coopérateurs convaincus qui surent vaincre les difficultés du début. C'était un homme d'allures simples et de façons rudes, prêt aux sacrifices les plus grands pour son idéal et qui honora la démocratie. A côté de lui, Edouard de Boyve, l'un des plus grands parmi les nôtres, promoteur de l'Alliance Coopérative Internationale au Congrès de Plymouth en 1886 et l'année suivante au Congrès de Carliste. Il a tracé le chemin qui conduit au triomphe de l'idée, laissant à de plus jeunes le soin d'achever la tâche commencée. Ce fut enfin celui qui est aujourd'hui le doyen de la Coopération française, Charles Gide, qui non seulement fonda avec ses deux camarades l'Ecole de Nîmes, mais en fut le grand animateur, et cet après-midi, mon cher Maître — tant pis si pour une fois nous portons atteinte à votre grande modestie — vous nous permettrez de rappeler tout ce que vous avez fait depuis quarante ans par votre parole et par vos écrits pour le mouvement coopératif national et international.

Ah ! je sais bien que vous éprouverez une grande tristesse de ne pas avoir auprès de vous vos deux anciens camarades qui se réjouiraient aujourd'hui de voir les progrès immenses qui ont été réalisés sous l'impulsion des principes proclamés par l'Ecole de Nîmes ; mais leur mémoire rayonnera quand même sur nous tous pendant la cérémonie.

Mes chers Camarades, le mouvement coopératif, dans la région du Gard, est beaucoup moins développé que dans les régions de l'Est, du Nord et des environs de Paris, où l'on compte par centaines de mille le nombre des coopérateurs, et par centaines de millions l'importance des affaires.

Ici, dans ce département, nous sommes bien plus modestes et nous ne pourrons pas, comme l'ont fait ces années dernières nos camarades de l'Est et du Nord, organiser des tournées pour donner une idée de notre développement coopératif. Nous ne désespérons pas toutefois de réaliser quelque jour ce programme. Mais nous pouvons vous offrir ce soleil splendide et radieux, sans lequel dans notre pays il ne saurait y avoir de véritable joie, et c'est pourquoi nous vous prédisons un beau congrès.

Laissez-moi vous donner tout de même quelques chiffres. Dans le Gard, il existe 112 sociétés coopératives de consommation, comptant 25.974 familles de consommateurs. Le chiffre d'affaires a été, pour l'année 1926, de 28.908.000 francs.

Depuis cinq années, nous avons réalisé, au point de vue coopératif, de sensibles progrès, dans ce département, grâce à la propagande intensive que nous y menons. Nous avons foi en l'avenir, nous travaillons, nous avons confiance et nous espérons bientôt pouvoir vous annoncer la création de l'Union des Coopérateurs du Gard, but suprême de nos espérances.

Nous ne nous dissimulons pas que notre tâche sera lourde, car il faut être discipliné en coopération, et malheureusement la discipline est une vertu qui manque un peu dans notre région. Peut-être devons-nous en rendre responsable notre climat qui prédispose à l'indolence. Mais nous sommes tenaces, comme le sont les bons coopérateurs, nous lutterons jusqu'à la réalisation de notre idéal.

Une seule de nos coopératives a fait cette année, avec ses 1.415 sociétaires, 6.300.000 francs d'affaires, ce qui donne une moyenne de consommation de 4.500 francs.

Je tiens à répéter ici ce qu'a dit l'an dernier un camarade administrateur de *La Laborieuse* de Troyes : « Une société qui obtient une moyenne semblable est imbattable ». Et vous me permettrez d'ajouter qu'elle est aussi un exemple pour toutes les sociétés.

La fidélité des sociétaires, c'est la réussite de l'œuvre. C'est en prenant l'exemple de *La Famille* de Nîmes que les coopératives du Gard commencent à prospérer.

Camarades, nous avons à travailler. Je ne veux pas vous tenir plus longtemps par un discours de bienvenue et je termine en vous disant que rares sont les hommes qui, dans la réalité pratique, comprennent le grand rôle que peut jouer la Coopération. Existe-t-il une forme sociale plus intéressante que celle de nos associations ? En est-il une qui réponde mieux aux aspirations de la grande masse ouvrière qui tous les jours réclame un peu plus de justice ?

La Coopération ne doit pas se borner à vouloir réaliser une vie matérielle plus douce, une vie économique plus juste ; elle vise à l'émancipation sociale la plus élevée et la plus complète ; aussi voit-on les vrais coopérateurs s'associer à tout mouvement de relèvement social, à toute revendication de justice et de liberté.

Pour réaliser ce projet, ne serait-ce que très partiellement, nous avons besoin d'instruction, toujours plus d'instruction afin de faire connaître à chacun ses devoirs sociaux et de développer les plus nobles sentiments de la nature humaine.

Et maintenant, camarades, travaillons.

LE RAPPORT DU CONSEIL CENTRAL

LE PRÉSIDENT. — Je remercie notre camarade Affre des paroles de bienvenue qu'il vient de nous adresser et, comme il nous le conseille, nous allons nous mettre au travail. Nous allons commencer la discussion du rapport présenté par le Conseil Central, sur l'exercice qui vient de se clore.

Je demanderai aux délégués qui veulent s'inscrire pour la discussion de le faire dès maintenant de façon que nous puissions prendre nos dispositions pour organiser les débats.

Quelqu'un demande-t-il la parole ?

La parole est à Maux.

Intervention de MAUX

MAUX, de l'*Union Coopérative* de Tours. — Camarades, je vais simplement, en quelques paroles, confirmer certaines suggestions qui ont été données dans les précédents congrès ; mais comme nous avons constaté que bien souvent on donne des suggestions sans qu'il en soit tenu suffisamment compte, nous avons tenu que cela soit sanctionné en présence du congrès.

Je dois vous dire tout d'abord que les observations que nous présentons, malgré certaines critiques qu'elles contiennent, ne nous empêcheront pas de voter l'adoption du rapport moral du Conseil Central.

Nous remarquons également que certains membres du Conseil Central s'abstiennent par trop fréquemment ; c'est ainsi que Thiriet, qui est renouvelable, a eu 9 absences sur 13 réunions ; nous estimons qu'il doit être remplacé.

Le Conseil Central devrait nous fournir des explications sur la disparition de nombreuses sociétés. Il existait 2092 sociétés adhérentes en janvier 1921, alors qu'il n'en reste plus que 1.573 au 31 octobre 1926, et pour 1926 seulement, 97 sociétés ont disparu. Des mesures sérieuses doivent être prises pour empêcher ces disparitions.

Nous remarquons également que la propagande du Conseil Central n'est pas suffisante dans les centres ouvriers où elle est même totalement négligée, alors que la situation économique serait favorable au recrutement coopératif. Les moyens financiers mis à la disposition des fédérations régionales sont totalement insuffisants.

On a institué un mois de recrutement des capitaux. Nous avons eu le regret de constater que cela n'avait donné que des résultats médiocres, très inférieurs à ce qu'on aurait pu attendre, et nous nous demandons si la responsabilité du Conseil Central n'est pas engagée dans cet ordre d'idées.

De même, pour la Journée Coopérative Internationale, aucune propagande bien active n'a été organisée par le Conseil Central, il n'y a pas eu de directives sérieuses pour faire connaître la Coopération.

Nous voulons examiner également, très rapidement, la question du travail de jour dans les boulangeries.

Le Congrès de Lille avait tracé au Comité Central une ligne de conduite dont il n'a pas tenu compte ; à la réunion qui s'est tenue le 24 octobre 1926, les organisations syndicales intéressées n'ont pas été invitées.

Le Congrès doit donc inviter le Conseil Central à abandonner son point de vue particulier et à se rallier au projet de loi actuellement pendant devant le Sénat.

Si la propagande pour le recrutement des consommateurs et des sociétés non adhérentes fut très négligée, par contre, la collaboration aux organismes extra-coopératifs et gouvernementaux, tels que le Comité consultatif des Chemins de fer, l'Office national des pétroles, le Conseil Economique national, etc. ne fut pas ménagée. Ceci, sans doute, au nom de la neutralité coopérative dont se réclame le Conseil Central.

Nous considérons que la Coopération est un organe de défense des travailleurs et qu'en conséquence le Conseil Central n'a pas à se préoccuper des questions gouvernementales ; il n'a pas à participer à des organismes qui sont considérés par le chef du gouvernement lui-même comme des laboratoires de ce gouvernement.

La Fédération Nationale des Coopératives de Consommation n'a jamais protesté contre les lourds impôts nouveaux qui frappent les consommateurs. Cependant, c'était son rôle, en tant qu'organisation de défense des consommateurs.

Quelle est la position prise par la Fédération, en face de la rationalisation capitaliste qui touche le chômage et la non-consommation ? Où est le cri d'alarme de la Fédération et de l'Alliance Coopérative Internationale, en face du fascisme destructeur des coopératives d'Italie, et qui s'étend en Europe, dans les Balkans et en Pologne ?

Quelle fut également la position de l'Alliance Coopérative Internationale, en face du formidable mouvement de la classe ouvrière anglaise en 1926 ?

Nous prétendons que la solidarité de l'Alliance Coopérative Internationale devait jouer, alors qu'une partie importante de ses adhérents était en lutte contre son capitalisme.

Nous demandons que la lutte contre la vie chère soit organisée internationalement par l'Alliance Coopérative Internationale, en accord avec les deux Internationales syndicales.

Nous demandons que la lutte contre le fascisme et les dangers de guerre soit menée sur le même plan international.

Nous demandons que le Congrès se prononce contre le projet de loi sur la nation armée, récemment voté par la Chambre des députés, et qui prévoit la mobilisation des syndicats et des coopératives.

Et à cet effet, nous déposons l'ordre du jour suivant :

Le Congrès National de la Fédération des Coopératives de Consommation, réuni à Nîmes, élève une protestation énergique contre le projet de loi sur la Nation armée, prévoyant la mobilisation des Syndicats et des Coopératives, récemment voté par la Chambre des Députés.

Nous sommes d'accord sur les moyens à employer pour la propagande : il faut que la Fédération se mette d'accord avec les syndicats ouvriers pour ce travail, ce qui permettra de toucher de plus larges masses.

Il faut développer l'enseignement de la coopération à l'école ; il faut faire l'éducation des consommateurs.

Il faut former des praticiens et des administrateurs pour nos sociétés. La Fédération Nationale des Coopératives de Consommation doit envisager cette question le plus sérieusement possible.

Nous sommes d'accord pour la création d'un Magasin de Gros international et d'une banque coopérative internationale. Sur cette question, nous demandons que le Congrès ne se borne pas à émettre des vœux, mais se prononce d'une façon ferme.

Sur les relations des coopératives de consommation avec les coopératives agricoles, le Congrès ne doit pas se borner non plus à émettre des vœux, mais doit se prononcer catégoriquement pour l'établissement rapide de relations entre les organismes des producteurs et des consommateurs.

Il faudra éviter les relations avec les groupements se disant à base coopérative, mais qui en réalité ne sont composés que de gros manitous capitalistes ; mais encourager les travailleurs des campagnes à l'union et à l'amélioration de leur production.

Nous demandons aux coopérateurs des villes d'entrer en relations avec le Conseil paysan français, qui s'est donné pour tâche de lier les travailleurs des villes et ceux des campagnes.

Nous sommes pour la représentation des minorités, pour l'élargissement de la représentation à l'Alliance Coopérative Internationale des pays à base fédérative et pour l'action commune de l'Alliance avec les deux Internationales syndicales.

Le Président. — Sans répondre à l'argumentation de Maux, je dois faire immédiatement remarquer que le chiffre cité par lui, à propos des absences de Thiriet aux séances du Conseil Central, chiffre qu'il a trouvé à la page 6 du rapport du Conseil Central, n'est pas exact ; il s'est produit une erreur d'impression ; le nombre réel des absences de Thiriet est de 6 au lieu de 9. Je devais faire immédiatement cette rectification matérielle.

La parole est à Bonnin.

Intervention de **BONNIN**

Bonnin, de *L'Union des Coopérateurs des Flandres*. — Ce que je vais dire se rapporte à l'action de la Commission nationale de l'Enseignement de la Coopération.

Vous savez qu'à la suite de la campagne menée par cette Commission, un grand nombre d'instituteurs et de professeurs ont voulu aider les coopératives dans leurs efforts pour l'organisation de l'enseignement de la Coopération. Ils les ont aussi aidées dans les concours qui ont été organisés par ces sociétés.

Mais M. Billiet, président de l'Union des Intérêts Economiques, a attaqué dernièrement des instituteurs du département de l'Aisne, qui avaient collaboré à l'organisation d'un concours entre les meilleurs élèves des écoles pour l'attribution de bourses données par les sociétés coopératives.

J'estime que le Congrès doit répondre à M. Billiet, afin que les instituteurs de l'Aisne se sentent soutenus dans leur action et que le ministre ait un appui pour défendre le personnel enseignant qui pourrait être attaqué dans de semblables circonstances.

C'est pourquoi, d'accord avec les coopérateurs du département de l'Aisne et plusieurs collègues instituteurs, je dépose l'ordre du jour suivant :

Le Congrès, considérant que l'initiative prise par l'Union des Coopératives du Sud de l'Aisne en créant un concours coopératif entre les écoles primaires est digne de servir d'exemple au mouvement coopératif ;

A cette occasion, remercie les membres du Corps enseignant qui veulent bien apporter leur collaboration pour l'organisation de ce concours.

Et remercie M. le Ministre de l'Instruction Publique de sa belle réponse au Président de l'Union des Intérêts Economiques, à la suite des attaques injustifiées auxquelles celui-ci s'était livré, contre le personnel enseignant.

Le Président. — La parole est à Simonnet.

Intervention de SIMONNET

Simonnet, de la *Fédération du Centre*. — Tout à l'heure, nous avons entendu — ce qui est une façon de parler, car du fond de la salle où nous sommes placés on peut à peine saisir quelques mots de ce qui est dit à la tribune — nous avons compris, plutôt, qu'on mettait en cause l'activité de la Fédération du Centre.

Nous ne voulons pas apporter ici les échos des luttes que nous avons soutenues à Nevers — lutte qui ont abouti à la constitution de l'imposante majorité que nous représentons — mais comme nous tenons à ce qu'il n'y ait pas, dans les déclarations qui seront insérées au compte rendu, des affirmations qui pourraient donner lieu à rectification, nous demandons qu'on veuille bien nous communiquer le rapport qui a été présenté par le délégué de Tours pour le compte de la minorité et que nous n'avons qu'imparfaitement entendu à la lecture qui en a été donnée par Maux.

Nous l'étudierons avec nos camarades de la Fédération du Centre et nous verrons ensuite ce que nous devrons faire au cours du Congrès. Nous ne voulons pas prolonger inutilement les débats ; mais nous tenons à ce qu'il ne soit apporté ici que l'expression de la vérité.

Je crois donc ne pas abuser en demandant communication du document en question.

Le Président. — La parole est à Letrillard.

Intervention de LETRILLARD

Letrillard. — Mes chers Camarades, je prends la parole ici au nom de *L'Union Coopérative du Laonnois,* société de développement, dont le siège social est à Laon.

Le Conseil d'administration de l'Union Coopérative du Laonnois m'a chargé de faire savoir au Congrès que, tout en votant le rapport moral du Conseil Central, il a été obligé de faire des réserves sur ce rapport, car nous estimons, à l'Union Coopérative du Laonnois, que ce que fait la Fédération Nationale, au point de vue de la propagande des idées coopératives, est tout à fait insuffisant.

Si nous regardons dans le rapport ce qu'a fait en 1926 le Conseil

Central à ce point de vue-là, nous trouvons : « Recrutement des capitaux ».

Nous estimons, à *l'Union du Laonnois*, que la Coopération doit, en effet, faire des efforts énergiques pour augmenter les apports de capitaux dans les sociétés coopératives.

Nous trouvons, dans le rapport, que 112 sociétés coopératives ont pris part directement au mois de recrutement des capitaux, 112 sur 1.573. Nous trouvons d'ailleurs au *Bulletin de l'Alliance Internationale*, que le chiffre a été de 70 sociétés. Que ce soit 70 ou 112, c'est un chiffre totalement insuffisant et nous pensons que si la Fédération avait fait un plus gros effort de propagande auprès des sociétés en faveur du Mois de Recrutement des Capitaux, un plus grand nombre de sociétés y auraient pris part.

D'ailleurs, on trouve, dans l'article auquel je fais allusion, dans le *Bulletin de l'Alliance Internationale*, — et je suppose que le rédacteur doit faire partie du Conseil Central — la phrase suivante relative au résultat du Mois de Recrutement :

La Fédération Nationale des Coopératives de Consommation considère que c'est un résultat appréciable, qui permet de penser que les consommateurs et les coopérateurs, s'ils étaient touchés par une action plus généralisée, seraient facilement amenés à apporter leur concours financier au mouvement coopératif.

Or, nous disons donc, qu'en 1926, si on avait fait un effort plus grand, le Mois de Recrutement des Capitaux qui a donné, en effet, des résultats appréciables, aurait donné des résultats encore plus importants.

Au point de vue de la Journée Internationale de la Coopération, nous prétendons que si la Journée Internationale de la Coopération n'est pas fêtée en France avec tout l'éclat qu'elle mérite, la faute en incombe pour une grosse part à la Fédération Nationale et au Conseil Central qui ne font pas assez d'efforts auprès des sociétés pour les amener à organiser ces fêtes internationales.

De même, nous nous demandons pourquoi nous croyons avoir constaté que, dans *L'Action Coopérative*, ne figurent même plus les comptes rendus du Conseil Central. Il me semble en effet que depuis quelque temps nous n'en avons plus vus.

Je sais bien que, dans son rapport, le Conseil Central dit qu'il est toujours prêt à répondre aux demandes des sociétés pour leur fournir des conférenciers. Ce n'est certainement pas de ce côté-là que les sociétés ont à se plaindre. Pour trouver des conférenciers, ce n'est jamais très difficile et je ne crois pas qu'il y ait là un gros effort de la part du Conseil Central, à souligner d'être toujours prêt à répondre aux appels des sociétés.

Ce que nous voudrions, c'est que le Conseil Central excite les sociétés à faire de la propagande.

Car nous estimons qu'un organe central moral comme la Fédération Nationale doit avoir pour but de veiller à la conservation du mouvement, à son extension et à son succès, et que par conséquent il faut non seulement administrer la Fédération, mais surtout propager, diffuser les idées coopératives dans le pays.

Nous reconnaissons que, depuis la guerre, les sociétés coopératives ont fait des progrès considérables dont elles peuvent s'enorgueillir. Mais nous croyons, nous, dans le Laonnois, qu'elles ont recruté plus de consommateurs que de coopérateurs et qu'il y a beaucoup à faire pour conserver ces consommateurs et surtout pour en amener d'autres.

Il y a à organiser le recrutement des coopérateurs et le recrutement des capitaux.

Il y a aussi certainement beaucoup à faire au point de vue de l'éducation des consommateurs et nous disons, dans cet ordre d'idées, que le Conseil Central ne fait pas suffisamment figure de défenseur des consommateurs.

Il y a eu, en 1926, des occasions. Il y a en ce moment-ci des occasions tout à fait remarquables pour intéresser la masse des consommateurs au mouvement économique ; il y a eu toutes sortes de commissions des prix ; il y a eu l'histoire du vin cher, l'histoire de la viande chère, du barême, etc. Il y a en ce moment-ci l'histoire des tarifs douaniers, et nous ne voyons pas souvent la Fédération Nationale des Coopératives de Consommation être la première à déclancher un mouvement des consommateurs. contre toutes les mesures économiques qui leur sont si souvent défavorables.

Nous voudrions, nous, que ce soit toujours la Fédération Nationale qui mène l'initiative et, en tout cas, qui fasse l'effort le plus considérable.

Maintenant, il faut que nous fassions un compliment au Conseil Central ; il ne faut pas toujours critiquer. L'Almanach des Coopérateurs a été fait. Nous enregistrons qu'un effort a été accompli dans le sens que nous demandions, puisque, en 1927, l'édition de l'Almanach est organisée par la Fédération Nationale.

En résumé, nous pensons que la Fédération devrait consacrer le maximum d'activité et presque toute son activité à la propagande des idées coopératives et à l'éducation du consommateur qui sont à la base de notre action, et qu'elle devrait employer tous les moyens pour arriver à ce résultat ; par exemple, est-ce que nous voyons souvent, dans la grande presse, des communiqués de la Fédération Nationale des Coopératives ? Presque jamais. On ne parle pour ainsi dire jamais de la Fédération des Coopératives de Consommation, alors qu'on parle constamment de bien d'autres œuvres sociales, comme des ligues anti-alcooliques, anti-tuberculeuses, ou autres.

Nous pensons que la Fédération devrait travailler tout particulièrement les milieux syndicaux et les milieux mutualistes, où il est facile de faire pénétrer l'idée coopérative.

Nous pensons aussi qu'il lui faut employer les moyens modernes et que la T. S. F., notamment, qui est utilisée pour répandre des idées beaucoup moins intéressantes, pourrait être utilisée par la Fédération pour sa propagande.

Voilà ce que j'avais à dire. Nous voterons le rapport du Conseil Central, parce que nous avons confiance que nos observations seront entendues et que, l'année prochaine, nous constaterons des résultats satisfaisants.

Le Président. — La parole est à Buiron.

Intervention de BUIRON

Buiron, de l'*Union des Coopérateurs du Cambrésis*. — Camarades, mon intervention aurait aussi bien pu se produire à l'Assemblée générale du Magasin de Gros, car c'est surtout du Magasin de Gros que je désire parler.

En écrivant son rapport sur les Moyens Techniques de la Coopération Moderne, le camarade Lévy a certainement voulu appeler l'attention des sociétés sur l'importance du côté matériel de la coopération, parce que, en leur signalant ainsi l'évolution des méthodes de répartition, il n'est pas douteux que c'est avec l'espoir que les sociétés en tiendront compte et qu'il y voit pour l'avenir une question capitale.

C'est parce que je suis absolument d'accord avec lui et que, pour le développement du mouvement, cette question a une importance au moins égale à la question morale, que je voudrais demander au Congrès une conclusion qu'il n'a pas apportée. C'est qu'à l'avenir il devrait partager au moins en parties égales son temps de discussion entre le rapport moral et le bilan du Magasin de Gros.

A voir le peu de temps accordé, dans un Congrès, à la discussion du bilan du Magasin de Gros, je suis de ceux qui estiment qu'il est vraiment traité un peu trop en parent pauvre et que si cette méthode se perpétuait, elle pourrait bien le laisser apparaître aux sociétés comme un rouage secondaire, insignifiant dans la coopération.

Signaler des méthodes, Lévy, c'est bien, c'est même très bien et nous savons gré à des hommes comme vous d'éclairer notre route et de nous guider de leurs conseils. Cependant ne croyez-vous pas qu'une large discussion de ces méthodes serait tout au moins nécessaire. Elle permettrait aux sociétés de confronter les résultats obtenus par ces méthodes, d'apporter des suggestions, de donner des indications sur leurs possibilités et leurs besoins et il n'est pas douteux que, de cette discussion, résulteraient pour le Magasin de Gros en même temps que pour les sociétés, des indications précieuses sur la façon de diriger son activité.

Parce que, voyez-vous, Camarades, je suis de ceux qui ne sont pas sans inquiétude sur l'avenir de l'organisme central, en voyant la politique actuellement suivie et je ne vois pas très bien à quoi on veut aboutir en suivant cette politique, sinon à faire du Magasin de Gros une agence de courtage qui aura de moins en moins d'importance, au fur et à mesure que les sociétés grandiront en s'inspirant de la concentration signalée par Lévy.

Il n'y a pas de doute possible : si le mouvement coopératif n'était plus composé que de sociétés de développement d'une certaine importance, le rôle de courtier du Magasin de Gros deviendrait sans importance, sinon inutile pour le développement de la coopération.

Le Président. — Peut-être cette intervention de Buiron se placerait-elle mieux au cours de l'Assemblée Générale du Magasin de Gros. Je ne veux pas du tout empêcher notre camarade de parler ; mais j'ai le devoir, comme président, de rappeler aux orateurs qu'ils doivent s'en tenir à l'ordre du jour du Congrès.

Vous parlez de questions qui seront discutées après-demain. Je crois donc que, si vous n'avez pas autre chose à dire et si vous n'avez pas à discuter le rapport du Conseil Central, il vaudrait mieux réserver votre intervention pour la séance de samedi matin, où elle trouverait sa place.

Buiron. — Je comprends l'observation du président mais, pour moi, les rapports faits par les différents camarades du Conseil Central et du Magasin de Gros constituent un tout qui ne peut être divisé. Je l'ai dit au début que mon intervention avait trait au Magasin de Gros et j'aurais pu, en effet, la réserver pour samedi ; seulement, à l'Assemblée Générale du Magasin de Gros, quand le délégué du Magasin de Gros, qui aura peut-être besoin de deux heures pour nous présenter son bilan et nous fournir ses explications, descendra de la tribune, il ne restera plus assez de temps pour que je présente les observations que je désire soumettre au Congrès. Voilà pourquoi j'ai cru devoir demander la parole à propos du Rapport Moral et je demande au Congrès la permission de continuer.

Le Président. — Je n'ai nullement l'intention, je le répète, d'empêcher

Buiron de parler ; je devais seulement, pour remplir ma fonction de président, indiquer que ses observations ne sont pas dans le cadre de la discussion actuelle ; l'assemblée paraissant disposée à l'écouter, je l'invite à continuer.

BUIRON. — Je disais que si le mouvement coopératif n'était plus composé que de sociétés de développement importantes, le rôle de courtage du Magasin de Gros perdrait toute importance et toute influence sur le développement même de la coopération.

Car vous comprenez bien que si la concentration des achats est en tous points désirable, elle n'est cependant pas illimitée : un wagon de marchandises, c'est bien ; dix wagons, c'est mieux ; un train, c'est peut-être mieux encore. Mais avec dix trains ? Mais avec vingt trains ? Les avantages ne croissent pas à l'infini.

Il y a, pour la marchandise, un prix de revient au-dessous duquel il n'est pas possible de descendre, et je ne crois pas qu'il se trouve jamais quelqu'un, même pour le plaisir de vendre par trains complets, qui consente à fabriquer à perte.

C'est à ce moment que le rôle de l'organisme central deviendrait un rouage de superfétation, puisque l'entente de quelques sociétés voisines, au moment des marchés, suffirait à obtenir ces prix minima.

D'ailleurs, si je prends l'exemple de notre société, qui n'est qu'une société moyenne, il arrive très souvent que, lorsque nous demandons des prix pour passer un marché de quelque importance, à même qualité, le commerce privé nous offre la marchandise à meilleur marché que le Magasin de Gros, et nous le mettons au défi de dire qu'il n'a pas bien souvent rectifié ses prix sur nos indications ; ce qui prouve qu'on ne lui accorde pas toujours tout de suite le prix minimum, ou que c'est lui qui ne l'accorde pas aux sociétés.

De plus, des abus trop flagrants sont à signaler. Nous avons vu qu'à chaque fois qu'il y a un changement de personnel, soit dans le service des achats, soit dans le service de représentation du Magasin de Gros, le lendemain, ceux-là même qui étaient proposés aux achats ou à la représentation, visitent les sociétés avec la carte de fournisseur du Magasin de Gros.

De sorte que, pour ceux qui sont préposés aux achats ou à la représentation du Magasin de Gros, c'est un jeu d'enfant que de se préparer ainsi une bonne carte de représentation ; il leur suffit de remplacer sans trop de brusquerie tous les anciens fournisseurs pour en introduire de nouveaux et quand ceux-ci sont ainsi bien implantés, de quitter le Magasin de Gros pour s'efforcer le lendemain de le supplanter auprès des sociétés.

J'espère bien que, si ce n'est pas encore fait, le Congrès va ordonner au Conseil Central d'y mettre ordre, en exigeant des intéressés en fonction la signature d'un contrat qui leur interdira la représentation auprès des sociétés adhérentes à la Fédération Nationale des Coopératives de Consommation, pour quelque cause que ce soit, pour une période minimum de trois années.

Je ne veux jeter ici ni anathème, ni suspicion, contre qui que ce soit, mais tout de même il y a des précédents et ce n'est pas de ma faute si les hommes sont des hommes, au lieu d'être des saints.

Vous voyez, Camarades, que la politique suivie actuellement par l'organisme central ne va pas sans danger ; peut-être a-t-elle été inspirée par les résultats malheureux des exercices antérieurs, mais même si c'était cela, il ne faudrait pas en conclure que la politique commerciale actuelle n'est pas une faute envers le mouvement.

Parce que, après tout, ces résultats que nous déplorons tous, est-il bien certain qu'ils n'ont d'autre cause que l'erreur d'hommes qui ont vu trop grand ? Pour ma part, je ne le crois pas ; j'estime que les sociétés ont aussi leur part de responsabilité en manquant de fidélité à l'organisme central et en agissant vis-à-vis de lui de la même façon qu'elles ne cessent de reprocher à certains coopérateurs, infidèles vis-à-vis d'elles.

Qu'elles me permettent, ces sociétés, de leur dire également mon sentiment, ainsi que l'a déjà fait mon camarade Bricout, sur l'inutilité de leurs gestes, lorsqu'elles viennent ici, en la personne de leurs délégués, applaudir chaudement les principes sur lesquels il est toujours facile de se mettre d'accord, alors qu'elles tournent le dos à ces mêmes principes, lorsqu'il s'agit de les mettre en application, en aidant à la prospérité du commerce privé, pour des raisons qu'il leur serait bien difficile de justifier.

Oui, un large débat sur le point de vue moral est nécessaire. Nous ne sommes pas que des marchands de moutarde, nous avons un idéal. Mais un large débat sur l'organisation commerciale, est tout aussi indispensable au développement de l'idéal, puisque celle-ci en est la mise en pratique.

C'est parce que je donne à ces deux questions une égale importance que je demande au Congrès de décider qu'à l'avenir il leur soit accordé une part égale dans le temps de discussion, persuadé que ce n'est qu'en développant les deux questions parallèlement, que nous justifierons les paroles du maître : « La Coopération se suffit à elle-même, comme élément de transformation sociale ».

Camarades, on a parlé de propagande. Il faut faire de la propagande, et si je voulais entrer dans le détail de ce qu'a fait notre société à cet égard, je pourrais le faire. Mais je dis qu'à côté de la propagande morale, il y a aussi la propagande commerciale, car vous pouvez être l'orateur le plus brillant, vous pouvez prononcer les discours les plus éloquents : si le lendemain ces discours ne sont pas suivis et appuyés de méthodes commerciales efficaces, vous n'arriverez jamais qu'à de maigres résultats.

Le Président. — Je demande aux camarades qui auraient des observations à présenter, à la suite de l'intervention de Buiron, de les réserver pour samedi matin, à la séance du Magasin de Gros. A cet égard, je me permets d'indiquer que la séance du Magasin de Gros, à laquelle est consacrée toute la matinée du samedi, ne s'est jamais terminée, les années précédentes, sans que tous les orateurs qui ont demandé la parole aient pu se faire entendre et exposer librement et complètement leur point de vue ; le débat a donc toujours été aussi complet que les délégués l'ont désiré.

Je donne la parole au camarade Prache.

Intervention de PRACHE

Gaston Prache. — Camarades, la Fédération Régionale du Nord et du Pas-de-Calais m'a chargé d'intervenir sur deux questions. La première a trait à la propagande ; la seconde se rapporte plus particulièrement au rapport moral du Conseil Central.

J'entends bien que la première pourrait être discutée maintenant, puisque, dans le rapport du Conseil Central, il s'agit aussi de propagande. Mais l'intérêt que présente cette question nous paraît tellement considérable, que nous nous réservons la faculté d'intervenir demain, lors de l'exposé du rapport de notre ami Brot. Mon intervention sera donc très limitée ce matin et se bornera à deux points du rapport moral.

Je dois dire tout de suite que notre Fédération Régionale, dans sa très grande majorité, a approuvé le rapport du Conseil Central tel qu'il est présenté. Elle reconnaît l'effort qui a été fait ; mais elle n'en est pas moins persuadée que de gros efforts restent à faire.

Sur le rapport financier, une simple question qui a trait au chiffre des cotisations perçues pour l'année 1926. La comparaison entre le chiffre des cotisations perçues en 1925 et celui de 1926, nous indique une différence en moins. En 1925, ce chiffre s'était élevé à plus de 400.000 francs ; il n'atteint, en 1926, que 393.000 francs, c'est-à-dire qu'il y a une diminution d'environ 7.000 francs.

Or, il est de notoriété que le chiffre d'affaires de nos sociétés coopératives n'a fait qu'augmenter dans les deux années qui ont trait aux cotisations dont nous parlons.

Je ne prends pour exemple que notre région du Nord, où le chiffre d'affaires est passé de 160 millions en 1924, à 192 millions en 1925. On peut donc chiffrer sans exagération l'augmentation générale à 10 %, ce qui devrait normalement accroître dans les mêmes proportions le chiffre des cotisations. Or, il y a diminution.

Je tire cette double conclusion : 1° cela correspond au moment où la Fédération Nationale a enlevé aux Fédérations Régionales le droit de percevoir directement les cotisations, et je me demande s'il y a là un progrès ; 2° je demande aux sociétés, au nom de notre Fédération du Nord, qu'elles soient beaucoup plus fidèles dans l'accomplissement de ce devoir qui est un devoir social important, celui de payer régulièrement et à temps leurs cotisations.

Second point : sur la question de la Commission d'Enseignement de la Coopération, notre Congrès a constaté avec satisfaction le développement de cet enseignement dans tout le pays, en particulier dans notre région. Ce n'est pas sans fierté que les Coopérateurs du Nord ont pu constater, dans le rapport de la Commission, que c'est dans l'Académie de Lille, constituée par les cinq départements de la Région du Nord, que le nombre des leçons a été de beaucoup le plus important, par suite également, le nombre des bourses attribuées.

Nous sentons chez nous que l'effort répond à un besoin pressant, que cet effort devra être décuplé demain ; mais nous avons pensé, tout en rendant hommage à l'effort accompli, qu'il y avait peut-être lieu d'adopter une autre méthode dans le développement de l'enseignement coopératif.

C'est à cet effet que nous avions exposé au Congrès régional du Nord et du Pas-de-Calais, le 8 mai dernier, une résolution qui a été adoptée à l'unanimité et que nous soumettrons aujourd'hui au Congrès National.

J'ajoute que notre ami Bugnon, président de la Commission Nationale, abonde tout à fait dans les vues que nous allons vous soumettre.

Voici la résolution adoptée par le Congrès Régional du Nord et du Pas-de-Calais :

Le douzième Congrès Régional de la Fédération Régionale du Nord et du Pas-de-Calais constate avec une grande satisfaction le développement que prend en France l'Enseignement de la Coopération ; il adresse ses chaleureuses félicitations à la Commission Nationale et en particulier à son dévoué et actif Président, Emile Bugnon, ainsi qu'à tous les collaborateurs régionaux et locaux de cette œuvre éducative si importante.

Considérant, d'une part, qu'il y a lieu de généraliser cet enseignement en lui assurant un développement méthodique, rationnel, progressif ; d'autre part, qu'il est nécessaire, pour aboutir au maximum de résultats, d'assurer la continuité dans l'effort,

Le Congrès demande à la Commission Nationale de créer, en les plaçant sous sa direction et son contrôle généraux, des Commissions Régionales qui auraient pour buts principaux :

1° D'organiser le développement de l'Enseignement coopératif dans chacun de leurs secteurs, non seulement dans les écoles, mais aussi parmi le personnel de nos sociétés et les jeunes coopérateurs.

2° D'assurer la liaison la plus étroite possible entre les Boursiers et le mouvement coopératif en continuant l'éducation coopérative des premiers (réunions, causeries, lectures, études, visite de sociétés, accès aux Assemblées et autres manifestations coopératives, etc.).

Le Président. — La parole est à Bugnon.

Intervention de BUGNON

Bugnon. — Chers Coopérateurs, je voulais seulement présenter au Congrès le programme pour 1927-28 de la Commission pour l'Enseignement de la Coopération.

Mais après les interventions de Bonnin et de Prache, je dois vous demander d'avoir la sagesse d'écarter la résolution présentée par Bonnin.

Les résultats obtenus dans l'enseignement de la coopération n'ont pu l'être que par une organisation nationale s'élevant au-dessus des sociétés ; ils n'auraient pu l'être, ils seraient compromis si les sociétés elles-mêmes voulaient, chacune dans son rayon d'action, assurer une direction de l'enseignement. Je demande à nos Camarades du Nord et de l'Aisne de le comprendre ; je demande à toutes les sociétés de bien vouloir y réfléchir.

La résolution présentée par la Fédération du Nord appuie la thèse de l'organisation nationale ; elle dit :

Considérant d'une part qu'il y a lieu de généraliser cet enseignement, en lui assurant un développement progressif, méthodique et rationnel ; d'autre part, qu'il est nécessaire, pour aboutir au maximum de résultts, d'assurer la continuité dans l'effort.

Le Congrès demande à la Commission Nationale de créer, en les plaçant sous sa direction et son contrôle généraux, des commissions régionales qui auraient pour buts principaux :

1° D'organiser le développement de l'Enseignement coopératif dans chacun de leurs secteurs, non seulement dans les écoles, mais aussi parmi le personnel de nos sociétés et les jeunes coopérateurs ;

2° D'assurer la liaison la plus étroite possible entre les boursiers et le mouvement coopératif en continuant l'éducation coopérative des premiers (réunions, causeries, lectures, études, visites de sociétés, accès aux Assemblées et autres manifestations coopératives, etc.).

Il est évident que si une société, dans son rayon d'action, recherche une influence directe sur les écoles, elle éprouvera des résistances. Ces résistances, ce sont celles-là même qui se sont manifestées. Je ne connaissais pas le texte de la lettre de M. Billiet à M. le Ministre de l'Instruction Publique ; je la trouve dans la *Tribune des Fonctionnaires* que me passe Bonnin, et qui vient de paraître dimanche dernier 22 juin ; les camarades de l'Aisne ne me l'avaient pas signalée. Or, qu'est-ce que dit M. Billiet ? Il dit :

Il ne saurait être agréable à un commerçant de constater que ses enfants entendent à l'école communale la critique du métier qu'ils exercent.

Il proteste contre les concours de propagande coopérative organisés dans les écoles.

Nous avons toujours déclaré que nous ne nous reconnaissions pas le droit de faire de la propagande coopérative dans les écoles, et surtout de la propagande en faveur de telle ou telle société. De l'enseignement, oui ; de la propagande, non.

M. Billiet demande s'il est vrai que des maîtres ont encouragé leurs élèves à s'inscrire à ces concours, s'il est vrai que des inspecteurs primaires ont accepté de présider le jury et apporté ainsi à cette initiative une sorte de patronage du corps enseignant et il affirme dans ce cas « qu'ils ont violé la neutralité qu'ils doivent respecter ».

Voilà ce qu'a écrit M. Billiet. La réponse du Ministre justifie pleinement notre action. Relisons-la :

La neutralité religieuse et politique est définie par des textes précis. La neutralité économique n'est définie par aucun. Mais la coopération est une forme de la solidarité dont l'enseignement est obligatoire aux cours des écoles primaires supérieures.

Cela doit nous suffire.

Donc, pas d'imprudence. L'éducation, vous le savez comme moi, est une tâche qui demande infiniment de discrétion.

Or, nous avons satisfaction par la réponse du Ministre et par une série d'autres actes, sur lesquels je voudrais attirer votre attention.

Voici, en effet, la lettre par laquelle M. le Ministre de l'Instruction publique m'accrédite auprès de tous les Recteurs et de tous les Inspecteurs d'académie :

Par lettre du 19 janvier 1925, j'avais précédemment accrédité près de vous M. Bugnon, président de la Commission Nationale pour l'Enseignement de la Coopération, en vue de l'organisation de cet enseignement.

En raison de l'intérêt que présente l'action entreprise par la Commission, et des résultats qu'elle a déjà obtenus, je vous serais obligé de bien vouloir autoriser M. Bugnon à organiser, après accord avec les chefs d'établissements intéressés, des Conférences sur la Coopération. Ces conférences comme précédemment, pourront être suivies de concours dont les lauréats pourront être appelés à participer aux voyages d'études organisés par la Commission.

…Je suis assuré que vous voudrez bien faciliter à M. Bugnon, dans la plus large mesure, l'accomplissement de sa mission.

Parmi les réponses qui me sont parvenues, en voici une :

Je reçois du Ministre une note dont je vous envoie copie.
…Bien entendu, toutes les portes vous seront ouvertes ; dites-moi cependant comment je puis vous aider d'une manière vraiment efficace.

M. le Ministre m'a donné l'autorisation de me faire représenter dans chacune des académies et même dans chaque département, soit par des délégués, soit par des commissions, toujours choisis, bien entendu, d'accord avec les autorités universitaires.

Dans le Nord, nous avons eu la bonne fortune de pouvoir commencer.

Voici la réponse de M. le Recteur d'Académie :

J'accrédite bien volontiers M. Prache comme représentant de la Commission d'Enseignement de la Coopération dans la Région du Nord, et j'approuve entièrement votre projet de lettre aux inspecteurs d'académie et aux municipalités.

Je vous remercie des renseignements que vous avez bien voulu m'envoyer et vous prie de croire à mes sentiments les plus dévoués.

Le Recteur.

L'Université fait son devoir. La Commission a fait le sien. Je me tourne maintenant vers les Fédérations et les Sociétés coopératives et je leur dis : Est-ce que vous avez fait le vôtre ? Ce que nous vous demandons, nous vous l'avons dit à chaque Congrès ; nous l'avons répété par 2.000 circulaires : nous avons à peine reçu une centaine de réponses favorables.

Ce que doivent faire les sociétés, ce n'est pas d'assurer la direction locale de l'enseignement ; ce que nous leur demandons, c'est d'abord réunies en Congrès, de nous donner des directives générales, et ensuite pour nous permettre de les exécuter de nous apporter des subventions.

C'est par la subvention c'est par les directives données en congrès que la Fédération Nationale des Coopératives de Consommation manifestera véritablement sa volonté de pénétrer dans l'enseignement à tous les degrés et qu'elle assurera le mieux cette pénétration.

Voici maintenant le programme pour 1927-1928 ; il est précédé de quelques indications sur ce qui a été fait antérieurement ; je vous demande la permission de vous en donner lecture :

Programme pour 1927-1928

Constituée en 1922, la Commission Nationale pour l'Enseignement de la Coopération se proposait de faire pénétrer la Coopération dans toutes les écoles, par la leçon, le livre et les voyages d'études.

L'initiative de M. Profit, à Saint-Jean-d'Angély, pour la création de coopératives scolaires ; de M. Cattier, à Remiremont, pour la publication du Coopérateur Scolaire : celle de M. Simonnot, à Strasbourg et à Nancy, pour l'organisation d'Offices régionaux cinématographiques, ont entraîné notre Commission à élargir son programme.

On sait qu'elle a réussi à faire inscrire la Coopération dans toutes les Ecoles, et à créer, même, en certaines régions, une organisation complète de cours à tous les degrés de l'enseignement, à y intéresser moralement et matériellement les sociétés coopératives, les communes et les départements. Une brochure de M. Charles Gide, spécialement écrite pour les maîtres, va susciter en chaque école l'étude et même, car la lecture de Charles Gide est entraînante, la propagande en faveur des idées coopératives

Les coopératives scolaires, toutes recensées, ont été invitées à s'unir par le *Coopérateur Scolaire*, journal publié sous le patronage de la F. N. C. C. et imprimé par une société coopérative d'édition et de librairie, les Presses Universitaires de France : les enfants, les maîtres, les chefs universitaires nous appuient et nous encouragent.

Les Offices régionaux d'enseignement cinématographiques se sont accrus de quelques unités, attendant le signal qui doit faire naître leur Fédération nationale.

Il nous reste maintenant, suivant en cela l'exemple du mouvement coopératif, à relier les unes aux autres ces diverses manifestations de la Coopération dans l'Université.

Créées sous des inspirations assez diverses, les sociétés coopératives se sont rapprochées les unes des autres, ont tenu des congrès, lancé des journaux, créé des Fédérations, créé leur Fédération nationale, leur Magasin de Gros, leur Banque, afin de profiter de la concentration des forces et des richesses.

La Commission de l'Enseignement de la Coopération veut tenter le même effort de rapprochement et de concentration entre les organisations sur lesquelles peut s'exercer son action.

Régulièrement accrédité auprès de tous les Recteurs et de tous les Inspecteurs d'Académie, aussi bien qu'auprès de tous les groupements du personnel enseignant, nous rechercherons en chaque département un professeur ou instituteur ayant quelque autorité dans le mouvement coopératif et suffisamment d'influence auprès de ses collègues : nous lui confierons, avec l'approbation des autorités universitaires, la mission de représenter la Commission de l'Enseignement de la Coopération. Nous essaierons de lui adjoindre des collègues appartenant aux différents ordres d'enseignement et plusieurs coopérateurs, administrateurs ou directeurs de nos sociétés, afin de constituer une sorte de Commission régionale.

C'est un travail qui nous demandera des démarches personnelles en chaque département : nous espérons y suffire en une année.

Ces délégués départementaux encourageront l'enseignement coopératif donné dans la limite des programmes et des instructions officielles ; ils susciteront la création de cours spéciaux dans les écoles techniques, cours d'apprentissage, cours d'adultes et œuvres post-scolaires ; ils régleront les concours pour les récompenses et en fixeront la distribution ; ils organiseront les voyages des boursiers ; ils garderont le contact avec eux et les grouperont en amicale.

Ils s'intéresseront aux Coopératives scolaires et les aideront au besoin à se fédérer par département ; ils en assureront la liaison avec les sociétés coopératives ; ils apporteront leur concours aux congrès ou fêtes de la Coopération scolaire ayant lieu avec exposition de travaux d'enfants, de matériel scolaire, de livre de cinématographie et de T. S. F.

Ils se tiendront en contact permanent avec les offices d'enseignement cinématographique, pour les aiguiller vers l'organisation coopérative, c'est-à-dire vers leur administration par les usagers qui règleront eux-mêmes la préparation des films, leur circulation, l'achat des appareils, la rédaction des notices et conférences, les programmes des réunions et des fêtes populaires.

Ils seront enfin chargés de trouver les ressources nécessaires à cette préparation de la jeunesse à la pratique coopérative : nous espérons que les sociétés comprendront l'intérêt du mouvement d'éducation et que, non seulement elles inscriront à leurs frais une rubrique spéciale et importante, mais qu'elles interviendront encore auprès des municipalités et des conseils généraux pour enrichir notre budget par des subventions. Nos délégués gouvernementaux pourront être les chevilles ouvrières des deux Fédérations nationales attendues : celle de la Coopération scolaire et celle de l'Enseignement cinématographique.

Ces Fédérations, riches de toutes les richesses accumulées par les sociétés locales, fortement appuyées par toutes les sociétés coopératives de consommation, de production, les syndicats et coopératives agricoles, feront prospérer le *Coopérateur Scolaire*, journal de vie de notre école française. Grâce à cette publication, modeste aujourd'hui, mais dont l'avenir est bien assuré, la Coopération pénètrera dans toutes les classes et dans toutes les familles.

En accroissant le rayonnement de l'école, la Coopération étendra son idéal et préparera son avenir.

Le Président. — La parole est à Boville.

Intervention de BOVILLE

Boville. — Camarades, je vais d'abord vous signaler un petit oubli du rapport moral, oubli d'autant plus important que la question dont il s'agit avait fait l'objet d'un large débat au Congrès de Lille. Ceux d'entre vous qui étaient à Lille, se souviennent qu'il avait été décidé que le Conseil Central de la Fédération des Coopératives de Consommation entrerait en contact avec les syndicats ouvriers, sur l'importante question du travail de nuit dans les boulangeries. Cette entrevue a eu lieu dernièrement et vous me permettrez de m'étonner qu'il n'en soit pas question dans le rapport moral.

Le Président. — Il en est question à la page 14 du rapport moral.

Boville. — Il est question, à la page 14, d'une entrevue ; ce n'est pas de celle-là que je parle ; à celle-là, on m'a empêché de parler sur le travail de jour. Je parle d'une réunion à laquelle ont été convoqués les deux secrétaires des Fédérations de l'Alimentation, en vertu d'une décision du Congrès de Lille. Or, nous ne sommes pas arrivés, au cours de cette entrevue, à modifier en quoi que ce soit la position prise par le Conseil Central.

Eh bien ! je crois, nous croyons, avec un bon nombre de coopératives qui ont des boulangeries — et j'ai dans mon dossier une centaine d'ordres du jour qui ont été votés par des coopératives, sans distinction de tendance et d'opinion — nous croyons que la question reste entière et que le présent congrès aura à la trancher définitivement.

Je rappelle, en quelques mots, quelle est la position du Conseil Central.

Vous savez que Poisson — il ne nous l'a pas caché d'ailleurs — se propose de présenter au Sénat, un amendement qui dira que les coopératives de type industriel, donnant certaines garanties d'hygiène à leur personnel, auront le droit de travailler par équipes pendant 24 heures.

On s'appuie, pour cela, sur quelques boulangeries industrielles comme celle de Strasbourg, et c'est parce qu'il existe présentement une ou deux boulangeries industrielles coopératives, on voudrait prétendre qu'une hirondelle fait le printemps. Eh bien ! non ! Nous croyons que dans ce pays, c'est la boulangerie boutiquière ou la boulangerie à demi-industrialisée qui est le type général.

On propose au législateur un amendement qui est excessivement dangereux pour la réforme elle-même.

Vous vous êtes aperçu, et c'est une des raisons sinon la seule raison pour laquelle vous n'avez pas pu jusqu'ici appliquer intégralement le travail de jour en boulangerie ; vous vous êtes aperçu, dans vos coopératives, que le travail de jour ne serait pas applicable, dans la mesure où les patrons boulangers conserveraient le droit de travailler eux-mêmes la nuit.

C'est vous-mêmes qui l'avez dit dans chacun des conflits qui nous ont mis en présence, que ce soit avec notre Fédération ou avec la Fédération qui adhère à la C. G. T. Dans tous ces conflits, au Nord comme au Sud, les administrateurs des coopératives nous ont opposé une seule raison ; ils nous disaient : « Nous ne pouvons pas appliquer cette loi sociale, parce que les patrons eux-mêmes ont le droit de travailler la nuit et parce que, ayant le droit de travailler la nuit, ils pourront ouvrir leur boutique le matin plus tôt que nous n'ouvrirons la nôtre et ils nous voleront les clients : ils nous feront une concurrence dans laquelle nous serons véritablement trop handicapés : tant que les patrons auront le droit de travailler la nuit, nous serons obligés de contraindre nos ouvriers à travailler aussi la nuit, afin que nos nos coopératives n'aient pas une situation trop mauvaise.

Nous nous rendions à ce raisonnement ; nous en comprenions toute la portée, et c'est pour cela qu'en accord avec un grand nombre de coopératives, les deux Fédérations de l'Alimentation ont fait des efforts nombreux et persévérants pour amener le législateur à transformer la loi inapplicable présentement en vigueur.

Nous avons demandé que le travail de nuit soit interdit à tous ceux qui fabriquent du pain, aussi bien aux patrons qu'aux ouvriers.

Et c'est au moment où nous sommes sur le point d'aboutir, que tout le problème va être remis en chantier, que toutes les difficultés que nous avons rencontrées pendant vingt ans, vont se présenter à nouveau par l'amendement que se dispose à présenter le Conseil Central de la Fédération des Coopératives. Après le vote d'un pareil projet, la situation serait la même. Il y aurait, comme aujourd'hui, une catégorie de boulangeries dites industrielles qui auraient le droit de travailler la nuit, qui auraient le droit de concurrencer non seulement les patrons boulangers, mais qui auraient le droit de concurrencer toutes les coopératives mal outillées, et elles sont nombreuses. Elles sont nombreuses, celles qui n'ont pas atteint le stade industriel ; quant à celles qui l'ont atteint, nous pourrions les citer, et ce ne serait pas à leur éloge, parce qu'elles font généralement du déficit...

Un Délégué. — C'est à prouver !

Boville. — C'est une affirmation que feront sans doute les citoyens de Strasbourg et que vous contrôlerez assez facilement, parce que si on vous demandait de transporter du pain à 36 kilomètres de votre boulangerie, comme à Strasbourg, vous auriez vite fait de voir que le pain vous revient cher à vous aussi.

C'est l'inconvénient de l'industrialisation. Industrialiser, c'est produire beaucoup. Mais quand on fait beaucoup de pain, cela ne veut pas dire qu'on le vend à la porte de la boulangerie. Cela veut dire, au contraire qu'il faut, pour écouler cette grande quantité de pain, aller le porter à de lointains consommateurs, et vous savez, sans que j'insiste, ce que coûte le transport du pain, vous savez par expérience à combien revient le transport du pain.

Nous avons, à Paris, quelques coopératives de boulangerie qui, au lieu de se centraliser, au lieu de travailler à cette concentration, au lieu de se diriger vers l'usine à pain, ont fait exactement le contraire, et nous assistons à ce spectacle que ce sont les boulangeries à industrialisation limitée, c'est-à-dire qui ne vont pas porter le pain bien loin, qui n'ont pas besoin d'aller trouver de lointains consommateurs, que ce sont ces boulangeries qui font des bénéfices, que ce sont ces boulangeries qui arrivent le mieux à satisfaire le goût du consommateur français, parce que, excepté dans le Nord où l'on peut vendre des briques.

Plusieurs Délégués. — Nous protestons.

Boville. — Ce n'est pas injurieux du tout, et c'est au point de vue professionnel que je me place pour vous dire que, dans le Nord, on fait du pain tassé, qui permet d'étendre facilement le beurre ; mais c'est un pain qui ne ressemble pas à celui qu'il faut faire dans les autres parties de la France.

Mais n'insistez pas, voyons ! Dans le Nord, on fait des boules. Tout le monde le sait.

Le Président. — Laissez parler Boville.

Un Délégué. — Alors, qu'il ne dise pas de bêtises.

Boville. — Je ne dis pas des bêtises. Dans le Nord, on fait des boules, comme à la manutention. Il ne faut pas nier l'évidence, voyons !

Ainsi, vous voulez vous diriger vers l'industrialisation, si vous croyez devoir encourager le capitalisme dans la voie de l'expropriation des petites boulangeries, c'est votre affaire. Mais il n'est pas sûr que vous ayez beaucoup à y gagner, parce que, quand on examine la chose d'un peu près, quand on voit la concentration s'opérer rapidement dans la meunerie, quand on voit les moulins expropriés en série un peu dans toute la France et que l'on sait que déjà

Un Délégué. — C'est le marxisme !

Boville. — Le marxisme ? Tu veux me donner une leçon de marxisme ? Je sais qu'il y a des citoyens qui voudraient en donner, alors qu'ils lui tournent le dos ; mais là n'est pas l'histoire pour le moment.

L'histoire est celle-ci, pour l'instant, le problème se présente ainsi pour vous, coopératives. Vous allez voir, à la faveur de cet amendement, dans le cas où le Sénat l'accepterait — nous examinerons ce point tout à l'heure — vous allez voir les sociétés capitalistes qui ont certainement plus d'argent que vous, faire fonctionner très rapidement des boulangeries industrielles. Et si vous pensez avoir quelque chose à y gagner, en tant que coopérateurs, nous croyons, quant à nous, que vous vous trompez.

Mais ce n'est pas encore là qu'est le nœud de la question.

Ce qui est certain, c'est que nous demandons au Sénat d'interdire le travail de nuit aux patrons boulangers eux-mêmes, nous demandons cette atteinte à la liberté individuelle, nous demandons que l'on dise à un homme qui est chez lui : « Tu ne feras pas ce que tu veux, même si tu es chez toi. »

Et ce droit que nous voulons enlever au petit patron boulanger travaillant lui-même, chez lui, vous voudriez le conférer aux organisations industrielles qui pourront rapidement le ruiner !

Vous croyez que nous avons un Sénat qui soit disposé à faire une chose pareille ? Mais s'il la faisait, ce ne serait que dans une seule intention, dans l'intention — comme en 1919 — de rendre la réforme inapplicable !

Parce que, aujourd'hui, qui donc vous empêche d'appliquer le travail de jour ? C'est précisément le fait que les patrons boulangers peuvent travailler la nuit.

Et qu'est-ce qui empêchera la réforme de s'appliquer demain ? C'est ce fait que les installations industrielles pourront travailler la nuit et faire aux petites boulangeries une concurrence à laquelle elles résisteront en n'appliquant pas la loi.

Il est clair comme le jour — et les deux C. G. T. se sont prononcées dans le même sens — que vous ne pouvez pas méconnaître l'intérêt du mouvement ouvrier, parce qu'il faut bien le comprendre, et vous en avez fait la douloureuse expérience bien des fois, les syndicats de l'alimentation en particulier et les coopératives d'alimentation, nous avons les mêmes adversaires, exactement les mêmes adversaires et les mêmes difficultés. Vous avez, en face de vous, les patrons épiciers et les patrons bouchers ; vous avez les patrons boulangers exactement comme nous les avons nous-mêmes. Et vous voudriez non seulement être en lutte ouverte avec les commerçants de l'alimentation, mais vous voudriez encore être en lutte avec les ouvriers ?... Parce que vous serez en lutte avec les ouvriers ! il ne faut pas croire que les ouvriers qui ont fait des sacrifices pendant vingt ans, soient disposés à vous laisser faire, dans le cas où vous viendriez torpiller notre réforme, — parce que je ne sais pas si c'est intentionnellement ou si c'est de bonne foi, mais avec votre amendement, vous aboutirez à empêcher la réalisation du travail de jour.

Je sais qu'il y a quelques sociétés coopératives qui voudront voter avec le Conseil Central, malgré qu'elles ne soient pas industrielles, malgré qu'elles n'aient même pas l'espoir de s'industrialiser, malgré qu'elles n'aient pas les trois équipes. Si on demandait de lever la main à tous les représentants de boulangerie qui ont trois équipes, je ne sais pas si nous en trouverions plus de deux ou trois dans le congrès. Non, il n'y a pas de boulangeries coopératives, en France, qui aient trois équipes, et ce n'est pas les trois équipes que l'on veut avoir. Ce que l'on veut, c'est simplement le droit de travailler la nuit. Parce que, à Strasbourg, je voudrais bien les voir ces trois équipes qui font trois fois huit heures ! Et si l'on travaille trois fois huit heures, on ment d'une façon ou de l'autre ; il y a, en effet, des consommateurs qui mangent du pain froid. Il n'y a pas de gens qui achètent du pain la nuit ; il y a donc des consommateurs qui achètent du pain froid. Il ne faut donc pas dire que c'est parce que les consommateurs veulent du pain chaud le matin que l'on veut travailler la nuit.

Et il y a mieux que cela. Je vous parlais d'une chose que nous avions tenue assez cachée, parce qu'elle n'est pas très avantageuse pour les patrons boulangers. Il y a dans la loi votée par la Chambre des Députés des dérogations pour travaux préparatoires. Or, ces travaux préparatoires n'ont de justification, ne peuvent s'appliquer que dans les grandes boulangeries ; les travaux préparatoires, c'est la préparation des fours du type moderne. Or, cela n'a aucune espèce de justification dans la boulangerie boutiquière. C'est donc une chose qui avantagerait très nettement les grandes boulangeries industrielles, puisque, entre 10 heures du soir et 4 heures du matin, alors que les boulangers n'auront pas le droit d'avoir un ouvrier chez eux, vous pourrez avoir un personnel qui sera délimité par arrêté préfectoral, pour faire des travaux préparatoires, alors que les patrons de l'industrie boutiquière ne pourront pas en avoir.

Vous devez demander avec nous, vous devez voter ici la suppression totale du travail de nuit et pour les patrons et pour les ouvriers.

Un Délégué. — Non !

Boville. — Non ?... Et quand vous aurez de bonnes grèves ?... Vous parliez tout à l'heure de recrutement ; vous parliez de vous présenter devant la classe ouvrière pour la recruter. En vous montrant ses adversaires, votre recrutement ne sera pas facile. Quand vous aurez un conflit avec la C. G. T. et la C. G. T. U., vous irez vous présenter dans les milieux ouvriers pour faire du recrutement !

Et puis, je vous le disais tout à l'heure, nous avons les mêmes adversaires. Il y a des villes où vous êtes obligés de compter avec les syndicats de l'alimentation ; il y des villes où les patrons ont le monopole du placement et où ils se refusent à donner des ouvriers aux coopératives ; il y a des villes où les patrons, dans leurs luttes pour la défense de leurs intérêts, boycottent les coopératives. Si je vous disais qu'à Saint-Quentin, ce sont les patrons boulangers qui ont brisé notre syndicat en disant aux ouvriers boulangers qu'en allant au syndicat, ils feraient le jeu d'une coopérative qui existe à Saint-Quentin. C'est en dressant les ouvriers des coopératives contre les autres qu'on arrive à briser le mouvement des ouvriers boulangers dans certaines villes. Vous aurez donc à compter avec les patrons pour avoir des ouvriers boulangers, et quand ils ne voudront pas vous en fournir, vous serez obligés de vous adresser au syndicat.

Je sais bien que dans ce congrès, on peut voter ce qu'on veut. Mais ce qui est moins facile, c'est de ne pas compter avec ceux qui travaillent dans vos coopératives et qui, dans bien des cas sont organisés, pas partout, hélas ! parce qu'on pourrait citer des coopératives, comme celle de Nancy, où travaillent des non syndiqués, où ils font jusqu'à 12 heures par jour, sans repos hebdomadaire. Voilà ce que c'est que la boulangerie industrielle de Nancy. Nous avons l'impression que vous avez tout à gagner à vivre en paix avec vos ouvriers, et la conclusion que j'apporterai, ce ne sera pas celle de la Fédération de l'Alimentation, ce ne sera pas celle de la C. G. T., ce ne sera pas celle de *La Bellevilloise*. Je vais vous lire une lettre qui émane d'une de vos coopératives, *L'Union des Travailleurs de Saint-Etienne* :

Nous avons reçu votre requête du 19 avril, se rapportant à la suppression du travail de nuit en boulangerie et vous faisons connaître que l'Union des Travailleurs de Saint-Etienne, coopérative essentiellement ouvrière, trahirait sa raison d'être et son idéal d'amélioration du sort des travailleurs, si elle refusait sa participation à cette loi sociale, qui doit être appliquée sans aucune restriction, pour ne pas mettre en état d'infériorité les boulangeries coopératives, vis-à-vis des autres intéressés.

En effet, cette réforme sociale ne peut être réellement complète et efficace qu'à la condition expresse qu'à toute personne ou association fabriquant du pain destiné à la vente aux consommateurs, il soit formellement interdit de se livrer à aucun travail pendant les heures de nuit.

Nous n'avons pas d'autres conclusions à apporter. Celles de *L'Union des Travailleurs de Saint-Etienne* sont les nôtres..

Le Président. — Notre camarade Boville a parlé pendant vingt-trois minutes ; comme il est nécessaire que cette discussion puisse se terminer ce matin, je demanderai aux camarades inscrits de vouloir bien être un peu plus brefs. Poisson demande à prendre la parole à midi, pour répondre aux questions posées.

Je donne la parole à Marrane.

Intervention de MARRANE

Marrane. — Camarades, je déférerai à l'invitation du Président et je m'efforcerai d'être aussi bref que possible. Mais je voudrais profiter de cette invitation pour faire remarquer au Congrès que l'on dérange des délégués, qui font des centaines de kilomètres, pour venir ici dans un congrès de quatre jours où une dizaine d'heures à peine sont prévues pour les débats. J'estime que dans un congrès coopératif, c'est une chose absolument anormale et qu'il serait bon, alors que nous sommes dans une crise économique qui n'a pas encore atteint son apogée, de ne pas limiter les débats, pour employer tout notre temps à des réceptions et à des amusements de toutes sortes.

Je demanderai donc au Congrès d'inviter le Conseil Central à prévoir, pour les congrès ultérieurs, des débats plus longs pour les questions importantes.

Je vous apporterai, non pas mon opinion personnelle sur la gravité de la crise économique — et vous aurez ensuite à en déduire les conséquences pour le développement du mouvement coopératif — mais les observations essentielles qui ont été publiées dans l'*Information* d'hier soir et que, sans doute, beaucoup de délégués n'ont pas lues.

Il est dit :

Les journaux techniques soulignent l'aggravation lente mais continue de la crise économique consécutive à la revalorisation du franc.

La dépression économique, dit *l'Usine* du 14 mai, n'a pas de tendance à s'atténuer. Nous en trouvons la preuve dans les recettes des compagnies de chemins de fer qui, valeur ramenée au tonnage transporté, donne une réduction de transport de 14,40 % pour la treizième semaine et de 14,61 % pour la quatorzième semaine, par rapport à l'année 1926.

Voilà déjà, Camarades, des indications très nettes.

Dans l'*Usine* du 21 mai, il est dit :

Aucune amélioration véritable ne se fait sentir et l'on craint que les mois d'été n'accentuent la dépression actuelle. Le commerce se plaint de la diminution des ventes qui, pour les spécialités les plus favorisées, sont inférieures de 20 à 25 % à celles de l'année dernière.

La question financière commence à se poser pour beaucoup...

En effet, des frais généraux sont augmentés fortement. Les prix de vente ont baissé et les prix de revient ont diminué dans des proportions infimes, compensées par l'augmentation des frais de production par suite de la diminution du tonnage.

Voilà l'opinion des grandes firmes capitalistes : c'est que la crise économique n'est pas finie et qu'elle va se prolonger encore pendant un certain temps.

On donne également des indications sur l'extraction du charbon.

Le journal *Le Nord Industriel* dit que par suite de la sous-consommation, les houillères du Nord et du Pas-de-Calais, ont maintenant sur leurs carreaux, plus de 1.500.000 tonnes de stocks, ci 150 millions de francs, au bas mot. C'est là une mobilisation que peu d'exploitations, même très fortes au point de vue financier peuvent supporter longtemps. La nécessité d'enrayer le mal, c'est-à-dire de ralentir la mise à terre est apparue inéluctable aux exploitants et comme contrepartie, ils ont décidé de recourir au chômage volontaire, chaque fois que l'occasion se présenterait. On a déjà chômé le 2 mai, on chômera à propos des fêtes légales, régionales et locales, à propos des fêtes corporatives, de façon à apporter le moindre trouble dans l'économie domestique du personnel, tout en réalisant une économie d'extraction journalière de plus de 100.000 tonnes.

Ces citations tendent à démontrer que l'évolution de la crise économique ne peut être appréciée d'après les seules statistiques de chômage. Celles-ci ne tiennent pas compte des ouvriers étrangers qui ont été rapatriés, ni des ouvriers dont la durée de travail a été abrégée.

Elles ne tiennent pas compte non plus de l'amoindrissement de la rémunération du travail. Or, les salaires ont été, ces derniers mois, fortement diminués de 5 à 10 %, parfois même de 15 % comme dans la Sarre, ou bien menacés de diminution. D'autre part, depuis un an, l'indice des prix de détail a progressé à Paris de 503 en avril 1926 à 580 en avril 1927, après avoir atteint au plus haut 599 en décembre, bien qu'il ignore le renchérissement du vin dont le prix de gros vient de tripler à peu près. La majoration des tarifs douaniers est encore susceptible de provoquer un nouveau renchérissement de la vie, qui a été évalué de 10 à 25 %. Le pouvoir d'achat des revenus du travail est donc menacé de subir en quelques mois un déchet d'un tiers.

Il est évident que les gros capitalistes peuvent envisager que les revenus du travail vont pouvoir être réduits d'un tiers, mais cela signifie que le chiffre d'affaires de nos coopératives va être très sérieusement atteint.

Camarades, j'estime que, dans un congrès coopératif, quand on a devant soi des perspectives comme celles-là, qui auront des répercussions directes sur le chiffre d'affaires dans les coopératives, c'est une question qui mériterait un examen sérieux et un débat prolongé du congrès, non seulement pour examiner les perspectives de la crise, mais également pour examiner les moyens d'y remédier.

Naturellement, ce n'est pas en cinq minutes que je discuterai ces questions, mais c'est à vous qu'en incombera la responsabilité, puisque, d'accord avec le Conseil Central, vous empêchez ici tout débat sérieux.

Camarades, je dis que les coopératives ont comme clientèle la clientèle ouvrière, et que par conséquent c'est vers cette clientèle que les coopératives doivent s'orienter ; je dis que quand la clientèle est atteinte dans ses revenus, dans ses moyens de consommation, ce sont les coopératives qui, indirectement, sont atteintes.

Par conséquent, il faudrait que les efforts de toutes les coopératives, des fédérations régionales, comme la Fédération Nationale, soient orientés de façon à gagner les sympathies de la classe ouvrière, à qui s'adresse les coopératives.

Or, il est évident que l'orientation du Conseil Central, dans l'année écoulée, ne s'est pas du tout dirigée dans cette voie.

Nous pouvons d'ailleurs enregistrer que ce Congrès donne l'impression que l'autorité du Conseil Central diminue : déjà, quelques récriminations se font jour, sans doute encore insuffisantes et incomplètes, puisque les camarades qui les apportent disent qu'ils voteront quand même le rapport moral, mais enfin, ils expriment leur mécontentement.

Eh bien ! je vous dis que vous n'avez qu'un moyen pratique de montrer au Conseil Central que vous n'êtes pas satisfaits de la politique sociale qu'il mène, c'est au cours même de ce congrès, de voter contre le Rapport Moral.

Je demande aux coopératives qui ne sont pas satisfaites de la politique suivie, de faire acte d'énergie et de le dire en votant la résolution que, pour terminer, je dépose sur le Bureau du Congrès :

Le 14e Congrès des Coopératives de Consommation proteste énergiquement contre le projet de nouvelles taxes douanières qui auraient comme conséquence, en aggravant le coût de la vie, de réduire la capacité d'achat des consommateurs. Il donne le mandat au Conseil Central, aux Fédérations Régionales et à toutes les Coopératives adhérentes d'intensifier la propagande pour faire échouer ce projet préjudiciable à tous les consommateurs.

Le Président. — Ce texte est renvoyé à la Commission des Résolutions.

La parole est à Poisson.

Commission de vérification des Mandats
Commission des Résolutions

Poisson. — Le Congrès doit désigner les membres de la Commission des Mandats.

Plusieurs Délégués proposent David, Berthoumieux, Delabaere, Fleury et Burgard, qui sont désignés à l'unanimité.

Poisson. — D'autre part, en ce qui concerne la Commission des Résolutions, Camin va remettre à chacun des Secrétaires fédéraux l'indication du nombre de membres qu'ils ont à désigner pour constituer cette commission.

Le Président. — Je donne la parole à Paquereaux.

Intervention de PAQUEREAUX

Paquereaux. — Je serai très court comme Marrane. Je pense néanmoins qu'il y a un certain nombre de questions qui doivent être posées ici. Je ne doute point, du reste, qu'elles ne soient accueillies les unes et les autres avec un certain sentiment d'hostilité de votre part ; mais nous considérons, nous, les camarades de la minorité, qu'il est indispensable que l'ensemble du Mouvement coopératif de notre pays les examine.

Camarades, il est certain que nous sommes un certain nombre qui, à aucun prix et pour aucune raison, ne mettrons notre signature au bas du rapport du Comité Central.

Déjà du reste, si nous avions besoin d'indications sérieuses, nous les trouverions dans l'exposé d'un certain nombre de délégués qui sont bien éloignés de notre conception, mais qui tout de même ont donné dans bien des cas, comme un reflet de nos propres inquiétudes.

Nous pensons que dans le rapport du Comité Central, se trouvent certains éléments qui méritent d'être retenus. Nous constatons, par exemple, en ce qui concerne le mouvement des sociétés, une baisse appréciable ; nous constatons également que le chiffre d'affaires ne nous devrions voir un peu partout ; dans l'ensemble, nous constatons que la Journée coopérative internationale ne déchaîne, dans l'ensemble du Mouvement coopératif, ni l'enthousiasme ni même le sérieux que nous devrions voir un peu partout ; dans l'ensemble, nous constatons dans le mouvement coopératif une désaffectation assez sérieuse. Nous disons, nous, que c'est parce que la politique menée par l'organisme central aboutit et aboutira de plus en plus, à une rupture, à un divorce définitif entre la direction du mouvement coopératif et l'ensemble de la coopération.

Camarades, nous faisons nous aussi, et souvent, de la propagande coopérative ; et quand nous demandons au prolétariat d'entrer dans le mouvement coopératif, de considérer toute la valeur de ce mouvement au point de vue de l'émancipation économique, les camarades nous disent : « Mais, la coopération, telle qu'elle est formulée dans les méthodes et les principes du Conseil Central, c'est une coopération qui ne nous apparaît pas sous sa véritable figure. Il y a eu des mouvements sociaux, il y a eu le lock-out de Dunkerque, il y a eu d'autres conflits ; les ouvriers étaient souvent des coopérateurs ; dans toutes ces batailles sociales, nous n'avons jamais eu la coopération à côté de nous ; il nous apparaît que la coopération ne remplit pas son véritable rôle, et c'est la conséquence de la politique menée par le Conseil Central. »

Et ces objections se comprennent, camarades, parce que, si on cherche à recruter dans le prolétariat, je dois bien reconnaître à certains indices que l'on tend de plus en plus à se rapprocher du capitalisme.

En dehors de la participation du Secrétaire général de la Fédération au sein de certains organismes de la bourgeoisie, nous avons appris tout récemment que, même au Comité de redressement dont je ne sais pas si vous connaissez et le programme et les principes, nous avons appris l'adhésion du Secrétaire de la Fédération Nationale, qui se trouve ainsi en compagnie de généraux et de gens dont vous savez bien qu'ils sont les adversaires déterminés du prolétariat.

On nous a dit que, depuis, il y avait eu de la part du Secrétaire de la Fédération, une lettre indiquant qu'il ne faisait plus partie de ce comité. En tout cas, nous voulons une affirmation publique de cette nouvelle attitude, qui indiquerait que la première aurait été une faute, et j'estime qu'on ne doit pas faire de faute quand on remplit une mission aussi importante que celle de Secrétaire de la Fédération.

Camarades, nous voulons prouver la nécessité pour la Coopération, que vous le vouliez ou non, d'orienter son action très vigoureusement vers le prolétariat, dont elle doit tirer sa véritable substance.

Nous indiquons également que l'avenir de la Coopération, que son développement ne résident pas dans la collaboration avec les organismes gouvernementaux, et qu'il faut rompre définitivement avec ces formules qui ne paraissent légitimées par rien de vraiment sérieux.

Et puis, il y a, camarades, un certain nombre d'éléments importants. L'année dernière, au Congrès de Lille, je suis monté moi-même à la tribune pour demander à la Coopération de ne pas passer insensible à côté de la guerre du Maroc. Des camarades ont dit « Ce n'est pas la question ». D'autres ont dit : « C'est de la politique ». Et Poisson, dans son intervention, a dit : « Vous avez fait une besogne abominable ».

Camarades, aujourd'hui encore, dans la résolution que nous vous soumettons, nous vous demandons de prendre position contre l'intervention en Chine, parce qu'elle porte en elle-même un germe de guerre.

L'Alliance Coopérative Internationale a manifesté et les hommes qui sont à sa tête, ont manifesté fréquemment leur ardent désir de paix.

Ils ont, à plusieurs reprises, indiqué leur volonté de lutter contre la guerre. Pour lutter contre la guerre, pour affirmer votre volonté et la concrétiser véritablement dans les faits, nous vous demandons, à propos de l'intervention en Chine, au nom du droit des peuples à disposer d'eux-mêmes, de voter notre résolution qui condamne définitivement tout impérialisme en Chine.

Il y a une autre question, il y a un autre problème qui se pose, et peut-être, qu'au nom de la neutralité coopérative ou de l'indépendance vis-à-vis des partis politiques, vous vous étonnerez qu'elle soit portée à cette tribune. Mais tout de même, il y a actuellement devant les Chambres un projet militaire dont l'article 10 prévoit pour demain, lorsque le militarisme sera le maître incontesté de toute la structure organique et économique de notre pays, la réquisition générale, et c'est là un danger pour nos coopératives, alors que cette réquisition ne donnera pas de garanties contre l'arbitraire.

Devant un projet de loi comme celui-là, le mouvement coopératif ne doit pas rester inerte ; il doit faire entendre sa voix.

Il y a également, camarades, d'autres préoccupations plus graves. Il y a le Congrès de Stockholm, il y a le programme de la paix porté à Genève, par nos camarades de Russie soviétique.

Quand on discutera le rapport de l'Alliance Internationale Coopérative, nous viendrons encore à la tribune et nous demanderons, sur les problèmes internationaux, sur les problèmes de paix économique, nous demanderons au mouvement coopératif de changer de figure, de quitter un visage que le prolétariat ne reconnaît plus.

Camarades, ma mission est terminée. Je vous demande d'accepter que la minorité soit représentée dans la Commission des Résolutions, et nous demanderons au Congrès de prendre position sur l'ensemble des importants problèmes que nous soulevons.

Quant à nous, comme je l'ai déclaré au début de mon intervention, nous ne consentirons pas, mes camarades de la minorité et moi, à mettre notre signature au bas du rapport du Conseil Central.

LE PRÉSIDENT. — La parole est à Boyet.

Intervention de BOYET

BOYET. — Camarades, la page 11 du rapport du Conseil Central vous signale quels sont les crédits qui ont été accordés, au cours de l'année 1926, aux coopératives, par le Ministère du Travail et de la Prévoyance sociale.

Je suis chargé par *La Bellevilloise* de dire au Congrès dans quelles conditions elle n'a pas obtenu un prêt dont elle avait fait la demande le 29 janvier 1925.

Le 29 janvier 1925, après avoir procédé, au préalable, à une étude consciencieuse de la loi du 7 mai 1917, qui a organisé le crédit aux sociétés coopératives, et du règlement d'administration publique prévu par l'article 16 de cette loi, nous avons adressé au Ministère du Travail et de la Prévoyance sociale, une demande de prêt de 1.100.000 fr.

Nous avons vu s'écouler l'année 1925 et l'année 1926, sans recevoir de réponse.

Enfin, le 7 janvier 1927, exactement à quelques jours près, deux ans après notre demande, nous avons reçu du Ministère du Travail la lettre suivante :

.Monsieur,

Vous avez précédemment adressé à mon Ministère une demande d'avance de 1.000.000 francs, sur le fonds de dotation des sociétés coopératives de consommation, créé par la loi du 7 mai 1917.

J'ai l'honneur de vous informer qu'il ne m'a pas été possible de donner suite à votre demande.

Pour le Ministre,
Le Directeur du Travail, Conseiller d'Etat,

Nous avons immédiatement fait notre deuil du prêt que nous attendions du Ministère du Travail.

Mais tout de même, devant le laconisme de la réponse du Directeur du Travail, nous nous sommes demandé s'il ne convenait pas d'essayer de connaître les motifs du refus qui avait été opposé à notre demande.

Aussi bien, il ne s'agissait pas seulement de défendre les droits de *La Bellevilloise*, il s'agissait de défendre les droits de toutes les coopératives, dont aucune ne doit être exclue du bénéfice de la loi du 7 mai 1917, cette loi ayant été faite pour toutes les coopératives de consommation.

Nous sommes allés faire une visite à un homme politique à qui nous avons été présenté — je le dis nettement, sincèrement et ouvertement — par un ami commun, pour ne pas le nommer il s'agit de M. Durafour, qui a pu garder le portefeuille du Travail pendant dix-huit mois, qui l'a pris quelques mois après le dépôt de la demande de *La Bellevilloise*, et l'a abandonné quelques mois avant la réponse que nous avons reçue.

Avant de faire cette visite à M. Durafour, nous avions rencontré un membre de la Commission instituée par la loi du 7 mai 1917, chargée de la répartition des avances aux sociétés coopératives de consommation, et ce membre nous avait dit : « Le motif pour lequel on a refusé votre demande est celui-ci : Les pupilles de *La Bellevilloise* ont, au début de l'année 1925, donné leur adhésion à une organisation ressortissant au parti communiste ».

Une voix. — C'est horrible !...

Boyer. — J'ai dit à M. Durafour : « Voilà quel est le motif du refus opposé à notre demande ; je tiens ce renseignement d'un membre de la Commission de répartition, en qui j'ai la plus grande confiance.

Et M. Durafour, après nous avoir déclaré — car j'étais accompagné par le directeur commercial de *La Bellevilloise* — qu'il avait étudié notre demande et que s'il était resté lui-même au Ministère du Travail, notre prêt eût été accordé ; il nous eut cependant priés de faire une discrimination entre les avances prévues pour les constructions que nous voulions édifier, et les dépenses qui devaient être faites dans un but commercial ; et après nous avoir donné cette indication, le ministre nous disait : « Le motif que vous m'indiquez est odieux ; il n'est pas avouable ».

Nous demandions alors à M. Durafour : « Que faut-il faire pour essayer d'aboutir à un résultat plus heureux ? »

Et M. Durafour nous disait : « Allez donc de ma part faire une visite à M. Picquenard, Directeur au Ministère du Travail. Lorsque vous connaîtrez le motif réel du refus qui a été opposé à votre demande, vous reviendrez me voir et je verrai comment je pourrai intervenir. »

Nous sommes donc allés faire une visite à M. le Directeur du Travail, le Conseiller d'Etat Picquenard, visite qui a eu lieu le 9 mars, je crois. J'ai dit à M. Picquenard que notre demande avait été rejetée pour le motif que je viens d'indiquer. Et je dois avouer que M. Picquenard ne m'a pas dit : « Ce n'est pas le motif du refus. » Il ne m'a pas dit davantage : « C'est le motif du refus opposé à notre demande ?

Il m'a semblé, au cours de notre conversation, que je n'arriverais pas à obtenir du directeur qu'il me dise lui-même quel était le véritable motif de ce refus, alors, je lui ai posé nettement la question :

— Mais enfin, Monsieur le Directeur, est-il possible de connaître offi-ciellement le motif du refus opposé à notre demande ?

Pas de réponse de la part du Directeur du Travail.

D'ailleurs, pour ne rien oublier, je vais lire, si vous le permettez, la relation que nous avons faite de cette conversation dans notre journal *Le Bellevillois* d'avril 1927 :

A nouveau pas de réponse, mais, après un instant de réflexion, à son tour, M. le directeur interroge : Il nous demande si nous n'avons pas, à *La Bellevilloise*, un journal ; nous lui répondons qu'en effet, quinze jours après avoir été chargés par vous des destinées de *La Bellevilloise*, Il y a quatre ans, nous avons créé *Le Bellevillois*, qui n'est point, d'ailleurs, l'organe de *La Bellevilloise*, mais bien l'organe du *Cercle des Coopérateurs de la Bellevilloise*.

M. le directeur au Ministère du Travail nous demande encore si nous n'avons pas utilisé ce journal dans un but électoral. Nous lui répondons qu'en effet, un numéro du *Bellevillois* — un seul numéro — a été utilisé en vue des élections de 1925. Nous ajoutons que notre journal, depuis, n'a plus été qu'un organe coopératif défendant, avons nous eu soin d'ajouter, notre position dans la Coopération, et nous rappelons que nous sommes antineutralistes et partisans d'une Coopération lutte de classes.

Un peu de réflexion encore et M. le directeur nous déclare, avec une placidité qui nous étonne, *car sa déclaration, vraiment, nous parait énorme,* que c'est là le motif du refus.

Nous lui exprimons alors cette opinion que nous n'allons pas traîner ce boulet éternellement, que nous n'allons pas être définitivement exclus du bénéfice de la loi du 7 mai 1917 sous le prétexte *odieux et non avouable* qu'un numéro du *Bellevillois* a été consacré à des luttes d'ordre électoral.

Alors ce n'est plus de la placidité c'est de l'inconscience ; notre inter-locuteur laisse tomber froidement de ses lèvres cette réflexion : *Si vous voulez qu'une autre demande soit plus heureuse, écrivez à la Commission dites-lui que vous prenez l'engagement de ne plus faire de propagande politique et de rester neutre dans l'avenir.* Il ajoute que l'on ne veut pas, au Ministère du Travail, s'occuper de l'opinion individuelle des coopérateurs — il ne manquerait plus que cela ! — mais qu'on veut connaître l'attitude politique de la Coopérative, en général.

A cet endroit de notre entretien avec le directeur, nous avons pensé qu'il n'était plus compatible avec notre dignité de prolonger cette conversation et nous nous sommes levés, en disant à M. Picquenard : « Vous n'obtiendrez jamais de la Bellevilloise qu'elle prenne cet enga-gement de ne plus faire de politique et de rester neutre dans l'avenir. »

Et comme le directeur disait : « Que voulez-vous, cela a été l'esprit de la commission », nous lui avons rétorqué : « Ce n'est pas, en tout cas, celui du législateur de 1917 ».

Camarades, je vous disais qu'avant de déposer notre demande de prêt, le 29 janvier 1925, nous avions étudié, en effet, la loi du 7 mai 1917 et le règlement d'administration publique qui l'a suivie. Nous ne nous sommes pas contentés d'étudier la loi et le règlement d'adminis-tration publique. Nous avons cherché à savoir ce qu'avaient été les débats à la Chambre ; pas à pas, pour ainsi dire, nous avons pris connaissance des rapports déposés à ce moment, et à aucun endroit, dans aucun texte, nous n'avons trouvé cette indication que les prêts pourraient être refusés pour des raisons d'ordre politique.

Nous avons étudié la loi et le règlement d'administration publique. Or, les conditions auxquelles il faut satisfaire pour l'obtention d'un prêt du Ministère du Travail sont toutes indiquées dans la loi et dans ce règlement. Et *La Bellevilloise* satisfait absolumenet à toutes les conditions imposées.

Nous avons alors décidé de protester devant le Congrès et de critiquer le Conseil Central, parce que, en l'occurrence, il nous semble qu'il était l'organisme tout naturel de défense, non pas de *La Bellevilloise*, mais de toutes les coopératives qui demandent un prêt au Ministère du Travail, et nous ne savons pas que la Fédération Nationale ou le Conseil Central ait élevé quelque protestation que ce soit auprès du Ministère du Travail.

Nous avons donc décidé de demander au Congrès de voter la résolution suivante :

Le quatorzième Congrès de la Coopération Française a entendu la protestation de *La Bellevilloise*, concernant le refus opposé à la demande de prêt faite à l'Etat, par cette Coopérative, en vertu des dispositions de la loi du 7 Mai 1927.

Attendu qu'à cette demande faite à la date du 29 Janvier 1925, il a été répondu, en effet, deux ans plus tard, par la courte lettre suivante : « Monsieur le Président de *La Bellevilloise*. — Vous avez précédemment adressé à mon Ministère une demande d'avance de 1.100.000 francs sur le fonds de dotation des Sociétés Coopératives de Consommation, créé par la loi du 7 Mai 1927. J'ai l'honneur de vous informer qu'il ne m'a pas été possible de donner suite à votre demande. — Pour le Ministre et par autorisation, le Conseiller d'Etat, Directeur du Travail : PICQUENARD.

Mais, attendu que cette fin de non-recevoir a été opposée à la grande Coopérative parisienne par le Ministre du Travail lui-même ou, peut-être, par son délégué, en l'espèce le Conseiller d'Etat, Directeur du Travail, Picquenard, seulement pour des raisons d'ordre politique.

Qu'il est constant, en effet, que *La Bellevilloise*, satisfaisait absolument à toutes les conditions déterminées par le règlement d'administration publique qui a suivi la loi organisant le crédit aux Sociétés Coopératives de Consommation.

Que, d'ailleurs, la Commission de répartition des avances, dans sa presque unanimité, en avait jugé ainsi ; qu'elle avait trouvé, en outre, suffisantes, les garanties offertes par la Coopérative de Ménilmontant et qu'elle s'était prononcée pour l'obtention par celle-ci, du prêt demandé ;

Considérant que, dans ces conditions, l'esprit du législateur de 1917 a été méconnu, la loi elle-même, transgressée ;

Qu'au surplus, un homme politique, qui était encore Ministre du Travail vers Juillet 1926 consulté par l'administrateur-délégué de *La Bellevilloise* et mis au courant par ce dernier du motif du refus, a exprimé avec énergie et loyauté son opinion en disant : *Ce motif est odieux, il n'est pas avouable.*

Pour ces motifs : le quatorzième Congrès de la Coopération Française envoie au Ministre du Travail et de la Prévoyance Sociale une énergique protestation ;

Demande qu'à l'avenir la loi qui a organisé le crédit aux Sociétés Coopératives de Consommation soit respectée, appliquée strictement et selon l'esprit du législateur de 1917 ;

Chargera dans le plus bref délai un député du groupe parlementaire de la Coopération, de poser à ce sujet une question écrite au Ministre, par la voix du *Journal Officiel*, et de transformer cette question en interpellation si les assurances nécessaires pour l'avenir, que la Coopération est en droit d'attendre, n'étaient pas données.

En ce qui concerne le deuxième paragraphe de notre résolution, nous avions pensé que l'un de nos amis pourrait poser la question à la Chambre, et que, si les assurances que nous sommes en droit d'attendre pour l'avenir n'étaient pas données, cette question pourrait être transformée en interpellation. Mais nous nous sommes ravisés ; nous avons pensé que la question devait être posée par un membre du groupe de la Coopération de la Chambre. C'est ce que nous demandons, et nous pensons que le Congrès, approuvant notre manière de voir, voudra bien voter cette résolution.

Une autre protestation, Camarades, est celle de la Coopérative de Comines qui est portée dans le rapport du Conseil Central comme ayant obtenu un crédit de 35.000 fr. Cette coopérative nous dit qu'elle a reçu du camarade Camin, le 2 juillet 1926, la lettre suivante :

La Commission de répartition des avances du Ministère du Travail s'est réunie le 1er juillet et elle a décidé d'accorder à votre société une avance de 35.000 francs.

Cette coopérative a reçu d'autre part du directeur Picquenard, du Ministère du Travail, la lettre suivante, en février dernier :

Vous avez précédemment adressé à mon Ministère une....

Inutile de poursuivre : c'est une lettre laconique, conçue à peu près dans les mêmes termes que celle qu'a reçue *La Bellevilloise*.

La demande de la Coopérative de Comines n'a pas été acceptée et c'est à tort qu'elle a été indiquée dans le rapport comme ayant obtenu un crédit.

Camarades, vous voterez la résolution que nous vous proposons.

Je tiens maintenant à présenter une dernière observation.

A *La Bellevilloise*, nous nous sommes demandé comment le petit organe du Cercle des Coopérateurs de *La Bellevilloise* avait pu aller se promener devant la Commission de répartition des avances. Car, enfin, cet organe n'est pas connu du public. Nous nous sommes alors rappelé que Poisson, au cours du congrès de 1925, à Nancy, avait fait une intervention virulente contre *La Bellevilloise*, précisément au sujet de ce journal.

Poisson disait, en effet :

La Bellevilloise est, en réalité, sous la férule du Cercle. C'est le Cercle des Coopérateurs qui présentent les candidats au Conseil d'Administration et, s'il n'a pas l'administration directe de la société, il exerce une direction efficace en tenant les administrateurs.

Et une fois que vous avez eu cette société en votre possession...

Poisson disait cela, s'adressant aux coopérateurs bellevillois délégués au Congrès de Nancy.

Et une fois que vous avez eu cette société en votre possession, vous n'avez pas fait de politique ? Vous avez publié, pour les élections municipales dernières, un journal que j'ai là et que je vais donner au Congrès, journal intitulé *Le Bellevillois* et où, en première page, vous donnez une étude où vous dites : Bellevillois, votez pour les candidats du Bloc Ouvrier et Paysan.

Et en seconde page, les candidats d'une autre opinion sont traités de renégats.

Est-ce que c'est de la politique, cela ? Et alors, toutes vos déclarations où vous disiez que vous n'en feriez pas ? Vous allez dire : Ce n'est pas le Conseil d'Administration, c'est le Cercle. Oui, mais le Cercle est le maître du Conseil d'Administration, qu'il contrôle.

Vous avez donc fait la démonstration pratique que vous voulez vous emparer des sociétés pour des fins politiques, dans l'intérêt de votre parti. C'est ce que nous ne voulons pas.

Nous ne laisserons donc pas des clans s'emparer de nos sociétés pour les faire servir à des fins politiques.

Camarades, il me sera peut-être permis de dire au Congrès — c'est en tout cas ce que je pense — que si notre petit organe est allé se promener devant la Commission de Répartition des avances, ce n'est certes pas que des membres de la commission ou des fonctionnaires du Ministère du Travail soient allés le chercher à *La Bellevilloise*. C'est que probablement, à cause de l'intervention du citoyen Poisson on a cherché à en avoir communication, et peut-être même — je le lui demande — est-ce lui qui l'a remis à la Commission.

En tout cas, ce n'est pas un querelle que nous cherchons à Poisson. Nous avons assez de motifs de querelle sans en créer de nouveaux. Et j'ajouterai que peu nous importe de pouvoir lui adresser des reproches.

Ce qui est plus sérieux, non pas pour *La Bellevilloise* qui renoncera probablement à bénéficier des dispositions de la loi du 7 mai 1917...

MARRANE. — Mais qui paie les impôts commerciaux !

BOYET. — En effet, nous en payons pour 699 ou 700.000 francs par année.

Mais il ne s'agit pas de *La Bellevilloise* ; il s'agit de toutes les coopératives françaises. Si la loi du 7 mai 1917 a organisé un crédit et se montre favorable aux coopératives, il ne faut pas que cette loi soit violée et nous demandons au Congrès de voter notre résolution qui, certainement, empêchera qu'on ne se moque à l'avenir de la loi et de l'esprit dans lequel le législateur l'a faite.

LE PRÉSIDENT. — La parole est à Richard.

Intervention de RICHARD

RICHARD, de *L'Union des Travailleurs de Saint-Etienne*. — Je veux dire devant le XIVᵉ Congrès national des Coopératives le mécontentement qui s'est manifesté dans les coopératives de notre région et en particulier chez les coopérateurs de la Fédération du Forez et du Bourbonnais, quant à l'activité du Conseil Central.

En effet, Camarades, nous avons vu, au chapitre des dépenses, 71.000 fr. pour la propagande. Nous nous sommes demandé si réellement cette propagande avait porté ses fruits, parce que nous avons pu constater, dans certains cas, que le Conseil Central a négligé de montrer toute l'énergie que nous aurions pu attendre de lui.

Vous ne devez pas ignorer que la loi du 1ᵉʳ juillet 1926 oblige les coopératives à payer l'impôt sur le chiffre d'affaires.

Ce qui nous a le plus ému, c'est que, les 8 et 9 juin, pour les deux journées parlementaires, avec la collaboration du Conseil Central, un certain nombre de parlementaires avaient promis leur appui à la Coopération, et que cependant, nous l'avons appris par les journaux, même les parlementaires qui avaient assisté aux séances et même au banquet, s'étaient abstenus de toute intervention et que pas un d'entre eux n'avait eu le courage de tenir l'engagement pris de défendre les coopératives.

Dans notre région, nous avons fait le nécessaire. Nous aurions été heureux de voir la Fédération prendre la même initiative.

Nous avons convoqué nos parlementaires dans un congrès, à Saint-Etienne, et nous leur avons demandé les raisons qui les avaient obligés à ne pas s'occuper des coopératives. Ils nous ont répondu que c'était un vote de surprise qu'ils n'avaient pas aperçu.

Nous avons alors protesté par un ordre du jour où nous avons flétri les parlementaires qui avaient oublié leur engagement, et par contre nous avons félicité ceux qui avaient soutenu les coopératives.

Le résultat a été que les parlementaires de la Loire ont dû s'excuser et ont pris l'engagement de faire à l'avenir tout ce qui dépendrait d'eux pour réparer la faute commise.

Si dans toute la France l'action avait été menée pareillement, nous n'aurions peut-être pas eu la surprise de ne pas voir aboutir l'amendement du citoyen Bouly.

Mais on n'a rien fait.

La seconde fois, ce fut une catastrophe et le repêchage fut impossible.

Il y avait un ancien ministre parmi les députés qui avaient voté contre nous ; il a expliqué sa situation et nous avions, au point de vue moral, une certaine satisfaction, parce que nous avions amené les parlementaires à s'expliquer.

Et ce député, ancien ministre, nous déclarait que ce qui l'avait le plus peiné dans sa vie politique, c'était le blâme que les ouvriers de Saint-Etienne lui avaient infligé.

Nous demandons, à l'avenir, lorsque de pareils faits se produiront, que le Conseil Central prenne l'engagement, par tous les moyens possibles, et tout de même nous sommes le nombre, de réagir avec énergie.

En ce qui concerne la Commission de l'Enseignement de la Coopération et les bourses attribuées, j'ai été, l'année dernière, délégué pour accompagner le groupe qui est venu dans la Loire.

Nous avons constaté qu'il y avait quelque chose à faire et que la Coopération pouvait tirer de bons résultats de ces visites. Les étudiants ont visité les coopératives; ils l'ont fait avec toute l'attention désirable et nous avons pu constater que les jeunes gens partaient contents, avec une bonne opinion de la Coopération.

Nous en avons profité pour dire à ces jeunes gens que si, dans leur vie de l'avenir, ils étaient appelés à avoir sous leurs ordres des ouvriers, ils devraient se rappeler leur voyage à Saint-Etienne et l'entrevue qu'ils avaient eue avec la Coopérative Syndicaliste des Mineurs de la Loire et l'Union des Travailleurs de Saint-Etienne.

Camarades, j'ai une question à poser et le citoyen Poisson y répondra certainement. J'ai le mandat de demander quelles sont les raisons qui ont fait que le camarade Poisson fait partie de la Commission de Relèvement du franc.

D'autre part, nous avons remarqué, nous aussi, que les congrès deviennent un peu onéreux et ont plutôt l'air d'une promenade ; on ne discute pas assez les intérêts de la Coopération ; on croirait que le Conseil Central cherche toutes les occasions pour essayer de créer des sorties et des réceptions, pour étouffer la discussion.

C'est ainsi qu'aujourd'hui, alors qu'on donne à peine quelques heures à la discussion du rapport moral, toute l'après-midi va se passer en réceptions.

Je conclus qu'il faut intensifier la propagande. On dépense suffisamment pour cela, et j'espère qu'à l'avenir on tiendra compte des déclarations que nous faisons et que nous n'aurons pas à y revenir.

Le Président. — La parole est à Grimaldi.

Intervention de GRIMALDI

Grimaldi, de la *Coopérative du Poilu,* de Vienne. — Je veux éviter les redites et je n'en aura pas pour longtemps. Cependant, il y a quelques questions que je désire poser, au sujet du rapport moral.

Dans le rapport du Conseil, on signale la progression du chiffre d'affaires dans les sociétés en 1926 par rapport à 1925 ; on s'y étend longuement.

Mais, pour les dissolutions de sociétés, le rapport est muet. Je poserai donc la question au secrétaire général et je lui demanderai pour quelle raison il y a eu 82 dissolutions ou fusions. Et alors, si le Conseil Central doit faire un *mea culpa* et s'avouer quelques torts, il nous le dira. Il faut qu'il prenne ses responsabilités, comme tout le monde.

D'autre part, on parle de recruter de nouvelles sociétés. Il est bon, en effet, de recruter ; mais avant de chercher de nouveaux éléments, il conviendrait de conserver ceux que nous avons, et je voudrais ne pas retrouver encore l'année prochaine, dans le rapport moral, un nombre aussi élevé de dissolutions de sociétés.

Il faut peut-être créer des délégués qui donneraient des conseils et des indications aux sociétés dont la marche laisse à désirer.

Je regrette, à ce propos, que la Commission de Révision et de Contrôle ait été supprimée. Je voudrais que le contrôle existât et fût réglementé par la loi, comme en Alsace et en Lorraine. Il est probable que si ce contrôle avait existé certaines sociétés n'auraient pas disparu.

Je demande au Conseil Central quelle est la position de la Fédération à ce sujet. Le rapport moral est muet sur ce point. Il est possible qu'on ait été surpris par les événement parce que le gouvernement a précipité les choses. Je veux parler du projet de tarifs douaniers et je demande pourquoi on n'a rien fait pour s'y opposer.

Il s'agit de mener une action énergique, et les arguments ne manquent pas. Nous devons lutter pour essayer de ne pas laisser voter ce tarif douanier qui serait une cause de vie chère pour les consommateurs.

D'autre part, alors que tout à l'heure le camarade de *La Bellevilloise* disait qu'on avait refusé une avance parce que, soi-disant, on faisait de la politique dans cette société, je demande — alors que les trusts et les cartels s'arrogent le droit de dicter leurs volontés au gouvernement, je demande pourquoi, nous, coopérateurs, nous ne pourrions pas lui dire : « Halte-là ! vous allez trop loin ! »

Au sujet de l'impôt sur le chiffre d'affaires, si l'action du Conseil Central avait été plus énergique, il est possible qu'il n'aurait pas été imposé aux coopératives. Si, à ce moment un vaste mouvement s'était dessiné dans toute la France, si une protestation avait été envoyée à chaque parlementaire, il est fort possible que les Chambres n'auraient pas voté cet impôt.

Le Président. — La parole est à Poisson.

Discours de POISSON

Poisson. — Je vais essayer de répondre à toutes les questions qui ont été posées à propos du Rapport Moral du Conseil Central.

D'abord, je veux faire une remarque générale. Marrane a dit à cette tribune qu'il constatait — j'ajoute presque avec joie — que dans le Congrès, il y avait eu des critiques plus nombreuses sur l'action du Conseil Central. Et il en a déduit, avec non mons de satisfaction, qu'à ses yeux, l'autorité du Conseil était certainement diminuée devant le Congrès.

Eh bien ! je vais lui dire une chose. C'est que je suis extrêmement heureux des critiques qui sont faites à l'action du Conseil Central...

Marrane. — Pour une fois nous sommes d'accord.

Poisson. — Attends, attends une minute !

Pour ma part, je me félicite que ces critiques se produisent et je désire qu'elles soient encore beaucoup plus nombreuses. Justement, Marrane, il y a deux façons de faire des critiques. Faire des critiques pour encourager le Conseil Central et ses militants à faire mieux, à réparer les erreurs ou les abus, à agir davantage et plus efficacement : c'est parfait ! Et quand je vois des camarades ou de Laon ou du Nord venir ici présenter des observations, je trouve que c'est très bien. Je trouve même parfaite la position du camarade de Tours qui n'a parlé du reste qu'au nom de sa société, notre vieil ami Maux, qui est venu dire ici que, tout en approuvant les critiques des coopérateurs communistes, ou plutôt révolutionnaires puisqu'ils veulent s'appeler ainsi, il voterait tout de même le Rapport Moral de la Fédération Nationale.

Mais il y a d'autres critiques, et je dirai à Maranne qu'entre lui et le camarade de Tours, il y a une différence profonde.

Marrane. — C'est un progrès tout de même.

Poisson. — Je demande à Marrane de m'écouter.

Je vous dis : Vous faites des critiques pour pouvoir faire des critiques. Je vous dis qu'à priori, avant de savoir ce que fera le Conseil Central, vous savez que vous le critiquerez, vous êtes décidés, non pas seulement cette année, mais l'année prochaine, par avance, à critiquer et à voter contre le Rapport Moral, quoi que nous fassions.

Vous cherchez, c'est toujours facile, la critique. Votre esprit critique cherche toutes les occasions, tous les motifs, non pas de mettre en valeur ce que la Fédération Nationale peut faire de bien, mais pour mettre en valeur ce qui, à tort ou à raison, peut lui être reproché.

Et permettez-moi de vous dire qu'en réalité, si dans le congrès d'aujourd'hui, comme dans les congrès précédents, il n'y a pas plus de critiques sur l'action du Conseil Central, c'est parce que vous êtes là, c'est parce que des camarades n'osent pas faire des critiques qui seraient utiles, celles-là, de peur de s'associer à des critiques systématiques et faites à priori.

Par conséquent, nous savons que rien de ce que nous pourrions dire n'arriverait à vous convaincre.

Mais comme il y a les autres, c'est pour les autres que je vais parler, et pour vous par-dessus le marché.·

Quelques questions ont été posées.

Une, très importante, est celle de la propagande de la Fédération Nationale. Je remarque qu'elle fera l'objet d'un débat demain matin et que, par conséquent, ce n'est pas tant pour l'avenir que sur le passé que je veux répondre.

Tout de même, parlons de ce que nous avons fait. Cette année, il y a à l'actif de la Fédération Nationale, deux faits de propagande écrite qui, je crois, présentent un grand intérêt. Le premier, c'est l'Annuaire que nous avons publié, et je crois qu'il a reçu un éloge général. Il a présenté quelques imperfections de détail ; nous serons très heureux de recevoir des critiques qui nous aideront à mieux faire à l'avenir ; mais c'est tout de même un grand fait que la parution de cet Annuaire, envoyé gratuitement à toutes les sociétés adhérentes.

Un autre acte de propagande très important a été également fait cette année. Il s'agit de l'envoi de la brochure destinée à toutes les écoles primaires, à tous les instituteurs, à toutes les institutrices de France, brochure qui est due à la plume toujours si persuasive, si agréable de notre ami Charles Gide ; brochure qui va pouvoir servir à tous les instituteurs de l'école publique pour faire un exposé coopératif à leurs élèves.

On nous avait dit avec juste raison qu'il ne fallait pas nous occuper de l'enseignement secondaire ou supérieur, certains étaient même prêts à dire de l'enseignement bourgeois... bourgeois actuel, car l'enseignement devrait être pour tout le monde...

Marrane. — Devrait !

Poisson. — Je viens de le dire. Mais cette année, il ne s'agit pas de cela. Il s'agit précisément d'un effort fait par l'envoi de 129.000 brochures à tous les instituteurs et toutes les institutrices, avec une lettre du Directeur de l'Enseignement, indiquant que cette brochure doit servir de thème aux leçons sur la Coopération, dans le programme de morale civique.

C'est tout de même quelque chose.

Nous voudrions faire plus. Oui, nous voudrions et nous devrions faire plus. Mais il ne faut pas non plus risquer des pas de clerc, il faut agir à bon escient.

Il est évident, par exemple, que la propagande orale des réunions publiques coopératives est actuellement sans résultats pratiques, à quelques exceptions près, et il faut que nous en tenions compte dans l'organisation de notre propagande.

Notre ami Richard, de Saint-Etienne, nous a dit : Nous voulons une justification ; les sommes dépensées nous paraissent considérables. Qu'il me permette de lui dire que, contrairement à ce qu'il croit, nos ressources ne sont pas importantes du tout. On vit sur la tradition que la Fédération Nationale est riche. Eh bien, lisez attentivement votre bilan, vous verrez qu'au 31 décembre, nous avions 102.000 francs au maximum disponibles.

Pour une organisation nationale comme la nôtre, qui peut être demain en butte à des difficultés, qui aura peut-être besoin de mener une action spéciale à un moment donné, 102.000 francs représentent une somme qui est loin d'être exagérée, au contraire.

En dehors de cela, notre budget de l'année 1926 est en déficit, peut-être en sera-t-il de même de celui de 1927.

Nous ne sommes pas comme les coopératives qui doivent non seulement ne pas faire de déficit, mais au contraire avoir des bénéfices pour augmenter leurs réserves et distribuer des trop-perçus. Ce n'est pas là notre rôle. Nous n'avons pas à réaliser des bénéfices ; nous sommes une organisation de propagande et l'argent des cotisations doit servir au développement de la Fédération et du Mouvement coopératif.

Vous me direz : Mais, cette année, il y a des signes inquiétants ; par exemple, les cotisations ont diminué, bien que vous disiez par ailleurs que le chiffre d'affaires a augmenté.

Cela, vient de ce que les cotisations ne sont pas calculées d'après l'année 1926, mais d'après l'année 1925. En 1925, il y a eu un fléchissement incontestable dans le mouvement coopératif, fléchissement qui a été du reste un peu général ; c'est en 1926 que le budget de la Fédération en ressent le coup. Au contraire, l'année 1926 a été en amélioration sensible : c'est l'année prochaine que vous verrez aux cotisations l'augmentation que nous vous signalons.

On a dit : le nombre des sociétés a diminué. Il a diminué, mais pour une grosse part à la suite de fusions de sociétés, et loin d'être un mal, ces fusions sont un bien. Non pas que la Fédération Nationale doive être une Fédération de grandes sociétés : la Fédération Nationale est ouverte à toutes les sociétés, même aux plus petites et aux plus modestes. Mais cela n'empêche pas que nous disons : l'évolution économique conduit inévitablement à la nécessité de grandes organisations pour pouvoir se défendre contre le commerce privé.

Et alors, nous devons nous réjouir que des fusions se fassent. Malheureusement, il arrive trop fréquemment que la fusion se fait alors que les petites sociétés sont sur le point de mourir et qu'elles s'adressent aux grandes sociétés uniquement pour sauver la situation.

Mais il y a aussi des sociétés qui ont disparu en assez grand nombre, et depuis 1922 — ce n'est pas une nouveauté pour vous, camarades — le mouvement coopératif en France marque un temps d'arrêt.

Une grande période de développement coopératif a correspondu aux années de guerre et à celles qui ont suivi ; partout, sauf exceptions, il y a eu augmentation des sociétaires et augmentation du chiffre d'affaires. Puis, le développement s'est arrêté. Je l'ai dit au dernier Congrès.

Mais la question qui se pose est celle de savoir si c'est le Conseil Central qui peut être rendu responsable de cette situation. Et à cet égard, camarade Grimaldi, je peux vous dire que chaque fois qu'une société disparaît et que nous en sommes informés, en toutes circonstances, nous intervenons immédiatement, soit pour donner des conseils, soit pour essayer de sauver la société ; nous sommes ainsi intervenus et avons sauvé des organismes qui allaient sombrer.

Faut-il que je rappelle l'histoire de *L'Union des Coopérateurs de la Marne*, qui a failli disparaître alors qu'elle avait 1.300.000 francs de capital et faisait 8 millions d'affaires ? Nous sommes heureux de pouvoir dire que grâce à l'action de la Fédération Nationale, grâce aussi aux sacrifices de la Banque et grâce aux efforts de nos camarades de Château-Thierry aujourd'hui, *L'Union des Coopérateurs de la Marne* est sauvée, elle est vivante et elle sera demain prospère.

Nous pouvons aussi vous rappeler tous les efforts tentés de divers côtés. Présentement, nous en faisons un. Il y a une grande société qui, depuis des années est vacillante, c'est *L'Union des Coopérateurs de la Banlieue Nord*. Eh bien, à l'heure actuelle, nous faisons un effort vigoureux pour essayer de la sauver. Là aussi, avec des sacrifices de la Banque, avec les efforts de la société gestionnaire et ceux de *L'Union des Coopérateurs de Paris*, nous comptons aboutir. Je vais même vous apprendre quelque chose, c'est que nous avons fait, dans la banlieue nord, une espèce de trêve avec les camarades coopérateurs révolutionnaires et que sans rien abdiquer de nos principes, ni de nos méthodes mais simplement préoccupés de sauver la société, nous essayons depuis un mois de mettre debout un organisme, et nous espérons que l'année prochaine, nous entendrons approuver d'enthousiasme le Rapport Moral de la Fédération à l'unanimité, au moins sur ce point.

Oui, la Coopération a passé une période difficile. La Fédération Nationale doit multiplier ses efforts pour empêcher les sociétés de sombrer ; elle doit multiplier ses efforts aussi pour que les sociétés ne se créent que dans des conditions de vitalité certaine et de certitude de réussite. Elle doit apporter tout son concours, chaque fois qu'il y a une difficulté quelconque.

Je dois vous dire que nous n'attendons pas qu'on nous demande. Nous allons au-devant, mais nous ne pouvons pas faire que beaucoup de coopératives, nées dans un mouvement d'enthousiasme, sans capacités administratives à leur tête, sans connaissance de la vie économique, nous ne pouvons pas faire que ces sociétés soient viables et nous ne pouvons pas les empêcher de sombrer, alors qu'elles sont incapables de tenir contre le commerce privé concurrent.

C'est ainsi que nous avons dû enregistrer un certain nombre de disparitions au cours de la crise économique, parce que des sociétés n'avaient su avoir ni une politique financière prévoyante ni une politique commerciale habile.

Pas de politique financière. Hélas ! où est le temps, pas encore si lointain, où certains camarades venaient à la tribune du Congrès demander au Mouvement coopératif de renoncer au système des trop-perçus et de faire, dans l'intérêt des travailleurs, une politique de bon marché, de vendre aux plus bas prix possibles, pour que les consommateurs profitent immédiatement de la baisse.

Politique alléchante pour les consommateurs ; mais politique dangereuse qui aboutit pour les sociétés à n'avoir pas de réserves, à vivre au jour le jour. Et qu'il se produise une crise économique comme celle que nous venons de traverser, la société est à la merci de ses fournisseurs et sombre au moindre choc.

Beaucoup de sociétés coopératives ont disparu pour n'avoir pas suivi la politique de la Fédération Nationale et avoir peut-être trop écouté les conseils des autres.

Et puis, il y a aussi la situation générale. Si nous voulons que le mouvement se développe, il faut prendre la forme moderne, la forme technique, il faut que nous ayons un appareil technique qui soit le vôtre.

Oh ! vous avez raison, nous n'avons pas fait tout ce qu'il fallait. Nous tâcherons de faire mieux. Nous avons besoin de votre aide et de vos efforts. Nous développerons notre propagande en ce sens. Mais n'ayez pas trop d'illusions. Le Conseil Central est le *Deus ex machina,* mais il n'a pas à sa dispositon la possibilité de remuer des masses qui ne veulent pas remuer.

Nos camarades révolutionnaires communistes nous disent : « Mais, c'est parce que vous vous éloignez du prolétariat. Ah ! si vous souteniez les grèves, si vous souteniez la classe ouvrière dans ses luttes contre le capital, ce serait un admirable épanouissement de la coopération ».

Il n'y a qu'un malheur, c'est qu'il y a des sociétés où nos camarades révolutionnaires sont les maîtres, où ils font prévaloir cette politique là. Or, ces sociétés, dans leur ensemble, n'ont pas augmenté autant que les nôtres. Leur méthode n'est donc pas bonne, ce n'est pas là qu'est le vice.

Le vice est dans l'insécurité, dans l'instabilité économique générale.

Aujourd'hui, je ne sais si cela durera, nous sommes dans une période de stabilité monétaire provisoire.

Eh bien ! il faut dire la vérité, Marrane. Quelles que soient les raisons de la crise économique, quel que soit le jugement que l'on porte sur elle, il y a un fait incontestable, c'est que, depuis qu'il y a une stabilité monétaire de fait, les sociétés ont partout grandi.

Du point de vue spécifiquement coopératif, sans aller sur d'autres terrains, il est à désirer que cela dure.

Je pense que dans la mesure où il y aura une stabilité économique, désirable non seulement pour les consommateurs, mais aussi pour les travailleurs, nous assisterons à un nouvel essor de la coopération en France. Et je vous dis qu'il faut nous y préparer.

Vous avez le droit, en effet, d'exiger de la Fédération Nationale un effort redoublé. Demain, à cette tribune, je parlerai de l'idée d'un plan de propagande. Je demanderai que le Congrès donne mandat à la Fédération Nationale, comme aux Fédérations Régionales, qui ont besoin d'être ravivées, comme à toutes les sociétés, je demanderai à tout le monde de se donner comme motif d'action, comme but, l'application de leurs efforts respectifs, depuis chaque unité, jusqu'à l'organisation centrale, de doubler leurs efforts et leur effectif en dix ans. et j'espère qu'ainsi on aura donné au mouvement tout entier un plan d'action et de raison d'action.

C'est sur ce plan que vous aurez le droit, par là même, l'année prochaine, de nous interroger, de nous demander si nous avons redoublé d'énergie et essayé de diriger le mouvement coopératif vers des conquêtes nouvelles.

Deuxième question. Vous nous avez dit : l'impôt sur le chiffre d'affaires, qu'est-ce que vous avez fait contre lui ?

Notre ami Richard nous dit : « Vous auriez dû faire bien davantage.

auprès des parlementaires ». Et il raconte que les parlementaires de sa région qui ont voté le chiffre d'affaires pour les coopératives, sont venus, à la veille d'élections, leur dire : « Nous regrettons beaucoup et nous vous faisons des excuses ». Ils se sont moqué de vous, vos parlementaires ! Ce n'était pas après qu'il fallait faire des excuses : c'était au moment du vote qu'il fallait intervenir. Ils ne sont pas si bêtes que cela, allez ! ils savaient ce qu'ils faisaient quand ils votaient.

Ce qui vous arrive est arrivé aussi à la Fédération Nationale.

Mais tout de même, il ne faut pas oublier ce que nous avons obtenu grâce à notre action, grâce aux Semaines Parlementaires de la Coopération, qui ont abouti à ce que ces fameux impôts, pour lesquels nous avons eu trois mois de discussions, de pourparlers et de propositions — il faut dire ce qui est, tous les parlementaires n'ont pas été comme ceux de la Loire, trois fois la proposition de la Fédération Nationale a été votée par la Chambre, quatre fois elle a été repoussée par le Sénat et à la Chambre nous avons été particulièrement défendus par nos amis Boully, E. Lafont, Jean Locquin et d'autres. Et c'est à six heures du matin que, dans la fameuse nuit du 4 juillet, « on nous a eus » ! Mais, en réalité, un gros effort avait été fait.

Faites davantage ? Ah ! les circonstances ne nous étaient pas favorables et chaque fois que nous avons tenté une action publique sur cette question, qui intéresse les coopérateurs, les militants, chaque fois, il faut bien le dire, nous avons rencontré l'indifférence de la masse des consommateurs qui se perdent dans une question aussi difficile que celle des impôts.

Nous n'avons pas abandonné le projet ; il a été repris, nous tiendrons la position que nous avons adoptée et nous ferons peut-être appel à vous pour faire pression sur vos parlementaires. Nous souhaitons qu'à ce moment-là vous répondiez à notre appel et que nous n'ayons pas à déplorer — comme cela est déjà arrivé — que sur 1.500 ou 2.000 sociétés invitées à envoyer une protestation à leurs parlementaires, il y en ait 50 qui le fassent.

Regardez vous-même : je suis certain que, de ceux qui sont ici, il y en a les trois quarts qui, dans leurs sociétés, n'ont rien répondu aux appels de la Fédération ; et je ne suis pas bien sûr que certains de ceux qui viennent à cette tribune aient répondu à ces appels.

La question du tarif douanier ! Ah ! Camarades, vous êtes bons. Il n'en est pas question dans le rapport, dites-vous. C'est que la question n'était pas à l'ordre du jour et elle est née en 1927. Mais la Commission permanente de la Fédération Nationale a établi un mémoire de 24 ou 25 pages.

En tout cas, ce mémoire qui expose notre point de vue, n'est pas simplement une protestation théorique contre les tarifs douaniers, protestation qu'il est bien facile de faire, mais qui ne répondrait pas à la situation actuelle, car il n'y a pas qu'une question de tarif d'ordre purement fiscal, il y a, pendante devant le Parlement, toute une loi douanière qui envisage surtout la question au point de vue de la protection industrielle.

Et il faut que vous sachiez que le projet même de tarif douanier, sans être ce que nous désirons, est malgré tout une amélioration sur ce qui existait auparavant, à la fois sur la question des droits conventionnels, sur la question des conventions commerciales, sur certaines spécifications de la nomenclature, etc. Mais n'entrons pas dans le détail ; qu'il me suffise de vous dire que la Fédération Nationale a fait son devoir et continuera à le faire. Pourquoi ne pas le dire : parmi ceux qui, il y a quelques jours, ont empêché que le tarif douanier ne soit immédiatement voté, il y avait M. Cayrel, qui est coopérateur, administrateur d'une société représentée ici, et membre du Conseil Supérieur de la Coopération. Je ne dis pas que Cayrel n'ait pas eu de lui-même l'idée d'intervenir comme il l'a fait ; mais il y a eu entente entre lui et nous pour son intervention.

Par conséquent, sur ce point, nous avons fait notre devoir. Inutile de vous dire que nous continuerons de notre mieux.

J'arrive maintenant à une série d'autres questions.

D'abord, le Congrès de Stockholm. Si vous voulez, nous en parlerons demain ; mais tout de suite, pour que vous n'ayez pas pendant vingt-quatre heures la fringale, je vous réponds que je crois que le Conseil Central maintiendra ses résolutions antérieures et qu'il n'acceptera point qu'au Congrès de Stockholm il y ait représentation de la minorité.

La raison est péremptoire ; c'est que les autres pays ne l'acceptent pas. Vos amis russes n'ont jamais, je crois, admis la représentation des minorités au Congrès de Stockholm ?

Boyet. — Voulez-vous me permettre un mot ? Comment pouvez-vous dire que les autres pays n'acceptent pas la représentation de la minorité ? Le dernier congrès a eu lieu à Gand ; vous y étiez, et vous savez aussi bien que moi que le seul pays qui n'ait pas eu de représentant de la minorité, c'est la France.

Poisson. — Je réponds à Boyet que c'est une erreur et qu'il n'a rien vu à Gand.

Boyet. — Je l'ai dit l'an dernier au Congrès et vous ne m'avez pas répondu.

Poisson. — Je ne peux pas répondre à tout. Quand vous avez vu des Anglais ou des Allemands venir prendre la parole, c'est qu'il y a des sociétés anglaises ou allemandes directement affiliées ; mais il n'y a pas de représentation proportionnelle, et il n'y en a pas notamment pour la Russie.

Et tant qu'il n'y en aura pas pour les autres pays, il n'y en aura pas pour nous.

Du reste, c'est assez logique. Un Congrès International n'est pas seulement un parlement ; c'est un organe d'exécution. Et vous même avez toujours défendu cette idée que je considère comme juste, c'est que, dans les organes d'exécution, il n'y a pas de représentation des minorités.

A *La Bellevilloise*, vous ne l'avez pas cette représentation de la minorité, et vous avez raison de ne pas l'avoir. Mais permettez-moi de vous dire que nous avons également raison de ne pas vous la donner.

Boyet. — Ce que vous dites de *La Bellevilloise* est absolument faux. Votre refus n'est en réalité qu'une brimade.

Poisson. — Ce n'est pas une brimade ; c'est simplement une règle qui s'applique à tous. Soyez tranquilles, vous aurez là-bas des amis pour soutenir vos idées.

Marrane. — Ce n'est pas sûr.

Poisson. — Si, c'est sûr, ou alors, cela prouverait, ce que je ne veux pas admettre, que vos amis russes ne seraient plus d'accord avec vous. Mais je pense qu'il n'en est pas ainsi et je le souhaite.

J'arrive maintenant à une question importante, celle du travail de jour dans les boulangeries, et je réponds à Boville.

Mais Boville n'est pas professeur d'histoire, il manque de souvenirs. Comment, nous n'avons pas voulu converser avec les organisations ouvrières, après le Congrès de Lille ?

Après le Congrès de Lille, nous avons tenu, nous coopérateurs, une assemblée des délégués des coopératives, ce qui était bien naturel, pour préciser leur point de vue. Vous n'avez pas été convoqués à cette réunion, c'est vrai. Mais vous n'aviez pas à l'être, puisque c'était une réunion préalable à celle que nous devions avoir avec vous, pour donner un mandat à nos représentants. Mais vous y avez assisté tout de même et vous y avez parlé, en tant que représentant de *La Bellevilloise*, et vous avez dit tout ce que vous vouliez dire.

On a nommé une Commission chargée de discuter avec les représentants des organisations syndicales. Les entrevues ont eu lieu à la Fédération Nationale, et les représentants des deux organisations centrales des ouvriers boulangers ont eu toute latitude de défendre leur thèse.

Et qu'est-ce qui a été dit à cette réunion ?

A Lille, vous aviez dit au Congrès qu'on pourrait trouver un terrain de transaction. Je ne sais pas si le mot a été prononcé ; mais tous ceux qui étaient à Lille ont eu l'impression que vous étiez disposés à chercher un moyen transactionnel, afin de ne pas nuire aux sociétés coopératives. Ce fut bien là l'impression du Congrès de Lille tout entier.

Or, qu'est-ce que vous avez dit lors de notre récente entrevue ? Vous avez dit deux choses : les unitaires, comme les confédérés de la rue Lafayette, sont pour la petite boulangerie boutiquière, et que vous étiez, pour des raisons diverses, hostiles aux grandes boulangeries, dites industrielles.

Boville. — C'est inexact.

Poisson. — Comment, inexact ?... Mais vous l'avez répété ici même, il n'y a qu'un instant.

Boville. — Ce n'est pour des raisons de principe ; c'est pour des raisons matérielles.

Poisson. — Que ce soit pour des raisons matérielles ou des raisons de principe, c'est bien ce que vous avez dit. Vous ne croyez pas à la technique moderne ; vous croyez au vieux mitron et au vieux fournil.

Eh bien j'avoue que je ne crois pas cette opinion conforme à l'avis de ceux qui ont combattu depuis si longtemps pour la suppression du travail de nuit dans les boulangeries.

Je citerai un ancien ministre qui a joué un rôle dans cette question depuis vingt-cinq ans, à qui j'allais soumettre les observations des coopératives. Je lui ai dit : « La conséquence de la loi nouvelle, ce sera la disparition inévitable de la boulangerie industrielle ». Et de la discussion que nous avons eue, il est bien ressorti qu'inévitablement l'effet de la loi serait que la boulangerie industrielle devrait multiplier le nombre de ses fours, de façon que toutes les économies techniques qui peuvent résulter de l'industrialisation auraient disparu.

Ces boulangeries industrielles — coopératives ou même capitalistes — qui donnent le pain, là où elles existent, à trois et quatre sous meilleur marché par kilo, ces boulangeries, comme à Strasbourg, sont condamnées par votre loi, parce que vous considérez que l'avenir est aux petites boulangeries et non pas aux grandes. Tant pis pour le consommateur de pain, — et pourtant vous savez que le consommateur de pain, c'est surtout l'ouvrier.

Je ne pense pas que du point de vue du progrès social, du progrès technique et de l'intérêt général des consommateurs, cette thèse puisse être acceptée.

Vous dites qu'il faut que les intérêts des ouvriers boulangers soient considérés avant ceux des consommateurs. Eh bien ! je crois que les intérêts des consommateurs ouvriers — j'accepte cela — sont supérieurs aux intérêts particuliers d'une catégorie d'ouvriers producteurs : je crois que l'intérêt général des travailleurs doit passer avant l'intérêt d'une seule catégorie.

Et je ne parle pas seulement de l'intérêt des travailleurs-consommateurs au point de vue du prix, mais aussi de l'intérêt qu'ils ont — intérêt primordial, celui-là — à recevoir du pain fabriqué dans des conditions d'hygiène et de rendement bien supérieures.

Car, en admettant que vous critiquiez la rationalisation capitaliste, vous n'avez pas le droit de vous faire l'avocat, dans un congrès, de procédés économiques et d'instruments techniques qui représentent le moyen-âge ou quelque chose d'approchant.

Vous savez très bien la différence qu'il y a entre la grande boulangerie industrielle et le fournil du boulanger en boutique. Allez donc les voir, ce soir !

BOVILLE. — Oui, nous irons voir une petite boulangerie industrielle.

POISSON. — A Strasbourg, ce ne sont pas seulement les consommateurs qui sont mieux servis ; mais les travailleurs sont payés de 190 à 210 francs pour 48 heures de travail, six journées ; alors que dans les boulangeries privées ils sont payés de 90 à 100 francs, pour 60 heures, sept journées ; alors qu'à Strasbourg, deux équipes ne travaillent pas du samedi au lundi ; alors que les conditions d'hygiène des travailleurs sont infiniment supérieures !

Ah ! vous parlez d'ordres du jour de coopératives qui seraient, par sentiment, avec vous. Mais si je vous parlais, moi, des ouvriers boulangers qui travaillent dans nos boulangeries industrielles ?

BOVILLE. — Ils ne sont pas syndiqués ; ce sont des jaunes que vous employez !

POISSON. — Je parle d'ouvriers syndiqués, Boville ; il s'agit de Roanne et il s'agit de camarades qui ont essayé de supprimer le travail de nuit.

BOVILLE. — Ils ne sont pas syndiqués.

POISSON. — Ils l'ont été. Et l'exemple de Roanne n'est pas le seul ; beaucoup d'ouvriers boulangers constatent les difficultés d'application pratique.

Mais quoi ! nous voulons bien faire un effort. Seulement, outre que vous êtes pour la petite boulangerie archaïque, vous ne voulez pas accepter le vote d'un amendement juste. Vous ne le voulez pas, parce que vous avez peur de déplaire aux petits patrons ; parce que vous savez que si vous obteniez l'exonération pour les coopératives industrielles, les petits patrons se retourneraient contre la loi, parce que, au fond, ils espèrent se servir de ce moyen pour combattre nos sociétés.

La loi dit : « Personne ne travaillera... » Et vous avez ajouté : « Sauf pour les travaux préparatoires... »

La loi permet les travaux préparatoires, et vous venez ici, Boville, dire à la tribune que ce sont les grandes boulangeries qui en profiteront ! Vous dites cela, mais vous savez bien que ce sont les petits patrons boulangers qui resteront à leur fournil, sous prétexte de travaux préparatoires, qu'on n'osera pas les frapper, et que c'est la coopérative que seule on frappera ! Voilà malheureusement ce qui arrivera !

Nous constatons avec beaucoup de regret, non pas notre carence, mais la vôtre.

Comme il y a un an, nous sommes toujours prêts à une transaction qui pourrait vous être favorable.

Nous nous sommes retrouvés depuis l'année dernière et nous vous avons fait plusieurs propositions... Elles vous ont paru insuffisantes et vous avez dit : « Non pas de modification à la loi ».

Permettez-moi de redire que la Coopération est prête, par sentimentalisme et par fraternité, à appuyer les revendications des ouvriers boulangers ; mais tout de même, à une condition, c'est qu'ils n'aboutissent pas, dans ces revendications, à demander la ruine et la disparition de boulangeries coopératives qui marquent un progrès économique et social et donnent aux ouvriers du bon pain à bon marché.

Je passe à *La Bellevilloise*. Camarades de *La Bellevilloise*, quoique « lutteurs de classe », vous prenez bien facilement le chemin du domicile des anciens ministres, même bourgeois, et des directeurs de Ministère...

Boyet proteste de sa place.

Poisson. — Vous ne me laissez pas terminer ma phrase ; je me demande comment vous pouvez répondre : vous ne savez pas ce que je vais dire !

Je dis que quoique « lutteurs de classe », vous connaissez mieux le chemin du domicile d'un ancien ministre bourgeois, que j'aime beaucoup, que celui de notre organisaton. Pourquoi n'êtes vous pas venu à la Fédération Nationale ? Je sais bien que nous sommes là ; mais enfin, nous n'avons pas des relations personnelles si désagréables que cela, Boyet ! Pourquoi n'êtes-vous pas venu ?

Boyet. — Un simple mot ?

Poisson. — Non.

Le Président. — Laissez parler Poisson.

Poisson. — Avant de parler, écoutez, vous ne connaissez pas encore ma pensée.

Je dis que vous auriez pu venir à la Fédération Nationale ; j'aurais pu vous renseigner immédiatement et peut-être mieux que vous ne l'êtes à l'heure actuelle par toutes les entrevues que vous avez eues avec les représentants de la bourgeoisie que vous êtes allé visiter.

Boyet. — Je demande un mot.

Poisson. — Vous devez avoir singulièrement tort pour ne pas vouloir me laisser vous répondre !

Le Président. — Boyet, vous avez parlé sans être interrompu ; vous ne pouvez pas interrompre Poisson sans son consentement.

Boyet. — Nous n'avons pas l'intention de laisser passer ce que dit Poisson, et vous nous laissez injurier.

Poisson. — Je ne crois pas que, dans ce que j'ai dit il y ait un mot d'injurieux de ma part. Nous discutons le plus courtoisement possible. Mais comme je veux que ma pensée soit complètement exprimée, je demande à ne pas être interrompu.

Je disais donc, Boyet, que si vous étiez venu à la Fédération, je vous aurais immédiatement donné la réponse que je vais vous donner maintenant. Je sais ce qui s'est passé à la Commission de répartition, puisque j'en fais partie et qu'elle est composée en majorité de représentants du mouvement coopératif. Elle sert à quelque chose, et je me rappelle que si, aujourd'hui, vous demandez que je donne ma démission d'un certain nombre de Comités et de Commissions, alors que vous m'avez demandé les années précédentes de démissionner du Conseil supérieur de la Coopération, cela ne figure plus aujourd'hui sur votre liste. Et puis, ces accointances avec la Commission de répartition de Crédit, c'est de la collaboration bourgeoise, même de la collaboration pour de la « galette » que nous demandons...

Boyet interrompt de sa place.

Le Président. — Boyet, laissez donc parler Poisson.

Boyet. — C'est une canaillerie !

Poisson. — Vous avez très bien fait de soulever la question. Mais laissez-moi vous répondre et ne montrez pas un énervement excessif.

Je vous dis qu'à la Commission, quand votre demande est venue, comme il est de notre devoir, nous avons examiné les conditions du prêt et vous devez bien penser, Boyet, qu'il n'y avait, du point de vue coopératif comme du point de vue financier et commercial, aucune raison de refuser un prêt à *La Bellevilloise*. Nous l'avons proposé. On a fait des objections. Le président — vous pourrez aller le trouver, si vous voulez, puisque vous voulez voir tous les bourgeois, — le président, M. Chéron, a dit : « Mais, est-ce que ce n'est pas la société qui donne de l'argent pour la propagande communiste ? »

Boyet proteste.

Poisson. — Voyons, Boyet, si on vous posait la question, est-ce que vous oseriez dire que, directement ou indirectement, vous ne favorisez pas — ce qui est conforme à vos théories — l'action du parti communiste ?

Eh bien ! ce jour-là, malgré un représentant de la Cour des Comptes qui voulait refuser tout de suite, nous avons obtenu qu'une enquête soit faite.

La question est revenue, et quand elle est revenue, on a donné un certain nombre de raisons on a montré que *La Bellevilloise,* par son Cercle, faisait, directement ou indirectement, de la propagande sinon du parti, tout au moins de la propagande communiste.

Et savez-vous ce qu'ont dit les bourgeois ? Ils ont dit : « Eh bien ! ils ont du culot ! » Je ne sait pas si c'est ce mot-là qu'ils ont employé, mais enfin, ils ont dit : « Tout de même, voilà vos amis... » — car c'est ainsi qu'ils s'expriment quand ils me parlent de vous — « ... vos amis qui veulent démolir la société, qui veulent renverser l'Etat bourgeois, voilà qu'ils demandent de l'argent à l'Etat bourgeois pour combattre ce même Etat bourgeois ! Ils exagèrent ! »

Vous me demandez ce qui s'est passé, je vous le dis; je ne prends pas l'argument à mon compte ; d'ailleurs, s'il n'est pas excellent, vous avouerez qu'il a tout de même une apparence de bon sens.

Vous arrivez un peu tard, Camarades de *La Bellevilloise* et vous Boyet, en demandant que la Commission ne s'occupe pas, dans la question des prêts, du point de vue politique. Parce qu'il faudrait alors rédiger votre texte de la façon suivante . « *La Bellevilloise,* reconnaissant que les représentants du Conseil Central ont eu une idée intéressante ; que, par conséquent, nous devons voter le rapport du Conseil Central puisqu'ils nous ont défendus ».

Il y a mieux, car nous avons demandé et fait voter par la Commission que celle-ci n'avait pas à s'occuper de questions politiques dans l'attribution des fonds et qu'elle n'avait, conformément à la loi, qu'à examiner si la société remplissait les conditions coopératives, financières et commerciales voulues pour qu'on lui accorde un prêt. C'est moi qui ai fait cette proposition, et après quelques difficultés elle a été adoptée et la Commission a déclaré que *La Bellevilloise* remplissait les conditions requises.

Mais c'est le ministre qui donne la signature et décide d'accorder le prêt ; il peu avoir des raisons de le refuser, sans que ces raisons soient les nôtres.

Est-ce qu'il n'était pas utile de remettre les choses au point et de dire ce qu'il en était.

Boyer. — Un mot maintenant, si vous le voulez bien.

Si vous avez fait cela, Poisson, je ne vous félicite pas parce que je ne peux tout de même pas vous féliciter ici ; mais si vous avez fait cela, je viens vous demander de joindre votre voix à celle de *La Bellevilloise* pour demander au Congrès de voter notre résolution.

Poisson. — C'est une autre question que verra la Commission des Résolutions.

Marrane. — Je demande à dire un mot.

Poisson. — Non, Marrane, non ! J'ai encore à parler et il est tard.

Maranne. — Une minute.

Poisson. — Non. J'en ai encore pour dix minutes. Vous m'avez posé des questions sur les Comités dont je fais partie ; vous m'avez à la fois blâmé d'y être entré et blâmé d'en être sorti. Si bien que je suis blâmé quoi que je fasse.

J'ai en effet donné quelques adhésions que je n'ai point besoin d'énumérer, les unes au nom du mouvement coopératif, d'autres en mon nom personnel.

Deux mots en ce qui concerne le Comité de Redressement. On m'a demandé de faire un rapport, pour montrer comment la coopération est la meilleure forme de rationalisation du commerce ; je l'ai fait, et je le referai encore. Après cela, on m'a dit : « Voulez vous faire partie du Comité ». J'ai répondu négativement, parce que, en ce qui me concerne personnellement, cela ne me plaisait pas.

Et puis, quelques jours après, à une réunion du Comité permanent du Conseil Économique National, on a demandé l'adhésion des membres. M. Gide était là ; il a donné son nom ; moi aussi, quelques autres encore. Je n'étais pas très fier de cela ; je me disais : « Ce n'est pas du tout un Conseil tel que je le ferais. »

Mais à quelques jours de là, je vois mon nom, avec l'indication « Secrétaire général de la Fédération des Coopératives de Consommation ». Or, j'avais expressément indiqué que je ne voulais pas que ce titre fût inséré. Le nom de M. Gide figurait aussi ; mais quant aux autres, ils avaient disparu ; ils avaient retiré leur adhésion. J'étais dans une position un peu difficile...

Marrane. — A côté du maréchal Foch !

Poisson. — Je ne parle pas du maréchal Foch. Tu sais, je ne rencontre pas que le maréchal Foch ; j'arrive de Genève où il y avait les représentants de la Coopération Russe. Et puis, les fréquentations, Marrane !... On fréquente bien le Préfet de la Seine et même le Préfet de police. Je ne crois pas que vos amis russes aient abdiqué leurs théories, parce qu'ils se sont assis, à la Conférence internationale, aux côtés de M. de Peyrimoff, du Comité des Forges, et de grands capitalistes internationaux. Si vous estimez que la collaboration autour d'une table verte est permise à Genève avec la classe bourgeoise, pourquoi en serait-il autrement en France ?

Marrane. — C'est dans l'intérêt des capitalistes français.

Poisson. — Les compromissions ne sont permises qu'avec les capitalistes internationaux. J'ai beaucoup à apprendre ; mais je croyais que les capitalistes internationaux étaient plus dangereux que les capitalistes français.

J'entends bien que vous me reprochez ma collaboration à tous les Comités possibles : Comité consultatif des Chemins de fer, Office des Céréales, Office des Pétroles, où vous m'avez reproché d'avoir rencontré M. Loucheur. Seulement, à Genève, vos amis russes ont aussi rencontré M. Loucheur, et là tout était parfait. A Genève, la compromission est inoffensive ; ici, c'est une abomination.

Allons, allons ! un peu de sérieux !

En ce qui concerne le Comité de Redressement, j'ai envoyé ma démission et l'affaire est ainsi réglée sur ce point.

Pour le reste, je soutiendrai que le mouvement coopératif doit aller partout où il le peut, pour y défendre et y représenter les intérêts des consommateurs. Et j'irai, s'il le faut, m'asseoir à une table où j'aurai pour voisin un jour M. le maréchal Foch, un autre jour M. le cardinal Dubois, un troisième jour M. Loucheur, ou un quatrième jour quelque grand seigneur du commerce des blés, comme M. Louis Dreyfus, dont j'ai eu l'honneur de faire la connaissance à table de l'Ambassade des Soviets, à Paris. Et je n'ai pas été plus compromis à la table des Soviets, avec M. Louis Dreyfus que je n'ai été compromis à la table où étaient assis M. Foch et M. Loucheur.

Et si vous croyez que vos représentants ont l'âme assez vile ou la volonté assez faible pour être entraînés, autour d'une table, par le chant des paroles ou par les politesses des grands seigneurs du monde, alors, il faut renoncer à l'action, il faut rester en sa tour d'ivoire, il ne faut pas se mêler à la vie.

Mais si vous avez confiance en ceux qui vous représentent et si eux-mêmes ont quelques notions du devoir, partout où ils sont, ils se doivent, en soldats déterminés, en militants convaincus, de défendre vos intérêts.

Nous n'y faillirons, j'espère, jamais. Et que ce soit au Comité Consultatif des Chemins de fer où un jour, par ma voix, j'ai fait battre par seize voix contre quinze, pour la première fois depuis vingt-cinq ans, le Comité des Forges ; que ce soit à l'Office des pétroles où je suis parvenu à faire voter un jour un texte hostile aux pétroliers, à cause des hausses du mois de janvier ; que ce soit à l'Office des Céréales, où j'ai un jour obtenu que dans les moments critiques on donne au Ministre le moyen d'empêcher les spéculations ; que ce soit n'importe où, au Conseil National Economique, dans un cabinet de Ministre ou à la Conférence de Genève, j'ai la prétention de dire qu'en votre nom j'ai toujours défendu, non pas seulement les intérêts coopératifs, mais l'idéal coopératif. Et si vous voulez que notre Fédération Nationale et que notre mouvement deviennent de plus en plus puissants, n'hésitez pas, soyez partout où vous pourrez travailler au triomphe de notre idéal de justice.

Le Président. — La parole est à Delabaere, rapporteur de la Commission de vérification des mandats.

Vérification des Mandats

Delabaere. — La Commission de vérification des mandats s'est réunie. Aucune contestation n'a été portée à sa connaissance en ce qui con-

cerne les mandats des délégués au Congrès. 442 délégués représentent
6.754 mandats. La Commission les déclare valables.

LE PRÉSIDENT. — Pas d'observations ? Le rapport de la Commission
des mandats est adopté.

La parole est à Maurice Camin.

Vote sur le Rapport Moral

Maurice CAMIN. — Voici les résultats du vote sur le Rapport Moral.

        Nombre de mandats 6754
        Pour l'adoption 6257
        Contre l'adoption   490
        Abstentions   7

LE PRÉSIDENT. — Le Rapport Moral est adopté.

La séance est levée à 13 h. 1/4.

LA RÉCEPTION DES DÉLÉGUÉS ÉTRANGERS AU THÉATRE DE NIMES

La séance est ouverte à 15 heures 30.

M. GIDE. — Avant de donner la parole aux délégués étrangers, mon devoir est d'abord de les remercier d'être venus en si grand nombre : trente-deux délégués venant de douze pays donnent par leur présence à ce modeste Congrès National le caractère d'un Congrès International.

Je les remercie surtout d'être venus ici dans la pieuse pensée de rendre hommage aux fondateurs de l'Ecole de Nîmes, mes amis Edouard de Boyve et Auguste Fabre. Eux qui étaient si modestes, comme ils auraient été, je ne dirais pas heureux, mais confus de voir réunie ici pour saluer leurs noms et leur œuvre, une si grande audience ! Ils n'auraient pas osé la convoquer ; et, à vrai dire, ils n'auraient pas pu, de leur vivant, la réunir ici, parce que leurs noms et leur œuvre n'étaient pas encore, à ce moment, assez connus. La parole de l'Evangile : Nul n'est prophète en son pays, s'est réalisée pour eux pendant leur vie, mais elle reçoit un heureux démenti après leur mort. Heureux ceux dont l'autorité grandit après la mort ! Miracle de l'action bonne qui se prolonge au-delà du tombeau !

Nous avons le privilège d'avoir ici, en cette circonstance, le fils aîné d'Edouard de Boyve, le colonel Robert de Boyve, et les enfants de Fabre, M. et Mme Cros. Qu'ils veuillent bien agréer ce tardif hommage !

Ces pionniers avaient d'autant plus de mérite à faire ce qu'ils ont fait qu'il faut bien dire que le terrain n'était pas très favorable. J'ai eu souvent l'occasion de remarquer combien la Coopération avait de peine à prospérer dans ces contrées heureuses que baigne la mer latine. Dans tous ces pays du midi, ou bien les sociétés coopératives sont rares, ou — si elles sont nombreuses comme en Italie — elles sont ballotées par les vents et ne prennent pas facilement racine. A quoi peut tenir cela ? Je me le suis demandé souvent, et, comme à beaucoup de questions sociales, je n'ai pas trouvé de réponse. Est-ce insouciance ? individualisme ? lassitude d'une trop vieille civilisation ? Est-ce tout simplement la joie de vivre, parce que la Coopération convient mieux à ceux qui ont peiné et qui ont souffert ?

En tout cas, le fait est là. Nous avons peu de sociétés coopératives à vous montrer, messieurs les délégués étrangers. L'Ecole de Nîmes a plus grandi ailleurs qu'en son lieu de naissance. Que sont nos pauvres sociétés coopératives méridionales à côté des vôtres, qui comptent par dizaines de milliers le nombre de leurs membres et par millions de livres, de marks ou de couronnes, le chiffre de leurs ventes ? Nos petites sociétés de ce pays-ci ne sont que des insectes à côté des vôtres ! Aussi bien en ont-elles conscience, car elles se plaisent à prendre modestement pour emblème l'Abeille, ou la Fourmi. Hélas, il y en a bon nombre qui pourraient prendre pour nom La Cigale ! d'autant plus, vous ne le savez peut-être pas, messieurs les délégués étrangers, que la Cigale est l'emblème des poètes et des littérateurs de Provence et du Languedoc. Elle pourrait l'être aussi de nos coopérateurs ; elle n'a pas beaucoup de vertus coopératives, la cigale : elle ne vit pas en société, elle ne sait pas faire le miel comme l'abeille, elle ne sait pas thésauriser comme la fourmi ; et, quoique La Fontaine ait été un peu sévère pour elle, il est vrai qu'elle est imprévoyante. Mais elle est frugale ; elle se nourrit des rayons du soleil et elle est infatigable dans le seul travail qu'elle sache faire, qui est de chanter et de faire vibrer sa petite crécelle toute la journée. Si la saison avait été plus avancée, messieurs les délégués, nous vous aurions invités à venir, dans la campagne ardente, entendre chanter les cigales. Telle est notre Coopération méridionale : elle est pauvre, elle est petite, elle est un peu individualiste, imprévoyante, peut-être trop bavarde, mais, tout de même, il y a en elle une petite âme coopérative qui sait vibrer aussi à tout rayon de bonté et de beauté. Vous en aurez la preuve tout à l'heure, messieurs les délégués étrangers, par l'attention et la sympathie avec laquelle vous serez écoutés.

Je donne la parole à M. H.-J. May, Secrétaire général de l'Alliance Coopérative Internationale.

Discours de H.-J. MAY

Monsieur le Président et chers Coopérateurs,

Au nom de l'Alliance Coopérative Internationale, j'ai l'honneur d'apporter aux délégués du Congrès de Nimes le salut le plus cordial et le plus sincère.

Il y a déjà trois ans que j'ai eu le plaisir de participer à votre Congrès, mais l'intérêt que je porte au développement de votre mouvement s'est accru au moins dans la même proportion que vos progrès même et je vous félicite aujourd'hui de la force que vous avez atteinte et de l'influence — nationale et internationale — que vous avez acquise en tant qu'institution économique.

L'importance de votre mouvement sur le terrain international est plus grande que jamais et si les aspirations de vos chefs sont un jour satisfaites, la coopération française se trouvera à l'avant-garde du progrès coopératif international.

L'Alliance Coopérative Internationale a continué sa marche en avant au cours des trois années qui se sont presque écoulées depuis son dernier Congrès tenu à Gand. Elle s'étend maintenant sur trente-cinq pays et espère en comprendre bientôt un trente-sixième, la Perse.

De même l'activité de l'Alliance internationale s'étend sous l'inspiration et avec la collaboration d'un grand nombre de mouvements nationaux et de plusieurs organismes spéciaux. C'est ainsi, par exemple, que le Comité international bancaire coopératif qui, depuis peu, groupe dans son sein les représentants de tous les principaux pays d'Europe, a maintenant atteint une étape à partir de laquelle sa tâche d'étude, de documentation et de propagande, va peu à peu se transformer en un établissement effectif de relations internationales coopératives bancaires. Cette œuvre, dans les mains expertes de notre ami Gaston Lévy, apporte à l'Alliance Coopérative Internationale un supplément de force d'une très grande importance.

Le Magasin de gros coopératif international accroît également sa force et exerce une précieuse influence en répandant les informations concernant le commerce international et en aidant, soit à créer dans les pays où ils n'existent pas, soit à développer dans les pays où ils existent, des Magasins de gros nationaux qui formeront éventuellement la base d'une institution coopérative d'échanges internationaux, fondée sur les principes d'entr'aide de notre mouvement.

L'étude sur le plan international des questions d'assurance coopérative reçoit elle aussi l'attention la plus assidue sous la direction de notre ami Joseph Lemaire, directeur de la Prévoyance Sociale à Bruxelles.

A cet égard, l'événement de valeur pratique le plus intéressant est « l'entente » qui s'est récemment établie entre la Belgique et la France, — entente grâce à laquelle a été ouverte à Lille une filiale de la Prévoyance sociale, dont le contrôle et les bénéfices seront également partagés entre les organisations intéressées.

L'école organisée, cette année à Stockholm, à l'occasion du Congrès de l'Alliance, aura le grand avantage d'une conférence de notre vénéré professeur Charles Gide.

L'organisation de l'école coopérative internationale d'été a été placée directement sous les auspices de l'Alliance et deviendra, nous l'espérons, une institution toujours plus appréciée parce que, tout en fournissant l'occasion d'étudier la coopération internationale et de créer entre personnes de races différentes des contacts qui élargissent l'horizon de chacun, elle offre, en outre, la possibilité de vacances qui constituent un véritable rafraîchissement physique et intellectuel.

Mais, le dernier triomphe de l'Alliance coopérative internationale, dépasse de beaucoup en importance ceux que nous avons l'habitude d'enregistrer. L'admission d'un représentant de l'Alliance parmi les délégués à la Conférence économique internationale, qui vient de terminer ses travaux à Genève, a cette signification que, désormais, la coopération internationale est entrée dans le cercle des discussions économiques mondiales, organisées par la Société des Nations. La présence de plus de 20 coopérateurs, soit comme délégués à la Conférence, soit comme experts, a créé des conditions favorables à nos principes, qui ont trouvé leur expression, tant dans les discussions que dans les décisions finales de la Conférence.

Notre ami Poisson et moi nous n'avons pas manqué de montrer clairement à la Conférence que les problèmes soumis à son examen, n'ont nulle part été mieux formulés et n'ont nulle part, trouvé une meilleure solution que dans le système coopératif qui est notre foi commune. Nous avons même pu rappeler les efforts précis vers la solution de ces problèmes, accomplis par les Conférences qui se sont tenues à Paris sous vos auspices, pendant la période même de la guerre. Le succès de la participation coopérative à la Conférence de Genève se manifeste clairement dans la résolution concernant la partie de l'ordre du jour, consacrée à l'agriculture. Cette résolution reconnaît d'une manière complète et explicite le rôle que la coopération peut jouer en permettant et en organisant des relations entre consommateurs et producteurs des denrées agricoles. En outre, les décisions de la Conférence envisagent une continuation permanente de la collaboration de l'Alliance dans toutes les enquêtes et discussions économiques qui se produiront à l'avenir. En un mot, nous avons toutes raisons d'être satisfaits du rôle que la coopération a joué dans cette Conférence, la plus importante, sans doute, qui ait jamais été organisée par la Société des Nations.

Pour l'œuvre de l'Alliance, il y a aujourd'hui, non plus seulement la nécessité, ressentie depuis longtemps, mais l'occasion qui se présente d'un développement interne de son activité et ce sera notre effort d'étendre ses tâches vers la réalisation de son propre programme, dans la mesure où les organisations nationales qui sont ses membres, apporteront non seulement les moyens financiers nécessaires, mais leur concours actif, sans lequel nos efforts seraient faits en vain.

Je ne puis pas achever ce que voulais vous dire de l'œuvre de l'Alliance, sans attirer votre attention sur le Congrès qui va se tenir à Stockholm.

Ce congrès, qui est le 12ᵉ de l'Alliance coopérative internationale, sera le plus largement représentatif et aura le programme le plus varié de tous les congrès que l'Alliance a déjà organisés. Outre les séances du Congrès lui-même et les Conférences des organismes auxiliaires dont j'ai déjà parlé, le programme de Stockholm comprendra la Conférence de la Guilde Internationale des Coopératrices, une Conférence spéciale sur la propagande et l'éducation coopératives et une Exposition Internationale de la presse coopérative. Il n'est pas douteux que le Congrès posera une nouvelle pierre milliaire sur la route qui conduit à la République coopérative et il faut espérer que la délégation française y viendra plus grande encore que dans les congrès précédents, plus grande de la force, de l'enthousiasme et des hommes qu'auront fournis votre Congrès et les sociétés qui le composent.

Me sera-t-il permis, maintenant, d'aborder l'objet spécial de cette grande assemblée de coopérateurs, qui ne représente pas seulement la coopération française, mais la coopération mondiale.

Au chef vénéré que nous honorons aujourd'hui, s'adresse l'hommage du monde tout entier dans cette manifestation de l'affection et de l'estime qu'il a su acquérir par son caractère et son œuvre, au cours des longues années qui se sont écoulées depuis le moment où il a empoigné le drapeau de la coopération. Nous avons, en Angleterre, ce dicton : « Accrochez votre charrette à une étoile ». Notre collègue et ami a suivi ce conseil et l'a suivi si loin qu'il apparaît maintenant comme faisant partie lui-même de la grande constellation.

L'Alliance coopérative internationale a eu l'honneur et la fierté de déposer son hommage au professeur Gide dans le Livre d'Or qui lui a été offert aujourd'hui. Je suis très heureux qu'il ait bien voulu accepter cette simple, mais belle marque de la reconnaissance, de tout ce que nous devons à son inspiration. Je ne sais peut-être pas tout de son grand caractère, mais j'en sais assez pour comprendre sa répugnance à l'égard de toute louange et de toute manifestation de gratitude pour le rôle que — comme il le dirait — il lui a été permis de jouer dans l'avancement de la Coopération dans le monde.

Que nous le considérions comme artiste, comme moraliste ou comme économiste, ou encore comme l'un des pères de la coopération, ce que nous apprécions chaque fois en lui, c'est *l'homme, l'homme* qui vit avant tout pour réaliser le bonheur et l'harmonie au sein de l'humanité.

Je ne puis prétendre être un connaisseur averti en littérature française, mais je puis dire ceci : lorsque Charles Gide traite de cette morne science qu'est la science économique, il le fait avec un charme et une limpidité qui, non seulement m'attire aux pieds du maître parmi ses disciples mais qui, aussi, me fait entrevoir les beautés de votre langue que je puis comparer seulement à l'harmonieux dessin qu'il m'est souvent donné de contempler de la belle terre de France.

Permettez donc que je me joigne à vous dans les chaleureuses félicitations que vous apportez à notre chef et dans l'espoir qu'il continuera à mettre sa vigueur au service du bonheur de l'humanité.

M. Charles GIDE. — Je donne la parole à M. J. Dimberlin, représentant de l'Union coopérative britannique.

Discours de M. J. DIMBERLIN

Monsieur le Président, Camarades Coopérateurs,

Je suis très honoré d'avoir le plaisir d'assister à votre Congrès annuel et de vous apporter les sincères salutations fraternelles et les meilleurs vœux de cinq millions de coopérateurs britanniques.

Mon plaisir est encore augmenté, du fait que votre Congrès coïncide avec le 80° anniversaire de la fondation de l'Ecole de Nîmes qui, aujourd'hui rivalise avec l'Ecole de Rochdale, comme étant le berceau de l'idée coopérative et le grand centre de l'inspiration coopérative.

Malheureusement, en Grande-Bretagne, nous sommes moins informés sur les maîtres coopérateurs qui ont fondé l'Ecole de Nîmes que nos camarades coopérateurs de France et des autres pays, sur Robert Owen et les pionniers de Rochdale.

Notre ignorance est notre malheur, mais chaque militant actif du Mouvement Coopératif Britannique connaît le nom et l'œuvre de votre glorieux leader, le professeur Charles Gide, le distingué économiste, coopératif et professeur qui apparaît aujourd'hui dans le Mouvement Coopératif du monde entier comme une force intellectuelle, comme un grand philosophe qui, par la plume et par la parole, sait donner les conseils de pratique et de sagesse en un ruissellement sans fin.

Je constate que maints ardents disciples du professeur Gide prétendent maintenant que la France est la véritable patrie de la Coopération et que des sociétés coopératives existaient dans votre pays bien longtemps avant que nous — Anglais plus indolents — commencions à coopérer pour un bénéfice mutuel. J'avoue que nous inclinons à disputer cette prétention et à nous glorifier des sociétés qui furent fondées en Grande-Bretagne bien longtemps avant que les Pionniers n'ouvrirent leur première boutique à Toad Lane. Mais la question de priorité ne vaut pas la peine d'être discutée. La chose importante est que le Mouvement Coopératif s'est répandu dans tous les pays, et en France comme en Grande-Bretagne, il compte maintenant ses adhérents par millions et son chiffre d'affaires par centaines de millions de francs et de livres.

En Grande-Bretagne, malgré des temps très durs, impôts élevés, chômage prolongé et des préjudices causés par le soulèvement industriel de l'année dernière, le Mouvement se développe.

Nos sociétés ont un nombre d'adhérents se montant environ à cinq millions, le capital prêts et actions excède 100.000.000 de livres ; le chiffre d'affaires au détail a été de 183.000.000 de livres en 1925 ; 140.000 travailleurs sont actuellement employés dans de bonnes conditions, au service de leurs camarades coopérateurs. Ces chiffres sont éloquents, ils disent eux-mêmes leur histoire et témoignent du développement constant et de l'expansion du Mouvement Coopératif de l'autre côté de l'étroite mer qui sépare l'Angleterre de la France.

Parce que le Mouvement Coopératif s'est développé en Grande-Bretagne, les coopérateurs britanniques se réjouissent qu'il se développe aussi en France.

Dans la Coopération, il n'y a pas de rivalité. Tous les coopérateurs sont alliés, et nous nous réjouissons du fond du cœur que les consommateurs de France, comme les consommateurs de Grande-Bretagne et les consommateurs du monde, aient maintenant accueilli les principes en lesquels nous croyons et qui ont en eux le pouvoir de transformer le Monde.

Nous nous réjouissons, dis-je, parce que chaque nation ayant son génie propre, sa personnalité propre, ses propres dons particuliers, est apte à apporter sa contribution propre et unique à la pensée et à l'histoire coopératives. Dans l'Alliance coopérative internationale, chaque nation coopérative se doit d'amener sa contribution, sa propre contribution, à nos connaissances, à notre expérience et à nos ressources spirituelles, les coopérateurs britanniques qui savent que cela est vrai, savent aussi que les coopérateurs de France, le grand Mouvement Coopératif français, n'apportera pas la contribution la moindre au capital commun, mais continuera à donner au Mouvement du monde entier, cette lumière et cette direction que le peuple de France est toujours à même de donner en abondance aux autres peuples du monde.

Les coopérateurs britanniques vous félicitent pour votre développement et se réjouissent de vos progrès ; en leur nom et comme représentant officiel de l'Union Coopérative Britannique, je vous adresse leurs fraternelles salutations et exprime l'espoir que ce grand Congrès aura un grand succès.

M. Charles GIDE. — Je donne la parole à M. G.-A. Ramsay, représentant du Magasin de Gros anglais.

Discours de M. G.-A. RAMSAY

Au nom du Magasin de Gros anglais, nous apportons nos salutations à votre Congrès et adressons les meilleurs vœux des coopérateurs anglais à votre Mouvement. Nous savons quelles difficultés vous avez dû traverser ces dernières années, pour continuer à développer votre œuvre. Le fait que vous avez si bien réussi est la preuve de la vérité fondamentale de l'idée coopérative et du dévouement avec lequel vous avez poursuivi vos efforts pour l'application des principes coopératifs au bénéfice du consommateur.

Les coopérateurs anglais savent par quels sentiments de fraternité ils ont toujours été unis aux coopérateurs de votre pays, comme vous, nous reconnaissons le professeur Charles Gide, comme un leader et le défenseur de nos idées. Nous nous souvenons des services que votre compatriote, M. de Boyve, a rendu à notre Mouvement il y a quelques années ; le professeur Gide a maintenu cette tradition. Son nom est honoré dans notre propre pays où ses écrits ont servi d'inspiration à notre œuvre et où sa contribution à la littérature coopérative a été d'une grande aide.

C'est avec plaisir que nous sommes venus dans le Gard, pour nous joindre à vous pour célébrer le 40e anniversaire de l'un des esprits coopératifs internationaux modernes. Dans notre propre Annuaire de 1927, le professeur Charles Gide a exposé vos difficultés financières aux lecteurs britanniques et nous rappelons sa conclusion qui était la suivante : « La richesse réelle d'une nation n'est pas représentée par le cours de sa monnaie, mais par la fertilité de son sol, par ses ressources minérales, par la puissance de ses chutes d'eau, par les énergies intellectuelles et les mœurs de sa population ».

D'accord avec ces paroles de votre leader, nous nous joignons à lui et à vous, pour soutenir que la Coopération est le moyen d'assurer au peuple sa part équitable dans le monde, comme résultant de ses efforts et de son labeur.

Nous sommes heureux de pouvoir faire connaître que notre Magasin de Gros anglais s'est relevé de l'état de dépression de ces dernières années et quoique la crise industrielle de 1926, ait un peu ralenti l'allure de son relèvement, nos progrès sont sûrs. Le chiffre d'affaires du Magasin de Gros a été de L/ 75,292.233 pour 1926 et 1/3 de ce chiffre se rapporte à des marchandises fabriquées par nos propres moyens. Nous sommes les plus gros minotiers de notre pays et sur sept tasses de thé consommées par le peuple anglais, l'une d'entre elles est remplie de thé coopératif. Ceci montre le grand pas que nous avons fait en satisfaisant aux besoins quotidiens de notre peuple. Nous possédons la plus importante usine de chaussures d'Angleterre ; nous avons 110 fabriques et magasins de vente, en y comprenant 30 moulins et fabriques pour le tissage et la confection des habits ; nous fabriquons également des automobiles, des pianos, des bicyclettes et des gramophones pour nos membres. Ainsi, nous avons adapté l'idée coopérative aux besoins de tous les genres, distraction et travail, de notre peuple. De plus, nous avons aidé les habitants de la campagne, comme nous avons aidé ceux des villes. Le M. D. G. possède 40.000 arpents de terrain qui permettent à nos sociétés d'être approvisionnées pour la vente du blé, du lait, des légumes et des fruits. Par ceci et d'autres choses, nous avons contribué au confort des 4 millions d'individus qui représentent les membres adhérents des 1.151 sociétés de détail de la Fédération.

Voici un autre aspect de nos opérations qui peut vous intéresser. Notre Banque Coopérative n'est pas seulement le banquier de plus de mille sociétés coopératives, mais elle gère les comptes de 8.000 syndicats et de près de 5.000 clubs de travailleurs, sociétés amies et autres organisations mutuelles. Elle assure ainsi les intérêts de tous les travailleurs organisés, dans des principes d'entière sécurité.

Nous avons récemment examiné la politique du développement dans toutes les parties de l'Empire britannique et avons fait des investigations sur les ressources des colonies britanniques en Australie, au Canada et dans le Sud de l'Afrique, afin d'assurer l'approvisionnement direct de vivres et de fruits. Ces tentatives apporteront au vieux monde une partie des récoltes de contrées plus neuves et démontreront que notre Mouvement est un des plus importants facteurs du monde pour réunir les producteurs et les consommateurs.

Nous ne voulons pas vous retenir plus longtemps, mais nous sommes fiers d'être avec vous en cette remarquable occasion et espérons que votre Fédération continuera à se développer et à prospérer dans l'intérêt de l'humanité.

M. Charles GIDE. — Je donne la parole à M. Hugo Bastlein, représentant de l'Union Centrale des Coopératives de Consommation allemandes.

Discours de M. Hugo BASTLEIN

Monsieur le Président,

Honorable Assemblée,

Chers Coopératrices et Coopérateurs,

J'ai l'honneur de vous transmettre les sincères salutations de l'Union Centrale des Coopératives de Consommation allemandes, et de vous remercier en son nom, pour votre aimable invitation à se faire représenter à votre Congrès.

C'est une grande joie pour moi qu'il m'ait été possible d'assister à votre Congrès cette année, car c'est la première fois depuis l'épouvantable guerre que des délégués allemands y participent. Vous aviez déjà eu l'amabilité de nous inviter ces dernières années, mais nos propres assemblées ne nous ont pas permis de répondre à vos invitations.

Par la lecture de votre rapport, nous avons vu les grands progrès qui ont été effectués par votre Mouvement en 1926, nous vous en félici-

tons vivement. Votre ordre du jour si intéressant, prouve également
par quel travail intensif vous faites progresser la Coopération dans
votre pays.

Chez nous, en Allemagne, le Mouvement Coopératif — de même
que tout le mouvement économique — a beaucoup souffert pendant
la période d'inflation. Lorsque la stabilisation ferme fut établie, nous
dûmes nous rendre à l'évidence et constater que pendant ces dix dernières années, notre fortune propre s'était amoindrie. Le chiffre
d'affaires était devenu moindre, et le capital propre — de même qu'en
première ligne les dépôts d'épargne — avait considérablement fondu,
par rapport à 1914. En 1914, nos coopératives faisaient un chiffre
d'affaires de 492.980.000 M., les parts sociales se montaient à 33.773.000 M.
et les dépôts d'épargne à 80.243.000 M. En 1924, les parts sociales ne se
montaient plus qu'à 45.000.000 RM., et les dépôts d'épargne à
40.000.000 RM. Les réserves des coopératives avaient diminué dans le
même rapport. Même, si l'on considère le chiffre d'affaires —
548.741.000 RM. en 1924 contre 492.980.000 M. en 1914 — il faut tenir
compte que le pouvoir d'achat de l'argent a considérablement diminué.
Il faut compter que la hausse des prix a été d'un tiers, si bien que pour
avoir le même chiffre en marchandises 660.000.000 RM. auraient été
nécessaires. L'année 1925 amena une assimilation au temps de paix, car
le chiffre d'affaires atteignit 702.485.000 RM. En 1926, il atteignit
811.432.000 RM. Les parts sociales se montèrent à 35.181.000 RM. et les
dépôts d'épargne atteignirent 138.032.000 RM., si bien qu'à la fin de
l'année 1926, le Mouvement Coopératif allemand eût assez de capitaux, non seulement pour ses affaires, mais pour la construction de
nouvelles fabriques du Magasin de Gros et pour le développement de
l'exploitation de la production. Nous avons encore progressé pendant
les premiers mois de l'année 1927, si bien que nous pensons avoir
des résultats encore plus satisfaisants à la fin de l'année. Nous sommes heureux de constater, que malgré toutes les difficultés, notre
Mouvement a progressé.

D'autre part, je me permets, au nom de l'Union Centrale des Coopératives de Consommation allemandes, d'apporter à notre très honoré
ami, M. le professeur Charles Gide, nos meilleurs vœux et l'expression
de toute notre reconnaissance à l'occasion de son 80e anniversaire. Je
salue en lui le vétéran non seulement du Mouvement coopératif français,
mais du Mouvement coopératif du monde entier. Comme professeur et
comme titulaire d'une chaire au Collège de France, Charles Gide a fait
naître la Coopération non seulement à ses auditeurs, mais encore à
tous ceux qui l'ont lu. Par sa foi, par ses œuvres, il a été le symbole
du Mouvement. Par son activité et par ses écrits, ce n'est pas seulement
à la France, mais à tous les autres pays, qu'il a été utile. Je n'ai donc
pu me défendre, en ce jour, de présenter à notre ami, le professeur
Charles Gide, les plus sincères remerciements du Mouvement Coopératif allemand pour son œuvre. Je souhaite que son activité continue
à être couronnée de succès.

Chers Coopérateurs, permettez-moi, en terminant mon allocution, de
vous assurer combien nous sommes heureux, en tant qu'Allemands,
de pouvoir prendre part, en toute amitié, à vos délibérations. La période
de guerre et celle d'après-guerre sont passées. Les coopérateurs sont
de nouveau réunis, et je suis heureux de pouvoir vous déclarer aujour-
d'hui, comme Allemand, que depuis longtemps les coopérateurs allemands attendaient l'instant où il leur serait possible, aux Congrès des
différentes nations de déclarer leurs sentiments de fraternité et d'amitié.
La Coopération, c'est la Paix. Nous combattons la guerre et espérons

qu'il n'y en aura plus jamais. Nous souhaitons que les coopératives
soient le symbole de la Paix et qu'elles aident les pays à travailler à
la réaliser. C'est dans cet esprit que je vous remercie encore une fois
pour votre aimable invitation, et souhaite le plus grand succès aux
travaux de votre Congrès.

M. Charles GIDE. — Je donne la parole à M. Henry Everling, représentant du Magasin de Gros des Coopératives allemandes.

Discours de M. Henry EVERLING

Monsieur le Président,

Chers Coopérateurs,

Les Coopérateurs de tous pays ont, de tout temps considéré que
la visite de leurs Congrès annuels par les représentants de toutes les
nations, était une coutume tout à fait heureuse. Elle permet de cultiver
les relations de bonne camaraderie, de s'instruire les uns les autres et
d'entrer en relations commerciales les uns avec les autres.

Ce n'est la faute ni des Coopérateurs allemands, ni des Coopérateurs français, si les bonnes relations entre eux ont été interrompues
pendant tant d'années par l'épouvantable guerre mondiale, aussi bien
depuis 14 ans, est-ce la première fois que deux représentants du Magasin
de Gros des Coopératives allemandes peuvent vous transmettre les
fraternelles salutations des coopérateurs allemands.

Durant cette longue période, le Magasin de Gros a passé par de très
rudes épreuves. La période de guerre et celle d'après-guerre, la dépré-
ciation de la monnaie allemande, et par suite, les difficultés de la vie
économique, ont porté au Magasin de Gros de profondes blessures.

Le chômage formidable qui sévit à ce moment, diminua la force de
consommation des membres adhérents et eut naturellement sa répercussion sur l'état du Magasin de Gros. Dans la même mesure que le
chiffre d'affaires diminuait, les frais généraux augmentaient et c'est
avec angoisse que nous envisagions l'avenir.

Avec la stabilisation de la monnaie, une amélioration se traduisit
peu à peu dans la vie économique de l'Allemagne. Il peut être dit que
le Magasin de Gros se releva plus rapidement que la plupart des entreprises privées.

Pendant qu'en 1913, le chiffre d'affaires se traduisait par 154 millions de marks, en 1924 — la première année de la stabilisation monétaire — il se montait à 180 millions de marks. L'année 1926, qui vient
de s'écouler, nous a apporté un chiffre d'affaires de 294 millions.
L'année en cours nous laisse espérer que, de même que les années précédentes, le chiffre d'affaires ira en s'augmentant.

Ce qui est particulièrement réjouissant pour nous, c'est la proportion
atteinte sur ce chiffre d'affaires par la production propre du Magasin
de Gros. Elle se monte à 15,52 % en 1926 contre 6,56 % en 1913.

Lorsque le Magasin de Gros a été complètement relevé en son intérieur, tous les efforts se sont portés vers le développement de sa production propre. En 1913, nous possédions 7 fabriques, nous en avons
aujourd'hui 40. Mais nous avons encore devant nous un programme
de travail très vaste. D'ici quelque temps, nous allons installer : un
moulin à Magdebourg, une deuxième fabrique de malt de café et de
chicorée à Mannheim, et une fabrique chimico-technique à Hambourg.
En dehors de ces fabriques, le M. D. G. dispose encore de 12 entrepôts
répartis dans différentes régions de l'Allemagne.

Le Magasin de Gros possède aujourd'hui la plus grande organisation commerciale du pays. Son matériel commercial est — ce qui doit surtout être souligné — grevé des frais les moindres qu'on puisse imaginer ; il est donc toujours à même, de cette façon, de lutter avec la concurrence privée.

Pendant les temps les plus durs, nous n'avons jamais perdu la foi dans la force triomphante de l'idéal coopératif. Alors que présentement l'économie du pays se relève peu à peu et que les relations économiques entre les peuples vont en s'améliorant, nous pensons que les progrès du Mouvement Coopératif vont aller en s'accélérant dans tous les pays.

Nous sommes heureux de constater que le Mouvement Coopératif progresse aussi avec succès en France et que le M. D. G. français se développe fortement. Nous souhaitons que des relations commerciales se nouent entre le Magasin de Gros français et le Magasin de Gros allemand pour que nous puissions, en commun, travailler avec succès à la préparation d'un Magasin de Gros International.

Nous espérons que les ombres qui ont plané ces dernières années sur les vies économiques allemande et française et par suite sur notre Mouvement, sont écartées à jamais, et que le soleil de la paix éclairera notre travail.

C'est animé de ces espoirs que le Magasin de Gros allemand souhaite un plein succès aux travaux de votre Congrès.

M. Charles GIDE. — Je donne la parole à M. Victor Serwy, secrétaire de l'Office Coopératif Belge.

Discours de Victor SERWY

Camarade Président,

Chères Coopératrices,

Chers Coopérateurs,

Voilà déjà plus d'un quart de siècle que nous venons chaque année vous communiquer les résultats de l'activité de la Coopération belge et, en même temps, prendre connaissance des vôtres et ainsi communier dans une même espérance.

Cette année encore, nous sommes heureux de vous apprendre que, non seulement tout notre Mouvement a parfaitement résisté aux troubles financiers et économiques qui ont accablé la Belgique, pendant plusieurs mois, mais que dans l'ensemble, les Sociétés Coopératives se sont accru en effectifs, en chiffre d'affaires, en stabilité financière. Cette progression est surtout visible pour nos organismes centraux ; notre banque, le *Comptoir de Dépôts et de Prêts,* notre Société d'Assurances, la *Prévoyance Sociale,* le Magasin de Gros, la *Fédération des Sociétés Coopératives Belges,* la *Société Générale Coopérative,* l'organe central de la production. Nous ne vous donnerons point de chiffres, ils paraîtraient trop modestes à côté de ceux indiqués par les Magasins de Gros et des Unions d'Angleterre et d'Allemagne, qu'on vient de vous faire connaître.

Voilà aussi autant d'années que nous voyons Charles Gide participer aux Congrès coopératifs français, souvent les présider, c'est encore le cas, ce jour, souhaiter la bienvenue aux hôtes étrangers, et combien de fois, au cours des banquets, évoquer l'âme des Pionniers de Rochdale, porter nos regards vers l'étoile de la Coopération. La vérité est que nous ne saurions nous dispenser d'associer le nom de Charles Gide à l'ascencion de votre mouvement.

Il y a plus d'un quart de siècle que nous eûmes l'honneur et la joie de lui être présenté. C'était à Paris, en 1900, au Congrès de l'Union des Coopératives de Consommation de France, lui-même suivi à quelques jours près, du Congrès de l'*Alliance Coopérative Internationale*. Il y avait alors l'Union des Coopératives de la rue Christine ; il y avait aussi la Bourse des Coopératives Socialistes de France.

C'était la division ! Peut-être avec la complicité bien innocente des coopératives socialistes de mon pays. Gand, le *Vooruit*, avait débordé dans votre Nord, et aussi en Picardie et jusqu'à Paris. Coopération neutre, coopération socialiste furent ainsi aux prises. Pendant dix ans, on assista à ce spectacle ; le mouvement vivait, vivotait ; l'action séparée de son idéal. Un corps cherchait son âme ; une âme cherchait son corps.

Nîmes et Gand se rejoignirent dans l'unité au Congrès de Tours. Ce fut pour Charles Gide, une des heures les plus heureuses de sa vie. La Coopération française à laquelle il s'était donné tout entier, pouvait espérer rejoindre dans l'Internationale Coopérative les autres grandes nations. Et puis, il faut bien le dire, s'il était de la famille de la rue Christine, il avait tant d'amis dans l'autre camp et lui-même avait tant de sympathies pour ces coopérateurs socialistes de la rue Saint-Maur, enthousiastes, toujours allant de l'avant, projetant de faire de toute la France, un Etat coopératif.

Tours fut un mariage de raison et l'amour n'y fut pas étranger.

C'est votre pensée qui fit Tours, c'est elle qui constitua l'unité, Monsieur Charles Gide.

Et nous, coopérateurs socialistes belges, qui avons avant tout le souci de l'unité dans toutes les formes du mouvement ouvrier, nous fûmes avec vous pour donner un coup d'épaule à la constitution de votre Fédération Nationale.

Cette page de l'histoire de notre mouvement a également sa portée pour nous. C'est que par dessus les tendances : Lyon, Nîmes, Gand, Saint-Claude, Moscou, il demeure un idéal non atteint, un programme en voie de réalisation, ce sont ceux des 28 tisserands de Rochdale.

Depuis près d'un demi-siècle, Charles Gide s'est évertué à nous expliquer la philosophie de Rochdale, son esprit constructif, son ingénieux fonctionnement, en des centaines de conférences, en des milliers d'articles et en des livres nombreux.

La Conférence Economique Internationale vient d'appeler la Coopération à siéger à la table des Nations. N'est-ce pas un peu, à vous, Monsieur Charles Gide, qu'elle le doit, car nous nous souvenons que c'est pendant que les peuples s'entretuaient, que vous appeliez l'attention des coopérateurs des pays alliés sur la politique économique d'après guerre et n'est-ce point elle qui vient de réapparaître dans les résolutions des commissions de l'industrie et du commerce et d'agriculture, sous des formes nouvelles et appropriées ?

Aussi pouvons-nous déclarer que si Charles Gide appartient, par sa naissance à ce pays que nous aimons entre tous, il nous appartient par son idéal, car il a fait de la Coopération une conception qui dépasse les lisières d'une école ; oui, il en fait une doctrine vivante, palpable, d'un régime social qui, en bien de ses caractéristiques, rejoint la pensée des fondateurs du Socialisme et qui, se développant, se fortifiant, grandissant sous nos yeux, apparaît comme la réalisation sociale la plus positive, sortant, se dégageant de la société capitaliste.

Vous avez écrit, dans votre volume « L'Ecole de Nîmes », Monsieur Charles Gide : « qu'il n'y eut jamais à votre connaissance dans cette ville l'ombre d'un sociologue ou d'un économiste », vous nous permettrez, aujourd'hui, d'en avoir fait la découverte avec vous, dans cette

région, mais c'est un sociologue, c'est un économiste qui s'étant penché
sur la vie elle-même, a mis en lumière, en une langue imagée, dans
un style plein de clarté, les maux dont souffre le monde et les moyens
de les faire disparaître.

Cet économiste, c'est Charles Gide. Cette doctrine de la coopération,
dédaignée de tous les économistes bourgeois, est en train de faire le
tour du monde. C'est à Charles Gide que nous le devons.

Pardonnez-nous de brutaliser votre modestie, mais les temps sont
changés. Jadis, on ne trouvait quelque bien à dire que lorsque les
hommes avaient disparu. Aujourd'hui, on ne veut plus qu'ils s'en
aillent sans qu'ils sachent ce que les peuples pensent d'eux, surtout
quand ils ont travaillé pour le bien général comme c'est votre cas,
Monsieur Charles Gide, sans qu'ils aient au couchant de la vie, la
satisfaction de la tâche accomplie, la voir corroborer par le peuple de
l'Internationale coopérative.

L'économie que vous prêchez, depuis un demi-siècle, n'est point seulement faite de la science des livres; mais de la vie vécue, des observations, elle s'abreuve aux souffrances et aux misères du monde et elle
s'éclaire aux rayons lumineux de l'espérance.

Aussi la reconnaissance des coopérateurs socialistes de Belgique
va-t-elle à Charles Gide comme à l'un des grands bienfaiteurs de
l'humanité.

M. Charles GIDE. — La parole est à M. C.-R. Pusta, ministre d'Esthonie, à Paris, représentant la Coopération Esthonienne.

Discours de M. C.-R. PUSTA

Messieurs,

A l'invitation que les organisateurs du Congrès lui ont si aimable-
ment adressée, le Gouvernement Esthonien a répondu avec un grand
empressement et une réelle satisfaction. Il a tenu à un double titre à
s'associer à cette importante manifestation de la vie coopérative :
d'abord pour manifester son attachement et sa reconnaissance à l'Ecole
de Nîmes, ainsi qu'à ses fondateurs et maîtres, auxquels les coopérateurs esthoniens ont fait d'importants emprunts au cours des deux
dernières décades ; ensuite pour célébrer en quelque sorte, internationalement, le jubilé du mouvement coopératif esthonien.

Puisque l'honneur m'est échu de représenter parmi vous l'Esthonie,
je suis heureux de pouvoir, à la suite des précédents orateurs, offrir
mes vœux et compliments au grand maître, Monsieur Charles Gide, que
nous fêtons aujourd'hui, et lui transmettre l'hommage des nombreux
disciples et admirateurs qu'il possède en Esthonie. Je pourrais, Messieurs, justifier cet hommage en vous apportant des preuves nombreuses
et sensibles de l'influence de l'Ecole de Nîmes chez nous, je crois
qu'il vous intéressera davantage de connaître la physionomie générale
de la coopération dans ma lointaine petite patrie.

Lointaine et petite, vous devez en effet la chercher sur les confins
de la Baltique orientale, aux portes mêmes de Pétrograd, maintenant
Léningrad, dont sa frontière n'est éloignée que de 125 kilomètres, et
vous la représenter à peine plus grande que la Belgique ou la Suisse,
quoiqu'avec une population inférieure. Elle est cependant, me semble-
t-il, digne de vous intéresser à titre d'exemple du rôle et de l'importance
que peut avoir pour l'existence nationale d'un peuple le développement de la vie coopérative.

Le mouvement coopératif esthonien a célébré cette année le 25e anniversaire de la fondation de la première coopérative de consommation et de la première banque coopérative.

Si nous nous reportons à l'année 1902, nous retrouvons l'Esthonie sous la rude oppression politique de la bureaucratie tsariste. Toutes sortes d'obstacles étaient opposés à l'activité nationale esthonienne, aussi bien dans le domaine culturel qu'en matière politique. Seul, le domaine économique restait à peu près libre. Obligé par les circonstances, à favoriser chez le peuple russe la création de coopératives de consommation, de sociétés d'épargne et de crédit, de sociétés mutuelles de crédit, de laiteries coopératives, etc., le Gouvernement russe ne put refuser ces mêmes concessions aux pays non russe sous sa domination. Aussi, le peuple esthonien saisit-il avec enthousiasme cette possibilité d'activité et c'est ainsi que les associations coopératives devinrent un facteur très important dans l'organisation de la vie nationale esthonienne.

La volonté du peuple de se soustraire à l'emprise économique de la noblesse germano-balte qui dominait le pays, explique que l'effort coopératif se soit avant tout porté sur l'organisation *de coopératives de crédit*. Le paysan manquait d'argent comptant et il lui était très difficile d'obtenir du crédit — les Esthoniens n'ayant pas encore de banques qui toutes étaient aux mains des Allemands et des Russes qui formaient l'élite économique — à la campagne en tant que propriétaires des biens, dans les villes comme commerçants, industriels et propriétaires des maisons. Pour obtenir du crédit, il fallait donc que l'Esthonien se créât des institutions propres, et le seul moyen qui lui était alors accessible était la création des coopératives.

Par la suite, pour pouvoir soutenir la lutte économique contre les grandes exploitations germano-baltes mieux outillées, les paysans se groupèrent dans des coopératives agricoles qui procurèrent des débouchés à leurs produits laitiers et leur facilitèrent l'achat en commun à des prix modérés et l'utilisation commune des machines perfectionnées dont seuls usaient jusqu'alors les grands propriétaires.

Mais ce n'est pas sans obstacle que ces associations coopératives ont pu se développer. Quoique ce mouvement fût de caractère purement économique, le Gouvernement russe se rendait bien compte de l'influence qu'il exerçait sur le sentiment national esthonien et de l'union qu'il réalisait entre les habitants. Cela n'entrait nullement dans les vues du Gouvernement russe dont la directive politique était la russification complète du pays. Aussi tout en autorisant la création des sociétés, prononça-t-il l'interdiction rigoureuse de grouper ces sociétés en unions. Une seule réussit néanmoins à se fonder en 1912, l'Association centrale des sociétés laitières, toutes les autres unions existant actuellement en Esthonie n'ont pu se créer et entrer en activité qu'après la chute du Gouvernement tsariste.

Voici maintenant, en quelques lignes, l'état actuel du mouvement coopératif esthonien.

La première, avons-nous dit, fut fondée en 1902. Leur nombre qui, en 1917 s'élevait déjà à 150, atteignait en août 1926, le chiffre de 290. groupant chacune une moyenne de 380 membre. Ainsi, en Esthonie, une personne sur 15 appartient à une coopérative de consommation ; on peut encore ajouter que la plupart de ces coopératives sont rurales, les villes n'en comptant qu'une vingtaine. Depuis 1917, les coopératives de consommation se sont groupées en une Union Centrale : « l'E. T. K. », dont l'utilité fut clairement comprise de tous et dont l'activité s'est depuis lors rapidement et sensiblement élargie. C'est elle qui, à l'heure actuelle, fournit directement et sans intermédiaire, à l'agriculture, nombre des produits dont elle a besoin et la presque totalité des engrais d'importation étrangère. En outre, elle s'est occupée de l'exportation des produits agricoles du pays. C'est ainsi qu'en 1921-1922, elle acheta et exporta du lin, des pommes de terre, des céréales, pour une valeur de 5 millions de francs or. La création, depuis cette date, de coopératives d'exportation, a suspendu presque entièrement l'activité de l'Union dans ce domaine.

L'Union des coopératives, a son bureau central dans la capitale, à Tallinn (Reval), elle possède en outre huit filiales et dépôts dans les principales autres villes et centres du pays.

Comme il a déjà été dit, la première banque coopérative, « Caisse d'épargne et de crédit esthonienne », fut fondée en 1902, en même temps que la première coopérative de consommation. Depuis lors, de nombreuses autres coopératives du même genre ont été créées dans d'autres villes et à la campagne. Le caractère de ces dernières se rapproche, dans les grandes lignes, du type des sociétés de crédit Raiffeisen. Dans les villes et les grands bourgs naquirent, quelques années plus tard, les sociétés mutuelles de crédit de type Schulze-Delitzch, dont le champ d'activité, selon les lois russes, fut beaucoup plus large et multiple que celui des caisses d'épargne et de crédit. Les agriculteurs, les artisans, les intellectuels, les propriétaires de maisons, se groupèrent principalement autour des caisses d'épargne et de crédit, tandis que les sociétés mutuelles de crédit réunissaient pour la plupart des commerçants et des entrepreneurs ayant besoin d'un crédit plus étendu.

La guerre mondiale, l'occupation allemande et la guerre de libération contre les soviets provoquèrent un mouvement de régression très sensible dans le développement de ces banques coopératives. Cependant, en 1917, on pouvait encore enregistrer 95 banques coopératives, groupant 42.000 membres, avec une épargne de 43 millions de francs or. Le crédit accordé s'élevait à 26.980.000 francs or.

Les sociétés laitières coopératives prirent naissance en 1907. Au commencement de la guerre mondiale, elles dépassaient la centaine. Après un fléchissement important au cours des années de guerre, elles ont atteint, en 1925, le total de 316. Elles se groupent dans une Union centrale « Estonia », qui, fondée en 1912, a connu un développement tel qu'elle est actuellement la plus grande institution centrale coopérative d'Esthonie. Au début de 1926, l'Union « Estonia » comptait parmi ses membres 138 sociétés laitières, disposait d'un capital de plus de 1 million de francs, faisait un chiffre d'affaires dépassant sensiblement 100 millions de francs, dont les trois quarts pour les exportations. Fidèle à sa tradition, cette Union ne limite pas son activité au commerce proprement dit, mais poursuit le développement de l'industrie laitière par les conseils techniques de ses instructeurs, par l'organisation de cours, par les soins qu'elle apporte à l'amélioration du bétail, etc.

Je ne veux pas insister davantage et me bornerai à signaler, parmi les autres coopératives jouant un rôle important dans l'économie esthonienne : les sociétés d'assurances, les coopératives pour l'exploitation des pommes de terre, les boucheries coopératives, les sociétés pour la vente des œufs.

Comme couronnement de cet ensemble coopératif, a été créée *l'Union de la Coopérative Esthonienne,* dont le but et la mission est de donner des conseils et des directives aux associations membres, dans toutes les questions pratiques et théoriques relatives aux coopératives, de défendre les intérêts de ses membres et de toutes les coopératives devant les institutions législatives, gouvernementales et municipales, de rassembler et publier des statistiques relatives à l'activité coopérative, d'éditer et de propager les écrits sur les coopératives, d'organiser des congrès et des cours coopératifs, d'assurer le contrôle régulier et extraordinaire des associations, etc. L'Union édite également la revue mensuelle *Uhistegevusleht*, destinée aux coopérateurs, tandis que le journal mensuel *Uhistegelised Uudised* est plutôt répandu parmi les masses populaires et les membres des associations. L'Union publie encore chaque année un calendrier coopératif. Pour préparer des spécialistes, l'Union organise des cours ; pour faciliter et unifier la comptabilité des associations, elle édite des livres de commerce, des formulaires, etc.

Toutes ces fonctions sont remplies par un secrétaire, membre de la direction, un secrétaire scientifique, un rédacteur du journal, quelques employés et quinze instructeurs-reviseurs pour tous les domaines coopératifs.

Les ressources de l'Union sont : les cotisations annuelles des membres, les subventions des sociétés centrales et de l'Etat et les bénéfices de ses propres éditions.

Le 1er Août 1926, l'Union comptait 8 associations centrales, 211 coopératives de consommation, 108 banques coopératives, 119 sociétés laitières, 25 coopératives de pommes de terre, 85 coopératives pour l'utilisation en commun des machines, 40 sociétés d'assurance coopérative et 21 autres associations, soit en tout 617 membres. Son budget de 1925-1926 a atteint la somme de 150.000 francs suisses.

Jusqu'à ce jour les coopératives esthoniennes se sont défendues d'être des organisations de classe. Ouvertes à tous ceux qui désirent y entrer, elles groupent des éléments appartenant à tous les milieux et à tous les partis. La politique en est rigoureusement exclue. Si quelques tendances se sont récemment manifestées, visant à mettre en opposition les intérêts des producteurs de ceux des consommateurs, on peut dire cependant que les coopératives esthoniennes restent ce qu'elles ont été jusqu'ici, des organisations nationales au service de l'intérêt collectif et du redressement économique du pays.

La Conférence Internationale Economique qui vient de s'achever a apporté un précieux encouragement au mouvement coopératif. L'une des plus importantes résolutions qui ont été prises à Genève concernant en effet la production agricole, sont les encouragements à apporter à l'agriculture, au besoin par l'octroi de crédits internationaux, dont la distribution a paru tout indiquée par l'intermédiaire des coopératives agricoles. Il est inutile, n'est-ce pas, de souligner l'intérêt et l'importance de cette attitude.

Je m'excuse, Mesdames et Messieurs, d'avoir retenu si longtemps votre attention — et vous remercie de me l'avoir accordée si bienveillante. Je termine en adressant aux organisateurs du Congrès et à la municipalité nimoise, si délicatement attentive à nous faire les honneurs de cette antique cité, l'expression de ma vive gratitude et le salut de mon lointain pays.

M. Charles GIDE. — La parole est à notre ami, M. Suter, représentant de l'Union Suisse des Sociétés Coopératives de Consommation.

Discours de M. SUTER

Monsieur le Président, chères Coopératrices
et chers Coopérateurs,

Laissez-nous, avant tout, vous remercier de l'invitation que vous avez bien voulu adresser à l'Union Suisse des Sociétés de Consommation, qui est, comme vous le savez, à la fois la Fédération Nationale et le Magasin de Gros de nos sociétés coopératives de consommation.

C'est un honneur insigne et un grand privilège pour mon ami Maurice Maire et moi, de représenter les coopérateurs suisses à votre Congrès, dans cette antique cité de Nîmes, illustre par son histoire, par l'harmonieuse beauté de ses monuments, par l'admirable paysage qui l'entoure et, au point de vue coopératif, par la gloire d'avoir produit l'Ecole de Nîmes.

Nous sommes heureux de vous apporter le salut fraternel des coopérateurs suisses. Nous avons lu avec le plus vif intérêt le rapport de votre Comité Central et nous vous félicitons sincèrement des progrès réalisés par vos coopératives en 1926.

Mais nous autres nous admirons surtout et nous vous envions, d'une part, l'éclat dont rayonne chez vous l'enseignement scientifique de la Coopération, d'autre part, vos œuvres de solidarité sociale, les colonies de vacances au bord de la mer, les aériums, les préventoriums, les coopératives scolaires, les heures joyeuses de l'Enfance, etc..., dont nous a parlé à Lausanne, avec un enthousiasme si communicatif, Mme Alice Jouenne. Sur ses conseils, nos coopératrices ont créé à Lausanne et à Renens, une Heure joyeuse de l'Enfance, et cet été une cinquantaine d'enfants de coopérateurs passeront quelques semaines de vacances à la montagne ou à l'orée des bois.

Chez nous, en Suisse, nous sommes encore en retard pour des œuvres de ce genre se rattachant à des coopératives locales, peut-être parce qu'il en existe beaucoup dues à d'autres initiatives philanthropiques.

Nous autres, coopérateurs suisses, nous sommes une race positive et un peu terre à terre. Ce n'est pas que nous soyons insensibles aux idées généreuses, aux progrès sociaux à réaliser par les coopératives, cela figure dans notre programme d'avenir ! Mais avant de dépenser les fonds de nos sociétés et l'activité de nos coopérateurs en œuvres sociales, nous estimons en général qu'il faut asseoir solidement les bases commerciales et financières de nos institutions. Et, comme leur prospérité n'est jamais trop grande, comme il y reste toujours des progrès matériels et techniques à effectuer, nos coopératives laissent peut-être trop longtemps de côté les œuvres sociales, qui contribueraient cependant à leur attirer des sympathies.

Notre marche en avant dans le mouvement coopératif suisse rappelle celle de nos montagnards lorsqu'ils entreprennent une ascension difficile. Ils montent d'un pas égal et lent, assurant la position de chaque pied avant de porter l'autre en avant. Et aux passages dangereux, collés à une paroi de rocher ou chevauchant une arête vertigineuse, les grimpeurs n'ont pas le temps d'admirer la vue, ils ont le nez sur le rocher et leur attention concentrée sur les difficultés du terrain. Ce n'est qu'une fois parvenus au sommet que leur amour de la nature se manifeste joyeusement.

Mais en marche coopérative, le sommet paraît reculer sans cesse devant nous. Il arrive toujours ce qui se produit quelquefois lors d'une ascension : on voit une hauteur devant soi, on croit le but bientôt atteint, puis quand on se hisse sur un cône de rocher, on découvre une nouvelle arête et la plus haute cime, bien plus éloignée, apparaît à l'œil déçu du touriste !

Notre but, c'est bien la haute cime de l'idéal coopératif, l'épanouissement complet de la « République Coopérative » si bien esquissée par notre ami Poisson, mais l'idéal recule toujours devant nous.... n'est-ce pas là la caractéristique de l'idéal ? et les difficultés du chemin font parfois oublier les exigences morales de notre mouvement.

Pour un petit pays tel que la Suisse, notre organisation a cependant déjà créé une base solide pour les développements futurs.

Le chiffre d'affaires total des 517 coopératives groupées dans l'Union Suisse a dépassé 276 millions de francs suisses (environ un milliard 300 millions de francs français) en 1925, et les ventes de notre Magasin de Gros en 1926 ont atteint 126 millions de francs (environ six cent millions de francs français), réalisant un progrès de plus d'un million sur les ventes de 1925. C'est déjà un effort considérable pour un petit pays de 3.800.000 habitants.

Les fonds de réserve de nos sociétés dépassent 22 millions de francs, et l'Union Coopérative possède un capital social et des réserves d'environ dix millions.

En fait de production, à côté des boulangeries que possèdent presque toutes nos sociétés, nous n'avons guère que nos deux moulins et notre fabrique de chaussures, qui sont des coopératives autonomes, mais soumises au contrôle de l'Union. La valeur totale de notre production annuelle peut être évaluée à environ 18 à 20 millions.

Notre petite Cité-Jardin de Freidorf peut être considérée comme une belle œuvre sociale : elle prospère et ses 450 ménages forment une société coopérative de consommation où la moyenne d'achat annuelle par membre atteint la somme de 3.000 francs — phénomène unique en Suisse !

Notre Séminaire B. Jaeggi, une œuvre éducative d'une grande importance pour notre avenir, a commencé à former des administrateurs et des employés pour nos sociétés.

Notre Union vient de voter un crédit de 250.000 francs (1 million 250.000 francs français) pour la construction d'une maison pour colonies de vacances coopérative sur un domaine qu'elle possède déjà au bord du lac des Quatre Cantons, près de Lucerne.

Nous proposons à notre Assemblée de délégués de juin prochain la fondation d'une Banque générale des Coopératives et des Syndicats, à laquelle notre Union participerait pour au moins un million de francs et cèderait son service de banque.

Nous aurions ainsi en Suisse une Banque Coopérative autonome qui pourrait jouer un rôle utile dans l'organisation bancaire coopérative internationale dont notre ami Gaston Lévy est le grand animateur.

Excusez-moi de vous avoir parlé si longuement de notre petit pays.

Monsieur le Président, ce qui me tient le plus à cœur en ce moment, c'est d'avoir été choisi en ma qualité de vieil ami, de disciple et d'admirateur pour apporter au maître vénéré de la Coopération française l'hommage reconnaissant de la Coopération suisse. Vos mérites, Monsieur le Président, votre gloire de savant, d'écrivain et d'apôtre de la Coopération, sont infiniment au-dessus des éloges que je pourrais en faire. Et, d'ailleurs, ce serait apporter des chouettes à Athènes que de tenter ici l'éloge du chef vénéré de l'Ecole de Nîmes.

Permettez-moi seulement de rappeler quelques-unes des raisons de l'affectueuse admiration qu'éprouvent à votre égard les coopérateurs suisses et de la dette de reconnaissance qu'ils ont envers vous.

Il y a près de trente ans déjà, l'Université de Lausanne vous a prié de venir donner à ses étudiants un cours sur la Coopération.

Un groupe d'amis fidèles vous est resté.

Depuis lors, nous avons eu le privilège, à des intervalles trop distants à notre gré, d'entendre quelques-unes de ces merveilleuses leçons sur les questions économiques dont vous avez le secret. Pour nous faire paraître moins long le temps qui s'est écoulé entre vos conférences, nous avons eu la joie, depuis plus de 20 ans, de lire tous les mois vos articles si vrais, si lumineux, si courageux, dans votre vaillante revue *l'Emancipation*, en même temps que ceux, très appréciés également, de vos fidèles collaborateurs nîmois.

Tous nos propagandistes ont pillé sans vergogne vos inimitables conférences de propagande.

Et depuis six ans que vous occupez avec tant d'éclat la chaire de la Coopération au Collège de France, où vous avez trouvé le moyen de renouveler, de rajeunir d'une année à l'autre votre enseignement, vos amis et admirateurs en Suisse attendent avec impatience la publication de chaque volume de votre cours et chacun est pour nous une nouvelle joie et un régal intellectuel. Pour ne citer que les deux derniers volumes publiés, votre Ecole de Nîmes est un vrai chef-d'œuvre littéraire avec ses admirables pages sur la lutte de classes et votre cours sur la Coopération anglaise et russe réalise le tour de force de brosser un tableau impartial de l'état actuel de la Russie.

Mais nous vous aimons surtout parce que vous avez toujours pris la défense de tous les opprimés et que vous avez lutté sans peur et sans reproche pour la vérité, pour la justice et pour la paix. Puisse un succès toujours plus grand couronner vos efforts pour le plus grand bien de la Coopération française. C'est là le vœu le plus ardent que nous puissions vous exprimer en ce jour !

M. Charles Gide. — Je donne la parole à M. Renaud, président de la Société Coopérative de Consommation de Genève.

Discours de M. RENAUD

Mesdames, Messieurs et chers Coopérateurs,

Avec l'U. S. C., vous avez bien voulu convier à la manifestation de ce jour la société locale de Genève. Celle-ci a accepté avec empressement et reconnaissance votre aimable invitation.

La société de Genève, adhérente à l'U. S. C., est une des sociétés de consommation les plus anciennes de Suisse et groupe plus de 20.000 ménages coopérateurs.

Depuis longtemps elle a la faveur d'entretenir des relations avec votre Fédération. Nous nous souvenons à Genève, de votre réception à Paris, pendant la guerre, au Congrès de 1917.

Et puis, n'avons-nous pas l'inestimable privilège d'avoir avec vous des liens de parenté et de compter au nombre des membres de notre société quelques-uns des vôtres, c'est d'abord Albert Thomas, c'est Edgard Milhaud, c'est Colomban, c'est enfin le docteur Fauquet qui, lui, fait partie de notre Conseil d'Administration. Et, puisque vous nous avez admis à votre Congrès, permettez-moi, au nom de la Société de Genève, de vous dire avec quelle joie nous constatons le développement du mouvement coopératif français.

Les chiffres impressionnants de votre dernier rapport en font ressortir l'importance.

Et notre joie est accrue encore lorsque nous constatons parallèlement le développement considérable aussi du mouvement coopératif international, développement dû à l'activité de l'Alliance Coopérative Internationale, dont notre grand ami Ernest Poisson est le vice-président et l'un des plus actifs animateurs.

L'activité de l'Alliance Coopérative Internationale vient d'avoir sa répercussion à Genève dans la dernière conférence économique internationale.

La coopération y a joué un rôle prépondérant.

Sa voix s'y est fait entendre. Elle a été écoutée.

Au nom de la Société de Genève, je félicite la Fédération Nationale et l'Alliance Coopérative Internationale du travail accompli.

Et maintenant, qu'il me soit permis encore, au nom des coopérateurs genevois, de nous associer de tout cœur à la belle manifestation que vous avez organisée pour fêter en ce jour ce grand apôtre de la Coopération, vénéré de nous tous, l'éminent économiste Charles Gide.

Je puis bien vous avouer que nous sommes venus... beaucoup pour cela.

Cher Maître, vous n'êtes pas seulement un coopérateur français appartenant à votre grande Fédération Nationale. Vous êtes aussi et surtout un internationaliste. Vous appartenez un peu aux coopérateurs de tous les pays.

Genève vous revendique pour une petite part. Faut-il vous en étonner. Vous y venez quelquefois et nous vous devons beaucoup.

L'an dernier encore, vous êtes venu à la Salle Centrale nous donner une conférence sur le Capital et le Travail.

Et puis, ne vous offusquez pas si je vous répète ce que beaucoup ont dit avant moi, qu'il y a chez vous quelque chose de genevois. Oh ! non pas dans le caractère que vous connaissez, hélas, mais peut-être un je ne sais quoi dans la physionomie qu'on a comparée à celle de Calvin (du Calvin des bons jours).

Cher Maître, vous êtes pour nous comme pour tous les coopérateurs un guide sûr. Nous admirons en vous votre savoir, votre clarté, votre haute probité morale. Nous vous aimons pour votre grand cœur et aussi pour votre extrême modestie.

Vous avez écrit quelque part que vous « voudriez n'être qu'un cicerone discret se taisant le plus possible pour laisser parler les faits, dont le langage, disiez-vous, est plus éloquent que n'eût été le vôtre ».

Cependant, en laissant parler les faits, vous les exposez de telle façon que votre pensée se dégage quand même lumineuse. Vos lecteurs sont éclairés, conquis et ne demandent qu'à suivre le cicerone. C'est ce que nous continuerons à faire en apportant à notre guide les vœux les plus chers des Coopérateurs genevois.

M. Charles GIDE. — Je donne la parole à M. Popoff, représentant du Centrosoyus.

Discours de M. POPOFF

Chers Coopérateurs,

Nous sommes heureux d'assister à ce Congrès et de vous saluer, au nom du Centrosoyus et de toute la coopération soviétique. Il nous est particulièrement agréable d'être à Nîmes, ville d'où est sortie une des écoles du mouvement coopératif français.

Notre coopération est peut-être beaucoup plus jeune que la vôtre, mais depuis la guerre mondiale et surtout, depuis les dix dernières années, à dater de la Révolution d'octobre 1917, notre mouvement s'est grandement développé et forme maintenant une organisation puissante.

Nous ne voudrions pas vous fatiguer avec des chiffres, et n'en indiquerons que quelques-uns. La coopération de consommation de l'U. R. S. S. compte plus de douze millions d'adhérents. Son chiffre d'affaires de un milliard huit cents millions roubles or en 1923-24, passait en 1925-26 à six milliards neufs cents millions roubles or, soit en francs papiers : quatre-ving-neuf milliards sept cents millions et, d'après les prévisions, il doit atteindre en 1927 : huit milliards trois cents millions de roubles or. Le nombre de sociétés au 1er octobre 1923 était de 18.059, et au 1er juillet 1926, de 28.290, et le nombre de magasins à cette dernière date, était de 60.672. Dans le bilan commercial du pays, la coopération y est presque pour cinquante p. 100.

D'autres branches de coopératives, en particulier agricoles, se développent aussi.

Nous sommes redevables de ce développement inaccoutumé et de la réussite du mouvement, en premier lieu à ce que les conditions de travail pour la coopération sont beaucoup plus favorables chez nous que dans les autres pays. L'étroite collaboration avec les syndicats, la sympathie et l'aide de l'état et du gouvernement sont, certes, les meilleures aides dans notre travail.

A l'heure présente, l'attention de la coopération est portée sur l'amélioration et le perfectionnement de la qualité du travail pour une meilleure, en sens socialiste, répartition des produits, action, sur laquelle, d'ailleurs, est concentrée l'attention et l'énergie des coopérateurs de tous les pays. Dans ce but, nous passons des contrats généraux avec l'industrie de l'Etat et les coopératives agricoles et de production, de cette sorte nous obtenons la régularité dans la répartition des produits et fortifions nos positions.

Dans nos relations internationales, nous tâchons de donner plus d'ampleur et de force à nos liens moraux et commerciaux avec la coopération des autres pays. Nous sommes heureux de constater qu'avec votre Magasin de Gros et, surtout, avec la Banque des Coopératives de France, nos relations se développent de plus en plus. De pareilles relations d'affaires et d'amitié, comme les nôtres, servent de garantie contre la guerre entre les peuples, et pour la paix.

Nous sommes heureux de vous féliciter de vos succès qui ont couronné les opérations de l'année passée, malgré les difficultés que vous avez dû surmonter dans votre travail.

Nous sommes particulièrement heureux de saluer aujourd'hui votre professeur Charles Gide, — nous voudrions pouvoir dire le nôtre — qui fêtera dans quelques jours son quatre-vingtième anniversaire.

Professeur Gide, est un des aînés et le plus sage lutteur de la coopération. Bien avant la révolution, les générations qui nous ont précédés au temps du tzarisme, ont étudié les idées de la coopération dans les travaux du professeur Gide, et nous, les militants d'aujourd'hui, dans la mesure de nos forces, tâchons de les réaliser.

La Coopération soviétique et ses coopérateurs n'ignorent pas son nom, et sont excessivement reconnaissants à la coopération française d'avoir vu sortir de ses rangs un lutteur de telle taille pour la coopération mondiale.

Nous profitons de l'occasion pour souhaiter au professeur Gide, de continuer encore longtemps son œuvre si grande et si utile.

De notre part, nous promettons d'employer toutes nos forces pour mettre en pratique les idées et le legs que nous a donnés pendant sa longue et laborieuse carrière le professeur Gide.

En conclusion, nous voudrions rappeler oralement l'invitation envoyée par le Centrosoyus à la Fédération de France, d'envoyer ses représentants nous visiter en U. R. S. S.

Il y a juste dix ans d'écoulés depuis que la coopération de Russie vit dans de nouvelles conditions.

Nous voudrions vous montrer nos succès et vous faire part de l'expérience acquise, et, réciproquement apprendre l'expérience que vous avez.

Quelques-uns s'effraient des distances qui séparent votre pays du nôtre. Pour dissiper ces appréhensions, vous n'avez qu'à prendre exemple sur votre secrétaire général qui, il y a cinq ans, a fait le trajet de Paris à Moscou dans des conditions matérielles beaucoup moins favorables qu'elles ne le sont aujourd'hui. Enfin, le professeur Gide, malgré son âge avancé, a bien voulu honorer de sa présence, il y a trois ans, le Congrès jubilaire du Centrosoyus de 1923.

Il faut espérer que ces deux exemples détermineront les hésitants à venir chez nous. Nous ferons tout notre possible pour vous aider à vous familiariser avec le mouvement coopératif et avec tout ce qui pourrait vous présenter un intérêt quelconque dans l'Union des Républiques socialistes soviétiques.

Permettez-nous, une fois de plus, de vous souhaiter le plein succès dans votre travail d'aujourd'hui et de demain.

Vive la coopération française !

Vive la solidarité coopérative internationale !

M. Charles GIDE. — Je donne la parole à M. J.-W. Keto, représentant de l'Union centrale des Sociétés coopératives de consommation finlandaises.

Discours de M. J.-W. KETO

Monsieur le Président,

Chers Coopérateurs français,

Je vous apporte les salutations de l'extrême Nord, celles des coopérateurs finlandais, dits progressistes. Vous n'aurez pas oublié que les organisations centrales des coopératives de consommation finlandaises, dites progressistes, c'est-à-dire l'Union Centrale des Coopératives de consommation, K. K., et le Magasin de Gros de l'Union Centrale O. F. K., ont été représentées au Congrès français de Lille, l'année dernière.

A ce moment, j'ai eu l'occasion d'exposer brièvement aux coopérateurs français le développement et les résultats de la coopération de consommation de Finlande. Cet aperçu a prouvé que la Coopération de Consommation finlandaise, encore qu'elle soit, malheureusement, partagée en deux groupes de grandeur égale, englobe la moitié de la population finlandaise.

Aussi, cette année, je suis heureux de vous faire connaître que cette branche de la coopération finlandaise, dont je suis ici le représentant, c'est-à-dire, la coopération de consommation dite progressiste, a aussi pendant l'année passée fait des progrès considérables.

Le nombre total des sociétaires a augmenté de 5,7 pour cent, se montant au bout de l'année à 208.500. Le chiffre d'affaires des sociétés de consommation adhérentes à nos organisations centrales, a augmenté de 9,2 pour cent, donnant au bout de l'année passée un total de 1.485 millions de marks finlandais. De ce montant, les coopératives progressistes ont acheté 57,4 pour cent au Magasin de Gros de l'Union Centrale.

Je saisis en même temps l'occasion de vous avertir que le Gouvernement finlandais actuel se compose en majeure partie de coopérateurs actifs, fonctionnaires et hommes de confiance de la coopération progressiste de consommation et que le premier ministre actuel est le directeur général de la plus grande coopérative du pays, le président de l'Union Centrale des Coopératives progressistes est membre du Comité Central de l'Alliance Coopérative Internationale.

Mesdames et Messieurs, je ne veux pas abuser de votre temps plus longtemps, en vous énumérant ce qui s'est passé, au cours de l'année dernière dans un pays lointain. Mais, permettez-moi aussi de profiter de l'occasion pour exprimer les salutations respectueuses et reconnaissantes, non seulement de notre Mouvement Coopératif, mais aussi de tout notre pays, à notre maître apprécié, M. le professeur Charles Gide. Je crois pouvoir affirmer que son nom et ses efforts sont à peu près aussi connus dans l'extrême Nord qu'à son pays natal. Le principal ouvrage d'économie politique du professeur Gide a été même traduit deux fois en langue finnoise et même la traduction suédoise est faite par un finlandais de langue suédoise. Ce cours étant obligatoire pour les étudiants en économie politique à nos universités, une partie considérable de gens instruits finlandais ont été imbus des idées de solidarisme de notre Maître.

Mais, son importance pour le peuple finlandais n'a pas été moins grande comme écrivain coopératif. Son principal ouvrage coopératif « Les sociétés coopératives de consommation » lequel a aussi été traduit dans les deux langues nationales de notre pays, continue à être le plus lu et le plus en vogue des travaux coopératifs. Des dizaines de milliers de finlandais ont par son intermédiaire appris le sens vrai des principes de Rochdale, et aussi le sens vrai du principe de neutralité. C'est justement, grâce aux travaux du professeur Gide, que le nom de Nîmes est bien connu, même sur les bords de la mer Baltique et de la mer Glaciale.

Après ce court exposé de l'importance de l'œuvre de Charles Gide pour mon pays, je n'ai pas besoin de vous affirmer que les coopérateurs finlandais, de tout leur cœur, présentent leurs félicitations à M. le professeur Charles Gide, à l'occasion de son 60ᵉ anniversaire, en souhaitant qu'il lui soit encore accordé une longue vie pleine de fructueux travail, pour le bien de toute l'humanité.

M. Charles GIDE. — La parole est à M. S. Kmita, représentant de l'Union et Magasin de Gros des coopératives de consommation.

Discours de M. S. KMITA

Mesdames et Messieurs, et vous, grand apôtre de la Coopération universelle, notre cher Maître, professeur Gide ! Je vous salue, au nom de l'Union des Sociétés de Consommation de la République polonaise et je souhaite à votre Congrès les résultats les plus prospères dans toutes ses entreprises. Je le lui souhaite, d'autant plus que je suis sûr que tout le progrès de la coopération française aura sa répercussion favorable sur la totalité du mouvement coopératif et que cela contribuera à l'apparition prochaine de la République Coopérative, dont l'image nous a été dessinée si merveilleusement par notre ami Poisson ; cette République Coopérative à laquelle aspire et pour laquelle travaille sans relâche depuis plusieurs années le pionnier du coopératisme français — personne gratissime dans cette salle et non pas seulement ici — notre vénéré professeur Charles Gide, qui a donné une si forte contribution à la doctrine et à l'action générale de la Coopération.

Mais, il faut avouer qu'à l'heure actuelle, nous sommes encore loin de notre idéal, et que les conséquences fâcheuses de la guerre mondiale ont, jusqu'à présent, mis des obstacles sérieux à l'essor de notre Mouvement.

Au moins, à propos de mon pays, je dois avouer que, bien que la vie économique de la Pologne eût subi, en 1926, d'importantes transformations, qui amenèrent une certaine accalmie dans les relations financières et commerciales du pays, cette vie est encore loin d'obtenir l'équilibre que lui a fait perdre la guerre mondiale. La crise économique générale s'est imprimée le plus fortement sur nos sociétés coopératives de consommation, surtout dans les régions des villes et dans les districts industriels. Quoique le chômage eût diminué en rapport avec l'an 1925, le pouvoir d'achat de la population urbaine et ouvrière a baissé au-dessous du niveau de la même année, car l'indice du coût de la vie s'est accru de 170,5 à 199,2 et l'étendue entre les prix industriels et agricole a monté de 22,6 % à 50 %.

D'un autre côté, vu que les salaires sont restés à peu près les mêmes et que les produits agricoles, principal objet d'achat des consommateurs urbains ont sensiblement renchéri, il est évident que la consommation et la capacité d'achat des masses ouvrières, appui fondamental des coopératives, ont dû forcément baisser. La baisse du pouvoir d'achat de la population urbaine, qui ne peut être, en moment donné, équilibrée par l'accroissement du pouvoir d'achat de la population rurale, demeure le côté le plus faible de notre mouvement actuel. Aussi le problème décidant de notre évolution ultérieure consiste-t-il à faire disparaître définitivement le chômage et à augmenter les salaires des travailleurs.

Mais est-ce en Pologne seule que ce problème joue un rôle prédominant ? J'ose affirmer que tous les pays représentés à ce Congrès en subissent les conséquences plus ou moins fâcheuses. Ce n'est donc pas un problème local polonais, c'est une question internationale, que seules les forces collectives de toutes les sociétés civilisées peuvent résoudre. C'est cette solution que cherchait la Conférence Internationale Economique à la clôture de laquelle j'avais l'occasion d'assister à Genève il y a trois jours. S'intéressant peu au mouvement coopératif et ne visant que les moyens de sauver le capitalisme dépérissant, elle n'est que le symptôme des transformations profondes qui minent le capitalisme contemporain. Ces transformations, d'un côté, l'écartent de ses véritables bases (règlement automatique des produits et des prix par libre concurrence) et, de l'autre, le poussent dans la direction de l'économie politique, coopérative, règlement conscient de la production et des échanges. Obvier à la crise économique générale et surtout au déclin évident du capitalisme était la principale raison de l'organisation de cette Conférence. Le capitalisme des Etats, dont l'industrie est à un haut degré, qui n'usent que 70 % de leur faculté productive et qui sont affligés de millions de chômeurs, cherche fiévreusement de nouveaux terrains pour son expansion économique et suit avec anxiété l'évolution des petits états nouvellement créés. Se drapant de grandes idées, comme : abolition des frontières douanières, création des Etats-Unis en Europe, répartition internationale du travail, etc..., il cherche à conquérir pour son impérialisme de nouvelles colonies et de nouvelles victimes. S'il les conquiert, il sera garanti de la nécessité tragique qui le forcera à la juste répartition du revenu socal et à rehausser les salaires, en se contentant de petits bénéfices. Sur ce jeu louche, opérant avec les idées élevées, jette une vraie lumière le fait que, pendant qu'à Genève, on délibère sur la diminution des droits douaniers, à Berlin, à Rome ou à Paris, on se prépare à les augmenter. C'est aux coopératives de consommation de démasquer ce jeu perfide et d'empêcher le capitalisme de secouer les entraves imposées par la guerre mondiale. L'arrêt de l'évolution de l'industrie dans les Etats de l'Europe Centrale, dont la population est grandement accrue, pour en faire la proie de l'expansion occidentale, ne pourra pas résoudre la crise économique et ne fera que passer le centre de gravité à l'Orient. Et d'ailleurs, l'export de l'Etat le plus industriel après l'Angleterre — je pense à l'Allemagne — monte à peine à 17 0/0 ou 18 0/0 de sa production. Le débit libre de ces produits à l'étranger ne pourra pas tenir lieu d'un vaste marché intérieur, que le train de vie plus élevé des travailleurs ferait ouvrir. Et voilà pourquoi les coopérateurs, en luttant pour la démobilisation douanière et la collaboration des peuples, doivent exiger que leurs postulats dont les capitalistes abusent si souvent, soient exécutés. La solution de la grande crise européenne n'est possible que par la voie d'élever le train de vie des travailleurs, de réconforter la consommation des masses de tout Etat, d'où résultera le changement de la répartition du revenu social. C'est l'unique moyen d'enlever au capitalisme une de ses principales artères, l'impérialisme économique, et ce n'est qu'alors que le mouvement coopératif verra triompher son idée dominante.

Espérant que le problème que je viens de soulever ici n'est pas sans aucun intérêt pour les délégués de cet honorable Congrès, je vous souhaite encore une fois, chers Coopérateurs, le succès le plus grand de vos travaux et je m'adresse à notre éminent professeur Charle Gide, avec l'humble prière de bien vouloir agréer, les vœux les plus cordiaux de tous les coopérateurs polonais pour de longues années encore, et menez-nous vers la réalisation de notre idéal commun.

M. Charles GIDE. — La parole est à M. Polotzky, représentant des Coopératives de Consommation Ukrainiennes.

Discours de M. POLOTZKY

Chers Coopérateurs,

Permettez-moi de vous saluer au nom de l'Union Centrale des Coopératives de Consommation de l'Ukraine, ainsi qu'au nom des deux millions et demi de consommateurs faisant partie de cette Union, et au mien personnellement.

Le nombre de sociétaires de nos coopératives a bien grandi durant ces trois dernières années, passant d'un million et demi à deux millions et demi en 1927, c'est-à-dire une augmentation de plus de soixante-dix pour cent. Il est à remarquer que le nombre des membres dans les villes a augmenté de cinquante pour cent, et celui de la campagne a doublé. En comparant ces chiffres avec le nombre des familles, nous constatons que presque un cinquième de la population de l'Ukraine est acquise à la Coopération.

Le chiffre d'affaires est en augmentation également, en conformité au nombre d'adhérents, soit : en 1924, le chiffre d'affaires était de quatre milliards et demi de francs français et en 1926, il a monté à dix-huit milliards de francs, c'est-à-dire qu'il a presque quadruplé.

Nous ne fermerons pas les yeux sur les difficultés qui se présentent sur le chemin de développement de la coopération ukrainienne. Nous ne cachons pas non plus les défauts qui existent malheureusement dans notre travail, tel que : la majoration trop élevée du prix de revient des marchandises, le fonctionnement de notre appareil de travail qui est loin d'être parfait, l'assortiment des marchandises, qui, souvent, ne correspond pas au goût du consommateur, etc... Il est vrai qu'une partie de ces défauts doit être portée sur le compte de l'héritage que nous avons reçu de l'ancien régime tzariste, d'une part, et d'autre part, sur le compte de la guerre mondiale et civile dont notre Ukraine a particulièrement souffert.

Pourtant, avec le développement général de l'économie du pays, notre Coopérative de Consommation, nous en sommes sûrs, prendra une extension plus active, surtout si la paix générale de l'Union des Républiques Soviétiques Socialistes, n'est pas troublée du dehors, et nous voulons croire que cela ne se fera pas, grâce à la solidarité de la classe ouvrière de tous les pays, en particulier de la France, et celle de la coopération.

Vous, Coopérateurs français, ne pouvez rester indifférents au développement de notre mouvement, d'autant plus que c'est bien vous qui avez été, jusqu'à un certain degré, nos maîtres spirituels, et c'est de vos rangs que sont sortis les meilleurs maîtres du mouvement coopératif international, dont un, le plus honoré, se trouve parmi nous dans cette salle. Vous devinez tous son nom : Charles Gide, et nous sommes heureux de le saluer ici.

Vive le Mouvement Coopératif français !

Vive le Mouvement Coopératif international !

M. Charles GIDE. — La parole est à M. Vodenka, représentant de l'Union Centrale des Sociétés Coopératives Tchéco-Slovaques.

Discours de M. VODENKA

Monsieur le Président,

Mesdames, Messieurs,

Je suis très heureux de saluer votre Congrès et c'est pour moi un très vif plaisir de vous apporter les plus cordiales salutations des coopérateurs Tchéco-Slovaques.

Nous avons toujours eu, avec vous, les meilleures relations.

Le Mouvement Coopératif Tchéco-Slovaque a subi de très grandes difficultés pendant la guerre et il a été victime d'une législation dirigée contre lui.

La Chambre des Députés a voté une loi qui favorisait les adversaires et qui atteignait la coopération par l'impôt. Les sociétés pouvaient être privées de tout bénéfice.

En Tchéco-Slovaquie, les coopératives de consommation sont opprimées et les coopératives agricoles et industrielles sont favorisées. Il y a désaccord entre les sociétés qui subissent les lois et celles qui bénéficient de privilèges.

Nous nous sommes plaints à la Conférence Economique Internationale de Genève où la question des rapports entre les coopératives de consommation et les coopératives agricoles a été examinée. Nous avons fait connaître notre situation.

Notre organisation compte, malgré tout, 1.240 sociétés de genre différent. Elles ont 468.000 membres et ont fait 1.112.000.000 de couronnes d'affaires.

Les épargnes sont de 1.180.000.000 de couronnes tch. Les plus fortes sont les sociétés de consommation ; nous en avons 330 avec 402.000 membres et un chiffre d'affaires de 280.000.000 de couronnes tch.

Les sociétés de production sont au nombre de 240 avec 12.000 membres et 225.000.000 de couronnes tch. de chiffre d'affaires.

Les maisons des ouvriers sont au nombre de 230. Elles ont un capital de 48.000.000 de couronnes tch. qui est investi dans les maisons ouvrières.

Les sociétés agricoles sont au nombre de 200 et leurs membres sont les ouvriers agricoles, ils exploitent une terre communale et sont un grand support pour les sociétés de consommation.

Les sociétés de banque sont au nombre de 25. Leur capital est de 350.000.000 de couronnes tch. qui sont généralement des fonds de petits déposants.

Notre Magasin de Gros central de toutes sociétés a fait l'an passé 530.000.000 de chiffre d'affaires ; 120.000.000 pour ses produits propres. Le capital d'exploitation, les parts sociales et les fonds de réserve atteignent 31.000.000. Il a 950 employés.

La Banque Coopérative est la centrale chargée de recueillir l'argent des coopératives tchéco-slovaques, elle a 5.000.000 de fonds, aujourd'hui la banque travaille avec 112.000.000 de couronnes tch. qui proviennent en général de petits déposants et des entreprises ouvrières. L'année passée, notre banque avait fait un chiffre dépassant 6 milliards de couronnes tch.

La Centrale d'assurance a un capital assuré de 30.000.000. L'année 1926 recevra en primes, 25.000.000. Le capital propre, le fonds de réserve et le capital actions sont de 42.000.000.

Vous avez pu constater, Mesdames et Messieurs, que notre mouvement coopératif est en progrès. Les sociétés qui sont membres de la Fédération Centrale des Coopératives tchéco-slovaques travaillent ensemble.

Le mouvement de consommation réalise les principes essentiels de la coopération. Nous avons des grandes sociétés qui ont des dizaines de mille membres et font un chiffre d'affaires par centaines de millions.

Nous suivrons le développement du mouvement coopératif dans le monde.

Nous avons un but unique : aider les consommateurs dans leur difficile combat et devenir un élément d'émancipation et de libération pour atteindre un ordre social meilleur.

M. Charles GIDE. — La parole est à M. J. Coloma, représentant de la Fédération Régionale des Coopératives de Catalogne.

Discours de M. J. COLOMA

Chers Coopérateurs,

La Fédération Régionale des Coopératives de Catalogne m'a chargé de vous apporter les salutations cordiales des coopérateurs catalans. Bien que notre région soit voisine de la France, nous n'assistons pas souvent à vos Congrès nationaux. Néanmoins, nous suivons avec intérêt et avec sympathie votre poussée en avant, malgré les circonstances adverses, et nous nous inspirons de votre exemple dans la mesure où nous le permettent nos moyens.

Mais cette année, nous ne pouvions pas manquer de répondre à votre invitation ; car non seulement elle nous offre l'occasion de suivre vos débats, toujours pleins d'enseignements pour nous, mais aussi de rendre un hommage de sympathie au cher Maître de la Coopération mondiale, à l'homme qui a consacré toute sa vie à rechercher dans le vaste et épineux champ de l'économie bourgeoise toutes les raisons et tous les faits qui peuvent démontrer le bien fondé de nos aspirations coopératives : Monsieur Charles Gide.

A cette occasion, la Fédération Régionale des Coopératives de Catalogne a tenu à cœur d'être représentée à ce Congrès parce que la plupart de nos militants éclairés dans la lutte quotidienne, l'ont été en buvant à la claire source qui jaillit des leçons, les livres, des conférences, des articles de journal du Maître, prodigués par lui avec la générosité du vrai savant, de l'homme de grand cœur qui aime ses semblables avec cet amour immense de l'humanité, qui est la vertu caractéristique des vrais grands hommes.

Nous voudrions lui offrir, au nom de nos camarades, non pas un bouquet de vulgaires fleurs rhétoriques, mais un recueil de faits vivants du progrès coopératif de notre pays, convaincus que ce sont les fleurs les plus agréables pour lui, celles qui poussent dans le jardin de ses amours.

Il ne nous est pas possible de dire grand'chose de nouveau à ce sujet. Tout de même, nous voulons vous apprendre qu'il existe chez nous aussi, une force coopérative grandissante ; c'est, après les luttes vraiment terribles, des années d'après-guerre, comme une réaction du bon sens ; malgré la crise de travail qui sévit intensément chez nous, en créant des difficultés extraordinaires à nos sociétés, le mouvement coopératif suit sa marche progressive. Nous voyons autour de nous, chaque jour plus nombreux, ceux qui nous aident en notre labeur, ceux qui ont foi en la Coopération et qui espèrent que les hommes peuvent arriver, par ce moyen, à faire marcher en ligne parallèle l'intérêt de chacun et l'intérêt de tous.

Pour que la Coopération prenne plus d'essor chez nous, il nous faut deux choses : la promulgation de la loi sur les Coopératives, que nous attendons depuis longtemps, et la constitution de la Fédération Nationale. La deuxième condition dépend, en grande partie, de la première, car la loi en projet faciliterait l'extension de la propagande dans le centre du pays, à peine entamé aujourd'hui. Il y a bien quelques hommes de talent qui réalisent un labeur méritoire en faveur de notre cause, tels MM. Rivas Moreno, Gascon y Miramon, Fabra Ribas et d'autres, mais leur action ne sera efficace que lorsqu'on pourra organiser les masses pour les éveiller en les poussant à l'action économique ;

La véritable organisation coopérative espagnole, celle qui n'est pas influencée par des préjudices confessionnels, se trouve groupée aux deux régions N.-E. et N.-O. d'Espagne, avec des forces presque équivalentes. Celle du Nord-Est est la Fédération Régionale de Catalogne, qui compte actuellement avec 150 sociétés affiliées, avec 27.000 sociétaires et un chiffre d'affaires qui dépasse 27 millions de pesetas. Ces sociétés sont presque exclusivement composées d'ouvriers industriels et de travailleurs de la terre. Malgré les liens fédératifs, nous n'avons pas de Magasin de Gros. A présent, nous nous efforçons de créer des rapports économiques entre les sociétés. Les échecs du passé nous empêchent d'aller aussi vite que nous le voudrions.

Un courant de concentration se dessine actuellement. Plusieurs sociétés s'apprêtent à réaliser des fusions et d'autres, de moindre importance, tendent à devenir des succursales des premières. Nous obtenons de très bons résultats de notre entreprise de production « Union de Cooperativas », qui suit une marche ascendante rapide.

Il reste peu de Coopératives chez nous qui ne soient installées dans des immeubles leur appartenant. Quelques-uns de ces édifices sont remarquables de goût et agencés d'une façon tout à fait moderne.

Les capitaux destinés aux œuvres de solidarité : secours de maladie, pensions aux vieux sociétaires, aux invalides, etc..., sont assez importants ; on soutient aussi quelques écoles primaires et des bibliothèques. Ces œuvres ont été créées aux dépens de la ristourne, qui dans beaucoup de sociétés a été limitée jusqu'à sa complète disparition.

Tous ces détails n'ont rien d'original pour vous, certes ; ils ne sont pas assez importants pour nous faire remarquer ; mais nous ne prétendons que vous donner un aperçu de notre mouvement, un peu lent, mais en progrès.

Quand notre honoré maître, Charles Gide, disait naguère que le pourcentage coopératif de l'Espagne était des plus petits du monde, il avait raison, il y trouvait un pour cent de la population totale. En réalité, il est un peu plus élevé, même en prenant l'ensemble du pays, mais en prenant le Nord de l'Espagne et la Catalogne, nous approchons du douze pour cent.

Il faut espérer que dans peu de temps, nous pourrons vous offrir des nouveaux progrès, en améliorant notre position dans le sein du Mouvement Coopératif International. Cela doit intéresser les coopérateurs d'Europe, car chez nous, il y a marché considérable de produits particuliers qu'ils achètent aujourd'hui par l'intermédiaire des commerçants capitalistes, et qui pourraient être fournis au moyen d'une entente avec les Coopératives et les Syndicats agricoles de chez nous.

En attendant, nous souhaitons à ce Congrès de réaliser une tâche positive et féconde ; que ses travaux entraînent en avant la Coopération française liée à la Coopération mondiale, qui nous rapproche du but assigné à notre idéal de bien-être, de paix et de justice sociale.

M. Charles Gide. — La parole est à M. Thorsten Odhe, représentant de l'Union Coopérative et Magasin de Gros des Coopératives de Suède.

Discours de M. THORSTEN ODHE

Chers Camarades Coopérateurs,

Nous — c'est-à-dire mon camarade Palm, membre du Conseil d'administration de l'U. C. D. S. et moi — sommes heureux d'avoir été choisis pour apporter au Congrès des Coopérateurs français, le salut de tous les coopérateurs suédois. C'est pour nous un encouragement en même temps qu'un grand plaisir de venir de notre patrie nordique lointaine, dans votre pays ensoleillé, pour y assister à l'assemblée qui incarne la volonté de libération infatigable des consommateurs français. Ce sera, à n'en pas douter, un puissant appui pour nos amis suédois de connaître la puissante impression ressentie par nous devant les progrès matériels réalisés par le mouvement coopératif français et les sentiments idéalistes et enthousiastes qui animent ce mouvement.

Je demanderai au Congrès de bien vouloir m'accorder son attention pour lui communiquer quelques chiffres et renseignements qui mettront en lumière les progrès réalisés par notre mouvement en Suède. Les coopératives suédoises comptaient 340.000 membres à la fin de l'année dernière, et l'augmentation sur l'année précédente était de 24.000 mem-

bres. Ces chiffres représentent des familles, et si l'on considère que la
population de la Suède s'élève à 6 millions d'habitants, on peut dire
qu'entre un quart et un cinquième, la population totale du pays à un
degré plus ou moins grand les besoins de sa consommation par l'intermédiaire des sociétés coopératives. Les sociétés coopératives dans notre
pays sont relativement petites — nous en avons au total environ 900 —
mais leur situation financière est surtout très bonne, et nous procédons
actuellement à des mesures de concentration qui ne pourront que raffer-
mir et renforcer la situation de notre mouvement coopératif. Le chiffre
d'affaires des coopératives suédoises était, en 1926, de 265 millions de
couronnes, soit au cours actuel environ 1.850 millions de francs. Le
chiffre d'affaires du Magasin de Gros Suédois pendant l'année 1926 a
été de 104 millions de couronnes, soit environ 705 millions de francs.
Depuis 1922, le chiffre d'affaires du Magasin de Gros a augmenté dans
la proportion de 65 %, et ceci malgré la baisse continuelle des prix.

Les coopérateurs suédois mènent, depuis plusieurs années, une lutte
contre diverses organisations privées à caractère de monopole. Nous
avons déjà enregistré plusieurs succès dans cette lutte, grâce au dévouement et à l'appui des consommateurs. Notre propre production est
notre meilleure arme. Pendant les cinq dernières années, les coopérateurs suédois ont construit leur grande fabrique de margarine, aux
installations modernes, à Norrkoping ; ils ont acheté et modernisé
deux grandes minoteries électriques, à Stockholm et à Gothebourg ; ils
ont enfin acheté une fabrique de chaussures en caoutchouc qui, bientôt
suffira à approvisionner les coopérateurs suédois en cet article dont
l'importance est très grande en Suède. Ces acquisitions, dans trois domaines de la production, leur ont permis de briser trois cartels puissants.
Récemment, la lutte avait pour objet les chaussures en caoutchouc.
Cette fabrication était entièrement entre les mains d'un cartel qui, dans
le courant des dernières années, avait haussé les prix à un niveau
excessivement élevé et qui, avec un capital initial de 4 millions de
couronnes, avait réalisé depuis 1912 des bénéfices s'élevant à 50 millions
de couronnes (350 millions de francs). Lorsque les coopérateurs suédois
firent connaître au public, par la voie des journaux, qu'ils ne pouvaient plus longtemps tolérer une pareille exploitation, le cartel
réduisit immédiatement ses prix de 25 %, sans toutefois réussir à nous
faire renoncer à notre intention de produire nous-mêmes. Je vous cite
ceci comme un exemple de la puissance qu'une action unie et persévérante peut avoir dans la lutte contre les puissants monopoles industriels et pour vous donner une idée du respect justifié que le mouvement
coopératif inspire à ces organisations. Les coopérateurs suédois souscri-
vent actuellement, avec enthousiasme dans tout le pays, un grand
emprunt de 7 millions de couronnes (42 millions de francs) ; cet emprunt
servira à constituer un « fonds de production », masse de manœuvre
qui pourra être jetée dans la lutte contre les monopoles sur les points
où on le jugera utile.

Je ne veux pas plus longtemps retenir l'attention du Congrès. C'est
pourquoi nous souhaitons sincèrement au mouvement coopératif de la
France, belle et laborieuse, tout le succès qu'il mérite et nous exprimons
d'avance aux représentants du mouvement coopératif français qui
visiteront notre pays cet été, à l'occasion du Congrès International de
Stockholm, et parmi lesquels sera, nous l'espérons, le maître vénéré
Charles Gide, les meilleurs souhaits de bienvenue de la Suède et des
coopérateurs suédois.

M. Charles GIDE. — Il nous resterait à entendre M. Yasashi Hasuni,
représentant de l'Union Coopérative de Tokio. Mais nous sommes privés

de son discours, car nous n'avons personne pour traduire le japonais. Nous nous contenterons de l'honneur qu'il nous a fait en assistant à ce Congrès.

M. Charles GIDE. — Je donne la parole à M. Chabrun, Député, représentant le Groupe Parlementaire de la Coopération.

Discours de M. CHABRUN

Monsieur le Président,

Chers Coopérateurs,

Je n'aurais pas la présomption de prendre la parole à l'heure où nous sommes, si je n'avais le devoir d'exprimer des vœux du Groupe de la Coopération de la Chambre au Congrès de la Fédération Nationale. Ce Congrès aura d'ailleurs un plein succès, car il est placé sous le signe de Nîmes qui est le berceau de la Coopération française.

J'ai aussi le devoir, le devoir très doux, d'apporter l'hommage du Groupe de la Chambre à notre vénéré et cher maître, M. Charles Gide. Je n'entreprendrai pas son éloge, parce que je sais que cela lui déplairait beaucoup. Je me permettrai simplement de dire un des titres principaux qu'il a à notre reconnaissance. M. Gide a un jour parlé de l'étoile de la Coopération ; mais, en homme de science qu'il est, il a compris que, pour suivre une étoile, il fallait un compas, et il a donné à la Coopération sa doctrine et sa science.

Mon cher Maître, tout à l'heure vous avez parlé avec trop de modestie de la cigale méditerranéenne. La cigale chante, c'est vrai ; mais elle chante avec tant de poésie et tant de charme, avec tant d'intensité; elle a une âme si belle, elle est tellement grisée du soleil provençal, ses yeux sont tellement pleins du merveilleux horizon qui l'entoure, que sa poésie, par son intensité même, devient de la science, et le temps n'est plus où la fourmi d'Ile-de-France pouvait la railler à travers les vers du fabuliste. La fourmi d'Ile-de-France, sait maintenant tout ce qu'elle a à apprendre de la cigale, dont vous êtes l'éloquent symbole.

Nous cherchons à vous suivre de notre mieux, au Groupe Parlementaire. Certes, nous n'arrivons pas toujours à marcher du pas que nous voudrions ; il y a des points sur lesquels nous sommes obligés d'avouer des défaites. Reconnaissons néanmoins, après des échecs qui nous sont douloureux, que nous faisons de notre mieux pour être utiles aux coopérateurs qui nous sont si chers. Nous avons, ces temps derniers, mis sur pied le statut de la Coopération. Je souhaite que le Parlement le vote bientôt. Ce statut de la Coopération, à quoi vous servira-t-il ? Il servira à définir le contrat coopératif, qui est encore dans la sphère des contrats innommés, et par conséquent à permettre aux juristes de mieux déterminer les caractères de ce contrat, afin de lui permettre de mieux atteindre le but qu'il se propose.

Certes, nous avons besoin de vous pour nous soutenir ; nous avons besoin de vous, car non seulement dans le domaine coopératif, mais dans le domaine économique, d'une façon générale, vous avez un rôle à jouer, indispensable à l'action de vos amis au Parlement. Indispensable, car dans ce pays, hélas, la seule force qui ne soit pas organisée est celle des consommateurs. A part vous, qui constituez, hélas ! une minorité, est-ce que le consommateur français est organisé ? Certainement, il crie ; mais — sans manquer au respect que je lui dois — est-ce qu'il n'est pas un peu comme la femme de la comédie classique qui crie quand son mari la bat, mais qui, lorsqu'on vient la défendre, se déclare heureuse d'être battue ?

C'est à vous de faire changer cet état d'esprit ; c'est à vous de faire l'éducation du consommateur, et le jour où vous aurez éduqué le consommateur, même s'il n'appartient pas activement à la coopérative, vous aurez fait beaucoup pour la Coopération, car le consommateur éduqué devient par la force des choses un coopérateur.

Cette éducation, il faut la faire avec la doctrine, avec la science que M. Charles Gide nous a apprises. Il faut la faire aussi avec l'idéal qui anime l'âme et qui vit si intensément dans son cœur. Cet idéal, c'est l'idéal de la justice, non pas seulement de la justice arithmétique, mais de la justice sociale qui comporte l'émancipation économique indispensable après l'émancipation politique et sans laquelle l'émancipation politique n'est qu'un vain mot.

Cette émancipation économique, c'est le principe de la justice qu'il faut réaliser et que vous réalisez vous-mêmes. Faites qu'autour de vous on le réalise, soyez les prêtres de cette justice. Vous y êtes venus, vous, par votre sens de l'idéal ; il y a des gens qu'on amène peut-être à l'idéal par l'intérêt. Prenez donc les moyens dont vous pouvez disposer pour les conduire à l'idéal qui est le vôtre, et qu'ils sachent bien que leur intérêt se confond avec la recherche de cet idéal.

J'exprime, je crois sans trop la déformer, votre doctrine, mon cher Maître. Permettez-moi, en terminant, de former un souhait : c'est que vous vouliez bien continuer encore longtemps à diriger ce navire de la Coopération, ce navire dont vous avez tracé la route, sur lequel travaillent d'excellents matelots à qui vous avez indiqué la manœuvre. Sans doute, il est déjà très beau, ce navire, il flotte fermement malgré les écueils et les tempêtes de la mer de l'économie moderne, dangers qui ont fait sombrer déjà bien des embarcations. Il faut qu'il flotte toujours avec la même fermeté, qu'il aille toujours avec la même sûreté sur la route que vous lui avez tracée, car il porte dans ses flancs, ce navire, si modeste soit-il par rapport à ce qu'il pourrait être, il porte une des meilleures espérances humaines.

M. Charles GIDE. — La parole est à Camin qui va donner connaissance des lettres d'excuses et des télégrammes.

Les Excuses et les Télégrammes

Maurice CAMIN. — La Ligue Coopérative des Etats-Unis nous a écrit comme suit :

« A l'occasion de votre Congrès National, nous désirons vous féliciter des progrès accomplis par votre mouvement en France, et nous voulons tout particulièrement nous joindre à vous pour la célébration du 80e anniversaire de l'éminent coopérateur Charles Gide, qui a rendu de si remarquables services à la coopération française, ainsi qu'au mouvement coopératif du monde entier. Nous aurions désiré que des représentants officiels de notre Ligue Coopérative soient présents à cette occasion, mais, malheureusement, aucun membre de notre organisation ne peut aller en Europe avant le mois de Juillet.

Nous espérons que vous voudrez bien transmettre au Congrès tout entier, et tout particulièrement à notre ami, le professeur Gide, nos plus fraternelles salutations ».

Le Comité Central des Sociétés coopératives danoises s'excuse en ces termes :

« *Nous sommes en possession de votre estimée du 26 Janvier, et vous remercions vivement de votre aimable invitation à assister à votre Congrès annuel, ayant lieu à Nîmes du 26 au 29 Mai prochain.*

Nous regrettons cependant de devoir vous dire que nous ne sommes pas en état d'y donner suite, malgré le grand intérêt que nous prendrions à assister au Congrès.

Nous vous souhaitons un succès absolu, et espérons que votre mouvement se développera continuellement ».

Albert THOMAS s'excuse en ces termes :

Je te serais reconnaissant de dire une fois de plus à nos amis mon vif chagrin d'être retenu à Genève par notre Conférence internationale du Travail. Je te prie de transmettre à notre Maître vénéré, Charles Gide, l'expression de mon affectueuse admiration. Je suis de cœur avec vous tous.

L'Union et Magasin de Gros des Coopératives Norvégiennes de consommation, regrettent de ne pouvoir assister au Congrès et disent :

« *Nous vous remercions de votre cordiale invitation à votre Congrès à Nîmes, du 26 au 29 Mai prochain, mais regrettons de vous informer qu'il nous est impossible d'accepter votre invitation, nous le regrettons d'autant plus que ce sera une très grande occasion à cause du 80ᵉ anniversaire du professeur Charles Gide.*

Nous vous prions de présenter au Congrès nos salutations fraternelles, et nous vous souhaitons un résultat heureux ».

La « Hangya » de Budapest, s'excuse dans les termes suivants :

« *Nous avons bien reçu votre aimable invitation au Congrès annuel de votre Fédération, qui aura lieu à Nîmes à partir du 26 au 29 Mai 1927. En vous remerciant de votre obligeance, nous avons l'honneur de vous informer qu'à notre vif regret, il ne nous sera pas possible d'envoyer des délégués à votre Congrès, parce que la situation économique extrêmement grave de notre pays nous force à observer la plus stricte économie et ne nous permet pas la participation à des congrès à l'étranger. Nous regrettons d'autant plus de ne pouvoir pas être présents à cette assemblée, qu'on y va célébrer le 80ᵉ anniversaire de M. le professeur Charles Gide, qui, à part ses mérites coopératifs, est un ami sincère de notre pays et du mouvement hongrois* ».

Le Magasin de Gros finlandais, nous a écrit comme suit :

« *En possession de votre honorée du 26 Janvier, nous regrettons d'avoir à vous dire que nous ne sommes pas à même de déléguer quelqu'un de notre organisation, ni de Y. O. L., à votre Congrès annuel qui se tiendra à Nîmes (Gard) du 26 au 29 Mai prochain. Notre Conseil d'administration s'est décidé à ne pas se faire représenter cette année aux congrès étrangers, excepté au congrès de l'Alliance Coopérative Internationale, à Stockholm. Nous avons l'intention d'y envoyer plusieurs délégués.*

En vous remerciant, nous vous adressons nos souhaits de succès pour votre mouvement et pour les travaux de votre congrès. ».

Le Magasin de Gros des Coopératives théco-slovaques nous dit :

« *Nous vous remercions de votre aimable invitation en vous demandant de vouloir bien excuser notre absence à ce congrès, à l'occasion duquel on célébrera le 80ᵉ anniversaire du coopérateur éminent, M. le professeur Charles Gide.*

Nous vous demandons de vouloir bien lui présenter nos salutations les plus sincères, avec les meilleurs vœux de bonne santé, afin qu'il puisse continuer son travail dans le but coopératif.

En adressant à vous, ainsi qu'à M. Charles Gide nos meilleures salutations, nous présentons à votre Congrès nos vœux de bon succès ».

De même, l'Union Coopérative du Canada nous a écrit pour s'excuser, et elle dit :

« J'ai transmis à notre Comité Exécutif, lors d'une réunion qui s'est tenue ici hier, votre lettre du 26 Janvier dernier, invitant notre Union à se faire représenter à votre Congrès annuel qui se tiendra à Nîmes.

J'ai été chargé par le Comité de vous adresser, en son nom, tous ses remerciements pour votre courtoisie, et de vous exprimer ses regrets — étant donné les circonstances — de ne pouvoir répondre à votre aimable invitation.

J'ai été chargé également de vous adresser les fraternelles salutations de notre Union à votre Fédération, à l'occasion de votre Congrès, ainsi que l'espoir qu'il sera un grand succès et marquera un progrès du mouvement coopératif dans votre pays.

Le Comité Exécutif de l'Union désire se joindre à vous pour féliciter votre distingué ami, le professeur Charles Gide, qui est si hautement estimé par tout le Monde coopératif pour les inappréciables services qu'il a rendus à notre cause commune. Nous lui adressons nos meilleurs vœux de bonne santé et de bonheur.

Nous avons reçu de M. Cahen-Salvador, secrétaire général du Conseil National Economique, la lettre suivante :

Mon Cher Secrétaire Général et ami,

J'espérais pouvoir assister au Congrès de la Fédération et prendre part à la manifestation organisée en l'honneur de M. Charles Gide. Mes obligations professionnelles me retiennent au Conseil d'Etat où je dois siéger dans deux importantes séances vendredi et samedi. Je suis ainsi privé du plaisir d'être des vôtres.

Voulez-vous être mon interprète autorisé auprès de nos amis et, en leur exprimant mes regrets, leur renouveler toute mon active et fervente sympathie.

Soyez aussi, je vous prie, assez obligeant pour m'associer aux admirateurs et aux amis réunis pour fêter Charles Gide.

Le Conseil National Economique tient à honneur de compter cet éminent penseur parmi ses vices-présidents ; il y personnifie l'Idée et la Doctrine et la hauteur de ses vues, la noblesse de son esprit, la prudente hardiesse de sa juvénile imagination y ont créé autour de sa personne une atmosphère de respectueuse sympathie.

Personnellement, j'ai été un des élèves de cet éminent Maître, et j'aurais aimé joindre mon hommage à celui de tous les disciples qu'il a formés.

De tout mon cœur, je participe, quoique de loin, à votre fête fraternelle, et, en vous priant de transmettre à M. Charles Gide mon tribut d'admiration ainsi que le salut fervent et les félicitations chaleureuses du Conseil National Economique, je vous envoie pour vous et vos collègues mes souvenirs les plus cordiaux.

D'autre part, nous avons reçu les télégrammes suivants :

Au grand Maître de la Coopération, nous présentons nos félicitations et nos meilleurs souhaits.

Banque Centrale coopérative de Bulgarie.

Agréez, à l'occasion de votre fête, les félicitations sincères de la Coopération Lettonne qui admire vos idées et les résultats de votre activité. Nous vous souhaitons encore beaucoup de succès et de satisfaction.

Conseil des Congrès coopératifs de la Lettonie.

Agréez nos vœux sincères pour votre bonheur et votre bonne santé.

Etudiants coopérateurs de Latvie.

Nous célébrons avec reconnaissance vos mérites dans le domaine scientifique et pratique de la Coopération et nous souhaitons que vous continuerez à travailler pour le bien de l'humanité.

Union des Sociétés coopératives de la Latvie.

Nous saluons en votre personne le représentant de l'idéal coopératif et souhaitons que votre voix puisse résonner de longues années, appelant l'humanité à la solidarité.

La Rédaction de la « Cordabiba Silin et Rose ».

Au nom du Conseil Supérieur coopératif de Bulgarie, nous saluons le Maître Charles Gide, et nous lui souhaitons de tracer pour beaucoup de temps encore la voie du mouvement coopératif.

TANTCHEFF POPOFF POPLOUKOFF.

Le Congrès de la Paix par le Droit envoie ses vœux au Congrès et son hommage à Charles Gide pour sa science et sa conscience.

RUYSSEN, LAUNE, PRUDHOMMEAUX, PUEGA.

Les meilleurs vœux pour la prospérité de votre admirable mouvement et pour le grand Maître et animateur Gide.

CONST. CERGEL, directeur général Centrale des Coopératives
de production et consommation Roumanie 30244.

En regrettant de ne pouvoir prendre part au Congrès, nous envoyons aux Coopérateurs de France nos salutations et souhaitons succès complet au travail commun.

Union des Coopératives
de la Latvie Centrala Savieniba « Komzums ».

Cordiaux souhaits pour le plein succès du Congrès et nos vœux chaleureux pour le grand Maître et animateur Gide.

RADUCANU, DRAGANESCU, BOBINA, PASCANI, MLADENATZ,
CHABAL, NICULESCU, POPOVICI.

Prions d'exprimer au Congrès National notre cordial salut et les plus sincères vœux pour le progrès du mouvement coopératif français.

*Veuillez transmettre nos respectueux hommages et nos meilleurs vœux
au grand Maitre Charles Gide.*

TITU AXENTIE,
Directeur général de la Centrale des Banques Populaires
de Roumanie.

REMISE D'UN LIVRE D'OR à M. CHARLES GIDE

Maurice CAMIN. — Cher Maître, c'est au nom du mouvement coopératif tout entier que je vous remets ce Livre d'Or. Il est le témoignage de notre reconnaissance pour tout ce que vous avez fait pour la Coopération française et pour la Coopération mondiale.

La Réponse de M. Charles GIDE

J'aurais voulu répondre successivement et nominativement à chacun des délégués des douze pays étrangers. L'heure avancée ne me le permet pas. Puisque je suis obligé de me restreindre, je voudrais d'abord remercier les délégués allemands. Vous avez dit que c'était la première fois, depuis quatorze ans, que les coopérateurs allemands et français se rencontraient. Croyez bien que le temps n'a pas paru moins long à nous qu'à vous. Eh bien, je puis vous dire que cette ville et ce pays étaient un lieu assez propice pour cette rencontre. C'est ici un des rares coins de la France qui n'ait pas connu l'invasion ; c'est tout au plus si, il y a douze siècles, il a subi l'invasion des Sarrasins, qui ont laissé la trace de leurs incendies sous les voûtes des Arènes. On ne saurait même dire que cette province ait été conquise par Rome, car elle s'est donnée volontairement et comme une fille adoptive. C'est pourquoi, à la différence des régions du Nord, de l'Est où les cœurs ont été endurcis, ou, si vous voulez, trempés par la guerre et l'invasion, — ici nos populations ont des mœurs plus douces, qui se prêtent volontiers aux infiltrations étrangères. Tout ce pays-ci est en train d'être colonisé par nos voisins, les Espagnols et les Italiens, et nous regrettons qu'il n'en vienne pas un peu plus de vos pays du Nord.

Nos cigales sont pacifistes. Je vois parmi nous, mon vieil ami Gignoux, qui réunit le triple caractère d'être administrateur de *L'Emancipation*, d'être fondateur de l'Association ouvrière de production, et d'être président de *L'Abeille Nimoise*, eh bien, je vais vous dire comment il vient de montrer qu'il est trois fois coopérateur ! Il a envoyé un plant d'olivier de son mazet au maire de Locarno pour le planter là-bas. Si chacune des cent mille coopératives qui sont dans le monde envoyait un plant d'olivier à Locarno, cela ferait bientôt une belle forêt qui, mieux que les forêts de l'antiquité consacrées au culte des divinités, Delphe ou Dodone, serait consacrée au culte de la paix. Ce serait vraiment le bois sacré !

Messieurs les coopérateurs allemands, vous tiendrez dans un mois votre Congrès à Essen. Essen, la ville de Krupp, la forteresse du militarisme et du capitalisme jusqu'à ces derniers temps, et ce n'est certainement pas sans intention que vous l'avez choisie pour vos pacifiques assises. J'irai moi-même vous rendre votre visite et vous apporter dans cette cité du fer les salutations des coopérateurs français.

Quoique j'ai dit que je ne répondrais pas nominativement à tous les délégués étrangers, vous me permettrez bien de me démentir en saluant encore ces délégués qui sont venus de si loin, des pays de la Baltique. Suède, Finlande, Esthonie. Ah ! ceux-ci ne sont pas du pays des cigales : ils sont des pays de la Coopération forte, persévérante, réfléchie, qui peu à peu conquiert toute la nation. Savez-vous que dans la Finlande — dont vous avez entendu le délégué tout à l'heure — le ministère actuel est composé presque tout entier du président et des membres du conseil d'administration de la coopérative d'Helsingfors ? Si, au prochain changement de ministère en France — je ne veux pas dire que je le souhaite, mais enfin il y en aura un jour ou l'autre — si, dis-je, le président de la République, qui se trouve précisément être Nîmois, avait l'idée de faire appeler pour constituer le ministère les administrateurs de *L'Abeille Nîmoise* et de *La Famille*, le camarade Affre, qui ayant déployé tant d'activité pour l'organisation de ce Congrès, en mettrait tout autant pour l'organisation de la France, et Gignoux pour succéder à M. Briand, avec son olivier de Locarno — qui serait bien étonné ? Ce serait eux certes ! et aussi tout le public français. Eh bien, personne ne s'en est étonné en Finlande, voilà qui montre un pays vraiment coopératisé...

Il faut que je m'arrête ; mais je ne peux pas, parlant de la Suède, ne pas rappeler aussi que ce jeune aiglon qui vient de traverser l'Océan, d'un seul coup d'aile, est Suédois d'origine. Cela ne m'a pas surpris, quand je pense à la vaillance de ces coopérateurs suédois et quand je me rappelle comment ils sont venus, il y a si longtemps, ces hommes du Nord, ces dolichocéphales, régénérer notre pauvre race de brachycéphales méditerranéens. Vous me direz que cela n'a pas de rapport avec la Coopération. Je vous demande pardon ! Chaque vol qui rapproche les peuples et qui surpasse les frontières est un hommage rendu à la Coopération et une espérance pour nous. Chacun de ces arcs que décrit l'avion est comme un lien qui réunit deux peuples, et nous espérons qu'un jour les progrès de l'aviation feront disparaître ces barrières entre les peuples.

Je dois dire cependant que, quand j'ai su que Lindbergh qui n'avait rien emporté avec lui, s'était muni d'un passeport, j'ai été navré ! Si Lindbergh ne s'est pas libéré d'une telle servitude, qui donc s'en libérera !

Laissez-moi saluer encore les coopérateurs de la Tchécoslovaquie. Ils sont chez eux, à Nîmes ; ils ont envoyé leurs enfants dans notre lycée. Pourquoi ? Parce que Nîmes — il faut avouer qu'elle ne s'en doutait pas jusqu'à ces temps derniers — est la ville natale du professeur Ernest Denis et que notre éminent concitoyen est celui que les coopérateurs tchécoslovaques reconnaissent comme le fondateur de leur indépendance, comme le père spirituel de leur patrie. S'il n'eût été étranger c'est peut-être lui qui eût été élu Président de la jeune République.

Encore un mot, mais cette fois ce sera le dernier, pour nos voisins de Catalogne. Vous l'avez dit, camarade Catalan, que nous étions voisins; nous le sommes en effet, non pas seulement par la courbe invitante du golfe qui va de Marseille à Barcelone, par les Pyrénées qui s'abaissent juste au point voulu pour nous laisser passer, mais voisins de race et de langue. Après-demain, aux Arènes, vous entendrez chanter la *Coupo Santo* — le chant national des félibres et des guardians de la Camargue. Et savez-vous qui a donné cette coupe : c'est vous !

> Prouvençau, veici la Coupo
> Que nous vén di Catalans

Quand la Fédération Coopérative du Midi sera plus riche, nous vous apporterons aussi une coupe, et coopérateurs Catalans et Languedociens sauront communier entr'eux tout comme les félibres.

Les éloges qui m'ont été décernés pendant cette séance, sont véritablement accablants ; ils seraient même excessifs pour un jubilé d'octogénaire, et ne seraient vraiment de mise que comme oraison funèbre, parce que, en ce cas, celui à qui ils s'adressent ne peut pas les entendre et se trouve dispensé d'y répondre. C'est pourquoi, en ce jour, ce n'est pas le rôle de président que j'aurais dû jouer, appelé à donner la parole à tous ceux qui sont venus me louer, mais plutôt le rôle du mort et, comme tel, garder le silence.

Cependant, puisque je ne le suis pas encore, il faut bien que je clôture cette trop longue séance par un remerciement.

Evidemment, il m'est agréable de savoir, par des témoignages aussi autorisés que ceux qui se sont fait entendre aujourd'hui, que les cinquante-trois années que j'ai données à l'enseignement n'ont pas été tout à fait vaines. Cinquante-trois années, c'est en effet un état de services qui est assez rare, sinon unique dans l'enseignement ; et je remercie les sociétés coopératives qui ont fondé la chaire de Coopération au Collège de France de m'avoir permis ainsi de prolonger mon enseignement au delà des limites d'usage.

Mais je n'en dirai pas davantage en ce qui me concerne : ces hommages, je les accepte d'abord pour mes prédécesseurs, pour ceux qui sont venus avant moi, pour de Boyve et pour Fabre, dont personne n'a pensé à célébrer les quatre-vingts ans. Si on y avait pensé, ils auraient su, plus énergiquement que moi, s'en défendre. Eh bien ! ce Livre d'Or où se trouvent inscrits les témoignages affectueux de centaines de sociétés coopératives, je l'offre à leur mémoire !

Je veux aussi l'offrir à mes successeurs. L'Ecole de Nimes ne mourra pas : elle a déjà parmi elle des hommes qui, par la plume et par la parole, par le journal, par les conférences, par les livres, propagent et agrandissent sa doctrine. On m'a dit qu'il y avait dans cette salle, comme invités, des jeunes gens des écoles de Nimes. Eh bien ! j'espère qu'il s'en trouvera parmi eux qui emporteront de cette séance d'aujour-d'hui le désir de se consacrer au service social ; et, peut-être aussi, parmi ceux qui sont venus ici aujourd'hui simplement à titre de curieux s'en trouvera-t-il qui voudront grossir le nombre, si ridiculement minime, des membres de *L'Abeille Nîmoise*, la fille de de Boyve et de Fabre.

L'Ecole de Nimes vivra, mais dirai-je — abusant du mot qui revient si souvent dans les discours officiels — qu'elle sera immortelle ? Non, cette ville auguste où nous sommes rassemblés nous invite à plus de modestie. Il y a deux mille ans, quand il y avait ici une civilisation plus brillante que celle d'aujourd'hui, alors que tous les pays qui sont ici représentés n'avaient pas même de nom, aux jours de cette civilisation-là on ne savait ce que c'était la Coopération ; et, quand deux mille ans de nouveau se seront écoulés, savons-nous si on connaîtra encore la Coopération et l'Ecole de Nîmes ?

Mais il y aura alors d'autres formes sociales qui la remplaceront ; et de même que nous, hommes d'aujourd'hui, nous vivons encore de la civilisation de Rome, demain les hommes de l'an 4000 vivront de ce que nous aurons fait, même s'ils n'en savent rien. Marcher vers un but qu'on ignore, mais tout de même croire qu'il y a un but à la fin du temps ou par delà le temps — telle est la foi, telle est la vie, du vrai coopérateur.

Et maintenant, Messieurs les délégués, levons cette trop longue séance, qu'il n'a pas dépendu de moi d'abréger. Assez d'hommages aux vivants et aux morts. Allez apporter ces hommages — puisque le programme indique la visite de Nîmes — à ces vieux monuments qui depuis si longtemps attendent votre visite, et à ce beau soleil du mois de mai qui s'est mis en fête pour vous recevoir.

DEUXIÈME JOURNÉE

TROISIÈME SÉANCE, VENDREDI 27 MAI (matin)

La séance est ouverte à 9 h. 15.

Poisson. — Le Conseil Central vous propose de désigner, pour présider cette séance, notre camarade Cozette ; et pour assesseurs, nos camarades Saint-Eloy et Couvrecelle.

Je prie ces camarades de prendre place au Bureau.

L'Organisation de la Propagande

Le Président. — La parole est à Marcel Brot.

Marcel Brot, *Rapporteur*. — Je n'ai pas l'intention de répéter ce que, dans le rapport qui m'a été demandé, j'ai consigné sur les différentes questions se rapportant à la propagande.

Je veux simplement rappeler que c'est à la suite des interventions successives au Congrès de Nancy et au Congrès de Lille de nos amis de Laon que la question a été posée. Depuis, un questionnaire a été envoyé à une quarantaine des plus grosses sociétés et je remercie les vingt-sept sociétés qui ont bien voulu répondre : c'est une belle proportion, par rapport à celle qu'on a l'habitude d'obtenir. C'est sur ce questionnaire qu'est basé le rapport.

Depuis, une information nouvelle nous est venue. C'est le rapport qui a été déposé en vue d'une conférence qui se tiendra au moment du Congrès International, rapport qui a été rédigé par le secrétaire de l'Union Centrale des Coopératives de Consommation de Finlande.

Ce rapport confirme un certain nombre d'observations que les sociétés ont pu faire elles-mêmes dans notre pays ; notamment, il condamne la vieille théorie d'après laquelle le mouvement coopératif devait se passer d'utiliser la publicité commerciale ; il constate aussi, malgré que la Finlande soit un pays où les organisations coopératives soit extrêmement fortes, qu'il est nécessaire, pour réunir des auditoires nombreux dans les conférences de propagande, d'ajouter — comme chez nous — quelque agrément pour les assistants, notamment celui du cinéma.

Le rapport conclut à un certain nombre de recommandations qu'il voudrait faire accepter par le Congrès International et par le Comité de l'Alliance, en vue de coordonner les différentes formes de propagande dans les différents pays. Il recommande notamment la création, dans le Bulletin de l'Alliance, d'une rubrique spéciale concernant la publicité et la propagande : il recommande aussi la création de films qui puissent être utilisés dans les différents pays ; il suggère aussi l'échange de différents moyens de publicité et d'agitation de pays à pays ; il demande la création d'un catalogue international des publications coopératives, la création d'archives de la publicité à l'Alliance,

Il recherche enfin les moyens capables d'assurer financièrement la vie de cet Office International.

Comme autre information nouvelle, depuis la rédaction et l'impression du rapport, j'indique que la conférence qui avait été prévue entre les journaux coopératifs a eu lieu et a examiné, comme nous l'avions demandé notamment l'année dernière au Congrès de Lille, par quels moyens on pouvait coordonner les efforts de la presse coopérative.

Une résolution a été votée, résolution qui constate la nécessité d'une presse coopérative attrayante, expurgée de tous les renseignements techniques, ceux-ci seraient réunis dans un bulletin spécial réservé aux administrateurs de société ; les journaux auraient en partie un caractère local, en même temps qu'ils véhiculeraient la propagande générale. La résolution préconise également la réunion, le groupement des éditions diverses aujourd'hui éparpillées, dans un seul organe national à éditions multiples pour lesquelles il faudrait réunir dès maintenant 200.000 abonnés, ce qui n'est pas énorme, en raison du nombre actuel des adhésions dans les différentes fortes sociétés.

A l'exemple de l'Annuaire qui, pour la première fois a eu vraiment un caractère imposant et qui s'améliorera chaque année, il serait possible de fournir aux sociétés, même en dehors des sociétés de développement, aux coopératives moyennes, un journal populaire de propagande qui leur serait fort utile.

Je voudrais ajouter maintenant un mot sur un sujet abordé dans la partie du rapport qui concerne la publicité commerciale. Il s'agit des ventes à primes et des ventes réclames.

Lorsque j'ai remis au Conseil Central le projet de rapport, les sages du Conseil m'ont fait observer que peut-être ce rapport, destiné à être publié, allait passer pour une condamnation de certaines sociétés et allait par là même gêner certains de nos amis et j'ai, dans une certaine mesure, atténué la pensée que je voulais développer sur les ventes à prime.

Mais je dois rassurer nos camarades, parce qu'il n'était pas besoin d'un rapport pour faire ressortir la contradiction qu'il peut y avoir entre la pratique de certaine publicité commerciale et les principes coopératifs.

Déjà, dans des journaux qui nous portent beaucoup d'intérêt, comme *l'Epicier*, on a relevé de semblables contradictions. Et puis, c'est peut-être une façon trop commode de tourner le problème. Car ce n'est pas nous, en parlant du système des primes, qui gênerons les sociétés ; ce sont celles qui, par l'abus de la prime, gênent considérablement la propagande morale de la Coopération.

Quand on voit, dans un Bulletin de société coopérative, tout un catalogue de primes, de timbres-primes distribués à tous les acheteurs, quels qu'ils soient, donnant droit à des tasses à café, à de petites cuillères en aluminium, à des cache-pots, à des saucières, et qu'à une autre page on trouve un développement du point de vue moral de la coopération dont le principe est contenu dans le titre même d'une de nos vieilles sociétés « Le Commerce Véridique et Social », vous pensez bien qu'il n'y a pas besoin de souligner la contradiction pour qu'elle apparaisse à tous les yeux.

De même quand on voit certaines sociétés pratiquer d'une façon continue la vente à primes, et que d'autres au contraire basent leur propagande, et à juste raison, sur le mirage des primes pratiquées par les sociétés à succursales multiples, mirage qu'elles dénoncent par des faits et par des exemples frappants, le fait de parler ici des ventes

à primes n'aggravera pas les difficultés qui pourraient résulter pour·
certaines sociétés de ces contradictions

Nos camarades qui pensent que cette forme de publicité commerciale
est compatible avec le caractère coopératif vont, je pense, nous démontrer de façon péremptoire et vont nous convaincre tous de la possibilité·
de faire coexister les deux sortes d'actions : la saine propagande, morale·
de la coopérative, et l'action trompeuse des primes pratiquée en per-·
manence par les maisons capitalistes.

Je ne dirai plus maintenant qu'un mot, pour souligner l'importance·
du plan de développement dont hier Poisson a parlé comme d'un plan·
susceptible d'accroître rationnellement le mouvement coopératif dans
le pays.

Ceci se rapporte à la propagande même de la Fédération Nationale,·
et la réalisation est conditionnée par deux choses : d'abord, la connaissance exacte de la solidité des sociétés et de la situation du mouvement coopératif.

Je dois rappeler d'un mot une intervention d'hier pour répéter que·
le seul moyen de sonder et d'apprécier véritablement la solidité de
nos sociétés, c'est, comme on le redit depuis tant d'années, de déve-·
lopper partout la révision et le contrôle. Un de nos camarades a dit hier·
qu'il regrettait la disparition de l'organisme qui avait été créé à cet·
effet. Il s'est mépris sur la transformation qui a été effectuée. Vous
savez que précédemment les sociétés qui voulaient être revisées devaient·
faire acte d'adhésion et de cotisation à un organisme qui s'appelait·
l'Union de Révision et de Contrôle. Cet organisme a, en effet, été supprimé ; mais si on l'a supprimé, c'est uniquement parce qu'on a fait
de ce service une branche de la Fédération Nationale ; de sorte qu'automatiquement toutes les sociétés peuvent maintenant faire appel au·
service de révision. Loin d'être une suppression, c'est une généralisation·
qui a été réalisée.

Le second point qui doit servir de base à l'établissement du plan·
de développement, c'est la connaissance complète des organisations
commerciales privées et particulièrement des organisations commerciales
modernes : les maisons à succursales multiples. Il faut connaître leur
extension, leur situation géographique, leur solidité même, et ce n'est
qu'en utilisant une documentation — inexistante à l'heure actuelle à la·
Fédération — que notre organisme central pourra entreprendre le plan
de développement.

Camarades, je veux m'arrêter là, je pense que les observations des
uns et des autres au sujet du rapport me permettront de dégager tout·
à l'heure les conclusions de cette confrontation générale des méthodes
de nos sociétés.

Le Président. — Je donne la parole à Lagrange.

Intervention de LAGRANGE

Lagrange. — Je ne veux pas discuter ici, point par point, l'exposé clair
et précis qu'a fait, tant dans son rapport qu'oralement à cette tribune,
notre camarade Brot, au sujet de l'action à mener pour la propagande. Il est un point malgré tout qu'il n'a pas rappelé ici et que
nous estimons qu'il y a nécessité de développer devant le Congrès.

En présence de l'embarras de la situation économique, en vue soi-
disant d'abaisser le coût de l'existence, les grosses firmes industrielles·
viennent de créer des organes de répartition dans les usines ; c'est-à-
dire pour parler clair, qu'elles viennent de rétablir les économats.

Vous savez avec quelle ténacité, avec quelle âpreté nous avons combattu, les uns et les autres, depuis de nombreuses années pour la disparition de ces économats.

Aujourd'hui, sous une forme déguisée qui peut, à l'heure actuelle, être considérée comme inoffensive, vous allez vous trouver devant ces organisations qui seront pour vous des ennemis redoutables et puissants; elles sont dirigées par des chefs de grosses firmes, et les ouvriers travaillant dans celles-ci ont l'obligation de passer par la volonté de leurs patrons.

Nous allons certainement être amenés dans quelque temps, dans nos tournées de propagande à lutter âprement contre la constitution de ces économats d'usine, si nous ne voulons pas avoir un arrêt dans la marche ascendante de nos organisations coopératives, arrêt qui serait le précurseur d'un retour en arrière.

Permettez-moi, en quelques mots, de vous expliquer la situation particulière dans laquelle se trouve la ville de Troyes, cité essentiellement industrielle. Vous savez qu'il existe à Troyes une société coopérative très puissante, *La Laborieuse.* Or, depuis quelque temps, les industriels de Troyes ont créé dans leurs usines des économats. La Fédération des Coopératives de l'Est a été saisie de la question, et nous avons la certitude que nos camarades du Conseil Central et ceux de la Fédération Nationale agiront de tout leur pouvoir auprès des parlementaires et auprès de qui de droit pour faire cesser, si possible, cet état de choses, ou tout au moins, si du fait que tout le monde a le droit d'établir un commerce, nous ne pouvons pas faire fermer ces économats, pour que ces usines soit astreintes comme nous, à tous les impôts qui pèsent sur nos organisations.

Depuis la constitution de ces économats qui, à première vue, semblent être un avantage pour les consommateurs, les dirigeants ont constaté — et ceci à l'honneur de la Coopération — que, sur 100 produits, 24 seulement ont été vendus à des prix inférieurs à ceux de l'organisation coopérative, alors que 76 % étaient vendus à prix égal ou, dans bien des cas, supérieur.

Si j'insiste sur ce point, c'est pour vous montrer la nécessité qu'il va y avoir, partout où vont se créer des économats, à organiser la lutte.

On dit : « Ces économats ne sont pas dangereux ; les sociétaires sont conscients ; quelques-uns, oublieux de leur devoir, iront à l'économat, mais la masse ne les suivra pas. »

Ne vous faites pas d'illusion. Il y a un danger très réel et, pour le développement de l'organisation coopérative, un intérêt primordial à surveiller de près cette renaissance des économats.

Cela est si inoffensif que les employés sont dans l'obligation, malgré leur refus, de travailler à la préparation des denrées à répartir entre les ouvriers de l'usine.

Chez nous, un cas particulier s'est produit : un employé, ayant refusé de se prêter à ce manège, a été renvoyé. On a cherché à connaître le motif de son renvoi, l'usine a répondu : « Nous n'avons pas de motif à donner ». Soyez certains que l'affaire n'est pas enterrée, que l'on poursuit et que l'on cherche à faire la preuve de la raison véritable du renvoi, raison que du reste nous connaissons bien.

Par la pression des contremaîtres, on arrive à habituer la femme à oublier le chemin de sa coopérative, pour prendre au magasin de l'usine.

Inoffensifs, ces économats, dites-vous ? J'ai ici des documents que nous déposerons entre les mains du Conseil Central. On a organisé chez nous des ventes de charbon. La maison Potin fournit à ces économats d'usine. De plus, je signale à votre attention que, dans ces organisations, on vend du savon Cadum au-dessous du prix fixé. Vous savez que la maison Cadum nous met dans l'obligation de vendre 6 francs la boîte de trois pains. Or, dans ces usines, le savon Cadum, est vendu 4 fr. 20 les trois morceaux. C'est-à-dire que la vente se fait au prix de gros. Je vous signale ce fait pour que, vous puissiez en dire un mot au représentant de la maison Cadum, lorsqu'il passera dans vos sociétés. Si les Coopératives sont tenues de vendre aux prix imposés, la société Cadum doit exiger que les économats d'usine vendent les mêmes prix.

La Laborieuse n'est pas restée inactive et, par une campagne de presse, par des tracts distribués aux travailleurs, par des affiches, elle a entrepris la lutte contre les économats d'usine.

Aurons-nous gain de cause ? Nous ne pouvons l'espérer en totalité ; mais nous voulons croire quand même qu'avec l'appui de nos organismes centraux, nous arriverons à une amélioration de la situation.

Il est indispensable que dans vos milieux vous fassiez une vive propagande contre la reconstitution des économats, car quel que soit le nom dont on les affuble, le but est surtout de combattre les coopératives.

Les dirigeants des grandes usines, quand nous nous rencontrons avec eux pour discuter des questions économiques, sentent bien qu'à la tête de nos organisations coopératives, il existe des militants travaillant avec désintéressement à la grandeur de l'œuvre. Ils sentent bien que l'organisation coopérative est une œuvre d'éducation économique et qu'en poussant l'éducation économique de leurs ouvriers, nous arrivons à transformer leur mentalité et par cela même à saper l'emprise du pouvoir encore trop grand qu'ils ont sur la masse des travailleurs.

Nous avions à subir la concurrence des maisons à succursales multiples ; ces maisons à succursales multiples, nous arrivons aujourd'hui à peu près partout, dans l'ensemble de la France, à les contrebattre et à lutter avantageusement de prix avec elles. Mais l'organisation capitaliste n'est pas désarmée pour cela, et sentant que, de ce côté, le terrain lui échappe, sous prétexte d'abaissement du coût de la vie, elle cherche un autre moyen de lutte contre l'organisation coopérative.

Il va falloir, Camarades, ne pas s'endormir au sortir de ce Congrès ; il va falloir aller partout où nous pourrons atteindre, porter la parole coopérative, chercher à augmenter le recrutement de nos membres, chercher à faire pénétrer notre propagande dans des milieux où malheureusement, vous le savez aussi bien que moi, puisque vous êtes tous ici des militants, dans des milieux qui se désintéressent complètement de la question économique avec laquelle cependant ils sont obligés de compter tous les jours.

Il est pénible pour nous, lorsque nous allons dans des centres assez importants, de trouver dans nos réunions coopératives, un nombre infime de sociétaires ; les autres, le plus grand nombre, préfèrent assister à des exercices de sport ou à des représentations cinématographiques, plutôt que de s'intéresser quelques instants aux questions primordiales qui devraient les préoccuper avant tout, celles de leur organisation.

Des voix plus autorisées que la mienne vous indiqueront tout à l'heure des moyens d'intensifier la propagande ; notre camarade Prache, au nom de la Fédération du Nord, viendra développer aussi la possibilité, par un système nouveau, je ne dirai pas de décentralisation, mais de modification de l'organisation de la Fédération Nationale, la possibilité d'intensifier la propagande.

Tous, du plus petit au plus grand, il faut nous préoccuper de nos organisations et, pour le développement de l'œuvre coopérative, pour sa grandeur, pour l'évolution, pour l'avenir social de la masse des travailleurs, partout où vous irez, partout où vous serez, organisez la lutte contre la création des économats ; et dites-vous que, par l'effort collectif intelligent de ceux qui pensent, par une collaboration étroite, nous pouvons arriver à l'amélioration du sort de tous les travailleurs, à l'évolution sociale, à la transformation de l'humanité.

Le Président. — La parole est à Bricout.

Intervention de BRICOUT

Bricout. — Camarades, je n'ai pas l'intention de venir critiquer le rapport du camarade Brot, mais seulement de vous soumettre quelques idées particulières à notre société.

Le camarade Brot s'est surtout inspiré dans son rapport de son milieu, c'est-à-dire de la plus vaste société qui existe en France, l'*Union des Coopérateurs de Lorraine*.

Il est certain que les moyens de propagande doivent varier selon les milieux et selon l'importance des sociétés.

Il commence d'abord par parler de la publicité des sociétés, il dit :

Saisir le consommateur au milieu de ses multiples préoccupations, l'amener au magasin coopératif, tel est le premier objectif à atteindre.

Les grandes Sociétés qui se sont rapidement développées depuis moins de dix ans ont, pour la plus grande part de leur recrutement, opéré ainsi. Elles ont fait du consommateur d'abord un client, ensuite un sociétaire.

C'est sur ce point, sur cette dernière phrase que je veux attirer l'attention du Congrès.

Je crois qu'il n'est pas toujours sage d'ouvrir des magasins et de faire appel simplement au public. Vous devez comprendre que les ménagères, quand elles achètent de la marchandise dans les magasins, même s'ils sont coopératifs, recherchent principalement les articles à bon marché, ce qui permet pour elles d'abaisser le montant de leurs dépenses. Elles ne deviennent pas coopératrices parce qu'elles achètent à la coopérative.

Et alors, que se passe-t-il ? C'est que les magasins qui vendent au public se trouvent trop souvent handicapés, parce qu'ils ne vendent, pour une grosse partie de leur clientèle, que des articles qui ne rapportent rien à la coopérative.

Il faut, à mon sens, appeler l'attention des ménagères et en même temps leur refuser ces articles.

C'est ce que nous avons fait dans deux sociétés dans le Nord, l'*Union des Coopérateurs de Douai*, et l'*Union des Coopérateurs du Cambrésis*.

Nous ne vendons pas au public ; nous ne vendons qu'à nos coopérateurs ; mais nous ouvrons tout de même notre porte à tous les consommateurs. Cela semble un peu étrange ; mais vous allez comprendre. Les ménagères entrent dans le magasin ; elles disent : « Nous voulons telle et telle marchandise ». Le gérant qui les voit pour la première fois, leur dit : « Mesdames, êtes-vous coopératrices ? » — « Non ». — « En ce cas, je ne puis pas vous vendre de marchandise. »

Mais comme les ménagères ont vu que l'on vend à bon marché, elles s'informent, et quand elles apprennent que pour un versement de 10 francs, quand on n'est pas riche, on peut être coopérateur, elles rentrent à la maison et en parlent à leur mari : — « Tu sais, j'ai été dans un magasin qui vient de s'ouvrir, et on m'a dit qu'on ne vendait pas au public et je n'ai pas pu avoir de la marchandise ». Le mari, s'il n'a pas entendu parler de la coopération, s'informe et si véritablement il voit la possibilité de faire des économies, il souscrit une action de 10 francs.

Et du fait qu'il devient coopérateur, en fin d'année il touchera sa ristourne, il viendra aux assemblées, il lira le *Bulletin* mensuel. On fait son éducation, et parce qu'il a pris une action de 10 francs, il s'intéresse à la société.

Mais si vous ouvrez vos portes toutes grandes, sous prétexte qu'en vendant au public vous recrutez des coopérateurs, ou que vous abaissez vos frais généraux, ou que vous facilitez vos amortissements, je ne crois pas que vous obteniez de bons résultats. Les sociétés n'ont jamais recherché la proportion des marchandises achetées par les non-coopérateurs ; si on examinait la question de très près, on s'apercevrait que les acheteurs d'occasion ont coûté à la société plus qu'ils ne lui ont rapporté. C'est là-dessus que j'attire votre attention.

Je dirai même qu'à ce point de vue là, nous avons été assez durs pour nos coopérateurs. Quand nous en avons qui n'achètent que les produits à bon marché et font fi de l'ensemble des marchandises, nous avons donné l'ordre à nos gérants de les repérer, et s'ils n'achètent que du sel, des cristaux, du sucre et du savon, nous les remboursons de leur action.

Nous ne voulons pas livrer à des consommateurs qui ne verraient dans la coopération que les articles qui leur donnent des avantages immédiats.

Je passe à un autre point. Brot dit encore dans son rapport :

La première des publicités, les Sociétés le comprennent de plus en plus, réside dans la présentation des magasins et des produits.

Il est certain que si on peut avoir des magasins bien achalandés, cela joue son rôle, parce que les ménagères sont souvent attirées par l'apparence.

Malheureusement, dans le mouvement coopératif, nous sommes des marchands de tout ; on vend aussi bien, dans le même magasin, de l'épicerie, de la bonneterie, des chaussures, de la quincaillerie ; ce sont autant des bazars que des magasins d'alimentation générale.

La plus grande difficulté est celle de trouver des locaux spacieux. Dans les grandes villes, cela n'a pas une importance capitale, parce qu'on peut faire des magasins spécialisés ; mais vous devez comprendre que, dans les villages où il y a trois ou quatre cents habitants, on ne peut pas ouvrir un magasin de bonneterie, un magasin de chaussures et une épicerie. On ne peut donc pas faire l'étalage que l'on voudrait.

Malgré tout, je crois que les sociétés d'une certaine importance, doivent avoir parmi leurs contrôleurs des personnes sachant faire un peu d'étalage, pour obliger les gérants à changer assez souvent leur devanture et ne pas avoir, pendant des mois et des années, toujours la même casserole ou la même pâte alimentaire au point que le papier devient jaune ou blanc, ce que l'on voit malheureusement trop souvent.

J'arrive à la vente réclame. Cette question mérite beaucoup d'attention. Je ne crois pas que ce soit un moyen à envisager pour les coopératives ayant une certaine importance et une vente assez facilitée. A mon sens, c'est en grande partie de l'argent perdu. J'en fait l'essai pour la première fois, il y a deux mois. Depuis que notre société existait, nous n'avions jamais fait de réclame par des primes ou par des prix bon marché. Nous avons constaté que ce sont seulement ceux qui ont des moyens financiers assez élevés, qui ont profité de nos réclames ; l'ensemble des consommateurs, ceux qui vivent au jour le jour, de par leurs petits salaires, n'ont pas pu profiter de ces ventes à bas prix. Et il se crée cet état d'esprit chez nos consommateurs qu'il faut continuer, de façon qu'il y ait toujours des articles à bon marché et que tous puissent en profiter.

Nous avons également constaté que cela faisait le jeu des gérants. Il faut faire attention encore à cela. Les gérants ont intérêt à faire de gros chiffres de vente qui ne leur donne aucune difficulté ; ce n'est pas moyen de les habituer à faire du commerce, à être actifs et vigilants.

Je dis donc que, même pour une période très courte, il n'est pas nécessaire pour les bonnes sociétés de prendre ce moyen.

Je dis cela simplement à titre d'indication ; je crois, en effet, que chacun doit être juge et voir si ce moyen a des chances de succès dans son milieu.

Par contre, je vois dans le rapport de Brot cette indication qui est tout à fait juste, à propos de la vente réclame et de la prime :

Si nos sociétés devaient imiter une méthode commerciale, ce serait plutôt celle des commerçants qui, par la bonne qualité constante et la bonne présentation de leurs produits, se sont fait une réputation qui attache le consommateur.

Oui, Camarades, c'est là surtout que doit porter notre attention de coopérateur.

Nous pensons qu'il n'y a rien de trop bon pour ceux qui travaillent, et que la meilleure nourriture doit se trouver dans les magasins coopératifs. D'autre part, les objets de consommation courante, vêtements ou chaussures, doivent être toujours de première qualité. Si vous vendez une mauvaise paire de chaussures, tout le monde dans le village saura qu'elle vient de la coopérative. On n'a pas le droit de se tromper, en coopération, parce que tous les consommateurs ont le droit de réclamer ; ils savent que la coopérative est leur magasin ; et comme on sait qu'on a ce droit, on viendra réclamer dix fois pour une. Il ne faut donc pas que nous donnions de mauvais produits, ni même de produits inférieurs, dans les coopératives.

Dans un autre ordre d'idées, nous devons également prêter attention aux inconvénients des produits bon marché, qui sont généralement de qualité médiocre ; souvent, ce qui coûte le plus cher, c'est le bon marché. Les marchandises inférieures s'usent vite ; le savon bon marché s'use plus vite ; l'huile à manger, si elle est de bonne qualité, demande une quantité moindre dans la salade.

Il faut donc vendre de bons produits ; et nous savons tous que les commerçants qui ont le plus affirmé leur force, sont ceux qui ont toujours donné de bons produits.

Je trouve que cette partie du rapport de Brot est particulièrement intéressante à cet égard.

La Propagande. — J'ai particulièrement remarqué, dans cette partie du rapport du camarade Brot, une réponse d'une société :

De bons prix et de bonnes ristournes.

Voilà qui peut paraître contradictoire ; si vous vendez bon marché, c'est au détriment de la ristourne, et réciproquement. Il faut, dira-t-on, vendre cher pour avoir de grosses ristournes.

Eh bien, je crois que raisonner ainsi, serait commettre une erreur. Il ne s'agit pas de savoir ce que l'on peut gagner sur un article ; il s'agit de savoir quels sont les frais généraux, dont la proportion sera déterminée par le chiffre plus ou moins gros des ventes. Voilà ce qui compte au point de vue commercial.

Si vous dites par avance : « Je vais majorer de 20 ou de 25 % l'ensemble de mes marchandises » qu'arrive-t-il ? Il arrive que vous
vendez aussi cher, sinon plus cher, que le commerce ; vos ventes lan-
guissent ; et ceux qui vendent au public sont encore plus pris que les
autres, parce qu'ils ne vendent que les articles ne laissant aucun bénéfice. Vous avez alors un prix moyen trop élevé, et comme vos frais d'administration, d'entrepôt, de manutention, de contributions, etc., ne dimi-
nuent pas dans la même proportion, vous arrivez à un pourcentage de
frais généraux extrêmement élevé.

Je crois donc qu'il faut rechercher le prix de vente moyen, plutôt
un peu au-dessous du commerce, un sou sur le sucre quand on peut le
faire, alors votre vente s'intensifie.

C'est une méthode qui a été appliquée par quelques sociétés du Nord
et je vous assure que nous sommes arrivés à de bons résultats.

Pour vous donner une idée, je me permettrai de citer ma société, qui
a majoré de 19,58 % l'ensemble de ses marchandises, sur le prix de
vente.

Nous avons 10,63 de frais généraux, y compris impôts sur le chiffre
d'affaires que nous payons depuis le mois de juillet, et amortissement.

Nous avons donné 6 % de ristourne à nos consommateurs, tout en
accordant 1,50 % pour la caisse de solidarité et de propagande.

Et cela ne nous empêche pas de mettre à nos réserves 536.573 francs
supplémentaires, pour le fonds de développement.

Nous croyons, pour notre part, que c'est parce que nous avons vendu
de bons produits bon marché que nous avons obtenu ces résultats : il
en est résulté une intensification de la vente qui a fait diminuer nos
frais généraux.

Propagande orale. — Le camarade Brot a bien situé le problème :
« C'est une question d'hommes ».

Oui, c'est une question d'hommes, parce qu'on ne trouve pas toujours les propagandistes nécessaires. Il faut avoir un tempérament de
fer pour être administrateur d'une société et faire de la propagande.
Nous avons pour notre part des propagandistes particulièrement
dévoués ; le camarade Prache et moi-même, aidés par un administrateur, avons fait plus de 70 réunions, en dehors de nos occupations habi-
tuelles, dans le cours de l'hiver.

Peut-on demander à la Fédération de nous aider dans cette action ?
C'est impossible. Il y a, à la Fédération, deux ou trois camarades, dont
deux qui sont tenus internationalement, principalement Poisson. Je ne
reproche pas à nos camarades d'aller, à droite et à gauche à travers le
monde, puisque c'est dans l'ordre naturel des choses ; mais tout de
même, quand on pose la question de décentralisation, il faut y faire
attention, parce que si les régions étaient un peu plus vastes, on trouverait, parmi les délégués et les administrateurs, des camarades qui
pourraient être délégués principalement à la propagande ; et Paris
pourrait leur envoyer toute la documentation, tous les renseignements
nécessaires. Paris serait en somme la direction centralisée des idées
coopératrices à émettre.

Voilà comment nous entendons que, dans l'avenir, on pourrait faire
la propagande la plus large.

Je n'insiste pas sur ce point ; je pense que le camarade Prache le
reprendra dans un instant.

Un dernier point. Brot, à propos de la propagande écrite dans les
journaux, dit :

Pourquoi n'enverrions-nous pas, nous aussi nos informations économiques,
interprétées du point de vue des consommateurs organisés ?

C'est un point qui mérite de retenir l'attention. Nous avons une habitude, dans le mouvement coopératif, c'est de publier nos réclames simplement dans nos journaux d'opinion : selon que nous sommes communistes, socialistes ou radicaux, nous donnons notre publicité au journal de notre opinion. Qu'arrive-t-il ? Il arrive que nous ne nous adressons qu'à des gens qui s'intéressent à la politique ; et comme l'ensemble des employés, des ouvriers et des paysans lisent les journaux capitalistes principalement, jamais ils n'entendent parler de coopération.

De même, les *Bulletins régionaux* ou le journal de la Fédération Nationale n'atteignent que les coopérateurs ; il faut même convenir que bien des administrateurs de sociétés ne lisent pas le journal de la Fédération !

Il faudrait donc que la Fédération Nationale s'inspirât de la façon de faire la réclame qui se trouve dans les grands journaux ; non pas sous la forme : « Telle marchandise est la meilleure », ou « Tel savon est supérieur », ou « Vous trouverez de bons produits à la Coopérative ». Ces moyens sont usés ; cela ne prend plus. Ce qui se lit encore, ce sont les réclames faites sous forme d'informations ; on semble traiter des questions techniques, on dit qu'un procédé a révolutionné telle branche et que les produits vont être à très bon marché ; et on termine l'article en disant : « C'est la maison Tartempion qui possède l'exclusivité de la vente de ce produit.

Il faudrait que la Fédération Nationale puisse, à certains moments, donner des informations d'un caractère coopératif, non pas en vantant tel ou tel produit, mais en donnant des informations qui poussent le public vers la coopération. Nos camarades de la Fédération Nationale sont assez habiles journalistes ; je n'ai pas besoin de leur dire comment s'y prendre ; ils s'en tireront mieux que je ne pourrais le faire.

Je conclus. Les camarades ici présents doivent s'intéresser beaucoup à ce rapport de Brot et, rentrés chez eux, en tirer les conclusions.

Ce que je voudrais, c'est qu'à cette tribune, ceux qui ont des moyens personnels de propagande, sous une forme ou sous une autre, qui aient donné des résultats, viennent nous les exposer. C'est ce que j'ai fait ; mais je serais heureux si, au cours de la discussion, je pouvais entendre des arguments montrant que je me suis trompé et qu'il est possible de mieux faire ; je vous assure que c'est avec plaisir que je suivrais cette voie nouvelle.

LE PRÉSIDENT. — Je donne la parole à Gaston Prache.

Intervention de Gaston PRACHE

Gaston PRACHE. — Camarades, tant pis pour Brot qui me disait à l'entrée de cette salle : « Je crains fort de n'avoir pas de contradicteur : je n'ai pas, dans le Congrès, subodoré de critiques sur mon rapport ». Tant pis pour lui : je n'apporte pas non plus de critiques, j'apporte au contraire, au nom de la Fédération régionale, l'adhésion complète aux conclusions qu'il nous a présentées.

Nous l'avons étudié de très près le rapport de Brot ; il nous est apparu intéressant, fort intéressant et assez complet. C'est, en somme, une synthèse de tout ce qui a été dit depuis plusieurs années, sur les questions de l'organisation de la propagande.

Toutefois, nous sommes en parfait accord avec nos camarades de *l'Union Coopérative du Laonnois* qui ont apporté quelques compléments utiles au rapport.

Nous sommes non moins d'accord — j'en suis sûr, bien que je le dise sans avoir consulté mes camarades du Nord — avec le sens de l'intervention de Lagrange concernant les économats. Cette protestation, cette action même, nous l'avons déjà entamée chez nous, il y a deux ans, dans une région plus particulièrement touchée par l'éclosion et le développement considérable que prennent les économats des mines et de la métallurgie dans la région de Denain et de Valenciennes.

La Fédération Nationale, du reste, s'est saisie à l'époque de notre protestation ; la Semaine Parlementaire de la Coopération s'en est occupée. Mais hélas, depuis, les choses en sont restées là.

Je ne reprendrai pas à mon tour les différents points du rapport pour apporter à chacun d'eux, un point de vue confirmatif. Je répète une fois pour toutes que notre adhésion est acquise.

L'intervention que je veux faire ici et que je m'efforcerai de faire très brève quoique suffisante, prend racine dans deux passages principaux du rapport de notre ami Brot, aussi bien que, si je puis dire, dans son esprit général.

Vous m'excuserez de revenir sur des questions d'un ordre beaucoup plus général et qui présentent peut-être quelque gravité pour notre mouvement ; mais c'est sans parti-pris, de sang-froid, je crois, que ces questions doivent être examinées.

Je demande aussi à nos camarades de la Fédération Nationale de ne pas croire qu'il s'agit de notre part, en aucune façon, de ce que notre ami Lévy appelait l'autre jour, à Roubaix, très amicalement du reste et sous forme de boutade, une brimade. Il n'en est rien. Je demande à Poisson, de ne pas croire non plus que c'est une manifestation de ce qu'il appelait hier par un néologisme savoureux, de l'hypercriticisme. Non, ce n'est pas cela.

Notre ami Brot dit, au début de son rapport :

Tous les actes de nos organismes ont leur influence sur la propagation de l'idée coopérative, depuis la politique générale de la Fédération Nationale, jusqu'aux méthodes de vente employées dans les boutiques.

C'est exact, profondément exact.

C'est à un examen plus précis que doit se livrer le Congrès, en tenant pour acquises les directives de politique générale si longuement débattues et chaque fois confirmées par nos dernières assemblées.

Je ne soumets au Congrès qu'une seule réflexion, et à notre ami Brot en particulier. Nous trouvons, dans le Nord, assez vague cette expression : « les directives de politique générale ». Que faut-il entendre par là ? Je pense que l'expression est dangereuse, parce que équivoque.

S'agit-il par exemple de ne pas revenir sur cette question d'indépendance du mouvement coopératif vis-à-vis des partis politiques ? D'accord, quant à nous tout au moins. Pleinement d'accord.

S'agit-il, au contraire, de maintenir l'organisation du mouvement coopératif telle qu'elle existe aujourd'hui, avec ces subdivisions aussi nombreuses en fédérations régionales ? C'est une autre affaire, et c'est justement là ce qui provoque notre intervention.

Prenons la phrase suivante (p. 40 du rapport), sous le titre « Propagande orale » :

C'est sur place, dans les régions, que les Fédérations doivent choisir le ou les propagandistes, pourvoir à leur documentation et à leur circulation.

Nous approuvons ce passage du rapport, tout particulièrement. C'est de plus en plus l'action des Fédérations Régionales qui, au point de vue de la propagande intensive que l'on doit mener d'une façon constante, doit s'affirmer.

Nous ne pensons pas, en effet, que l'organisation nationale, telle qu'elle est constituée actuellement, puisse répondre à tous les besoins de la propagande, besoins sans cesse accrus et que nous devons accroître encore.

Il ne s'agit pas pour nous d'attendre les demandes qui sont faites au point de vue de la propagande par les sociétés ; nous devons, c'est notre devoir à nous propagandistes, aller au-devant de ces besoins et inciter nos camarades à faire de la propagande.

Nul mieux que les camarades appartenant à une région déterminée ne connaît l'esprit, les tendances, les goûts, les besoins, les desiderata particuliers du mouvement coopératif de cette région. Et je crois que c'est notre ami Foucaut qui disait, il y a un ou deux ans : « Il vaut beaucoup mieux que ce soit des propagandistes régionaux qui se donnent à cette tâche de propagande, que des propagandistes venus de loin, qu'on ne connaît pas et qui, à part quelques exceptions, jouissent de fort peu d'autorité ».

L'organisation de la propagande nous apparaît donc comme devoir être de plus en plus l'œuvre des fédérations régionales, d'accord avec les sociétés elles-mêmes. Il va sans dire que, sur ce terrain-là, l'action de la Fédération Nationale nous apparaît comme de toute importance, puisqu'elle doit jouer, selon nous et selon Brot, le rôle d'agent coordonnateur.

Toutes les Fédérations régionales accomplissent-elles actuellement cette mission ? Il serait osé de l'affirmer.

Nous avons des Fédérations régionales organisées, qui n'existent pas seulement sur le papier, mais qui mènent en fait une action évidente et efficace. Excusez l'immodestie, mais je ne connais pas d'exemple mieux connu de nous, à vous citer que la nôtre même. Depuis trois ans bientôt, un organisme permanent existe dans notre Fédération régionale. Je me rappelle que c'est à l'instigation de nos camarades de la Fédération Nationale, du reste, que cet organisme permanent a été créé. Notre Fédération qui devenait chaque année de plus en plus puissante, commençait à avoir des ressources suffisantes, provenant surtout de l'accumulation des réserves antérieures, pour instituer cet organisme permanent. Il existe depuis trois ans. Les tâches lui sont apparues d'abord d'une façon très vague : faire de la propagande coopérative, évidemment. Ce n'est qu'au fur et à mesure de l'exercice de notre activité que ces tâches se sont précisées.

Par le contact que nous avons pris avec toutes les sociétés, qu'elles soient sociétés de développement ou sociétés autonomes et surtout petites sociétés locales, la tâche nous a paru importante.

En relations constantes avec nos amis des sociétés, nous avons mieux connu leur tempérament, nous avons pris une connaissance plus profonde et plus exacte de leurs désirs, nous avons compris ce qu'il fallait pour les attacher au mouvement de la Fédération, au mouvement coopératif tout entier. Nous avons senti que bien des malaises existaient parfois, venaient généralement d'une méconnaissance réciproque.

Penchés quotidiennement sur la vie de nos sociétés, en relations étroites avec elles, nous nous sommes trouvés dans l'obligation de diriger nos efforts non pas toujours seulement vers la propagande coopérative, mais aussi vers une organisation de services techniques qui répondent aux besoins de nos sociétés.

La Fédération Nationale, dans cet ordre d'idées, a tenté beaucoup de choses et déployé beaucoup d'efforts. Je ne jetterai pas de fleurs à nos camarades ; je passe rapidement sur les louanges qu'il y a lieu de leur adresser en la circonstance. Il faut constater toutefois que ces efforts n'ont pas toujours été récompensés par les résultats qu'on en attendait ; et nous ne croyons pas qu'il s'agisse là de la faute des hommes mais bien plutôt de la faute des circonstances.

Les organismes directeurs et centraux d'un mouvement comme le nôtre, ne peuvent plus répondre à cette tâche sans cesse accrue. Il faut que nous divisions l'effort important à accomplir. L'existence de Fédérations régionales bien constituées, nous le permettra.

Nous nous sommes trouvés chez nous par exemple devant la nécessité pressante de créer un service d'organisation et de révision comptables. Non pas seulement pour l'examen des comptes d'exploitation et des bilans des sociétés, mais également, dans beaucoup de cas, pour créer et même tenir des comptabilités dans des sociétés qui en étaient dépourvues ou presque. L'existence de ce fait ne doit pas vous étonner.

Nous devons aussi créer un service pour renseigner nos sociétés sur les questions ayant trait à la fiscalité et aux assurances, si importantes pour nos organisations qui, par une ignorance excusable, y perdent, chaque année, beaucoup d'argent.

La Fédération Nationale ne peut pas rendre ces services de la façon urgente dont ils sont nécessaires.

Nous avons donc envisagé chez nous la création d'un Office technique de comptabilité. Nous entendons, sous ce terme général, tout ce que je viens de vous exposer. La Fédération Nationale avait créé l'Union de Révision et de Contrôle. Vous savez les vicissitudes qu'a subi cet organisme, et malgré tous les efforts tentés, il n'a pu guère aboutir, il faut le constater.

Nous pensons que c'est seulement sur le terrain régional que l'effort peut être utilement poursuivi.

Nos amis de la Fédération Nationale et le Conseil Central en entier l'ont du reste bien compris, puisque, à l'appel que nous leur avons adressé de nous aider par une subvention assez large, qui nous permette de créer cet Office, nos amis ont répondu favorablement, comme vous le savez, par l'octroi d'une subvention de 20.000 francs.

L'idée de s'adresser aux organisations centrales n'était pas nouvelle; je l'avoue ici en remerciant nos camarades Belges de nous avoir montré le chemin.

Je suis heureux aujourd'hui de dire que les élèves ont dépassé les maîtres, puisque notre Office fonctionnera à partir du 15 juin, alors que chez nos camarades belges, il n'est pas encore en fonctionnement que je sache.

SERWY. — Mais si, il fonctionne.

PRACHE. — Alors, c'est tout récent, et je m'excuse auprès de Serwy.

La Fédération nous a aidés en ajoutant 20.000 francs ; elle nous a dit : « Cette subvention est tout à fait exceptionnelle, pour la création de votre Office ».

Il nous fallait 40.000 francs pour cela. Nous avions posé le principe de la gratuité complète du service comptable pour les sociétés, tout au moins pendant la première année. La principale raison, c'est que nous ne voulions pas permettre à nos sociétés coopératives — elles sont 120 dans la Fédération du Nord — qu'elles nous renvoient cet argument : « Cela va nous coûter encore cher, nous ne voulons pas de réviseur ».

Où trouver les autres 20.000 francs nécessaires ! Notre Fédération régionale, qui est une des plus riches, parce que une des plus importantes au point de vue chiffre d'affaires, mais qui a aussi à faire face à des dépenses beaucoup plus considérables que toutes les autres Fédérations Régionales, se trouvait dans l'impossibilité d'y pourvoir.

D'autre part, un autre exemple. Il existe chez nous un nombre assez important de boulangeries coopératives dont la panification globale atteint un chiffre vraiment respectable, près de 200.000 balles. Ces boulangeries — petites boulangeries ou boulangeries industrielles, car il y en a quelques-unes de celles-ci dans le Nord — sentent le besoin d'avoir à leur disposition un technicien qui puisse utilement les conseiller sur les méthodes de panification. D'où la nécessité de créer un office technique.

La quasi unanimité des sociétés de boulangerie a reconnu cette nécessité.

Il nous faut aussi des fonds pour faire fonctionner cet office. Nous avons dû faire appel aux sociétés intéressées, en leur demandant de nous accorder en supplément des cotisations normalement versées à la Fédération Nationale, un versement spécial, basé sur leur importance de panification.

Cet effort nous a été consenti par les 2/3 de ces sociétés.

Nous avons fait appel à la solidarité des sociétés de développement qui existent dans notre région, en leur disant : Bien sûr, vous êtes, parmi nos 120 sociétés, celles qui auront le moins besoin de cet office. Seulement, vous êtes les grandes sœurs et vous devez montrer l'exemple ; votre solidarité doit s'exercer d'une façon positive. Nous vous demandons l'effort pécuniaire nécessaire. Huit sociétés de développement l'ont consenti, qui versent de 1.200 à 3.600 francs en plus de leur cotisation régulière à la Fédération.

L'exemple que je vous cite pour le Nord, prouve tout au moins que nos sociétés coopératives sont disposées à faire l'effort financier nécessaire, du moment qu'elles s'apercevront que les services qu'elles réclament et que les circonstances imposent chaque jour, d'une façon de plus en plus pressante, pourront être créés.

Evidemment, tant pour la besogne de propagande que pour la création de ces services, parce que c'est nécessaire, indispensable même, il faut des Fédérations Régionales puissamment organisées.

Nous nous trouvons actuellement en présence, si je ne me trompe, de 17 Fédérations Régionales. La plupart d'entre elles n'ont à leur disposition que des ressources trop faibles pour pouvoir se permettre la création d'un service permanent. Il y a la Fédération Parisienne qui est puissante, qui peut avoir son organisme permanent et qui le possède ; mais elle ne se trouve pas dans la même situation que nous, Fédération du Nord, pour la bonne raison que son permanent est un agent quotidiennement attaché au service de la grande société de développement. Le même cas existe pour la Lorraine, et c'est peut-être là qu'il faut chercher l'explication de la question que nous posons aujourd'hui : C'est nous, Fédération du Nord, qui la posons, parce que nous sommes la première à en sentir la nécessité.

Nous pensons donc qu'il s'agirait, pour notre mouvement coopératif, pour le Conseil Central particulièrement, d'étudier, de concert avec les Fédérations régionales, comme le laisse entendre du reste le rapport de notre ami Brot, mais d'une façon un peu trop imprécise à notre sens, il s'agirait d'étudier la réorganisation du mouvement coopératif sur la base de Fédérations Régionales moins nombreuses, mais aussi plus puissantes.

Ceci fait l'objet d'un vœu que nous avons envoyé au Conseil Central, aussitôt que notre Congrès de Roubaix, qui s'est tenu le 8 Mai, en a eu décidé, à l'unanimité d'ailleurs.

Il s'agit encore d'un autre vœu que nous allons peut-être lier au précédent.

La question de l'organisation des Fédérations Régionales, de leur action, du rôle qu'elles ont à jouer, suppose qu'elles ont à leur disposition des moyens financiers suffisants pour accomplir leur tâche.

L'étude attentive de notre budget fédéral, un des mieux pourvus et des mieux équilibrés, nous a prouvé que nous nous trouvions maintenant devant l'impossibilité de continuer et même d'entamer l'action que nous avons résolu d'engager, si nous ne disposons pas de plus de fonds.

Deux centimes pour la Fédération Régionale ; trois centimes pour la Fédération Nationale, cela a pu être évidemment une nécessité autrefois ; cela peut l'être encore pour certaines fédérations et je reviendrai sur ce point. Mais nous disons, chiffres à l'appui, constatant les faits, que, dans une Fédération Régionale qui vit, qui possède son organisme permanent, qui veut travailler, qui veut développer et intensifier le mouvement coopératif régional, cela ne suffit plus.

Les dépenses sont proportionnelles du reste à l'importance de la Fédération Régionale, et nous avons pensé qu'il serait logique de pouvoir obtenir — rien n'est intangible — que, dans le cas d'une Fédération Régionale possédant un service permanent, les cotisations soient partagées par parts égales entre Fédération Régionale et Fédération Nationale.

Je sais bien que cela pose un autre problème, et avant que notre ami Camin, levant les bras au ciel, n'ait pu poser son objection, je la connaissais : Et le budget de la Fédération Nationale, que devient-il ?

C'est aussi du reste ce que notre ami Lévy, à Roubaix, représentant les organisations centrales, a exposé devant le Congrès Fédéral du Nord et du Pas-de-Calais. Il a dit : Que devient le budget de la Fédération Nationale, déjà en déficit ? Où voulez-vous trouver une compensation possible ?

Nous avons répondu ceci : Il ne nous appartient pas, devant un Congrès, de chercher des compensations possibles dans le budget de la Fédération Nationale, mais la chose peut être étudiée.

En tout cas, une réponse tout de suite : Le fait que les Fédérations Régionales devront tendre à organiser elles-mêmes leur propagande, à rechercher les propagandistes dans leur sein, à pourvoir elles-mêmes à leur documentation et à leur circulation, va libérer la Fédération Nationale ou plus précisément son budget des dépenses du même ordre.

Il y a là, par conséquent, passage d'un chapitre des dépenses du budget national dans le budget des Fédérations Régionales. L'équilibre ne sera pas rompu.

C'est, sur ce terrain, la seule réponse que nous voulons faire pour le moment.

Notre camarade Lévy avait dit également : Le budget de la Fédération Nationale est actuellement en déficit.

Notre réponse a été celle-ci : C'est un fait, purement accidentel, croyons-nous, que celui d'un déficit au budget de la Fédération Nationale. Les années antérieures nous prouvent qu'au contraire, ce budget se portait très bien, puisqu'il faisait chaque année un excédent qui dépassait la somme de 100.000 francs.

Ce n'est pas pour rien, du reste, que nous prenons connaissance, dans le compte qui nous est soumis, de l'existence du fonds de réserve qui a dépassé 600.000 francs, et qui maintenant se réduit à 565.000 francs, du fait du déficit de 1926.

Nous disons que ce déficit est purement accidentel, parce que, si nous cherchons à en déterminer la cause, nous trouvons qu'il ne tient pas tellement à un accroissement des dépenses, mais qu'il provient surtout d'une diminution des recettes. Et Poisson, hier, répondant à notre intervention, a tenté d'expliquer pourquoi les recettes avaient diminué.

Je ne suis pas encore très convaincu, parce qu'il nous faudrait tous les chiffres sous les yeux pour pouvoir en juger. Mais il est un fait certain, c'est qu'à partir de cette année, les recettes vont croître dans des proportions considérables, et que par conséquent, il y a lieu de penser qu'il n'y aura plus déficit du budget de la Fédération Nationale. ce qui du reste ne doit plus se renouveler.

Le déficit tenait aussi en partie à l'exploitation de *L'Action Coopérative*. Eh bien ! nous devons constater qu'avec le relèvement du prix de l'abonnement de *L'Action Coopérative*, cette cause de déficit n'existera plus.

Notre vœu est donc en quelque sorte double — et je l'ai présenté ici dans l'ordre inverse où il se présente pour nous ; c'est, je crois, l'ordre logique : d'une part, réorganiser le mouvement coopératif national sur la base de Fédérations Régionales moins nombreuses, mais plus puissantes, possédant chacune un organisme permanent, et d'autre part, donner à celles-ci les possibilités financières d'action, c'est-à-dire augmenter leur part dans les cotisations.

Je ne voudrais pas tout de même, sur ce chapitre délicat de la question financière, m'en tenir là. Je dois dire que notre pensée profonde est celle-ci. Nos sociétés en France ne payent pas un taux de cotisation suffisamment élevé. Il faut que nous ayons le courage de le reconnaître. Ce n'est pas cinq centimes que nos sociétés devraient payer, ni même six centimes, c'est peut-être sept centimes ou plus, et elles les payeront.

C'est ce que j'ai tenu à souligner à nos camarades des Fédérations Régionales, lorsque je leur ai communiqué l'ordre du jour voté par notre Congrès. Je leur ai dit, me basant sur l'expérience de notre propre Fédération Régionale : Je suis convaincu qu'il n'est pas une société qui se refusera à faire l'effort nécessaire, lorsqu'elle aura la conviction que cet effort supplémentaire permettra la réalisation des services importants qu'elle demande.

On a parlé l'an dernier de la nécessité de créer un service juridique permanent. Vous savez dans quelles conditions la question s'est posée et la suite négative qui a été donnée à cette proposition que notre Fédération avait faite.

Nous pensons toujours, malgré tout, qu'il faudra en venir là, parce que les efforts, la haute conscience avec laquelle notre ami Ramadier, conseil juridique de la Fédération Nationale remplit ses fonctions, ne suffisent plus. Il faut avoir le courage de le dire. Il faudrait que notre ami Ramadier, avec toute sa science et toute sa conscience, puisse être entièrement au service des organisations pour rendre au mouvement coopératif tous les services que celui-ci est en droit d'attendre.

Cette réalisation-là entraînera, je le sais, à des dépenses beaucoup plus élevées. Nous avons tout de même, pour y faire face, tout au moins pour une mise en marche de l'office, les ressources budgétaires que j'indiquais tout à l'heure.

Je me fais ici l'interprète de toutes les sociétés coopératives du Nord qui m'ont posé maintes fois cette question en tant que commissaire de contrôle : « A quoi sert cette réserve ? » J'ai dû souvent me chicaner avec les camarades, pour leur expliquer cette chose pourtant élémentaire qu'un organisme comme la Fédération, tout comme un simple ménage du reste, devait avoir derrière elle certaines épargnes, pour parer aux difficultés imprévues qui peuvent se présenter et pour essayer de créer des services nouveaux. J'ai fait cette réponse. Dans la plupart des cas, les camarades ont compris ; mais il s'agira, dans des jours assez prochains, que le Conseil puisse décider de l'utilisation, je ne dis pas totale mais partielle, de cette somme, ou tout au moins indiquer dans quel sens il pense pouvoir l'utiliser.

Je n'entreprendrai pas un exposé plus long du problème. Je me contenterai de vous lire pour le moment les deux vœux, tels qu'ils ont été adoptés par l'unanimité du congrès de notre Fédération Régionale.

Le premier vœu est ainsi conçu :

Le XIIe Congrès régional de la Fédération Régionale du Nord et du Pas-de-Calais,

Rendant hommage au travail et au dévouement des militants de la Fédération Nationale, estime au plus haut point que la tâche de propagande et d'éducation coopérative à effectuer dans le pays tout entier nécessite une action constante et méthodique.

Il considère que cette action ne pourra être efficacement menée que si l'organisation coopérative nationale s'appuie sur des Fédérations Régionales moins nombreuses mais plus puissantes, disposant toutes d'un organisme permanent de travail et de moyens d'action suffisants ; la Fédération Nationale des Coopératives de Consommation pourra ainsi s'enfermer dans son rôle essentiel de coordinatrice et d'animatrice.

Le Congrès demande en conséquence au Conseil Central d'élaborer, en collaboration avec les secrétaires des Fédérations Régionales, un plan de réorganisation coopérative, s'inspirant de la ligne générale précédemment énoncée.

Le second vœu est ainsi conçu :

Le XIIe Congrès de la Fédération Régionale du Nord et du Pas-de-Calais,

Considérant que le mouvement coopératif régional se développe de façon constante et que la vie fédérale prend, dans le Nord et le Pas-de-Calais, une activité de plus en plus grande ; que le secrétariat permanent régional de propagande doit disposer de ressources suffisantes pour lui permettre une organisation matérielle meilleure et le renforcement continu de son action ;

Considérant encore que, du fait de l'existence de cet organisme permanent, la Fédération nationale se trouve libérée de la plus grosse partie de son travail de propagande dans notre région ;

Considérant enfin que le budget de la Fédération Nationale laisse chaque année un excédent important, le déficit du budget de 1926 ne pouvant être considéré que comme tout à fait accidentel.

Emet la résolution suivante :

Dans le cas d'une Fédération Régionale possédant une organisation permamente de propagande comme celle du Nord et du Pas-de-Calais par exemple, le montant des cotisations perçues par la Fédération Nationale des Coopératives de Consommation sera partagé par moitié avec la Fédération Régionale (2 centimes 1/2 pour chacune des deux organisations).

Notre ami Lévy nous a fait connaître ce jour-là que nous allions sans doute aboutir, dans l'état présent des choses, à un traitement d'inégalité entre les Fédérations, celles qui ont un organisme permanent et celles qui ne l'ont pas.

Je réponds deux choses. D'abord, notre second vœu est inspiré du désir que nous avons de voir se créer partout des organismes régionaux permanents, à l'exemple de ceux qui existent déjà et qui fonctionnent pour le plus grand bien du mouvement coopératif, qui aident puissamment à son développement progressif et continu ; d'autre part, qu'en attendant la réalisation proposée, nous ne demandons pas l'application de ce vœu pour l'année en cours ; nous en parlons pour les années à venir, l'année prochaine peut-être. Du reste, nous aurions mauvaise grâce à insister cette année, alors que nous sommes bénéficiaires d'une subvention de 20.000 francs.

Nous posons quand même la question, parce que nous jugeons qu'il est temps de la poser. Et je demanderai ici aux Camarades des Fédérations Régionales qui ne disposent par d'un organisme permanent, s'ils trouvent vraiment illogique et injuste qu'on accorde ce traitement, qu'on ne peut pas appeler une faveur, mais qui est un traitement rationnel, aux Fédérations Régionales déjà organisées dans le sens où nous le demandons. Nous ne pensons pas qu'il y ait là une injustice.

Je termine. Nos vœux ont été envoyés le lendemain du Congrès Régional, à la Fédération Nationale. Ils sont allés dans les mains de nos camarades de la Commission permanente ; ils sont venus tout récemment devant le Conseil Central, et le Conseil Central, je crois, a décidé de les étudier, d'accord avec une conférence des Secrétaires régionaux qui serait convoquée ultérieurement.

Je dis ici mon espoir ardent que ce ne sera pas, pour cette question si importante et si urgente, un enterrement de première classe, mais plutôt des épousailles somptueuses.

Le Président. — La parole est à Poisson.

Intervention de POISSON

Poisson. — Je voudrais donner mon avis au Congrès. Je pense que la discussion qui a lieu doit paraître à tout le monde extrêmement intéressante. Je ne ferai qu'une observation. Je crois que nous discutons ce matin deux questions, et que nous ne discutons pas assez le rapport de Brot et la question de l'organisation de la propagande.

Le discours de notre ami Prache, l'exposé qu'il vient de nous faire à surtout trait à l'organisation des Fédérations Régionales, et à vrai dire, en l'écoutant, je pensais que nous ne pourrions pas trancher ce matin, ni à ce Congrès, les questions qu'il a soulevées. Et je pensais que non seulement il n'y a pas lieu de les enterrer « même en première classe », mais qu'au cours de l'année qui va venir, il faut les examiner.

Je crois que notre camarade Prache sera tout à fait d'accord avec le Conseil Central, pour que ces problèmes qui touchent à l'organisation, au rôle et aux ressources des Fédérations Régionales, — car les deux questions sont étroitement liées, les ressources nécessaires aux Fédérations Régionales dépendant du rôle qu'on veut leur faire jouer, — soient examinés par le Secrétariat, et qu'elles fassent l'objet de l'examen du Conseil Central qui émettra son opinion qui sera portée à la connaissance de la conférence annuelle des secrétaires des Fédérations Régionales.

On poussera ainsi l'étude à fond et il y aura lieu de lui donner une consécration en mettant le problème à l'ordre du jour du Congrès National de l'année prochaine.

J'ajoute que, puisqu'on a un peu élargi le débat, je l'élargirai moi aussi.

Je suis tout à fait d'accord pour que l'on procède à un examen approfondi de l'organisation des Fédérations Régionales. Je suit tout à fait d'accord pour reconnaître qu'il y a toute une série de besognes qui ne sont pas faites par elles et qui ne sont pas non plus faites par l'organisme central et qui ne peuvent pas être faites par lui.

A mon avis, il y a des tâches qui relèvent essentiellement des Fédérations Régionales, et d'autres qui doivent relever essentiellement de l'Organisation centrale. Si, par exemple, on établit un Office technique de comptabilité, je pense qu'il peut être une section d'un organisme national, mais qu'il faut qu'il ait des attaches nécessairement régionales.

J'ai eu une pensée un peu différente en ce qui concerne l'organisation juridique. Je pense qu'une unification est indispensable pour qu'il y ait une action générale des sociétés dans la défense de leurs intérêts légaux au point de vue fiscal notamment.

Je donne ces deux exemples simplement pour vous montrer que les tâches sont à séparer. Nous les verrons et nous les examinerons.

Mais il y a autre chose, et je pose un autre problème. Si, comme je le pense, le mouvement coopératif — et cela c'est le programme de Brot — est à la veille d'une action portant sur un certain nombre d'années, où après une période de crise la stabilisation va nous permettre un plan d'organisation méthodique et un développement que nous n'avons pas connu depuis l'avant-guerre, ce qui nous a empêchés de prendre nettement conscience des tâches auxquelles il va falloir maintenant faire face, il y a la tâche des Fédérations Régionales, mais il y a aussi la tâche de la Fédération Nationale.

Et là, je le dis clairement : il faut réorganiser la Fédération Nationale elle-même. Il faut augmenter ses tâches. Par exemple, nous avons un service des statistiques et de documentation, quel que soit le dévouement du camarade qui s'en occupe, qui est insuffisant pour un mouvement comme le nôtre. Il faut que nous ayons, à la Fédération, un service de documentation économique, de conseils techniques, tout à fait différent de celui que nous avons à l'heure actuelle. Cela nous coûtera très cher ; mais nous ne serions pas dignes d'un grand mouvement comme le nôtre, si nous ne mettions dans le plus bref délai possible notre Fédération à la hauteur de ce que sont toutes les autres organisations nationales. Il faut donc de très fortes ressources à l'Organisation centrale, s'il en faut aux Fédérations Régionales.

Vous savez que notre ami Camin est en train de préparer un projet tout à fait intéressant, tendant à mettre *L'Action Coopérative* à la disposition de toutes les sociétés, avec une publicité ad hoc, au meilleur marché possible.

Je vais vous dire l'opinion que je soutiendrai, peut-être tout seul. Je voudrais que le journal soit gratuit pour les sociétés, même si les Fédérations en payaient une partie. Et il vaudrait beaucoup mieux, non pas chercher à assurer l'équilibre financier par les abonnements, mais avec une publicité qui en paierait la plus grande partie et permettrait d'avoir un journal à bon marché. Voilà ce que je défendrai.

Mais alors, je sais ce qu'on va me dire. Car si Prache vient à la tribune, parlant des Fédérations Régionales qui ont besoin d'argent, vous pouvez être tranquilles, Camin montera aussi à la tribune et dira : « Poisson, c'est très bien ; mais pour avoir un journal gratuit et un service de statistique tout à fait bien installé, il me faut de l'argent. »

Oui, il faut de l'argent, et je sais que le problème est très difficile.

Il faut rechercher des ressources. Ce n'est peut-être pas impossible. Le gros *Annuaire* que tout le monde trouve très bien, grâce à la publicité, n'a rien coûté à la Fédération Nationale.

Est-ce que ce n'est pas dans ce sens que nous devons nous diriger pour organiser une partie de nos services centraux qui ont besoin de beaucoup d'argent demain au même titre et en même temps que les Fédérations Régionales ?

Voilà donc un ensemble de projets d'étude, et je crois que le principal est d'avoir attiré l'attention du Congrès sur un double devoir.

En ce qui concerne les ressources, il y a des difficultés. Ce serait très bien, dans un Congrès, de décider l'augmentation des cotisations. Même sans qu'il y ait besoin d'échauffer les esprits et les enthousiasmes, je suis sûr qu'ici, dans ce Congrès, les délégués voteraient très bien un centime de plus aux Fédérations Régionales et à la Fédération Nationale. Seulement, le lendemain, quand ils seraient retournés devant leur Conseil d'Administration, ils commenceraient d'abord par faire beaucoup moins les malins, et puis les Conseils d'Administration finalement diraient : « On ne paiera pas cette cotisation-là, elle est trop élevée ».

Et la preuve, c'est la difficulté qu'a la Fédération Nationale pour le recouvrement des cotisations actuelles.

Il ne faut pas dire, Prache, que la cotisation en France est faible. Ce n'est pas exact. Elle est très forte, par comparaison avec les cotisations des organisations étrangères. Nous en discuterons, tu verras, elle est très forte.

Et alors, il y a un danger. C'est de tordre le cou à la poule aux œufs d'or en écartant de nous un grand nombre de petites sociétés. Danger pour l'unité coopérative ! danger, car ce serait aller à l'émiettement et à la division.

Du fait même que nos cotisations rentrent avec quelque peine, il faut conclure que nos sociétés ne payeraient plus ou se retireraient, si vous exigiez des cotisations plus élevées qu'elles ne sont aujourd'hui.

J'entends bien que si les sociétés avaient parallèlement au paiement des cotisations, des avantages matériels techniques précis, elles payeraient davantage, et c'est dans ce sens-là, à mon avis, qu'il faut se diriger.

Il faut mettre debout des services techniques qui rendent service aux sociétés, et les faire payer par ceux-là même qui les utilisent. Je pense que c'est dans cette voie qu'il faut trouver la solution au problème très difficile que je pose : Besoin d'argent pour les Fédérations Régionales ; besoin encore important de ressources, pour que la Fédération Nationale rende des services pratiques et efficaces. Mais impossibilité de recueillir immédiatement cet argent et nécessité de maintenir des cotisations modestes, pour que toutes les sociétés restent unies. Il faut donc recourir à la création de services particuliers, spécialisés, payés par les sociétés elles-mêmes.

N'oublions pas que lorsqu'on dit : « Groupez les Fédérations Régionales », cela va bien à la tribune ; Prache et Fauconnet, cela va bien pour vous. Mais, je me permets de dire cela parce que je connais bien votre mouvement, lorsque vous grouperez des Fédérations Régionales qui ont déjà quatre ou cinq départements et qui en auront dix ou quinze, je me permets de vous dire qu'à ce moment-là l'action locale du secrétaire régional ne sera pas plus efficace sur dix départements qu'elle ne l'est maintenant pour la F. N. C. C.

Vous direz sans doute que ces choses-là ne s'examinent pas théoriquement, qu'elles s'examinent pratiquement ; que cela s'examine fédération par fédération. C'est bien ainsi qu'il faudra le faire.

Il y a d'ailleurs un effort d'organisation à faire, il faut, en effet, que si les Fédérations Régionales prennent de la vie, leur liaison avec l'organisation centrale soit plus forte et plus vigoureuse.

La centralisation et la décentralisation sont deux choses qui se tiennent. Je pense par exemple qu'une des bonnes choses que nous avons réalisées par la synthèse des intérêts locaux, régionaux et nationaux, c'est non seulement la création des Fédérations Régionales, c'est non seulement notre Conseil Central à caractère largement fédéraliste, c'est non seulement notre Commission permanente qui vient d'être créée avec, à l'intérieur, quelques-uns des secrétaires des plus grandes Fédérations Régionales ; c'est non plus seulement la liaison de bas en haut, c'est la liaison de haut en bas. Par exemple, un des grands services rendus, c'est la pénétration dans les sociétés, dans les plus grandes, de représentants de l'organisme central dans leur Conseil d'Administration.

A mon avis, il va falloir ne plus procéder empiriquement ; il faudra, pour toutes les grandes sociétés de développement, organiser tout cela méthodiquement et systématiquement, et que ce ne soit pas toujours, — permettez-moi l'expression — de la tête de Lévy ou de la mienne que l'on se serve. Il faut tout un système d'organisation pour lier les organisations régionales et l'organisation nationale. De même il faudra que, dans les Comités fédéraux, régionaux et même départementaux, assurer la liaison, par un représentant de l'organisme central assistant à ces réunions.

Vous me direz : « Encore des frais ! » — Non, ce ne sont pas des frais, quand précisément on travaille à intensifier la propagande, suivant une expression qui a à l'heure actuelle beaucoup de vogue, et quand on arrive à « rationaliser » l'organisation de la propagande.

Car je reviens au projet Brot et je reviens à ma proposition que je renouvelle devant le Congrès et que je demande à Brot d'accepter. C'est de demander à toutes les unités coopératives, à toutes les sociétés les plus modestes comme les plus grandes, d'établir un plan de développement portant sur dix ans, plan ayant pour but, soit par une augmentation de branches ici, soit par le développement du chiffre d'affaires ailleurs, soit par une recherche de moyens pour trouver de nouveaux sociétaires, de faire un effort, non seulement dans le sens du développement commercial, mais dans la recherche des moyens à employer pour trouver les ressources financières nécessaires.

Voilà un objet d'études qui devrait être mis à l'ordre du jour de toutes nos sociétés et y rester constamment jusqu'au jour où il sera résolu. Ce sera notre rôle d'exiger que les sociétés nous disent ce qu'elles ont fait pour cela ; d'établir une espèce de palmarès pour concentrer les efforts faits chaque année ; d'en parler aux congrès régionaux, d'en parler au congrès national, de suivre mois par mois, année par année l'effort de chacun pour tenir la promesse qu'on se sera faite de doubler le mouvement coopératif en dix ans.

Voilà un programme qui entraînera les militants à l'action.

Je cherche à donner à chacun un ressort, de les entraîner à la propagande et à l'effort ; et voilà pourquoi je pose cette question au Congrès.

Le Président. — La parole est à Vottéro.

Intervention de VOTTÉRO

Vottéro, de *La Bellevilloise*. — Camarades, il y a beaucoup d'enseignements à tirer de ce rapport. Mais il y a une chose que nous avons constatée ; nous estimons que l'on est trop resté sur le cadre commercial de la propagande et que l'on n'a pas assez étudié la propagande générale que l'on doit faire, à côté de la vente du chocolat ou du savon.

Et, si vous le permettez, je vais donner quelques explications à ce sujet.

En particulier, il y a une chose qui a été tout à fait négligée. A une époque que vous connaissez presque tous mieux que moi, celle d'avant la guerre, on faisait grand cas du rôle des cercles.

Aucun camarade n'est venu en parler à cette tribune.

Eh bien ! le cercle, c'est le moyen de propagande initial. C'est là quelque chose qui doit nous servir, et la meilleure preuve, c'est qu'à la Bellevilloise, le cercle des coopérateurs est ouvert à tout le monde. Et qu'est-ce qui se produit ? C'est qu'aujourd'hui, avec cette méthode de travail, le Cercle de la Bellevilloise englobe toutes les œuvres sociales de la coopérative.

Et lorsqu'on crée autour de la Coopérative des œuvres sociales et qu'on les fait connaître, on peut être certain que, sur cette question, se greffe un moyen de propagande efficace.

Je ne prendrai qu'un exemple. Vous allez me dire : C'est local, c'est particulier. Malgré tout, si nous avons fait cela, vous pouvez peut-être trouver autre chose.

L'année dernière, nous avons inauguré un moyen de propagande qui existait avant la guerre : faire connaître la Bellevilloise et que l'on soit obligé de parler d'elle. Comment faire ? Nous avons fait une sortie dans les environs de Paris, en autobus — parce que les ouvriers qui en majeure partie constituent la clientèle de la Bellevilloise ne peuvent se permettre d'aller en autocar —, et savez-vous combien de voitures ont pris part à cette sortie ? Quarante voitures, avec l'Harmonie de la Bellevilloise et ses soixante musiciens, et avec nos pupilles. Pendant un mois, les habitants de Ménilmontant n'ont parlé que du défilé de la Bellevilloise. Cela, c'est de la propagande.

Il y a un autre point que nous n'oublions pas ; c'est celui des employés. C'est encore une chose dont on n'a pas parlé. Les employés jouent un grand rôle de propagande eux-mêmes, lorsqu'on veut les lier avec l'administration, lorsqu'on veut véritablement leur faire remplir le rôle qui s'impose à eux.

Nous ne disons pas que nous y soyons arrivés encore ; mais c'est un point que nous travaillons.

Nous disons : Tous les employés de la Coopérative, obligatoirement, doivent être syndiqués. De plus, obligatoirement, ils doivent être des coopérateurs. Et chaque année, au mois de juillet, nous faisons le relevé de la consommation des employés.

A côté de cela, les employés ont un organisme propre, qui travaille avec le Conseil d'Administration. Chaque semaine, des employés viennent au Conseil d'Administration, entendent les discussions des administrateurs ; chaque semaine ils se remplacent, ce qui fait que les employés eux-mêmes sont mis au courant du travail qui se fait au Conseil d'Administration.

Cela incite les employés de la Coopérative à comprendre la nécessité du rôle qu'ils ont à remplir.

Il y a une chose sur laquelle nous sommes complètement d'accord : c'est le point que notre camarade de l'Aube a traité, à propos de la lutte contre les économats.

Les économats permettent au patronat de contrôler la consommation ouvrière. Il faut que nous disions cela aux ouvriers ; il faut leur faire bien comprendre que du fait que le patron peut contrôler leur consommation, il est maître de l'augmentation des salaires, et qu'ensuite il y a un intérêt double pour lui puisque l'argent du salaire qu'il donne revient une deuxième fois dans son coffre-fort par la vente des produits des économats, ce qui permet en même temps au patronat de pouvoir régler les cours des marchandises et de tuer nos coopératives ouvrières, soit de consommation, soit de production.

Il y a un autre moyen de propagande ; c'est la liaison, non pas écrite sur le papier, mais réelle et quotidienne des coopératives et des syndicats.

Croyez-vous qu'il ne soit pas paradoxal de voir en France deux C. G. T., réunissant 500.000 syndiqués chacune et que trois ou quatre pour cent à peine de ces syndiqués soient des coopérateurs ?

Là dedans, nous avons un travail en profondeur à accomplir, et c'est par l'organe des employés travaillant dans les coopératives que nous pouvons l'exécuter.

Si nous ne sommes pas en liaison constante avec les organisations ouvrières, nous tombons dans ce que disait Charles Gide dans son livre, lorsqu'il parlait de l'Angleterre et de la Russie : C'est que l'on s'aperçoit que l'augmentation du nombre des coopérateurs se fait du côté de la classe bourgeoise. On s'aperçoit qu'il y a plus de coopérateurs bourgeois qui adhèrent au mouvement qu'il n'y a de coopérateurs ouvriers.

C'est que nous ne faisons pas assez de propagande dans les organisations ouvrières.

Nous vous demandons, Camarades, de bien étudier ce point, et surtout d'étudier le rôle des œuvres sociales dans la propagande des coopératives.

Il vaut mieux, à notre avis, qu'au lieu de donner 6, 7 ou 8 % de trop-perçu, que les coopératives donnent un peu moins et subventionnent des œuvres sociales. Nous ferons un travail de propagande plus sérieux qu'en distribuant des trop-perçus, parce que nous éviterons que les coopérateurs ne viennent à la coopérative que pour l'argent, alors que nous sommes tous d'accord sur cette idée générale de transformer la société.

Nous vous demandons d'étudier sérieusement la question des œuvres sociales et la question de la liaison avec les organisations ouvrières, en vue de la propagande.

Le Président. — La parole est à Bouré.

Intervention de BOURÉ

Bouré, de *L'Union Coopérative du Laonnois*. — Camarades, je serai très bref, puisqu'à *L'Union Coopérative du Laonnois* nous sommes tout à fait d'accord pour adopter le rapport de Brot. Mais cependant nous n'appouvons pas les termes de la résolution proposée et il va m'être très facile de vous expliquer notre point de vue.

Nous sommes d'accord que, pour la réorganisation de la propagande, comme Prache l'a dit tout à l'heure, il faut envisager un rôle très actif des Fédérations Régionales, et c'est pour cela qu'à notre sens la résolution doit être davantage précisée.

La proposition de résolution de Brot dit :

Le Congrès National rappelle à toutes les sociétés adhérentes la nécessité d'organiser régulièrement dans leur rayon d'action une propagande de recrutement et d'éducation, pour atteindre la masse des consommateurs.

Nous demandons de compléter ce texte de la façon suivante :

Le Congrès National rappelle à toutes les Sociétés *et Fédérations régionales* adhérentes...

Nous estimons que la propagande n'est pas menée partout de façon assez énergique, et qu'il est bon, par conséquent, d'appeler sur ce point particulier l'attention de certaines Fédérations Régionales.

J'ajoute que la réorganisation telle qu'elle a été envisagée tout à l'heure par Poisson et par Prache nous donnerait satisfaction.

C'est pourquoi nous proposons de modifier le 4e alinéa de la résolution ainsi conçu :

Les Fédérations Régionales et la Fédération Nationale sont prêtes à répondre à tout appel des Sociétés, et elles ont pour mission de multiplier à cet effet les moyens d'action, même accessoires, qui doivent faciliter la propagande.

Les termes de cet alinéa ne nous donnent pas satisfaction, nous ne voulons pas que l'on continue à laisser faire à chacun ce que bon lui semble, comme cela se passe actuellement, en disant que la Fédération Nationale et les Fédération Régionales sont prêtes à répondre à tout appel des sociétés. On arrive à ce fâcheux résultat que 110 sociétés sur 1.650 adressent un appel et que 1.540 autres sociétés, mal organisées au point de vue de la propagande, négligent de s'occuper de la question.

Nous demandons que l'action se fasse comme l'a très bien indiqué Brot dans son rapport, notamment lorsqu'il dit :

La propagande de la Fédération Nationale. — Le rôle de la F. N. C. C. dans cet ordre de choses même, est beaucoup plus d'agir auprès des Sociétés ou des Fédérations qui négligent toute action de propagande, pour leur en faire comprendre la nécessité.

Si donc le rôle de la Fédération Nationale est d'agir auprès des Fédérations Nationales et auprès des Sociétés, il ne faut plus qu'elle attende qu'on fasse appel à elle pour la propagande.

Brot continue :

Elles s'y décideront, si on leur apporte en même temps les moyens de réalisation.

En coordonnant la propagande des Sociétés et des régions, la Fédération Nationale peut constituer une documentation comme celle entreprise déjà pour la publicité, et portant à la fois sur la substance des conférences et sur les agréments variés indispensables au succès.

La Fédération Nationale peut devenir ainsi un office de propagande et de publicité bien outillé.

Ce n'est pas moi qui le dit, c'est Brot.

Eh bien ! puisqu'il le dit et que vous êtes d'accord pour l'en féliciter pourquoi ne pas écrire dans la résolution la conclusion de son rapport ?

C'est ce que nous demandons. Mais il faut aussi que cette résolution adoptée par le Congrès ne soit pas une résolution du genre de celle de Marseille, en 1922, où vous avez décidé la création d'un Office de publicité. Il faut que nous décidions que cette résolution soit appliquée, comme l'a promis tout à l'heure Poisson.

Nous vous proposons donc de remplacer le 4e alinéa de la résolution déposée par le texte suivant :

La Fédération Nationale devra agir de toutes ses forces, auprès des Sociétés et des Fédérations Régionales, pour obtenir qu'une bonne organisation de la propagande et de l'éducation coopérative soit assurée dans chaque secteur.

La Fédération Nationale à qui incombe la haute mission de diffuser la pensée coopérative par tous les moyens efficaces (presse, affiches, brochures, films, conférences, T. S. F., etc.) et de la faire pénétrer dans tous les milieux favorables (professionnels et mutualistes), devra s'organiser de façon à devenir l'Office National de propagande et de publicité de la Coopération Française.

Pourquoi ne pas employer la T. S. F. ? Nous demandons également, Camarades, que la F. N. C. C. organise mensuellement une conférence éducative par T. S. F. Ce moyen permettrait à de nombreux consommateurs d'être touchés à domicile par une bonne propagande coopérative. De plus, certaines sociétés, qui possèdent des salles de réunion pourraient ainsi recevoir par T. S. F. les idées coopératives et en faire bénéficier leurs sociétaires.

LE PRÉSIDENT, — J'ai reçu une demande de clôture.

Il y a encore un orateur inscrit ; après lui, le rapporteur répondra. Je mets aux voix la clôture. Adopté.

Je donne la parole à Boville, dernier orateur inscrit.

Intervention de BOVILLE

BOVILLE, de *La Bellevilloise*. — Camarades, nous croyons qu'il est nécessaire pour la Coopération de planter toujours plus profondément ses racines dans la classe ouvrière. Comme vous l'a dit Paquereaux, sur cette question du recrutement et sur cette question de la propagande, nous devons vous indiquer un immense réservoir de coopérateurs possibles et même probables; ce sont les syndicats.

Certes, si toutes les Coopératives imitaient celle de Nancy que je signalais hier, si elles imitaient aussi celles de ce bon pays du Gard où nous nous trouvons, qui emploient des non syndiqués, il est certain que le recrutement parmi les ouvriers syndiqués serait quelque peu difficile. Heureusement qu'il y a beaucoup de coopératives qui ont chez elles des travailleurs syndiqués.

Je connais l'excuse. On nous dira dans le Gard : « Nous payons très bien les ouvriers ; nous les payons même mieux que chez les patrons. » C'est là le reproche que je ferai. Les coopératives qui ont des ouvriers non organisés les payent trop cher. Le Secrétaire de la Fédération de l'Alimentation peut vous dire que nous n'approuvons pas du tout ce procédé qui consiste à payer les ouvriers des coopératives plus cher que ne sont payés leurs camarades employés chez des patrons.

Mais les deux questions se lient. Pour que vous ne soyez pas handicapés vis-à-vis des patrons, pour que les patrons paient un salaire au moins aussi élevé que vous, il faut qu'il y ait, à côté du mouvement coopératif, un mouvement syndical solide et vigoureux.

Permettez-moi de rappeler à Poisson ce qu'il disait ces jours derniers, non pas à moi — car à moi il pourrait répondre en se plaçant sur le terrain de tendance et me dire : « Nous n'avons pas à faire du recrutement pour les unitaires. » Mais je lui rappellerai ce qu'il a répondu à Savoie, au représentant de la C. G. T. qui reprochait aux délégués de Nancy d'avoir des jaunes dans sa boulangerie, de leur faire faire dix heures par jour et de les priver de repos hebdomadaire. Poisson répondait à Savoie : « Mais, cela ne nous regarde pas ; c'est à vous de recruter les ouvriers. »

Eh bien ! c'est là une tactique fausse. Ce n'est pas seulement à vous de recruter les coopérateurs ; nous devons vous y aider de toutes nos forces. Mais c'est à vous aussi de nous assurer la réciprocité, en nous aidant à organiser les ouvriers.

Je prétends, et je le disais hier à propos du travail de jour dans les boulangeries, je prétends que nous avons partie liée.

Voulez-vous un exemple frappant? Marrane disait hier que les salaires allaient être diminués d'un tiers de leur capacité d'achat. Ce sont les journaux économiques bourgeois qui l'annoncent, c'est l'*Information* d'avant-hier qui nous prévient que la capacité d'achat des salariés va être diminuée d'un tiers.

Est-ce que vous croyez que cela ne va atteindre que le mouvement syndical ? Est-ce que vous croyez que cela ne va atteindre que les ouvriers ? Mais cela vous atteint vous-mêmes, cela atteint vos organisations. C'est pour cela que nous ne nous lassons pas de vous dire que les deux mouvements sont liés, que nous devons vivre en paix, que nous devons faire revivre l'entente de 1920, entente qui disait que les ouvriers des coopératives ne feraient pas grève, qu'ils travailleraient et aideraient leurs camarades qui sont chez les patrons à obtenir des avantages, étant entendu que ces avantages s'appliqueraient automatiquement dans les coopératives.

Mais pour cela, il faut ne pas divorcer avec la classe ouvrière ; il ne faut pas séparer le mouvement coopératif du mouvement syndical : ces deux mouvements sont liés, ils doivent travailler ensemble.

Le Président. — La parole est à Mme Castelbieilh, de l'*Union Coopérative du Sud-Ouest.*

Intervention de Mme CASTELBIEILH

Mme Castelbieilh. — Il serait presque plaisant, si le développement du mouvement coopératif n'en dépendait, d'entendre des hommes, seuls, exposer ce que doit être la propagande coopérative. Nous sommes, en effet, uniformément d'accord pour reconnaître que le développement du mouvement coopératif repose tout entier presque exclusivement sur les femmes.

Je ne vous ferai pas un long exposé pour vous démontrer la véracié de ce que j'affirme : nous en sommes tous convaincus.

Je pense pour ma part que tous les moyens dont vous venez de parler resteront vains, alors même qu'ils atteindraient le degré de perfection le plus complet, si vous n'atteignez pas les femmes.

Une certaine expérience du mouvement coopératif, auquel je suis intimement mêlée, non pas seulement à l'administration mais surtout à la propagande, me permet de dire que notre action essentielle doit se faire auprès des femmes.

Comment atteindre les femmes ? J'entends dire de part et d'autre que c'est très difficile. Notre camarade Brot a même écrit qu'on n'intéressera les femmes qu'en les conviant à des fêtes. C'est possible. La femme a peut-être une certaine légèreté d'esprit — vous la lui prêtez tout au moins — qui fait qu'elle n'est capable de répondre qu'à l'invitation au plaisir.

Eh bien, je crois que nous pouvons atteindre les femmes dans les fêtes, sans doute — c'est un excellent moyen de propagande — mais en dehors des fêtes aussi. Lorsqu'une réunion de propagande est bien organisée — et ici le rôle du conseil de section apparaît important (on n'en a pas encore parlé des conseils de section !) — lorsqu'un conseil de section s'intéresse à son magasin et à la coopération tout entière, lorsqu'il se donne la peine d'organiser une réunion, la réunion a des auditeurs, mais elle a des auditrices, je puis vous l'affirmer.

Comment intéresser à la coopération les femmes que nous pouvons avoir dans nos réunions ?

Deux moyens : Nous intéressons les femmes par le côté pratique et par le côté sentimental de la Coopération, — vous le savez bien.

La femme sera intéressée par le côté pratique de la coopération, et la coopération se doit à elle-même de réaliser ce côté pratique dont elle s'est quelquefois un peu trop désintéressée. Il faut que la femme trouve dans nos magasins tous les produits, tous les meilleurs produits, nécessaires à ses besoins, et au plus juste prix.

Je me trouverai d'accord, pour une fois, avec le Camarade de la Bellevilloise pour dire que nous devons aussi intéresser les femmes par le côté sentimental, j'entends les œuvres sociales.

La coopération — et encore ici je vais être brève, donnant ainsi la preuve que les femmes que l'on a accusées parfois de bavardage sont plus sages que les hommes — la coopération, nous sommes d'accord aussi je pense pour le reconnaître, est autre chose qu'une boutique. Intéressez les femmes par le côté sentimental ; parlez-leur des œuvres sociales, faites-les leur connaître : elles répondront.

Et une fois que, dans une section, vous aurez groupé dix femmes, à qui vous aurez simplement parlé, si vous revenez plus tard dans la même section, vous en trouverez 100, 200, 400. Je prends à témoin mes camarades du Sud-Ouest qui sont là, de ce que j'affirme.

Et puis, je voudrais que la forme de notre propagande différât de celle du commerce. Jusqu'à présent, le commerce a considéré la femme comme une personne sans cervelle ; il pense qu'elle peut être attirée comme ces papillons légers qui viennent brûler leurs ailes le soir à une flamme vive ; qu'elle peut être attirée par l'apparence du produit qu'on lui offre, ou par une réclame savante, par des primes et par ce que l'on appelle aussi la réclame ou le solde.

La société à laquelle j'appartiens croit devoir quelquefois procéder ainsi ; je dois vous dire que chaque fois cela me met en rage et que je proteste de toute mon énergie contre de pareils procédés. Je ne comprends pas que l'on use vis-à-vis de la femme coopératrice de semblable manière, que l'on continue à la maintenir dans l'erreur où le commerce la tient, parce qu'il a intérêt à profiter d'elle.

Employons des moyens différents de ceux utilisés jusqu'à présent par le commerce ; faisons l'éducation rationnelle de la ménagère, de l'acheteuse en même temps aussi que la gardienne du foyer.

Et ici se pose la question : Qui fera cette éducation ? Vous, Messieurs ?... Mais, vous avez donné jusqu'à présent la preuve de ce que vous étiez capable de faire, puisque la coopération, de votre aveu même, n'a pas donné ce qu'elle doit.

Et alors, la conclusion logique s'impose : Demandez aux militants de la coopération de vous aider à faire cette éducation des femmes. Il n'est pas comme elles pour se faire entendre de leurs consœurs, si je puis m'exprimer ainsi. Les ménagères, les mères nous comprendront mieux, parce que nous saurons aller vers elles avec les paroles qu'elles sont susceptibles d'entendre.

Je sais, je sais... c'est une chose à laquelle vous ne consentirez pas facilement. Ni dans les conseils d'administration, ni dans les conseils de section, vous n'abandonnerez vos prérogatives...

Nombreux Délégués. — Mais si !

Mme Castelbieilh. — Je vous affirme que non !

Un Délégué. — On l'a fait, mais les femmes n'y viennent pas.

Mme Castelbieilh. — Elles n'y viennent pas, parce que vous ne savez pas les appeler.

Et quand elles travaillent avec vous vous ne les comprenez pas toujours.

Dans le Conseil d'administration auquel j'appartiens, auquel on m'a fait l'honneur de me demander d'appartenir, je dois dire que je n'ai pas revendiqué ce droit, on ne m'a pas toujours comprise quand je disais : donnons satisfaction aux femmes, donnons leur la satisfaction qu'elles réclament, c'est-à-dire au plus juste prix les meilleurs produits, notre action en sera facilitée et notre propagande plus fructueuse.

Mais, chaque fois qu'on dit la vérité, on paraît révolutionnaire et j'ai fait figure de révolutionnaire pour avoir dit cela. Aux risques de la paraître une fois encore, je dis que c'est la femme elle-même qui doit, non pas toute seule, mais auprès de vous qui avez l'expérience de l'administration et de la gestion, je dis que c'est la femme qui doit faire avec vous l'éducation des femmes.

Appelez les femmes dans les conseils de section ; appelez-les dans les conseils d'administration. Elles apprendront à travailler près de vous. Leur impulsivité, leur intuition compensera parfois ce qu'il y a parfois de trop réaliste chez vous, et vous verrez la floraison des œuvres sociales coopératives se développer. Vous verrez les femmes venir et rester à la Coopération, parce qu'elles trouveront, ainsi que je le disais tout à l'heure, les meilleurs produits aux meilleurs prix, mais aussi parce qu'elles seront sûres d'y trouver, dans les moments difficiles, soit pour leurs enfants, soit pour elles-mêmes, soit pour leur foyer tout entier, l'aide que les organisations bourgeoises leur font payer trop cher par des renoncements de pensée.

Je dirai aussi, m'associant au camarade Bugnon, avec qui nous nous trouvons tout à fait d'accord...

Un Délégué remet à Mme Castelbieilh une note manuscrite.

Mme Castelbieilh. — Eh bien, camarade, je n'ai pas osé le dire, mais je l'ai pensé. Je n'ai pas osé le dire, parce que je ne voudrais pas que l'on me prêtât des pensées que je n'ai pas.

Plusieurs Délégués. — Quoi ?... Quoi ?...

Mme Castelbieilh. — Eh bien je lis sur ce papier : « Les femmes au Conseil Central. »

Je dirai avec notre camarade Bugnon, j'ai confiance dans cette œuvre d'éducation que nous entreprenons.

Poisson disait tout à l'heure, et je suis d'accord avec lui encore, Poisson disait qu'une période de dix ans devrait être envisagée pour cet effort de propagande. Ce n'est pas trop pour un mouvement comme le nôtre. Dans dix ans il y aura toute une génération à qui nous aurons donné l'esprit coopératif. Et de même pour l'établissement de la paix qui n'est possible que par une œuvre éducative de longue haleine, de même pour la coopération, nous ne réussirons qu'en étant patients et persévérants.

Et puisqu'aussi bien tout à l'heure on a élargi le débat, anticipant sur une discussion qui doit avoir lieu l'année prochaine et qu'on a parlé de la réorganisation de la Fédération Nationale et des Fédérations Régionales, vous me permettrez, sans me qualifier de trop prétentieuse, de dire ce que je pense de la propagande régionale et de la propagande nationale.

La propagande régionale, comme l'a comprise Prache, ne me satisfait pas tout à fait. Je voudrais, moi aussi, une organisation régionale sérieuse, je voudrais moi aussi, peut-être, un permanent à la tête de l'organisation régionale, — je dis peut-être parce que je n'ai pas suffisamment étudié la question. Mais je voudrais tout au moins des organisations régionales sérieuses. Je voudrais que toutes les sociétés coopératives, si petites soient-elles, ne soient pas isolées.

Je connais dans ma région, — et vous allez dire que c'est notre faute peut-être, mais c'est toujours la faute de quelqu'un quand quelque chose ne va pas — je connais dans ma région des organisations autonomes isolées. Je voudrais qu'il n'y en ai plus une seule. Je voudrais que toutes les organisations soient groupées dans les Fédérations Régionales, qu'elles aient une liaison continue avec le secrétaire de la Fédération Régionale et ses militants.

Mieux que les militants de la Fédération Nationale, ils connaissent l'esprit des camarades vers lesquels ils vont ; ils savent leurs désirs, leurs besoins, leurs aspirations. Et de même, ainsi que je le disais tout à l'heure, les femmes sauront mieux parler aux femmes quand il s'agit de les convaincre, de même, dans les régions, les militants régionaux feront une œuvre plus utile, une œuvre de longue haleine plus sérieuse que les militants de la Fédération Nationale.

Mais, je ne les exclus pas. Les militants de la Fédération Nationale sont les grands as, les grands ténors qui font de belles salles. Je souhaiterais qu'on les appelât quelquefois, plus souvent qu'on ne le fait dans nos régionales.

Et vous voyez ma pensée qui se précise : une double action se complétant heureusement : l'action des militants de la Fédération Nationale, action passagère mais nécessaire ; action continue, action persévérante des militants de la Fédération Régionale, n'attendant pas qu'on les appelle dans les sociétés, mais organisant eux-mêmes auprès d'elle une propagande rationnelle, méthodique et continue.

J'en ai fini. Et puisqu'aussi bien tout le monde a présenté des vœux, je souhaiterai moi aussi qu'il soit ajouté à vos résolutions, mon cher camarade Brot, un paragraphe formulant le souhait que j'ai exprimé au début de mon entretien, à savoir que les femmes, qui sont la pierre angulaire de la Coopération, soient appelées plus sérieusement à elle et intéressées à sa vie.

Le Président. — La parole est à Marcel Brot, rapporteur.

Réponse de BROT, Rapporteur

Brot, *Rapporteur*. — Je voudrais tirer la conclusion des observations qui ont été échangées ici, sur le rapport de la Propagande.

Je veux tout d'abord déclarer à notre camarade Lagrange que nous sommes entièrement d'accord, au Conseil Central, sur les dangers que peuvent présenter les organisations qu'il a signalées : les groupements d'achat qui essayent de faire revivre les économats.

De tout temps, la Fédération Nationale a lutté contre ces organisations, et notamment nous avons obtenu que dans une région où ils existaient encore légalement, en Lorraine et en Alsace, la législation française soit appliquée.

Je pense que la Fédération Régionale, en accord avec les Fédérations Régionales intéressées, pourra agir en ce sens.

Mais ne nous faisons pas trop d'illusion : là où nous avons fait disparaître les économats, ils ont pu renaître de leurs cendres, sous une autre forme.

Cela n'empêche pas de continuer notre action, d'une façon intensive.

Nos camarades de *La Bellevilloise* ont agité ici une question qui est celle des rapports de l'organisation coopérative avec les organisations syndicales.

Je n'ai jamais pensé qu'une question si importante devait être traitée incidemment, dans un rapport sur la propagande. Cependant, on peut remarquer qu'une des parties de la résolution dit que la Fédération Nationale devra chercher à agir, au point de vue propagande, dans deux milieux qui doivent lui être particulièrement sympathiques ; d'abord les milieux de la Mutualité, ensuite les milieux des Organisations professionnelles.

Il est évident que nous ajoutons toujours : en sauvegardant, même vis-à-vis des organisations syndicales, l'indépendance de la Coopération.

Mais à ce propos, je dois dire à nos camarades, particulièrement à notre camarade Boville, que quand on apporte ici des faits, il faut se renseigner. Particulièrement en ce qui concerne la Lorraine, camarade, vous avez commis deux erreurs. Même si vous faites passer une société pour réactionnaire, cela n'empêche pas de lui rendre justice.

Vous avez parlé de suppression du repos hebdomadaire pour les ouvriers boulangers. C'est une inexactitude. Nous vous la passons, mais nous tenons à la rectifier.

Boville proteste de sa place.

Brot. — Nous savons tout de même ce qui se passe dans notre société, voyons !

D'autre part, vous avez réclamé le retour aux accords de 1920 qui, d'une part, déclarent que les organisations syndicales s'engageront à ne jamais faire grève dans les organisations coopératives — nous ne vous faisons pas un grief que quelquefois cela n'ait pas été respecté — ; ces accords disent, d'autre part, que les organisations coopératives s'engageront par contrat à accorder à leurs employés, automatiquement, toutes les améliorations qu'ils pourraient obtenir dans le commerce privé.

L'accord de 1920 est complètement appliqué dans la société dont il s'agit ; il y a même une Commission arbitrale qui fonctionne.

Boville. — Vos ouvriers ne sont pas syndiqués.

Brot. — Et cette Commission arbitrale est composée par moitié d'ouvriers désignés par les organisations syndicales, et d'administrateurs de la Coopérative. C'est cette Commission qui est chargée de résoudre les conflits.

Boville. — Est-ce qu'ils sont syndiqués ?

Brot. — Je vais répondre exactement : nous avons le souci de la liberté complète des employés.

Boville. — C'est une honte !

Brot. — Nous avons le souci de la liberté complète de nos employés ; et d'autre part, nous reconnaissons que nous devons voir dans les organisations professionnelles des organismes avec lesquels les sociétés coopératives doivent traiter, et c'est pour cela que nous avons, dans ce contrat, donné aux ouvriers syndiqués la garantie dont je viens de vous parler, en ce qui concerne les conflits avec le personnel.

Mais ceci n'est qu'un incident dans une discussion générale, car je continue à penser que cette question des rapports entre les Syndicats et les Coopératives ne peut être traitée incidemment, à propos de la propagande.

On a fait allusion au silence du rapport sur l'organisation des Cercles. Je dois rappeler à nos camarades qu'au Congrès du Tréport, il y a eu une conférence spéciale qui a discuté de l'organisation des sections dans les sociétés de développement, et en même temps a été abordée la question des Cercles.

Vous savez que sur ce point il y a de très grosses divergences et que notamment beaucoup de sociétés de développement ne veulent connaître que les organismes régulièrement élus par les sociétaires dans les sections, et ne veulent pas reconnaître à côté les petits organismes fermés qui toujours, vous le savez bien, réunissent en fait les sociétaires d'une opinion déterminée.

Mais c'est là encore une question qui a trait plutôt à l'organisation intérieure des sociétés de développement et non à la propagande générale.

Sur la propagande générale s'est greffé un problème que j'avais à dessein abordé. C'est le problème de la réorganisation générale de la propagande coopérative et de nos organismes nationaux et régionaux.

Notre camarade Prache a peut-être vu dans mon rapport quelque chose qui se rapprochait de son opinion ; mais je ne suis pas complètement d'accord avec lui en ce qui concerne la décentralisation Poisson d'ailleurs a répondu sur ce point et je ne crois pas que nous devions poser le problème de cette façon : Centralisation ou décentralisation.

Il s'agit de voir en réalité ce qu'il faut centraliser dans l'action de propagande de la Fédération.

Je ne suis pas non plus d'accord pour élargir le territoire des Fédérations Régionales. Je pense qu'il faut plutôt chercher dans une rectification de frontières les moyens de mettre le secrétariat régional plus près des sociétés qu'il doit visiter et qu'il doit animer.

Nos camarades de Laon ont demandé d'apporter à la résolution une modification que je suis tout prêt à accepter ; ils demandent en effet que la Fédération Nationale et les Fédérations Régionales ne se contentent pas d'attendre les appels des Sociétés pour s'occuper d'elles, mais qu'au contraire d'une façon active, elles aillent à tout instant les inciter à la propagande et aux modifications nécessaires dans leur organisation.

Nous sommes complètement d'accord sur ce point.

Mais peut-être ne devons-nous pas verser dans l'autre état d'esprit qui consiste à croire que l'on n'a pas besoin d'agir dans les sociétés, et qu'on n'a qu'à attendre la Fédération Nationale pour qu'elle se substitue à vous, en même temps qu'on propose de rogner les subsides qu'on lui donne.

C'est toute une question qui, d'ailleurs, est renvoyée au Conseil Central ; il aura à envisager, dans son étude sur la réorganisation la part qu'il faut donner dans les cotisations, à la Fédération Nationale et à la Fédération Régionale.

Personnellement, je penche pour la solution qui consiste non pas à augmenter la cotisation générale des sociétés, mais à demander aux sociétés, pour des services précis et particuliers, d'apporter un supplément de ressources à leur organisation régionale.

Prache a parlé tout à l'heure de l'organisation du contrôle et de l'organisation comptable par Fédérations Régionales.

Voilà déjà trois ans que nous mettons, dans notre région, gratuitement à la disposition des sociétés le moyen de révision comptable. Mais il ne suffit pas, malheureusement, d'apporter gratuitement aux sociétés quelque chose qui serait pour beaucoup d'entre elles le sauvetage et le moyen d'éviter une catastrophe. Elles ont toutes ce mauvais amour-propre de croire que ce sont des étrangers qui viennent s'immiscer dans une affaire qui a toujours marché et qui, croit-on, doit marcher toujours. Même gratuitement, voyez-vous, on ne veut pas de la révision comptable.

Quant au service de comptabilité régionale que nous avons établi, parce que dans beaucoup de petites sociétés, malgré la bonne volonté, on ne peut pas trouver les hommes capables d'organiser convenablement la comptabilité, c'est par un supplément de cotisation, par un chiffré minime de 1 pour 1.000 sur les affaires que cette comptabilité est assurée, et je pense que c'est dans ce sens qu'on devra chercher la solution, pour éviter de frapper tout le monde d'une augmentation de cotisation qui serait un danger peut-être pour la perception générale des cotisations qui ont déjà du mal à rentrer.

Il est évident que, sur de nombreux points, il y a tout intérêt à garder la forme centralisée, même lorsqu'il s'agit de révision de comptabilité, car il y a avantage pour le mouvement coopératif à ce que les méthodes soient uniformisées sur toute l'étendue de la France.

D'autres questions encore intéressent beaucoup les sociétés, comme celle par exemple de l'assurance des sociétés par elles-mêmes, — car elles se rendent compte des sacrifices énormes qu'elles font, par exemple pour leurs assurances accidents. On n'a pas encore pu mettre debout, jusqu'ici, un organisme qui leur permette d'échapper à ces frais énormes.

Ce n'est évidemment pas régionalement — car on en a fait l'étude dans beaucoup d'endroits — qu'une telle question peut se résoudre ; c'est pourquoi le Congrès de la Fédération de Lorraine a demandé au Conseil Central d'examiner la question de l'assurance des sociétés coopératives par elles-mêmes, ainsi que celle de l'assurance sous tous ses aspects, en accord avec les sociétés d'assurances à forme coopérative déjà existantes, et je pense que c'est peut-être une question qui pourrait utilement venir à l'examen du prochain Congrès National.

Vous voyez donc la nécessité qu'il y a à ne pas poser le problème sous la forme de centralisation ou de décentralisation ; mais au contraire, il faut rechercher, en se rapprochant le plus possible des faits, quelle est la forme qui conviendra le mieux à chacun d'eux.

Et, comme l'a dit Poisson, la même forme ne conviendra pas toujours et partout. Nos camarades du Nord, tant en ce qui concerne l'organisation régionale qu'en ce qui concerne la forme et l'action des Coopératives, comme Bricout nous en a parlé, sont dans une situation privilégiée. Milieu d'abord de grosse densité de population et de grosse densité coopérative. Et il n'est guère possible d'avoir, pour certaines fédérations régionales très étendues, où les sociétés sont dispersées, les mêmes moyens d'action et le même pouvoir d'organisation.

C'est donc au Conseil Central, je pense, que nos camarades du Nord consentent à reporter l'examen de cette question, sans exiger du Congrès, à priori et avant toute étude, une résolution ferme comme celle qu'ils ont proposée.

Tout à l'heure, j'avais la crainte que, malgré l'appel que j'avais lancé en deux paragraphes du rapport, aucune femme ne vint prendre la parole sur la propagande coopérative. Je me félicite de l'intervention de notre camarade Castelbicilh. Mais tout de même elle m'a fait un reproche un peu injustifié, car je n'ai dit nulle part qu'on pouvait intéresser seulement les femmes en les attirant par des fêtes à la Coopérative.

Je n'ai pas non plus à mon actif d'avoir adressé aux femmes d'être des personnes sans cervelle, et je pourrais plutôt ici rappeler les .vers de la.Fontaine :

> Et je sais sur ce point
> Bon nombre d'hommes qui sont femmes.

Je pense au contraire que ce n'est pas en les calfeutrant, en les enfermant dans des organisations spéciales, cercles féminins, ou même en leur disant : « Vous allez vous occuper des œuvres sociales », je ne pense pas que c'est ainsi que nous devons utiliser les capacités de nos camarades femmes.

J'ai dit précisément dans le rapport qu'en amenant par tous les moyens, y compris les fêtes, les femmes à s'occuper de la question coopérative, nous arriverions à trouver parmi elles celles qui sont aptes tout de suite à participer à l'administration de nos sociétés.

Et je pense que c'est en effet par là que nous devons résoudre le problème : c'est en recherchant parmi les femmes celles qui, beaucoup plus que certains hommes, sont capables de suivre de façon efficace les conseils d'administration des sociétés.

J'ai été très heureux notamment que notre camarade Castelbieilh fasse le reproche à quelques sociétés de chercher surtout à flatter quelques certaines faiblesses, des femmes, et notamment par la vente à primes.

Ici, voyez-vous, je n'ai pas été très heureux. J'ai essayé, tant dans mon rapport que tout à l'heure à la tribune, de chatouiller certains amours-propres, pour vivifier un débat qui menaçait d'être un peu morne, et je constate qu'aucun de nos camarades qui, dans les conversations, se font les défenseurs de ventes à primes, n'est venu ici prendre la défense de ce système.

Je suis donc obligé d'apporter ici quelques moyens de défense qu'ils auraient pu nous présenter.

Lorsque nous critiquons les ventes à primes et surtout leur caractère répété et permanent, ils nous disent : Nous constatons tout de même, au moment de ces primes, un relèvement de notre chiffre d'affaires.

Oui, nous le savons bien ; nous savons bien aussi que les sociétés à succursales multiples, lorsqu'elles donnent des primes supplémentaires, augmentent leurs chiffres d'affaires.

Mais nous savons également, par l'examen même du chiffre d'affaires journalier de certaines maisons capitalistes à succursales multiples, qu'au lendemain même, le chiffre d'affaires baisse considérablement et qu'il faut faire un nouvel effort, avec des primes encore, car il y a toujours en face un concurrent pour faire aussi bien.

On se trouve ainsi entraîné dans un engrenage et la pente des ventes à primes est comme la fameuse pente savonneuse du vice sur laquelle on ne peut plus s'arrêter.

Je pense que c'est surtout là que ce système présente un gros danger.

On nous dit bien : Nous pratiquons la vente à prime de temps en temps ; nous n'en faisons pas un système permanent.

Ce n'est pas permanent ; seulement on remplace la permanence par une fréquence si accélérée que cela devient, à notre avis, très grave au point de vue coopératif.

Nous ne pensons pas qu'il soit bon, comme les sociétés à succursales multiples, de dire : Nous distribuons des tickets primes qui représentent trois, quatre, cinq pour cent, et de remettre des articles dont la valeur est en réalité de un demi, un ou deux pour cent.

Nous ne croyons pas que ce système de tromperie, qui peut contenter certains consommateurs mal éclairés, doive être adopté par nous.

Car si nous ne regardons pas seulement les coopératives, mais même le commerce, nous constatons que le consommateur recherche un commerce honnête, un commerce en lequel il puisse avoir une certaine confiance.

Je me rappelle le temps des petits boutiquiers, qui vendaient à la tête du client, et n'avaient jamais de prix marqués ; et je sais que les consommateurs ont mieux aimé aller, lorsqu'ils se sont créés, dans les grands magasins, dans les grands bazars, où l'on voyait partout les prix marqués sur les marchandises ; même s'ils étaient plus élevés, cela donnait une impression de sincérité, tout au moins dans le prix, sinon dans la qualité.

C'est donc un besoin.

C'est ce même besoin qui a fait que spontanément des coopératives se sont formées. Ce n'est pas seulement pour la recherche du prix bas, c'est aussi parce que tout le monde avait l'impression qu'en créant son commerce soi-même, on créerait un commerce honnête, un commerce véridique.

Eh bien, sans abuser des divers attributs de la Coopération dont nous avons fait usage au cours de nos conférences de propagande, je puis dire tout de même que le magasin coopératif donne aux consommateurs une impression de commerce sincère qu'il faut que nous sauvegardions à tout prix. Il y a toujours autour de chacun de nos magasins, dans quelque rue étroite qu'il soit installé, l'auréole de l'arc-en-ciel coopératif, et il n'est pas plus facile aux commerçants de nous voler ces couleurs limpides et transparentes que de mettre dans leur poche un rayon de soleil.

L'éducation du consommateur se fait par la vente, il ne faut pas que nous-mêmes, par nos fautes, nous escamotions cet arc-en-ciel coopératif qui est la meilleure de nos publicités et de nos réclames.

En conclusion, je déclare qu'à la Commission des Résolutions, nous pourrons adopter l'amendement de notre camarade Bouré.

En ce qui concerne la proposition de notre camarade du Nord, il a été convenu qu'elle serait renvoyée à l'étude du Conseil Central.

La séance est levée à midi 15 .

QUATRIÈME SÉANCE, VENDREDI 27 MAI (après-midi)

La séance est ouverte à 14 heures 15.

POISSON. — Camarades, le Conseil Central vous propose, pour présider cette séance : Foucaut, et comme assesseurs : Simonnet et Jevais. Je prie ces camarades de prendre place au Bureau.

ACTIVITÉ DE L'ALLIANCE COOPÉRATIVE INTERNATIONALE

LE PRÉSIDENT. — Je donne la parole à Poisson, rapporteur.

POISSON. — Camarades Coopérateurs, vous avez entre les mains les différents rapports concernant l'Alliance Coopérative Internationale et le Congrès de Stockholm qui doit se tenir entre le 15 et 20 août prochain. Je crois que le plus simple serait d'organiser notre travail de la façon suivante :

Nous avons trois questions à l'ordre du jour de cet après-midi.

1° Le Rapport moral de l'Alliance Internationale ; c'est la question que nous abordons en ce moment et sur laquelle j'ai moi-même à présenter des observations au nom du Conseil Central.

2° Les relations entre les Coopératives de Consommation et les Coopératives agricoles ; question pour laquelle notre ami le Docteur Fauquet a été chargé de présenter son point de vue, rapproché du rapport présenté par M. Jaëggi, de l'Union Suisse, sur la même question.

3° Il y a enfin une autre grosse question, celle de l'examen des Moyens techniques de la Coopération moderne, question pour laquelle notre ami Gaston Lévy a été chargé, au nom du Comité Central, de présenter les observations de la Coopération Française.

Le problème qui se pose à vous cet après-midi est celui de mandater les représentants de la Coopération Française, à la fois sur le rapport de l'Alliance et sur les deux questions qui figurent à l'ordre du jour du Congrès International.

Je crois que la meilleure méthode de discussion est de prendre successivement chacune de ces trois questions, d'écouter les observations qui pourront être présentées, observations auxquelles les rapporteurs répondront.

Je demande donc au Président de mettre en discussion l'Activité de l'Alliance Coopérative Internationale depuis le Congrès de Gand, et l'examen du rapport que j'ai présenté, qui conclut à l'approbation du rapport moral présenté par le Comité Central de l'Alliance Coopérative Internationale.

LE PRÉSIDENT. — Vous venez d'entendre les suggestions de Poisson. Quelqu'un demande-t-il la parole sur l'Activité de l'Alliance Coopérative Internationale.

RENARD, de la *Fraternelle de Valentigny*. — Je demande la parole sur le vote d'hier.

Le Président. — Je donne la parole à Jaudin, sur la question qui est actuellement en discussion.

Intervention de JAUDIN

Jaudin. — Je ne m'étendrai pas sur les critiques qu'il y aurait lieu de faire quant à la gestion et à l'activité de l'Alliance Coopérative Internationale et qui ont trait au passé. Je me contenterai d'attirer l'attention du Congrès sur la proposition que la Délégation des Coopératives Soviétiques a l'intention de présenter au Congrès de Stockhlom.

Voici quelles sont ces propositions :

Amendement au paragraphe 30 des statuts de l'Alliance
concernant le Comité exécutif

Le Centrosoyouz renouvelle la proposition faite par lui à Gand sur l'augmentation du nombre des membres du Comité Exécutif jusqu'à 12 et sur l'octroi de ce mandat nouvellement institué au mouvement coopératif de l'U. R. S. S.

La Coopérative soviétique propose de remplacer ce texte du paragraphe 30 des statuts :

« Le Comité Exécutif se compose d'un président, de 2 vice-présidents et de 8 autres membres élus par le Comité Central dans son sein au lendemain du Congrès. »

Par celui-ci :

« Le Comité Exécutif se compose d'un président, de 2 vice-présidents et de 9 autres membres élus par le Comité Central dans son sein au lendemain du Congrès. »

De la collaboration avec les internationales syndicales

Le Centrosoyouz dépose sur le Bureau du Congrès la proposition suivante :

« La période actuelle est caractérisée par l'aggravation des attaques du capital contre le niveau vital des travailleurs et par le rythme forcené des préparatifs de guerre. Le capital fait tous ses efforts pour reporter sur les travailleurs tout le poids de la crise économique et, d'autre part, pour se préparer à la guerre. L'offensive capitaliste, les préparatifs militaires, les dévastations opérées par les fascistes, tous ces faits n'ont été rendus possibles que par l'émiettement du mouvement ouvrier.

« Si la coopération, conjointement avec les syndicats, donnait toutes ses forces à la lutte contre le capitalisme, la puissance qu'elle recèle pourrait être mieux utilisée pour la défense des intérêts vitaux des masses laborieuses, ce qui profiterait aussi au mouvement coopératif lui-même.

« Désireux de prolonger les démarches faites dans ce sens par le Congrès de Gand de 1924, le présent Congrès charge le Comité Central de se mettre immédiatement en rapports avec les deux Internationales syndicales (Fédération Internationale à Amsterdam et l'Internationale Syndicale Rouge à Moscou) pour que les questions touchant tout à la fois le mouvement coopératif et syndical soient résolues au moyen d'un concours mutuel et d'actions communes de l'Alliance et des Internationales Syndicales.

« Invite les deux Internationales syndicales à créer une Commission permanente comprenant des délégués de l'Alliance et des deux Internationales syndicales en vue d'élaborer les questions qui se posent circonstanciellement et qui intéressent les deux mouvements, questions dont devront être saisis les Comités Exécutifs correspondants. Les suggestions faites par la commission, une fois ratifiées par les Comités Exécutifs, entrent en vigueur. »

De la création d'un magasin de gros international

Exposé des motifs. — Les relations établies entre la coopération de consommateurs et la coopération agricole, ainsi que l'activité commerciale développée entre les magasins de gros nationaux ont produit des résultats positifs. Les importations faites en 1926 par le canal des magasins de gros se sont chiffrées par 20 millions de livres sterling.

Le principal obstacle qui s'oppose à la fondation d'une société internationale, des achats en gros, tout comme en ce qui concerne la création d'une Banque Coopérative Internationale, est représenté par les fluctuations du change. Aujourd'hui, sauf en quelques rares pays, le change s'est stabilisé.

Lorsque les marchandises sont reçues directement de l'étranger, c'est aux mains des importateurs et maisons de commerce que tombent les bénéfices qui pourraient profiter à la coopération et contribuer à rendre moins coûteuses les marchandises importées, ce qui permettrait à la coopération de faire plus efficacement la lutte pour la réduction des prix et influer dans une plus grande mesure que jusqu'à présent sur le marché.

Si nous fondons aujourd'hui un magasin de gros international, en fixant à 20 ou 25 millions de livres sterling son chiffre d'affaires pour les premières années et en limitant son activité à certaines marchandises, telles que le blé, le sucre, le café, le thé. le cacao, le chocolat, le riz, les épices, on peut être bien certain que les fonds nécessaires pourront être trouvés.

La direction du Centrosoyouz se prononce absolument en faveur de la création d'un magasin de gros international. Pour autant que les conditions d'achat exigées par la nouvelle Société ne seront pas plus lourdes que celles des firmes privées. la direction est prête à satisfaire toute sa demande de marchandises d'importation par le canal de ce M. D. G. international.

Propositions. — Le Centrosoyouz dépose les propositions suivantes :

1° La présente Conférence de la Société Coopérative Internationale des achats en gros se prononce pour la création d'une Société Coopérative Internationale des achats en gros, dont les bases ont été jetées en 1924, à la session de Prague.

2° Propose que les mots suivants dans les statuts de la Société Coopérative Internationale des achats en gros : « La Société elle-même ne fera aucune transaction commerciale » soient remplacés par les mots : La Société elle-même fera des transactions commerciales ».

3° La conférence invite le président Holitely à élaborer pour la prochaine séance de la Société Coopérative des achats en gros (convoquée en rapport avec la prochaine séance du Comité Exécutif de l'Alliance et dans le même lieu), la question des dimensions du capital, de la date d'ouverture des opérations. du volume des affaires, des qualités des marchandises, qui doivent être provisoirement mis en pratique.

Du programme d'activité de l'alliance

Le Centrosoyouz du mouvement coopératif dans tous les pays a prouvé que la coopération est indissolublement liée à la lutte de classe ouvrière et qu'elle en dépend. Toutes les fois que la coopération a soutenu la lutte des travailleurs contre le capitalisme, cette collaboration a produit des résultats positifs aussi bien pour le mouvement coopératif que pour le mouvement ouvrier dans son ensemble. Et quand la coopération a été écartée de la lutte des travailleurs, il en est résulté une répercussion funeste sur le mouvement coopératif et cela n'a profité qu'aux capitalistes.

Le Congrès se prononce pour que l'Alliance Coopérative Internationale en tant qu'une organisation internationale du mouvement coopératif, se propose des objectifs découlant de la nécessité de défendre les intérêts de la classe ouvrière et insiste sur la nécessité d'un programme exprimant une politique prolétarienne, programme qui serve à guider l'activité de notre mouvement et affirme qu'il est indispensable de faire une lutte systématique contre la vie chère et contre les impôts et taxes qui abaissent le niveau vital des masses ; programme qui mette en relief la nécessité de lutter contre les dangers de guerre impérialistes et du fascisme; où soit proclamé l'identité des intérêts du mouvement coopératif international et du mouvement ouvrier général ; et où soit revendiqué l'étroite collaboration de toutes les organisations politiques. syndicales et économiques de la classe ouvrière comme moyen de défendre ls travailleurs aptes à lutter contre les forces du capitalisme.

En vue d'élaborer un tel programme fondé sur le principe de la solidarité internationale de la classe ouvrière, le Congrès institue une Commission spéciale de cinq membres chargés de rédiger un projet de programme qui devra être présenté à la prochaine session du Comité Exécutif et qui devra être ratifié définitivement par le Comité Central.

Du droit des Républiques fédérées affiliées à l'U. R. S. S. d'avoir leurs propres délégués au Comité Central de l'alliance

Le Centrosoyouz dépose la proposition suivante sur le Bureau du Congrès :
« Vu qu'aux termes de la constitution de l'Union des Républiques Soviétiques Socialistes, les Républiques nationales faisant partie de l'U. R. S. S. sont des Etats souverains complètement indépendants qui ont respectivement leurs organismes législatifs et administratifs et le droit de se retirer librement de l'Union, il est reconnu que les Unions Coopératives de ces Républiques ont, au même titre que les Unions Coopératives des autres pays, le droit d'être représentées au Comité Central. »

En conséquence, le Congrès décide d'adjoindre au deuxième alinéa du paragraphe 26 des statuts les lignes suivantes :

« Il est donné à chaque pays faisant partie d'une nation de pays le droit d'avoir des représentants propres au Comité Central, à la réserve que le nombre total des délégués de l'Union de pays ne dépasse pas 14. »

Adjonction au paragraphe 5 des statuts de l'alliance
concernant les langues officielles

Exposé des motifs. — Des cinquante millions de membres de l'Alliance, près de vingt millions parlent russe, ce qui amène la nécessité de reconnaître la langue russe comme quatrième langue officielle de l'Alliance.

Le mouvement coopératif de la R. S. T. F. S. R. s'est entendu avec les organisations coopératives de l'Ukraine, de la Géorgie, de l'Azerbeïdjan, de l'Arménie et de la Russie Blanche pour que, si le budget de l'Alliance ne permettrait pas d'introduire immédiatement une quatrième langue officielle, les frais nécessités par cet acte fussent partiellement ou, si nécessaire, en totalité couverts par les organisations précitées, ce qui est conforme au point 2 du paragraphe 5 des statuts.

Propositions. — Le Centrosoyouz dépose devant le Congrès la proposition suivante :

Ce texte du paragraphe 5 des statuts : « Les langues anglaise, française, et allemande sont considérées, etc... », est modifié comme suit : « Les langues anglaise, française, allemande et russe sont considérées, etc... »

De la création d'une Banque Coopérative Internationale

Exposé des motifs. — Selon les adversaires de la création immédiate d'une Banque Coopérative Internationale, le principal obstacle consistait dans les fluctuations du change dans différents pays. Le change s'est stabilisé actuellement dans presque tous les pays, et cependant on est obligé de constater que la solution de cette question n'a presque pas avancé.

Nous affirmons qu'en groupant les forces des Banques Coopératives Nationales, des M. D. G. nationaux et des entreprises coopératives auxiliaires, d'une part, et en attirant les capitaux des syndicats professionnels et autres organisations ouvrières, d'autre part, il est parfaitement possible de créer un Banque Coopérative Internationale, ne serait-ce qu'à une échelle pas très étendue. Il faut avoir en vue les considérations suivantes pour la conduite des opérations de banque :

1° La Banque Coopérative Internationale doit s'appuyer au premier chef sur les banques coopératives et syndicales de tous les pays, chercher à établir entre elles d'étroites relations et développer des rapports de correspondants ;

2° La grande tâche de la Banque doit consister à financer les opérations des M. D. G. nationaux et, spécialement, à contribuer au développement des rapports commerciaux entre ces M. D. G. ;

3° La Banque doit financer au premier chef les opérations d'exportation et d'importation des M. D. G. nationaux ;

4° Elle doit accorder des prêts sur marchandises, obligations et titres ;

5° Escompter des effets de commerce à court terme ;

6° Faire des opérations de règlements de comptes réciproques.

Les directions du Vsekobank et du Centrosoyouz se prononcent absolument pour la création d'une Banque Coopérative Internationale et soutiennent énergiquement cette œuvre.

Propositions. — Le Vеskobank et le Centrosoyouz déposent la proposition suivante :

La Conférence bancaire internationale se prononce pour la création immédiate d'une Banque Coopérative Internationale et charge M. Gaston Lévy d'élaborer pour la prochaine session de la Commission bancaire qui devra se tenir au plus tard en même temps que la session du Comité Exécutif et dans le même lieu, la question du chiffre du capital-actions, du Siège social et de la date d'ouverture de la Banque et de faire tous les préparatifs utiles en vue de la création de la Banque. »

Pour la défense de ces propositions avec lesquelles elle se déclare pleinement solidaire, la minorité demande au Congrès de Nîmes une représentation proportionnelle correspondante à ses forces dans le mouvement coopératif.

Camarades, ma conclusion sera brève. Personne n'ignore ici que le secrétaire général de la Fédération Nationale des Coopératives est on ne peut plus causeur. Or, dans les différentes conversations qu'il a eues avec nous ces temps derniers, il nous a déclaré qu'il est de plus en plus en accord effectif avec nos camarades russes et qu'il s'entendait beaucoup mieux avec nous que nous ne nous entendons nous-mêmes.

Eh bien, nous n'avons pas l'habitude de chercher en France des satisfactions occasionnelles. Quoi qu'en dise Poisson, nous ne sommes pas des opposants systématiques ; nous sommes prêts, très volontiers, à renoncer à notre demande de représentation proportionnelle au Congrès de Stockholm et nous partirons très satisfaits de ce Congrès national, si Poisson nous déclare qu'il est d'accord avec la proposition de nos camarades russes, et qu'à Stockholm il est prêt à défendre et à voter les propositions que je viens d'exposer à cette tribune.

Le Président. — Je donne la parole à Paquereaux. Roland, qui a demandé la parole sur une question qui n'est pas en discussion actuellement, parlera aussitôt que cette question sera résolue.

Intervention de PAQUEREAUX

Paquereaux. — Camarades, la majorité de ce Congrès ne dispose pas seulement d'une force écrasante, dont elle use du reste à l'égard de la minorité avec un sans-gêne qu'on a tout de même le droit de trouver excessif.

Le Président. — Laissez l'orateur exprimer sa pensée ; c'est le meilleur moyen d'écourter le débat.

Paquereaux. — Si je venais à cette tribune pour recueillir les applaudissements de la majorité, c'est que j'y servirais bien mal les intérêts de la minorité, et cela voudrait dire que j'interprèterais inexactement les sentiments des camarades qui m'ont délégué à cette tribune.

Ce que je veux dire, c'est que vous usez de votre force avec une désinvolture que je veux signaler à ce Congrès, quand aux méthodes de vote et quant à nos moyens de contrôle sur les voix qui peuvent se porter sur nos conceptions. Vous ne nous permettez pas, en effet, de contrôler la sincérité du vote.

Le vote, vous ne l'avez pas fait publiquement ; vous n'avez pas porté à cette tribune, comme tous les ans, le vote public de l'ensemble des Fédérations. Vous avez au contraire fait un vote...

Le Président. — Camarade, vous avez la parole sur l'activité de l'Alliance Coopérative Internationale. Je vous prie de parler sur la question, sans quoi je devrai vous retirer la parole.

Paquereaux. — Au moins, comme cela, il n'y a plus d'équivoque entre nous. Dès que nous demandons un minimum de garantie, même dans les votes, vous êtes les uns et les autres courbés servilement, vous m'entendez...

Le Président. — Camarade, je vous laisserai parler, si vous devez parler sur la question.

Vous avez la parole sur l'Activité de l'Alliance Coopérative International.

Paquereaux. — Je constate que vous manifestez quelque mauvaise humeur.

Le Président. — Ne recommencez pas, c'est inutile. J'invite une fois de plus le camarade Paquereaux à parler sur la question pour laquelle il a demandé la parole.

Un Délégué. — Tu n'es pas au théâtre.

Paquereaux. — On vient de me dire : « Tu n'est pas au théâtre... »

Le Président. — Camarade, vous sentez bien qu'il est inutile d'insister. Parlez sur la question pour laquelle vous vous êtes fait inscrire.

Un Délégué. — Il n'a rien à dire !

Paquereaux. — Ce n'est pas commode.

Un Délégué. — Assis, le Président !

Le Président. — Le président n'a pas d'ordres à recevoir.

Paquereaux. — J'étais disposé à porter à cette tribune un certain nombre d'indications et je voulais, devant l'ensemble du Mouvement Coopératif, dire ce que nous pensons non seulement du problème de l'Alliance Coopérative Internationale, mais de questions annexes que vous n'avez tout de même pas le droit de méconnaître.

Mon ami, le camarade Jaudin a lu au milieu de l'attention générale les propositions que nous faisons.

Camarades, je me rends compte que quand nous apportons à cette tribune nos conceptions, quand nous voulons exprimer ce que nous pensons être l'intérêt du mouvement coopératif international, vous n'acceptez même pas de nous entendre.

Le Président. — Je constate que tant que Paquereaux a parlé de la question pour laquelle il avait demandé la parole, il n'a pas été interrompu une seule fois.

Je donne la parole à Boville.

Intervention de BOVILLE

Boville. — Camarades, je vais vous parler d'un problème d'ordre international. C'est le travail de jour dans les boulangeries.

Le travail de jour dans les boulangeries est à tel point une question d'ordre international que la Conférence du Travail de la Société des Nations s'est prononcée pour la suppression du travail de nuit dans les boulangeries.

Et je prévois ici la même intervention que Poisson fit à Genève. A Genève, il a tenu à quelque chose près les mêmes propos qu'il nous tient à l'ordinaire.

Un Délégué. — Parle sur la question !

Le Président. — Si l'orateur sort de la question, je n'aurai pas besoin qu'on m'invite à le rappeler à l'ordre ; je saurai le faire de ma propre initiative. Il est en train de parler du travail de nuit dans les boulangeries, au point de vue international, ce qui est son droit.

Boville. — Je vous parle d'un problème qui a un caractère international et il est tout à fait certain qu'il a dû intéresser l'Alliance Internationale Coopérative, comme il a intéressé l'Union Internationale des Fédérations d'Alimentation.

C'est un fait qu'à Genève, à la Société des Nations, à la grande majorité, contre Poisson, les délégués se sont prononcés pour l'interdiction totale du travail de nuit en boulangerie.

Et je prévois un argument dont se servira sans doute Poisson ; c'est celui qu'ont apporté les coopérateurs allemands. Ils ont dit ce que dirait à peu près le représentant de la Coopérative de Strasbourg, le seul représentant d'une coopérative de type industriel, s'il venait à cette tribune. Ils ont dit : Nous allons être handicapés par les petits patrons boulangers, si vous nous supprimez la faculté de travailler avec nos trois équipes.

Et de fait, il s'est trouvé en Allemagne un certain parti de petits patrons boulangers qui ont pris position pour le travail de jour.

Le Président. — Laissez parler l'orateur.

Boville. — Camarades, c'est maintenant la même situation qui se présente en France. Cette situation qui semblait localisée au seul pays qui a vu un essai d'industrialisation, se présente dans notre pays ; si bien qu'hier Poisson a pu me donner comme une sorte de conservateur, qui prétendrait maintenir en France le système de la petite boulangerie boutiquière.

Je sais que j'ai été assez mal compris ; cependant, j'avais bien dit que nous n'invitons pas les coopératives à imiter l'exemple de Strasbourg. J'avais dit que nous ne conseillions à aucune coopérative de faire l'expérience qui consiste à porter le pain à 36 kilomètres. Le pain, ce n'est pas des talons de bottines ou des chaussettes; c'est une fabrication spéciale et il faut tenir compte du goût des consommateurs, — et nous sommes bien là dans l'axe d'une question internationale.

Les goûts du consommateur français ne ressemblent en rien, au point de vue de la consommation du pain, aux goûts du consommateur allemand. J'en appelle à ceux qui ont été en Allemagne, j'en appelle à ceux qui ont mangé du pain en Allemagne, qui savent que l'on consomme beaucoup de pain noir, qui savent que l'on consomme du pain froid.

Là, j'ai la certitude que l'on peut se diriger catégoriquement vers l'industrialisation, parce que, en Allemagne, les goûts du consommateur, tout à fait différents de ceux des consommateurs français, ne seront pas un obstacle à l'industrialisation. On peut, en effet, porter le pain très loin, si les consommateurs acceptent de recevoir du pain fabriqué de la veille.

Mais je vous mets en garde, je vous préviens encore une fois que vos consommateurs français, qu'ils soient de la région parisienne, du centre de la France ou du Midi, n'ont pas des goûts de ce genre. Il faut, en France, particulièrement dans la région parisienne et dans les grandes villes, approvisionner les boutiques de boulangerie de pain chaud, trois fois par jour. C'est trois fois par jour qu'il faut mettre du pain chaud en boutique, si on veut rivaliser avec les patrons boulangers.

Or, cette opération qui correspond au goût du consommateur français, n'est pas possible avec l'usine à pain. On n'envoie pas trois fois par jour le pain par chemin de fer. On envoie des souliers, on envoie des vêtements, par le chemin de fer ; on n'envoie pas du pain. Il faut, en boulangerie, un système de transport rapide et par conséquent fort coûteux.

Et l'industrialisation, la rationalisation, en boulangerie, sera toujours limitée par l'éloignement qui sépare l'usine du consommateur.

Voilà ce que vous devez entendre.

Il faut que vous compreniez que la rationalisation dans la production du pain n'est réalisable que jusqu'à un certain degré, parce que l'économie que vous feriez dans la production serait dépassée par la dépense que nécessiterait le transport du pain.

Ah ! je vous comprendrais, si vous pouviez transporter votre pain comme on transporte les autres marchandises. Mais si vous voulez rivaliser avec les patrons boulangers, si vous voulez leur faire concurrence, croyez-moi, il faut que votre façon de comprendre l'industrie boulangère soit dans l'axe des goûts du consommateur.

Or, les goûts du consommateur en France, sauf une exception que j'ai précisée et qui a froissé à tort nos camarades du Nord, les goûts du consommateur français sont pour le pain chaud. Vous n'empêcherez pas cela, vous ne changerez pas cela.

C'est pour cela que j'ai voulu vous prévenir, que j'ai voulu vous dire qu'il n'y avait pas d'analogie, qu'il n'y avait pas de comparaison possible entre la boulangerie industrielle qui se développera en Allemagne et celle que vous pourriez tenter d'installer en France.

Je suis persuadé, d'accord avec tous les techniciens, d'accord avec tous ceux qui ont examiné ce problème et qui ont vu les expériences des vingt-cinq dernières années.

Plusieurs Délégués. — Vous exagérez toujours !

Le Président. — Camarades, je vous prie de vous taire.

Boville. — Camarades, il y a ici des citoyens impatients ; ils seront peut-être moins impatients quand ils demanderont notre concours, au moment où ils auront des conflits avec leurs ouvriers boulangers.

Je vous ai dit qu'on ne pouvait en rien comparer l'industrie du pain en France. Je vais en terminer ; ceux qui crient le plus fort sont ceux qui n'ont pas de boulangerie dans leur coopérative.

Vous rappelant une fois de plus que vous ne pouvez pas confondre, sans commettre une grave erreur, les méthodes de panification qui peuvent être réalisées en France, et celles qui peuvent s'introduire dans les autres pays. C'est pour cela que nous vous disons que, quand vous allez voter tout à l'heure sur cette question, nous faisons un dernier vœu, je n'aurai peut-être pas l'occasion de revenir sur ce point ; je demande aux Coopératives de boulangerie de se prononcer seules sur cette question. Il n'est pas possible que ce soit les coopératives qui ne font que de l'alimentation en général, qui viennent faire la loi qui régira les boulangeries.

Nous disons, avec la certitude d'être compris, qu'il faut que l'on vote sur ce travail de jour, et qu'à ce scrutin participent seulement les coopératives de boulangerie.

Nous demandons qu'un scrutin public, et par appel nominal, ait lieu, auquel seules participeront les coopératives de boulangerie.

Chacun prendra ses responsabilités et nous nous retrouverons dans l'avenir.

LE PRÉSIDENT. — Je donne la parole à Rollin, pour une motion d'ordre.

Intervention de ROLLIN

ROLLIN. — Camarades, j'ai demandé la parole pour une motion d'ordre. Je me permets de dire à l'Assemblée qu'il est profondément regrettable que des débats de l'importance de ceux qui se déroulent ici, rencontrent une atmosphère de nervosité comme celle qui est manifestée par l'ensemble du Congrès. Nous sommes ici pour examiner les problèmes coopératifs. Je prétends qu'il est de l'intérêt de tout le monde d'écouter les orateurs, quelle que soit leur tendance, quelle que soit leur opinion, et de les écouter dans le silence le plus profond.

D'autre part, je vous signale que lorsqu'un Président est nommé par une Assemblée, c'est qu'il a la confiance de cette Assemblée. Le Président doit donc être maître des débats et il n'appartient pas aux camarades disséminés dans la salle de faire des observations et de couper l'herbe sous les pieds du Président.

D'autre part, le Président doit se montrer d'une impartialité absolue. Je réclame donc de tous une attention soutenue, quels que soient les orateurs qui montent à cette tribune.

LE PRÉSIDENT. — Camarades, vous venez d'entendre les paroles d'un délégué de *La Bellevilloise*. J'espère que vous reconnaîtrez tous que j'ai tout fait pour rester impartial. Et je continuerai. Je n'admets pas que des interruptions fusent de droite et de gauche. Il faut laisser les orateurs s'exprimer librement.

Je donne la parole au camarade Camin.

ROLLIN. — L'intervention du Président m'oblige à dire un mot.

LE PRÉSIDENT. — Le camarade Camin a la parole ; vous parlerez après.

ROLLIN. — Le Président a dit que j'avais reconnu son impartialité.

LE PRÉSIDENT. — Non, je n'ai pas dit que vous m'aviez donné un brevet d'impartialité et je n'en ai nul besoin. Vous n'avez pas la parole.

ROLLIN. — Camarades, à aucun moment...

LE PRÉSIDENT. — Vous n'avez pas la parole et vous ne parlerez pas. Je n'ai pas besoin ni d'un brevet de partialité ni d'un brevet d'impartialité. Je ne l'attends pas de vous. Camin a la parole.

Intervention de Maurice CAMIN

Maurice CAMIN. — Je dirai tout de suite que je n'ai pas l'intention de prendre le ton tragique qu'a pris tout à l'heure Boville. Je veux simplement constater qu'avec beaucoup d'artifices d'orateur, il s'est substitué au Congrès dans la défense des Coopératives.

Il a dit : Prenez garde ! les consommateurs sont capables de déserter vos boulangeries, si vous prenez tel ou tel moyen technique pour fabriquer le pain.

C'est une simple constatation que je voulais faire.

Le fait essentiel que j'entends mettre en lumière est le suivant. Boville a porté sur le terrain international le problème de la fabrication du pain qui, à mon point de vue n'est pas un commerce mais, de plus en plus, une industrie. Eh bien ! je fais appel ici à un certain nombre de coopérateurs parisiens qui, il y a quinze ou dix-huit mois, ont reçu des coopérateurs russes, venus visiter la Coopération Française, au cours d'un voyage d'information international.

Après leur avoir fourni tous les renseignements que nous pouvions leur donner, nous avons eu, avec nos amis de l'*Union des Coopérateurs,* de Paris, un déjeuner commun. Au cours de ce déjeuner, la question de la fabrication du pain a été abordée, et les camarades russes qui étaient là nous ont dit que, précisément, chez eux, le problème du travail de nuit dans les boulangeries était également posé et qu'ils étaient — à ce moment-là — dans la même position que nos sociétés : ils attendaient du Gouvernement des Soviets qu'on les autorise à travailler la nuit, pour leur permettre de développer leur fabrication et surtout de donner satisfaction à l'ensemble des consommateurs.

Il y avait là notamment l'administrateur délégué responsable d'une très importante société coopérative de consommation. Ah ! Boville, vous avez parlé tout à l'heure, — en prétendant que c'était une impossibilité, — de livraisons à trente ou quarante kilomètres du centre de fabrication ! Ce coopérateur nous parlait, lui, d'un rayon de 200 kilomètres autour de l'usine ; et il indiquait qu'au moment même où il parlait, il y avait un projet de boulangerie qui était capable de répondre aux besoins d'une population de 400.000 habitants !

Voyez-vous, lorsque vous êtes entraîné à examiner le problème du point de vue international, les contradictions surgissent tout de suite.

Vous prétendez le résoudre en France exclusivement du point de vue intérieur, et vous êtes évidemment beaucoup plus soucieux de l'intérêt corporatif que de l'intérêt général des consommateurs.

Vous dites que le consommateur n'est pas capable, en France, de consommer le pain fabriqué par les usines de production industrielle. Je réponds que c'est une erreur, parce que le pain fabriqué dans les boulangeries industrielles est aussi bon sinon meilleur que l'autre et il est produit dans des conditions bien supérieures.

Mais le drame qui se déroule, — et c'est pour cela que j'ai demandé la parole, — il faut que nous le définissions. Il se pose entre vous qui défendez la vieille tradition du travail de jour qui a été posée il y a vingt ans, et ceux qui pensent que l'économie évolue et tend au progrès. Vous pouvez allez voir les boulangeries de type industriel perfectionné. Ce qui fait que vous êtes contre elles, c'est qu'en réalité elles suppriment les boulangers, elles suppriment la corporation dans une grande mesure. Voilà ce qui vous préoccupe.

C'est si vrai qu'au cours de la réunion que nous avons eue au bureau de la Fédération Nationale, avec vous, Boville, avec Racamond et avec Savoye, vous avez les uns et les autres déclaré d'une façon définitive que jamais, en France, il n'y aurait de boulangeries industrielles et que c'était de notre part une folie et un scandale de préconiser aux sociétés coopératives l'industrialisation du pain. Vous nous avez dit que jamais les consommateurs ne pourraient consommer ce pain ; et vous nous avez dit : « Dans la mesure où vous développperez l'industrie du pain, vous pousserez la Coopération à la faillite ».

Eh bien ! moi je dis que la Coopération est faite pour prendre à ce point de vue des initiatives heureuses.

Vous ne voulez pas de la boulangerie industrielle, parce qu'elle fera disparaître la spécialisation. C'est ainsi que se pose le problème que vous avez évoqué, bien que vous l'ayez dissimulé sous des questions spéciales ; c'est ce problème qui se pose, uniquement celui-là.

C'est donc là-dessus que le Congrès doit se prononcer.

Pour ce qui me concerne, après ce que nous savons, après ce que nous voyons notamment dans le Nord et le Pas-de-Calais, où les meuniers se sont associés pour créer les boulangeries à type industriel qui vendent le pain moins cher que les petites boulangeries, j'estime que la Coopération doit se prononcer en faveur du progrès, en faveur de la technicité, quoi qu'il en advienne.

LE PRÉSIDENT. — Un camarade de *La Bellevilloise* est encore inscrit ; je crois qu'après ce camarade et après la réponse de Poisson, la discussion pourrait être close ?

Je donne la parole à Vottéro, de *La Bellevilloise*.

Intervention de VOTTÉRO

VOTTÉRO, de *La Bellevilloise*. — Camarades, il faut que nous nous expliquions clairement sur la question de l'Alliance Internationale Coopérative.

Je regrette que tout à l'heure mon camarade Paquereaux n'ait pu développer d'une façon...

UN DÉLÉGUÉ. — Il ne mérite guère de regrets !

VOTTÉRO. — Je regrette pour ma part que Paquereaux n'ait pas pu exprimer d'une façon assez large la pensée qui nous guide sur la question de la coopération internationale.

Il y a une question qui se pose devant vous, et j'espère que vous allez m'écouter. Nous avons eu l'année dernière des faits d'une importance capitale qui se sont présentés devant l'Internationale de la Coopération. Je veux parler non pas de quelque chose de national, mais de quelque chose d'international, c'est la grève des mineurs anglais. Je pense que nous sommes dans une question internationale.

UN DÉLÉGUÉ. — Les mineurs anglais en tant que coopérateurs ?

VOTTÉRO. — Il y a dans cette question une chose qui est tout à fait en liaison avec ce que je disais ce matin à propos de la propagande. Je disais — et vous avez bien voulu m'écouter — qu'il fallait, pour la propagande, une liaison de plus en plus serrée entre les organisations coopératives et les organisations syndicales.

Je crois qu'il est de notre devoir de demander à la délégation française de poser la question au Congrès de Stockholm, à propos de la grève des mineurs anglais.

Lorsqu'on se rappelle la lutte qu'ont menée ces ouvriers pendant cinq mois, lorsqu'on voit à la suite de la défaite qu'a subie le prolétariat des mineurs devant le capitalisme anglais, la situation économique qui nous est faite et l'espèce de rationalisation qui a commencé à cette époque, on peut dire que si, en France, on est entré dans une crise de chômage, la répercussion s'en fait sentir dans les coopératives.

Eh bien ! je dis qu'il faut qu'on nous dise, au Congrès International de Stockholm, ce qui a guidé là-bas les coopératives dans la besogne qu'elles ont accomplie — besogne toute de neutralité — devant cette grève des mineurs où près d'un million de travailleurs — de coopérateurs aussi, il faut bien le dire, étaient intéressés.

Il faudra que vous disiez si vous êtes d'accord avec les coopératives anglaises pour laisser de côté les travailleurs, lorsqu'ils sont dans une lutte qui engage le prolétariat international.

Et cela, c'est quelque chose de très important.

Ensuite, il y a une deuxième question, et je vous demande un peu de tranquillité, parce que j'ai peur d'avance que vous refusiez de m'écouter jusqu'au bout... Il y a une question qui, elle aussi, est d'importance primordiale et qui intéresse la coopération de la même façon que toutes les organisations ouvrières, c'est la rupture de l'Angleterre avec la Russie communiste. C'est quelque chose que la coopération française ne peut pas passer sous silence. C'est la guerre pour demain ; pas pour vous tous qui m'écoutez, mais pour nous qui sommes jeunes ; il s'agit pour nous d'aller se faire casser la gueule pour le capitalisme français et international.

Il y a là, Camarades, quelque chose dont vous devez tenir compte.

UN DÉLÉGUÉ. — Et l'intervention en Chine ?

VOTTÉRO. — Le Congrès de Stockholm ne peut pas rester indifférent à cette question importante qu'est la rupture entre la Grande-Bretagne et la Russie des Soviets. Il y a là quelque chose qui regarde la Coopération ; et cela touche, qu'on le veuille ou non, au projet de loi français, au projet de loi militaire de Paul Boncour.

UN DÉLÉGUÉ. — Je demande à dire un mot.

LE PRÉSIDENT. — Camarade, vous parlerez à votre tour. Vous pouvez demander la parole ; mais vous ne l'avez pas.

VOTTÉRO. — Je disais donc que nous allons à nouveau vers la guerre mondiale, et nous demandons aux administrateurs de coopératives qui sont ici si, demain, ils accepteront que les magasins des coopératives soient mis au service du militarisme français.

Nous demandons à ces camarades de dire franchement leur pensée.

Je constate une chose, c'est qu'alors que nous essayons d'examiner des questions qui pourtant intéressent le mouvement coopératif, vous ne voulez pas nous laisser aller jusqu'à la fin. Et pourtant, il y a un précédent. Hier, à la réception des délégués étrangers, vous avez très bien accepté qu'un des délégués aborde ces questions, et il ne vous a pas mâché les mots. C'est le délégué belge.

Il vous a dit que la coopération socialiste est liée à l'organisation syndicale et à la politique.

Et alors, il se trouve ceci de paradoxal que lorsque nous demandons à examiner ces questions, vous nous en empêchez.

Mais malgré tout nous dirons partout notre façon de penser, aussi bien sur la question de la liaison de la coopération nationale et internationale avec les syndicats qu'avec les organisations ouvrières politiques.

LE PRÉSIDENT. — La parole est à Poisson, rapporteur.

Discours de POISSON

POISSON. — Chers Camarades, on paraît vraiment loin du sujet pour lequel je suis en ce moment à la tribune ! Et permettez-moi de vous dire, coopérateurs communistes, que l'ensemble de notre Congrès vous donne, quoi que vous en pensiez, un spectacle de parfaite tolérance.

On aurait pu parfaitement vous dire que la guerre, dans ses conséquences politiques, devait être un sujet absolument exclu de nos congrès et vous demander de bien vouloir en rester là. Mais les Coopérateurs qui sont ici, quelle que soit la nuance politique à laquelle ils appartiennent, qu'ils soient de droite ou de gauche, qu'ils soient même des limites extrêmes de la droite ou de la gauche, les coopérateurs de la Fédération Nationale vous prouvent qu'ils ont un sentiment de la liberté presque exagéré et qu'ils savent parfaitement entendre toutes les opinions avec patience et tolérance.

On me dit souvent : Vous nous faites une opposition comme il y avait autrefois l'opposition du roi.

Eh bien ! quand vous faites trois ou quatre interventions comme celles que nous venons d'entendre, vous servez singulièrement, permettez-moi de vous le dire, la position indépendante de la Fédération Nationale(car c'est un spectacle tout à fait démonstratif pour ceux qui seraient tentés de vous suivre. Il leur suffit de vous entendre pour dire tout de suite : « Ah ! non ! A la porte, la politique, parce qu'on voit bien ce que serait le mouvement coopératif. »

Quelques Délégués de la minorité protestent.

Un Délégué. — Il ne faut pas confondre politique et politiciens.

Poisson. — Vous pouvez continuer : vous nous rendez service ! Je vous en remercie même de tout mon cœur. Si vous n'étiez pas là, je crois que je vous inventerais!

Je ne discuterai pas la question du travail de nuit dans les boulangeries. Je reconnais que c'est une question tout à fait coopérative : c'est dans notre rayon. Seulement, on en parle vraiment un peu trop ; on en parle à propos de tout.

J'ai tout de même une réponse à faire, car il faut répondre aux moindres choses. Oui, j'ai rempli un mandat, et il est d'ordre international ; par conséquent, il est à l'ordre du jour. J'ai été délégué par l'Alliance Coopérative Internationale, il y a deux ou trois ans, à une conférence du Bureau International du Travail, à Genève, où a été élaborée une réolution concernant la suppression du travail de nuit dans les boulangeries.

Et en effet, à cette conférence, non pas seulement au nom de la Coopération française, mais au nom de l'ensemble du mouvement, j'ai non pas protesté contre la suppression du travail de nuit, mais j'ai tenu le langage que la Coopération française a elle-même toujours tenu : c'est que la suppression du travail de nuit ne devait pas aboutir à la disparition des boulangeries coopératives et à empêcher tout progrès technique dans la boulangerie industrielle.

J'ai défendu le même point de vue et vous n'apportez par conséquent rien de nouveau.

Ce point de vue n'est pas seulement celui de la Coopération française ; c'est aussi celui de la Coopération allemande.

Vous avez lu, en effet, dans *L'Action Coopérative* un article admirable de notre camarade Kasch, qui a montré que si, en Allemagne, on avait supprimé le travail de nuit, c'était à la fin de la guerre, non pas à la demande des consommateurs ou des coopératives, mais à la demande des patrons boulangers, contre les coopératives.

Et vous savez très bien qu'à l'intérieur même des organisations professionnelles et syndicales allemandes, des syndicats ouvriers ont demandé que le travail de nuit dans les boulangeries ne soit pas supprimé. Vous ne pouvez pas le nier !

Et puis, vous qui êtes les amis des Soviets et de la Coopération russe, est-ce que vous connaissez la situation exacte de la Coopération russe, en matière de travail de nuit dans les boulangeries ?

Vous savez très bien que des dérogations ont été apportées et qu'il y a à l'heure actuelle tout un mouvement des ouvriers et des paysans communistes et soviétiques des grandes villes de Russie, pour empêcher la suppression du travail de nuit. Cela aussi vous le savez !

Alors le problème n'est pas aussi clair que vous avez voulu le laisser croire.

Sur cette question, nous sommes pour la défense des coopératives et pour le progrès. Je pense que, sur ce point, l'Alliance Coopérative Internationale se trouvera d'accord avec les Coopérateurs russes. Il y en a ici, ils ne me démentiront pas.

Mais ce n'est pas ce qui est à l'ordre du jour à l'heure actuelle.

Il y a une Alliance Coopérative Internationale ; elle a agi depuis trois ans ; quelles sont les critiques que l'on a apportées ?

Je vous ai montré ce qu'elle a essayé de faire. Quelles sont les critiques ?

Ah ! vous avez des procédés délicieux ! Vous n'en êtes plus à proposer des motions à vous ; vous nous apportez ici, sans y changer un mot, des textes dans lesquels vous dites non pas « La Fédération Nationale renouvelle.... etc. » Vous dites, dans les textes que vous nous proposez : « Le Centrosoyus renouvelle la proposition suivante... » Vous n'avez même plus la force de faire vous-même une motion ! Il faut que vous répétiez mot pour mot celle du Centrosoyus !

Ce ne serait pas bien grave si, dans votre soin de tout répéter mot à mot, vous n'en arriviez — permettez-moi cette expression, bien qu'elle soit d'une grossièreté dont je m'excuse — vous en arriviez à répéter des bêtises.

Non pas que le Centrosoyus écrive jamais des bêtises ! je suis trop souvent en accord avec lui pour dire cela. Mais vous demandez des choses qui sont à l'heure actuelle accordées et que moi, représentant de la Coopération française, j'ai défendues et parfois même proposées.

Ah ! oui ! vous en avez de bonnes !

Premier exemple. Le Centrosoyus réclame, dans la première motion que vous nous avez lue — je n'ose pas dire sans comprendre, mais enfin... — le Centrosoyus réclame neuf membres au Comité Exécutif de l'Alliance Coopérative Internationale. Neuf membres au lieu de huit.

Entre nous, le Congrès a dû se demander pourquoi vous demandiez neuf membres au lieu de huit : vous ne l'avez pas dit, et vous auriez pu éclairer votre lanterne.

Savez-vous pourquoi vous réclamez neuf membres au lieu de huit ? Je vais vous le dire. Il y a actuellement un membre russe, vous en réclamez deux ; mais pourquoi ?... Pour une raison que vous ne connaissez peut-être pas. C'est que le délégué russe, comme il est très loin, disait : Comme nous sommes très loin et qu'il faut dix jours pour venir, nous aurions besoin d'avoir un homme sur place, qui soit là tout le temps, et puisqu'il n'est pas possible de se faire remplacer par un suppléant, nous demandons à avoir deux délégués, pour qu'il y en ait au moins un qui soit présent.

Il aurait été exagéré qu'ils viennent tous les deux à la fois ; mais, enfin, on comprend très bien qu'ils désirent être représentés.

Eh bien ! qu'est-ce que nous avons fait, à l'Alliance, sur ma proposition ? On a décidé que le membre titulaire aurait à l'avenir la faculté de se faire remplacer, c'est-à-dire d'avoir un suppléant.

Et au Comité Central de l'Alliance qui s'est tenu il y quinze jours, nos amis Russes m'ont remercié. Cela n'en valait vraiment pas la peine, c'était tout à fait naturel parce que c'était juste. Mais enfin, ils m'ont remercié d'avoir proposé cette motion qui leur donne le droit d'envoyer soit le titulaire soit le suppléant ; et ils n'ont pas insisté pour ce que vous nous demandez de voter : ils avaient satisfaction !

Deuxième point. Ah ! elle est bonne, celle-là aussi ! Création d'une banque coopérative internationale !

Vous avez l'air de nous présenter cela comme une proposition de l'opposition. Mais nos amis Russes ne sont pas comme vous ! Savez-vous ce qu'ils demandent ? Ah ! ils nous font beaucoup d'honneur ! Ils font tellement confiance à quelques-uns de la Coopération française qu'ils demandent que ce soit notre camarade Lévy qui prépare le projet de Banque Internationale, qui indique comment elle sera constituée et comment elle fonctionnera. Ils ont peut-être trop de confiance en notre ami Lévy. Mais nous avons été les premiers, je ne le cache pas, avec le concours absolu de nos camarades les Coopérateurs Russes, peut-être plus hardis que nous, plus en avant que nous, c'est possible, pour réclamer la création de cette Banque Coopérative Internationale, dans la mesure où pratiquement elle sera possible ; nous avons été les premiers à préconiser cette idée, et nos camarades Russes peuvent compter sur nous pour les appuyer, comme ils comptent sur Gaston Lévy pour préparer la création de cette banque et son organisation.

Et alors, que reste-t-il ? Je prends tout votre papier : il est tout à fait amusant, vous m'excuserez de vous le dire :

Du droit des Républiques fédérées affiliées à l'E.R.S.S. d'avoir leurs propres délégués au Comité Central de l'Alliance.

Et sous ce titre, vous indiquez :

Il est donné à chaque pays faisant partie d'une nation de pays le droit d'avoir des représentants propres au Comité Central, à la réserve que le nombre total des délégués de l'Union de pays ne dépasse pas 14.

Oui, oui ! Il y a eu un moment où l'on a craint qu'à force de regarder à la loupe l'Union des Républiques Socialistes Soviétiques et en recherchant toutes les parties qui la composent, l'Alliance ne devienne en majorité russe.

Je dois dire que si nous avons pu avoir à un moment donné cette crainte, elle n'existe plus aujourd'hui.

D'abord, il a été voté par le Comité Central de l'Alliance, avec la voix de nos amis Russes, qu'aucune nation ne pourrait avoir plus d'un cinquième des voix dans le Congrès. Cela semble tout à fait naturel et juste.

De plus, il y a cinquante ou soixante membres au Comité Central, et on a pensé qu'il y avait lieu de limiter la représentation.

Nos amis Russes, avec qui, encore une fois nous entretenons les meilleures relations, les relations les plus cordiales, les plus amicales, les plus fraternelles, se sont entendus avec nous, je n'ai pas besoin de le cacher, tout le monde le sait, et nous avons soutenu à Bruxelles — nous n'avons même pas eu à le soutenir : notre accord préalable faisait qu'on savait que ce serait accepté — nous avons soutenu qu'on ne pouvait pas revenir sur la situation acquise, qu'on avait peut-être été un peu trop loin à l'Alliance, mais qu'il y avait 14 membres acquis et que ce serait une brimade à l'égard des coopérateurs soviétiques ou non soviétiques, si on réduisait leur nombre. Nous avons soutenu ce point de vue, parce que nous sommes quatre à l'Alliance Coopérative Internationale représentant la France et si, par une décision qui serait prise demain, on venait nous dire que nous ne devons plus être que trois, si bons internationalistes que nous puissions être, nous considérerions tout de même que notre dignité serait atteinte ; et puis, comment rejeter celui-ci plutôt que celui-là ?

On a donc donné aux Russes 14 voix, et ils ont pris l'engagement de n'en pas réclamer davantage. Et devant cette promesse dont nous avons pris acte, sur la proposition des délégués français et grâce à leur concours, les délégués russes conserveront les 14 voix que vous nous présentez comme une revendication à laquelle nous ne nous rallierons jamais !

Vous voyez qu'il est élémentaire de connaître un peu les faits avant d'en parler !

Quoi encore ? Création d'un Magasin de Gros International. Ah ! bon sang de bon sang ! Vous êtes très habiles, vous dites qu'il y a des gens qui sont opposés à cette création. C'est la vérité. Moi je ne fais pas de nationalisme et je ne monterais pas aujourd'hui à cette tribune pour mettre une nation au ban des autres. Mais il est incontestable qu'il y a, dans l'Alliance, je ne dis pas des pays, mais des organisations coopératives qui, pour des raisons très compréhensibles, s'opposent au développement même des organismes internationaux.

Nous sommes tout disposés à faire tout ce qui sera en notre pouvoir, comme nous l'avons toujours dit, pour le développement d'un Magasin de Gros International. Nos amis Russes savent très bien que, sur ce terrain-là, nous avons toujours répondu « Présent ».

Au point de vue bancaire, nous avons eu des résistances. Au cours de ces trois années — c'est dans mon rapport — les Anglais n'y étaient pas ; les Allemands n'y étaient pas non plus ; les Russes y étaient et nous y étions aussi, puisque c'est Gaston Lévy qui est le secrétaire général.

Alors, qu'est-ce que cela signifie, de vouloir nous représenter à tout prix ici et aux yeux du Mouvement français comme des adversaires irréductibles ?

Sans doute, nous ne partageons pas toutes les conceptions de la Coopération Russe. Mais la question n'est pas là. Internationalement, nous avons une théorie qui est de respecter l'opinion de tous les pays. Nous respectons aussi bien l'opinion de Serwy qui n'est pas la nôtre.

Et puis, voici ma réponse aux camarades de *La Bellevilloise*. Vous savez bien que Serwy est notre ami et vous savez très bien que c'est un socialiste ; vous savez que la Coopération belge est socialiste.

Nous, nous sommes pour la coopération indépendante. Mais, est-ce que cela nous empêche d'avoir de bons rapports avec Serwy. Et est-ce que cela empêche Serwy de dire qu'il est partisan, en France, de l'Unité Coopérative.

Il vous l'a dit hier soir. Il vous a dit que les Coopérateurs belges s'étaient plus que tous autres félicités, en 1912, de l'Unité coopérative française.

Chaque pays a ses traditions, chaque pays a ses raisons de se développer. Nous respecterons la Coopération russe, quelle que soit la forme qu'elle se donne, quelles que soient les méthodes qu'elle adopte.

Nous entendons qu'elle nous respecte et nous restons sur notre terrain.

SERWY. — Et nous aussi.

POISSON. — Et de même, comme la Belgique nous respecte, nous

respectons la Belgique. Comme nous respectons la Russie, nous voulons
que la Russie nous respecte.

Pourquoi ? Mais parce qu'il n'y a pas internationalement d'Alliance
Coopérative possible sans cet esprit de tolérance.

A l'Alliance Coopérative Internationale, il y a la Coopération Française indépendante des partis politiques, qui réunit à la fois les camarades de *La Bellevilloise*, et à côté d'eux mon ami le Curé de *L'Union
des Coopérateurs de Lorraine*, au même titre. Et à côté, suivant le génie
de chaque pays, il y a la Coopération de nos amis suisses, plus neutre
encore que la nôtre : puis la Coopération socialisante de la Belgique ;
puis la Coopération allemande, à peu près comme la nôtre ; puis il y a
la Coopération anglaise qui va de-ci, qui va de-là ; et puis, il y a le
mouvement coopératif scandinave, très indépendant ; il y a le mouvement coopératif assez conservateur des Hongrois ; celui des Bulgares.
Pour le moment, rassurez-vous, il n'y a pas de mouvement coopératif
fasciste, ou tout au moins, après l'œuvre de persécution qui a été faite,
il n'y a qu'un mouvement inopérant.

Mais imaginez-vous qu'un grand mouvement comme celui-là, qui
réunit des esprits religieux comme en Amérique les piétistes, qui réunit
des libres-penseurs, comme beaucoup en France...

Boyet. — Ce n'est pas vrai, cela, Poisson ! Vous, Poisson, vous ne
pouvez pas dire cela, vous, l'ancien socialiste....

Le Président. — Boyet, n'interrompez pas !

Poisson. — Je vous remercie, Boyet, de m'avoir dit : « ce n'est pas
vrai ». Il plaît à Boyet de me traiter d'ancien socialiste. Je n'attache
pas plus d'importance à quelqu'un qui me traite d'ancien socialiste —
c'est-à-dire aucune — que si je traitais moi-même Boyet d'ancien intelligent. C'est la même chose.

J'ai dit et j'ai expliqué une chose indéniable. J'ai dit qu'il y avait des
esprits religieux dans la Coopération Internationale ; j'ai dit qu'il y
avait des libres penseurs en France et des piétistes en Amérique. Je ne
croyais pas qu'on pourrait dénier des vérités aussi évidentes.

Et puis, il y a des éléments paysans, il y a des éléments ouvriers, il
y a des éléments qui se rattachent, quoique ouvriers, à des partis de
droite.

Ceux qui parlent toujours de la classe ouvrière oublient trop qu'ils
représentent une minorité et que la majorité de la classe ouvrière
appartient souvent à un parti différent.

Et puis, il y a des classes moyennes.

Mais au fond, tout le monde sait bien que l'ensemble de la Coopération est faite des modestes de ce monde : elle va de l'ouvrier jusqu'au
paysan, en passant par le fonctionnaire.

Oh ! incontestablement, si nos portes sont ouvertes à tous les consommateurs, ce ne sont pas les rois de l'or, de l'acier ou du chocolat qui
viennent se fournir à nos Coopératives de consommation. Si c'est cela
que vous voulez démontrer, tout le monde le sait ! Mais nous ne nous
adressons pas qu'à une classe, nous sommes déjà la société nouvelle
où il n'y aura plus de classes, et nous faisons appel aux consommateurs
pour les organiser.

Eh bien ! internationalement, l'Alliance, c'est cela. Et voilà pourquoi il
y a un point que nous n'accepterons pas, dans la proposition que vous
nous faites, c'est de vouloir qu'internationalement la coopération soit
une œuvre de classe.

Du reste, on ne précise plus maintenant la classe.

Il y a eu un temps où j'avais appris qu'être de la même classe, cela consistait à avoir la même position sociale; la classe des prolétaires était par exemple celle des hommes qui n'avaient que leurs bras ou leur intelligence et étaient dans la nécessité de vendre leurs bras ou leur intelligence, moyennant un salaire qui leur permettrait de subsister.

Si c'est cela, la classe, les paysans ne sont pas de la même classe que les ouvriers, parce que les paysans peuvent être quelquefois aussi malheureux. Le paysan n'est pas un prolétaire ; sa classe n'est pas celle de l'ouvrier qui loue son travail ; le paysan possède généralement son instrument de travail.

Et alors, cela demanderait des éclaircissements.

La classe, ce n'est pas le fait qu'il y a des gens malheureux. C'est là une formule trop vague. Si la Coopération internationale acceptait le point de vue que vous proposez sur ce chapitre, elle serait morte par avance.

Boyet. — Sur quel point ? On peut bien vous demander de préciser, Poisson ?

Le Président. — Boyet, laissez parler l'orateur.

Poisson. — Tout de même, j'en ai assez, dans chaque Congrès, d'entendre et de ne pas répondre en allant une bonne fois jusqu'au fond du problème. J'en ai assez de vous entendre toujours parler de coopération de classe et je veux vous montrer l'obscurité de la théorie que vous nous opposez. Cela dépasse les limites permises !

J'ai montré que vous ne faites pas la coopération de classe, et qu'internationalement vous voulez la mort de l'Alliance.

Il faut tenir compte des différences sociales, des différences nationales, des différences politiques des différents pays, et il n'y a que dans la tolérance mutuelle que l'Alliance Coopérative Internationale peut vivre.

Si demain, au nom des idées que vous préconisez, vous obteniez une majorité, après-demain vous auriez tué la Coopération internationale. Vous auriez tué et l'Alliance et la Banque et le Magasin de Gros et l'organisation tout entière que nous essayons de mettre debout, non pas seuls, mais avec toutes les bonnes volontés de nos camarades des autres pays, y compris la Coopération russe.

Notre position restera la même ; nous nous y maintiendrons, même si on nous critique, même si on nous attaque. Au sein de l'Alliance, la Coopération Française ne veut pas de frères mineurs. Pour elle, les Coopérateurs Anglais, comme les Coopérateurs Russes, les Coopérateurs Egyptiens, comme les Coopérateurs Italiens, les Coopérateurs Suisses comme les Coopérateurs Allemands, tous ont un droit égal à notre sympathie, à notre respect; à tous nous devons une égale justice, cette justice que nous réclamons pour nous-mêmes et que, si nous sommes internationalistes, nous prétendons cependant être conforme au génie de notre pays.

Boyet. — Je demande au camarade Poisson de m'autoriser à lui poser une question devant le Congrès.

Poisson. — J'accepte.

Le Président. — Poisson accepte la question ; il répondra à la question que Boyet va lui poser.

Boyet. — A la vérité, ce n'est pas une véritable question que je veux poser à Poisson. Mais il me semble qu'il y a tout de même, après le débat d'aujourd'hui, une conclusion à tirer.

Nous sommes habitués, nous Coopérateurs communistes, à toutes sortes de nouveautés, au fur et à mesure des congrès annuels auxquels nous assistons. Mais aujourd'hui, il y a deux principes qui ont été posés et qu'il faut bien marquer devant le Congrès.

Nous allons, si vous voulez, sceller notre accord pour décider qu'au moins nous ne pouvons pas être d'accord et que nous sommes dans le désaccord le plus profond.

Ce que nous avons appris aujourd'hui dépasse tout ce que nous pouvions attendre ou redouter. Ce matin, Marcel Brot, parlant au nom du Comité Central, j'imagine, séparant la Coopération d'avec le Syndicalisme déclarait : « Nous sommes trop partisans de la liberté individuelle pour obliger nos employés à se syndiquer. »

BROT. — Si c'est à moi que cela s'adresse !

POISSON. — Je n'accepte pas la question, si elle n'est pas dans le problème que nous examinons. Si Boyet pose une question qui soit dans le cadre de ce problème, j'y répondrai, sinon, je demande au Congrès de passer à l'ordre du jour.

BOYET. — Alors, je vais poser ma question sous une autre forme.

Tout à l'heure, Poisson disait : «Nous sommes tellement amoureux de la liberté, que nous pouvons admettre dans notre milieu coopératif et le religieux de Nancy et les communistes de *La Bellevilloise*.

Il y a deux ans, à Nancy, vous nous avez imposé « l'uniforme d'encre des prêtres », pour employer l'expression de notre grand écrivain Henri Barbusse, par la présence, comme délégué au Congrès, de l'abbé Royer, administrateur de la Coopérative de Nancy. Aujourd'hui, vous allez plus loin : vous vous séparez du monde syndical. Ainsi, dans le même temps où vous scellez votre accord avec les prêtres, vous tournez le dos au syndicalisme. Nous, nous restons avec la classe ouvrière, pour vous combattre.

POISSON. — Pas de diversion, Boyet. Cela n'a aucun rapport.

RENARD, de *La Fraternelle de Valentigney*. — Vous m'aviez donné la parole tout à l'heure...

POISSON. — Je peux tout de suite répondre à la question que veut poser le camarade de Valentigney. Il se plaint de ce que 33 voix de sa Coopérative n'ont pas été comptées dans le vote sur le Rapport moral. Cela vient de ce que le vote de sa société a été remis tardivement au Secrétaire de la Fédération. Il est entendu que ces 33 voix seront comptées et l'incident est réglé.

RENARD. — J'ai demandé la parole tout à l'heure et le Congrès a été témoin que le Président a déclaré que je parlerais dès que la question en discussion serait réglée.

Je veux parler de ce qui s'est passé hier au moment du vote sur le Rapport moral.

Tout à l'heure, Poisson demandait à la minorité du Congrès si elle était capable d'entendre une discussion sérieuse. Je constate que la majorité du Congrès en est elle-même incapable.

Nous avons fait 600 kilomètres ; ce n'est pas pour que notre voix soit étouffée au Congrès.

J'apporte ma protestation contre les agissements du Conseil Central, en ce qui concerne les votes qui ont été émis hier.

Tout à l'heure Poisson a indiqué qu'il s'agissait des voix de ma Coopérative. C'est en effet de cela que je veux parler et je demande au Congrès de prendre ses responsabilités en ce qui concerne ce vote.

Je suis venu ici pour m'instruire. J'ai essayé d'avoir des explications et j'ai été profondément étonné de la façon dont s'est terminée hier la discussion sur le Rapport Moral du Conseil Central.

Le président qui était alors en fonction a chronométré le temps de parole d'un délégué de la minorité...

Un Délégué. — C'est son devoir.

Renard. — Je ne le nie pas ; mais ce que je trouve extraordinaire, c'est que le camarade Poisson puisse parler pendant des quarts d'heure entiers, que le camarade Poisson, puisse poser des questions à la minorité et que quand la minorité veut répondre, on étouffe sa voix.

Avant d'en venir à ma question, je répondrai d'abord à Poisson qui disait tout à l'heure que mon intervention n'avait pas de rapport avec la discussion sur le rapport de l'Alliance Coopérative. Eh bien ! je veux rattacher mon intervention à cette question de l'Alliance Internationale.

J'ai entendu notre camarade Poisson parler à maintes reprises de nos amis russes. Vingt fois dans son discours, cette belle expression est sortie de sa bouche, et je l'approuve.

Mais j'ai entendu aussi hier au théâtre, au cours d'une belle séance académique, le délégué de la Russie, vous inviter, vous représentants des Coopératives de Consommation de France, à aller voir ce qui s'est passé en Russie.

Je ne sache pas — peut-être suis-je mal informé, je confesse mon ignorance — je ne sache pas que l'on ait, jusqu'à présent, déféré à cette invitation, et, au nom de ma Coopérative...

Un Délégué. — Au sujet ?

Le Président. — Vous avez demandé la parole pour parler du vote. Parlez du vote.

Renard. — Au nom de ma Coopérative, je demande au Conseil Central et je demande au Congrès d'accepter la résolution qui a été déposée par Jaudin tout à l'heure, en ce qui concerne l'envoi d'une délégation pour visiter les coopératives de Russie.

Et j'en viens maintenant, camarades, à ce que je voulais dire au début de la séance de cet après-midi.

Hier, à une heure et demie, je me suis permis, moi aussi, de chronométrer, et lorsque le camarade Poisson a terminé son discours, j'ai regardé à quelle heure il nous rendait notre liberté. Il était une heure et demie quand Poisson, sous les applaudissements de la majorité, a cessé de parler. Camin est alors venu dire que, par 6.299 voix contre 448 et 7 abstentions, le rapport du Conseil Central était adopté.

Or, on a proclamé ce résultat sans demander au Congrès s'il jugeait nécessaire de prolonger la discussion sur le rapport moral, — premier point.

Mais voici ma deuxième critique. Je lis dans un journal, le *Petit Méridional*, que ma Fédération, Dijon-Besançon, est représentée à Nîmes par une délégation mandatée par 107 sociétés, alors que la délégation Franche-Comté-Bourgogne-Territoire de Belfort n'a guère de mandats que pour une vingtaine de sociétés. Dans la matinée, il m'a été déclaré que les secrétaires régionaux utilisaient les mandats des sociétés qui payent leurs cotisations, mais qui ne se sont pas prononcées sur le rapport en question.

Là encore, je déclare qu'il y a lieu de s'étonner, pour ne pas dire plus, et je considère que les chiffres qui ont été donnés ne sont pas l'expression de la vérité.

Nous qui avons la prétention de faire l'éducation des masses, nous qui avons la prétention d'amener les travailleurs au mouvement coopératif, nous ne devons pas user de ce système qui consiste à faire voter des organisations qui ne se sont pas prononcées dans les Congrès fédéraux.

C'est la raison pour laquelle je déclare que les 33 voix de ma société iront contre le Rapport du Conseil Central et ne sont pas des abstentions.

Et c'est aussi la raison, encore pour laquelle je mets en doute le chiffre de 6.299 suffrages qui a été proclamé par Camin.

Maurice CAMIN. — Voulez-vous me permettre un mot, au nom de la la Fédération Nationale ? Je suis heureux pour ce qui me concerne, de vous voir à cette tribune, Renard, car je ne vous y avais jamais vu, pour des raisons que je ne veux pas invoquer ici.

Ce qui est vrai, c'est que lorsque conformément aux règles, j'ai remis entre les mains de tous les secrétaires des Fédérations Régionales, l'état des sociétés avec leur chiffre de voix, votre Fédération m'a remis ses votes sans que celui de votre société soit mentionné ; vous n'étiez sans doute pas là. Depuis, notre ami secrétaire de votre Fédération, est venu me trouver et m'a indiqué que votre société, *La Fraternelle de Valentigney*, disposait de 33 voix et qu'elle votait contre le Rapport du Conseil Central.

Il sera tenu compte de cette rectification dans le résultat, vous pouvez en être certain.

Nous avons l'habitude de l'honnêteté des chiffres, et chaque fois qu'on nous apporte, même après le vote, une rectification, nous en tenons rigoureusement compte.

C'est cette affirmation que je voulais apporter au Congrès. Et si vous aviez dit à votre Secrétaire de Fédération quel était le vote de votre société, au moment où vous deviez le lui dire, le vote n'aurait donné lieu à aucune rectification.

RENARD. — Vous ne répondez pas à ce que j'ai dit tout à l'heure.

POISSON. — Ah ! non ! Je demande la parole pour une motion d'ordre. Nous discutons en ce moment des questions d'ordre international. Je demande que le Congrès se prononce. Nous n'allons pas éterniser une discussion de mandats ou de votes, alors que vous avez satisfaction sur votre demande.

Je demande que le Président soumette au Congrès les questions qui sont à l'ordre du jour.

LE PRÉSIDENT. — Vous venez d'entendre la proposition de Poisson. Que ceux qui sont d'avis de continuer l'ordre du jour veuillent bien lever la main.

Elle est adoptée.

LE PRÉSIDENT. — La parole est à Gaston Lévy.

LES MOYENS TECHNIQUES
de la Coopération moderne

Gaston Lévy, *rapporteur*. — Camarades, on ne m'accusera pas, je pense, d'avoir depuis le début du Congrès, tenu trop longuement la tribune. J'ai constaté, au contraire, que nos amis qui constituent la minorité — je me permets de les appeler tout de même nos amis — sont intervenus assez fréquemment et assez longuement.

Il m'a même semblé qu'il y avait peut-être dans leur tactique un moyen de masquer la faiblesse de leurs arguments en lassant le Congrès sur des questions à-côté.

Et si j'ai demandé à parler tout de suite sur la troisième question, en attendant que notre ami Fauquet reprenne la deuxième qui est à l'ordre du jour, c'est pour me mettre d'accord avec les camarades qui, hier matin, demandaient que dans nos Congrès les questions d'ordre matériel et pratique soient discutées. Or, la question que nous abordons maintenant est une question d'ordre pratique.

Mais si vraiment on devait prolonger la durée du Congrès, pour parler pendant quatre jours de questions à-côté et aborder les questions pratiques le quatrième jour, à cinq heures du soir, ce ne serait vraiment pas la peine de mettre à notre ordre du jour ces questions d'ordre pratique.

Je voudrais, maintenant qu'un peu de calme est revenu dans la salle et espérant que la fraîcheur abattra un peu les ardeurs trop fortes, prendre la question que vous avez à discuter en vue du Congrès International, celle des Moyens Techniques de la Coopération moderne.

Moi aussi, je pourrais dire que le rapport a été publié, et vous inviter à présenter vos observations. Mais je me trouve dans une situation un peu difficile, parce que le rapport que j'ai établi pour ce Congrès a été fait avant que nous ayons connaissance du rapport établi pour le Congrès International de Stockholm, par notre ami Johansson, délégué de l'Union Coopérative Suédoise. Et il se trouve que le plan de mon rapport n'est pas tout à fait en conformité avec le plan du sien ; il y a un point — un surtout — sur lequel, sans qu'il y ait un désaccord profond, il y a malgré tout une divergence assez sérieuse qu'il convient de marquer.

Notre ami Johansson est d'accord avec nous sur un grand nombre de points ; sur celui-ci, notamment, que les progrès techniques de la Coopération sont en réalité une des causes du développement possible du mouvement coopératif. C'est-à-dire que là où la Coopération a su atteindre ou devancer les organisations capitalistes privées dans leur développement technique et a eu en mains les moyens nécessaires.

Notre ami Johansson est également d'accord sur d'autres points, par exemple sur la nécessité de l'organisation des sociétés coopératives de développement, qu'il appelle des Unions de sociétés, où la concentration des forces coopératives peut répondre à la concurrence à laquelle on faisait allusion ce matin, pendant la discussion du rapport de Brot.

Notre camarade Johansson est aussi d'accord avec notre pratique, sur la nécessité de diviser le travail et de faire une distinction très nette entre l'action des sociétaires dans une société coopérative et l'action des éléments dirigeants techniques, les administrateurs, qu'il appelle d'un autre nom, contrôlant et surveillant, donnant l'impulsion à la direction technique, et la direction technique elle-même, se préoccupant des conditions matérielles de l'organisation.

Il dit d'une façon expresse :

Les représentants des sociétaires ne doivent jamais, même collectivement, essayer eux-mêmes de diriger et de gérer les affaires de la Coopérative. Il faut qu'ils nomment, de la façon qui vient d'être décrite, des experts. Ils devraient se borner à formuler une politique, à la corriger et à contrôler ceux chargés de diriger les affaires de la société.

C'est au fond ce que nous pratiquons en vue d'une division du travail nécessaire, car ce n'est pas parce qu'on est devenu coopérateur qu'on a, tout d'un coup, la science infuse, et le génie ne se rencontre pas d'une façon tellement fréquente qu'on puisse le trouver ainsi.

J'en arrive maintenant au point de désaccord possible entre Johansson et la formule que nous avons appliquée jusqu'à présent. .

Je ne veux pas prolonger indéfiniment le débat, et si je vous parle de ce point, c'est parce que, dans les conclusions, dans la résolution proposée par Johansson, c'est ce point-là qui est souligné le plus particulièrement, c'est même le seul, avec un autre dont je parlerai tout à l'heure.

Ce point est le suivant. Johansson, se référant aux principes des Pionniers de Rochdale, défend la thèse de l'achat au comptant.

Nous sommes tous d'accord pour réclamer des coopérateurs des achats au comptant dans la société. Nous avons, à maintes reprises, montré qu'un des progrès du mouvement coopératif, particulièrement dans les milieux ouvriers, avait été d'éloigner les ouvriers de la pratique des achats à crédit, de ce qu'on appelle, dans certains milieux ouvriers que nous connaissons, les achats à l'ardoise, c'est-à-dire la pratique employée par les commerçants, dans les régions ouvrières, qui consiste à faire crédit au consommateur pendant tout le mois et à l'attacher ainsi à sa boutique dans des conditions telles que le malheureux consommateur, à la fin du mois, à la fin de la quinzaine ou à la fin de la semaine, quand il se présente pour régler son ardoise, est automatiquement obligé de continuer à acheter chez ce même commerçant, quelles que soient les conditions dans lesquelles celui-ci lui vend sa marchandise.

J'ajoute aussi que c'est la pratique néfaste que nous avons condamnée et que nous continuerons à condamner, mais qui est employée par le grand patronat industriel lorsque, par le moyen de l'économat, plus ou moins masqué sous le titre de coopérative, il accepte le paiement en jetons ou le paiement sur le livret.

Nous savons très bien que l'achat au comptant est un signe d'indépendance et qu'il est nécessaire de poursuivre cet effort jusqu'au bout.

Il est incontestable que, lorsque les Pionniers de Rochdale ont fondé leur boutique sur le principe de l'achat au comptant, étant donné qu'il s'agissait d'ouvriers tisserands qui avaient des salaires extrêmement bas, l'effort qu'ils ont fait pour économiser à l'avance ce dont ils avaient besoin pour se nourrir et pour se vêtir avait surtout comme effet moral, comme espérance morale de faire échapper le monde ouvrier à la sujétion du crédit et à ce qu'a d'immoral le crédit sous cette forme tyrannique.

Mais, poursuivant son raisonnement jusqu'au bout, Johansson nous entraînerait, je crois, à des difficultés d'ordre pratique, si nous le suivions lorsqu'il demande que le principe de l'achat au comptant soit appliqué non plus seulement pour les sociétaires achetant à la coopérative, mais pour les coopératives elles-mêmes, par rapport à leurs fournisseurs, quels que soient ces fournisseurs ; et lorsqu'il dit qu'il est indispensable que la coopérative ne se développe pas plus qu'elle n'a lo moyen de le faire de par les capitaux qu'elle a recueillis en propre pour son développement.

Il cite, à cet égard, un exemple curieux et intéressant que je me permets d'indiquer, parce que je veux avant tout établir le rapport qui existe entre les conclusions de M. Johansson et la définition qu'il nous donne.

Il indique, par exemple, qu'il faut que la société coopérative soit exactement calquée sur la situation d'un ménage. Nous avons fait, dit-il, une expérience, en Suède et nous avons constaté que le besoin de chaussures correspondait, dans notre pays, à une paire de chaussures par personne et par an. Or, lorsque nous avons examiné la situation des stocks dans une société coopérative qui vendait des chaussures, nous avons constaté que le stock par rapport au nombre des sociétaires, était de 8 paires de chaussures pour un sociétaire. Ce qui indique que le stock était exagéré, et que si une ménagère s'organisait de cette façon-là, elle n'arriverait pas à joindre les deux bouts, parce que le coopérateur ne pourrait acheter à l'avance et mettre dans son armoire huit paires de chaussures, alors qu'il en use une par an.

Ainsi, dit Johansson, le crédit qui a pu être accordé aux sociétés coopératives par les fournisseurs, est un élément qui engage les sociétés à exagérer leurs stocks, et sous prétexte de donner satisfaction aux consommateurs, les entraîne à des situations qui, à certains moments, peuvent devenir difficiles.

Sur ce principe, nous sommes encore d'accord.

Mais où nous nous séparons de lui, c'est sur la conclusion qu'il en tire quand il dit qu'il faut que la société coopérative ait ses capitaux propres et n'achète pas au-delà du montant de ses capitaux. Certes, nous pourrions prendre exemple sur les coopérateurs suédois ; alors que nous avons du mal, dans nos sociétés coopératives, à obtenir que chaque sociétaire verse une action complète de 100 francs, il est exigé en Suède du coopérateur qu'il possède 10 actions de 10 couronnes suédoises, et il ne lui est distribué de ristournes que lorsqu'il a libéré ces 10 actions, soit par le jeu des ristournes, soit par des versements personnels. Or, 10 actions à 10 couronnes, cela correspond à 700 francs environ de notre monnaie actuelle.

On compare souvent le mouvement coopératif français au mouvement coopératif anglais. Les camarades anglais ont comme valeur de capitaux près de 60 % de leur chiffre d'affaires annuel. Il est évident que là aussi l'effort fait par chaque coopérateur est beaucoup plus important que chez nous.

Mais, poursuivant son raisonnement jusqu'au bout, je le répète, M. Johansson nous dit : « Il faut que les sociétés coopératives achètent au comptant tout ce dont elles ont besoin et qu'elles payent avec leurs capitaux propres. Johansson n'admet pas que la société coopérative ait recours au crédit des fournisseurs, même lorsque le fournisseur est le Magasin de Gros ; il n'admet pas que l'on ait recours aux capitaux d'épargne, même si ces capitaux sont fournis par les sociétaires coopérateurs ; il n'admet pas que l'on ait recours au crédit bancaire, même si la banque est organisée par les coopérateurs.

Si ce raisonnement était de nature à se réaliser dans les faits, il n'y aurait rien à redire. Mais je vous demande de vous interroger tous et de vous demander si, pratiquement, il est possible d'envisager le développement du mouvement coopératif sans faire appel à un moyen technique qui est employé par nos adversaires et qui s'appelle le crédit, moyen technique qui permet de multiplier les possibilités d'action des sociétés coopératives.

J'entends bien — et vous savez que je ne suis pas le dernier à recommander la prudence sur ce terrain-là — j'entends bien qu'il ne faut pas que, sous prétexte d'user du crédit, les sociétés coopératives puissent se laisser entraîner à des exagérations ; j'entends bien que les sociétés doivent être mises en garde contre la facilité avec laquelle on pourrait leur porter de l'argent qui leur coûterait trop cher et les encouragerait à faire des achats inutiles ou même dangereux pour leur sécurité.

Mais de là à repousser toute idée de crédit et à poser en principe que tous les achats doivent être faits au comptant, je dis qu'il y a une impossibilité matérielle, ou alors c'est condamner le mouvement coopératif à piétiner sur place, à ne pas se développer, à ne pas utiliser ce moyen technique, et si, moi aussi, dans mon rapport, je dis bien que la Société coopérative sera d'autant plus forte et plus puissante qu'elle aura pu accumuler plus de réserves et de capitaux collectifs qui ne coûteront pas d'argent au point de vue de l'intérêt à fournir ; je dis également que nous n'avons pas le droit d'arrêter le développement du mouvement coopératif parce que, si nous l'arrêtons ainsi, nous nous laisserons tellement devancer par les autres que nous n'aurons plus la possibilité d'atteindre ou de devancer l'organisation technique de nos adversaires, et le mouvement coopératif sera ainsi condamné.

La pratique condamne ce raisonnement ; il n'y a pas de mouvement coopératif dans le monde qui se passe actuellement du crédit, pas même le mouvement coopératif suédois. Car les chiffres donnés par M. Johansson lui-même indiquent bien que, malgré l'effort qui a été fait, plus de 20 % du montant des stocks qui sont accumulés dans les succursales et les entrepôts des sociétés coopératives sont couverts par des crédits d'emprunt.

Le mouvement coopératif anglais, malgré sa puissance en capital propre, mélange à la fois les capitaux d'emprunt et les capitaux propres des sociétés, pour développer ses opérations.

Nous pouvons faire le tour du monde, nous ne trouverons nulle part d'organisation coopérative, pas plus d'ailleurs que d'organisation commerciale, à moins que ce ne soit quelques très vieilles affaires qui aient accumulé des capitaux sans se soucier de leur propre développement et de l'intérêt du consommateur à défendre, nous ne trouverons nulle part d'organisation qui ne soit pas obligée, de près ou de loin, de faire appel à des capitaux de crédit.

Ce qu'il faut, c'est aménager les conditions dans lesquelles ces crédits sont accordés. Mais je ne crois pas que nous puissions, sans nous condamner nous-mêmes, accepter la résolution qui est présentée par notre ami Johansson sur ce point et qui est comme la conclusion définitive et principale de son rapport. Je vais vous en donner lecture :

Ce Congrès appelle l'attention des organisations coopératives de consommation groupées dans l'A. C. I. sur l'importance de la stricte observation du principe de Rochdale relatif aux paiements au comptant, non seulement en ce qui concerne les ventes effectuées par les coopératives, mais en ce qui concerne également les achats de marchandises faits par elles. L'expérience a démontré que les organisations coopératives qui ont développé leurs activités au moyen de leurs capitaux propres et qui ont évité toute dépendance de banques et autres institutions financières ont été en mesure de surmonter les crises qui ont si fortement paralysé les entreprises dépendantes du crédit. L'énorme développement du Mouvement coopératif britannique nous prouve, entre autres, comment de maigres ressources grandissent irrésistiblement quand elles sont employées de cette façon et comment elles donnent des bénéfices énormes.

Attirer l'attention, c'est parfait ; mais dire que le développement du mouvement coopératif peut être réalisé sans faire appel aux capitaux de crédit, alors que nous entendions hier nos camarades représentant le Magasin de Gros d'Angleterre et d'Ecosse nous parler des sommes considérables que le service de Banque du M. D. G. anglais a pu utiliser pour les besoins du mouvement coopératif, je trouve tout de même que c'est excessif et que nous nous condamnerions, je le répète, nous-mêmes, si nous acceptions une pareille conception.

A cette partie de l'ordre du jour, je vais proposer de substituer le texte suivant qui tient en trois lignes et qui se trouve tout à la fin de mon rapport :

Enfin, par l'organisation du crédit coopératif, les moyens financiers doivent être fournis au mouvement coopératif dans des conditions suffisantes, qui ne doivent exclurent ni la prudence ni la sécurité.

Voici en effet ce que, dans le corps du rapport, j'indiquais en ce qui concerne ce point :

Le Mouvement Coopératif doit employer et emploie cette méthode, mais là aussi il faut des moyens techniques et des techniciens et l'appel au crédit fait directement par la société coopérative de gros ou de détail peut offrir des inconvénients graves si on ne sépare pas nettement le service de Banque que l'on crée des services commerciaux existants.

Enfin là plus que partout ailleurs, la concentration la plus grande est indispensable pour résister victorieusement aux crises locales de confiance, de chômage ou de production.

Toutes les organisations de crédit qui se sont créées d'abord localement ont été amenées à constituer des organismes nationaux ou régionaux. L'épargne des coopérateurs, que ce soit des consommateurs ou des producteurs industriels et agricoles, doit être utilisée prudemment et utilement pour le développement du mouvement coopératif et ne pas être laissée à la disposition de ceux qui assument la responsabilité de la sauvegarde de l'Epargne.

Je crois que nous prenons les précautions nécessaires et j'estime qu'il serait impossible à la délégation française d'accepter le texte de la résolution proposée par Johansson, sur ce point.

Un deuxième point, sur lequel d'ailleurs l'accord est beaucoup plus facile avec Johansson, est ce qu'il appelle lui-même l'harmonie.

Il demande que partout, dans un même pays, toutes les sociétés coopératives portent à la fois leur effort sur un même point et qu'au lieu que l'on voie, comme cela se pratique assez souvent, que certaines coopératives se lancent de tel article nouveau, tandis que dans une autre région une autre coopérative s'occupera d'un article différent, il demande que, par une discipline consentie, les coopératives d'un même pays s'efforcent d'avoir un programme déterminé et de pousser leur effort d'une façon coordonnée et harmonieuse sur un seul point de développement à la fois, de façon à ce que le mouvement coopératif qui aura commencé dans certains pays à ne s'occuper par exemple que de l'épicerie, s'efforce, s'il veut s'occuper de boulangerie ou de cordonnerie, de coordonner ses efforts, de façon que l'ensemble du mouvement coopératif se lance avec cohésion dans une entreprise nouvelle.

Il est évident que si nous avions toujours procédé ainsi, la question de la production coopérative qui nous tient à cœur et que nous estimons insuffisante dans notre pays, serait résolue plus facilement. Là, nous avons des exemples et des leçons à prendre à l'étranger. Par exemple, nos amis Suédois n'ont commencé à organiser la production pour la première fois qu'il y a sept ou huit ans, et ils se sont engagés sur un seul point, la fabrication de la margarine, en demandant au préalable, pendant des mois, aux sociétés coopératives de faire effort pour vendre le produit que le mouvement coopératif fabriquait. Cette organisation leur a permis d'établir leur production avec certitude d'écoulement.

Vous retrouverez dans mon rapport à peu près les mêmes idées sur ce point.

Mais Johansson va plus loin et il dit qu'il serait nécessaire que, même du point de vue international, l'effort soit porté également sur un seul article à la fois et que la meilleure préparation de l'organisation coopérative internationale, au point de vue commercial, c'est de s'efforcer de poursuivre ensemble un but bien net, bien déterminé et préparé de façon cohérente.

Je crois que sur ce point nous devrons donner notre assentiment complet aux propositions de notre rapporteur et que nous devons profiter de l'expérience que nous pouvons avoir pour faire cet effort.

Vous vous plaindrez certainement dans quelques jours, demain peut-être à l'assemblée générale du Magasin de Gros, dans quelques semaines ou l'année prochaine, que la production coopérative est insuffisante, qu'elle n'est pas organisée pour répondre aux besoins des consommateurs.

Vous savez bien que dans vos sociétés, vos coopérateurs sont de plus en plus exigeants, au fur et à mesure que vous leur donnez satisfaction, et que si vous étiez obligés de répondre à tous leurs desiderata, vous seriez amenés à créer des stocks de toute espèce de marchandises, et que voulant entreprendre trop à la fois, vous n'aboutissez jamais à leur donner satisfaction.

Du point de vue de l'organisation centrale, c'est la même chose. Nous ne pouvons nous lancer à nouveau dans l'effort de production intensif que dans la mesure où seront réalisés les trois éléments que j'indique dans mon rapport : un capital suffisant à investir pour produire dans les conditions de technicité moderne les meilleures ; une certitude d'écoulement des marchandises, pour que les organisations de production ne soient pas encombrées de leurs propres produits ; une production en grand capable de lutter victorieusement contre la production des autres.

Eh bien, si nous voulons poursuivre cet effort, nous devons appuyer le rapport de M. Johansson et nous devons peut-être profiter de la circonstance pour essayer ensemble de rechercher, dans les années qui vont venir, quel est l'effort que nous devons faire.

Limitons-le à une ou deux années alimentaires et à un objectif précis; prenons l'engagement, tous ensemble, de poursuivre d'un même cœur l'objectif que nous voulons atteindre ; et lorsque nous aurons, par les faits, démontré que cet objectif est atteint et dans les meilleures conditions, nous aurons trouvé la voie définitive de l'organisation.

Le Président. — Vous avez entendu le rapport de Gaston Lévy, qui est celui de la Fédération Nationale, sur les Moyens Techniques de la Coopération moderne.

Quelqu'un demande-t-il la parole ?

Le Président. — La parole est au Dr Fauquet.

Les Relations entre les Coopératives de Consommation
et les Coopératives Agricoles

Dr Fauquet, *rapporteur*. — Je vais être tout à fait bref ; un peu plus même que je n'en avais l'intention. Je ne ferai aucune référence au rapport qui vous a été distribué ; je supposerai que chacun de vous en a pris connaissance. Je me bornerai à le compléter sur un seul point qui est le suivant.

Au moment où le rapport a été rédigé, les conclusions de Bernard Jaëggi, l'éminent coopérateur suisse qui rapportera la question à Stokholm, n'étaient pas encore connues.

Je vais vous donner connaissance de ces conclusions et je vous demande de leur donner votre approbation. Les voici :

a) Les rapports commerciaux et d'échanges entre coopératives de consommation et coopératives agricoles continueront à être développés.

b) Les sociétés de consommation aussi bien que les coopératives agricoles organiseront leur gestion de façon que les produits qu'elles offrent soient grevés d'un minimum de frais.

L'observation de ce principe doit permettre aux coopératives de consommation, tout en maintenant leur capacité de concurrence vis-à-vis des entreprises privées, de payer aux coopératives agricoles un prix équitable pour leurs produits.

Les coopératives agricoles doivent être en mesure, grâce à une administration simple et économique, de procurer, d'une part, des avantages aux producteurs particuliers et, d'autre part, de céder leurs produits aux coopératives de consommation à des prix permettant de soutenir la concurrence.

c) En vue de la réalisation de buts économiques spéciaux seront créées des commissions paritaires ou, dans le pays où on le jugera utile, des entreprises gérées en commun.

D'autre part, en ce qui concerne l'éventualité de la création d'entreprises communes, les deux Fédérations françaises soutiennent et réclament depuis longtemps le vote d'une proposition de loi qui porte le nom du sénateur Chanal et qui aurait pour effet de faciliter l'organisation d'entreprises communes, qui seraient gérées par parties égales par les coopératives agricoles et par les coopératives de consommation, organisation qui établirait la liaison économique entre la production et la consommation à l'intérieur d'une même entité juridique.

d) Le sens de l'épargne coopérative sera éveillé et sans cesse encouragé. Par le développement des relations bancaires coopératives et la création éventuelle de banques générales coopératives, les sociétés de consommation et les coopératives agricoles peuvent se rendre indépendantes des banques capitalistes privées et utiliser l'épargne populaire en faveur du développement et du renforcement du mouvement coopératif.

e) La création d'établissements communs d'éducation et d'enseignement coopératifs sera recommandée et encouragée dans la mesure où le permettront les circonstances.

f) On s'appliquera à faire triompher dans tous les pays l'idée coopérative dans le sens d'un régime de solidarité populaire aussi homogène que possible, servant les intérêts de la collectivité et reposant sur le principe du self-help sous toutes ses formes.

g) Les efforts tendant à la fondation de coopératives nouvelles, à l'agrandissement de coopératives existantes et à la propagation des vrais principes coopératifs seront encouragés.

h) Les deux formes de coopération défendront en commun la cause des sociétés en matière de législation, d'administration et de justice.

i) Les organes directeurs de l'Alliance Coopérative Internationale sont invités à continuer, à l'avenir, à vouer leur attention au problème des relations entre coopératives de consommation et coopératives agricoles et à prendre les mesures qui paraîtront favorables à la réalisation de cette idée.

Telles sont les conclusions du rapport Jaëggi qui sera présenté au Congrès de Stockholm. Je demande au Congrès de se rallier à ces propositions.

Plusieurs camarades se sont inscrits pour prendre la parole ; je m'arrête pour le moment. Je répondrai ensuite aux objections qui pourront être faites ou aux questions que des camarades voudront bien me poser.

Le Président. — Je donne la parole à Ramadier.

Intervention de RAMADIER

Ramadier. — Je ne prends pas la parole pour combattre les conclusions qui nous sont présentées. J'y apporte, tout au contraire, mon adhésion entière. Il n'est pas établi assez de relations entre les coopérateurs agricoles et les coopérateurs de consommation. Il est tout à fait nécessaire que, pour le plein développement de nos organisations, nous prenions pleine et entière conscience des liens qui unissent ces mouvements différents et que nous en retirions tous les avantages pratiques qu'ils peuvent comporter. Et je me félicite que, depuis quelques années, notre ami Fauquet, notre ami Albert Thomas, et sur leur initiative, l'Alliance Coopérative Internationale, aient abordé ce problème qui est, en effet, de première importance.

Il y a, entre les divers mouvements coopératifs, une similitude de méthode qu'il importe de souligner. Coopérateurs de consommation, coopérateurs agricoles, tous contribuent en effet à créer ce que Fauquet appelle à juste titre une économie collective populaire, fondée d'une part sur le principe de la gestion démocratique, d'autre part sur le principe de l'élimination des intermédiaires et de leurs profits.

L'élaboration d'une loi commune à toutes les formes d'organisation coopérative permet de mettre en valeur cette similitude des méthodes coopératives, qu'elles soient agricoles ou qu'elles soient de consommation.

Nous avons pu, en effet, à l'exemple d'autres pays, montrer qu'au point de vue juridique, le fonctionnement de diverses coopératives est exactement le même ; qu'il y a chez les unes et chez les autres les mêmes organes, les mêmes méthodes de gestion, le même esprit démocratique.

Je voudrais seulement, après avoir souligné et les avantages pratiques des relations entre coopératives agricoles et coopératives de consommation, et les ressemblances de structure, marquer qu'en réalité, il ne faut pas tout de même se faire trop d'illusion sur cette collaboration et qu'il faut la caractériser surtout par les nécessités pratiques.

Je ne crois pas qu'il soit nécessaire à Nîmes, dans le pays de Charles Gide, d'insister beaucoup sur ce principe essentiel de notre mouvement qu'il tend à instaurer dans toute l'économie, le règne du consommateur.

C'est le consommateur roi, c'est le consommateur maître, le consommateur régulateur de l'économie tout entière, non seulement de la répartition des richesses, mais aussi de leur production. C'est ce règne-là que la Coopération de consommation a pour but lointain de réaliser ; c'est ce principe qui domine en même temps toute son action et qui la règle même dans les plus petits détails.

A vrai dire, c'est un idéal. Nos maîtres nous ont appris que, dans la pratique, la réalisation de cet idéal rencontre des limites, qu'il y a des branches d'activité dans lesquelles l'action du consommateur est particulièrement pénible, dans lesquelles elle ne peut pas se faire sentir aussi rapidement et aussi efficacement que dans d'autres. Alors qu'il est relativement simple d'organiser la répartition des richesses, quelles difficultés ne rencontre-t-on pas, en effet, pour aborder la production !

Après bien des tentatives, malgré que certaines organisations de consommation, comme les organisations anglaises par exemple, soient

arrivées à un très grand développement et à une très grande concentration de la répartition et de la consommation, la production coopérative reste cependant encore faible, et son développement ne s'accé-
lère pas.

Lorsqu'on descend dans le détail des choses et que l'on considère
chaque organisation de gros nationale, on s'aperçoit que bien souvent,
l'agencement de la production, s'est heurtée à des difficultés techniques
et que l'on a été obligé de ralentir le développement ou même parfois
d'y renoncer d'une façon complète.

S'il en est ainsi pour la production industrielle, c'est bien pire encore
lorsqu'on veut aborder la production agricole.

Nos organisations, bien que dès le premier moment, elles aient songé
à la production de la terre, n'ont pour ainsi dire pu entrer dans ce
champ réservé.

C'est à peine s'il y a en France quelques essais timides et généralement malheureux de production agricole coopérative par les organisations de consommation, et dans les pays étrangers on pourrait compter
les quelques rares expériences qui ont obtenu un plein succès.

Il y a donc une limite, une limite non point imposée par les principes, mais exigée par les nécessités pratiques et par les faits, et c'est
pourquoi l'entente avec les coopératives agricoles se trouve nécessaire.

Mais alors, voyez-vous, surgit un problème extrêmement grave, si
grave que tant qu'on ne l'aura pas résolu d'une manière satisfaisante,
on ne pourra que tâtonner et faire des essais.

Entente entre la coopération agricole et la coopération de consommation : Très bien ! Création d'organismes communs où les uns et les
autres se trouvent en état de confronter leurs exigences, ou comme
dans une bourse du commerce elles négocient des contrats et passent
des marchés : Parfait !

Mais sur quel rythme, sur quels principes les prix seront-ils fixés ?
Voilà le problème que, jusqu'à présent, on n'a pu résoudre d'une
manière satisfaisante et qui prendra d'autant plus d'importance que les
ventes entre coopératives agricoles et coopératives de consommation
deviendront plus considérables.

Le consommateur défend naturellement ses intérêts ; et nous, coopérateurs de consommation, nous avons pour mission de défendre les
plus bas prix, les meilleurs prix. Les coopérateurs agricoles, groupements professionnels, défendent aussi, non point les intérêts de tel ou
tel, mais les intérêts corporatifs de la production paysanne.

Et alors, il se produit des marchandages et sous l'influence des marchés économiques, des cours commerciaux, on arrive à des règlements
heureux dans certains cas.

Mais au fur et à mesure que les ententes prendront plus d'importance,
que les accords entre les coopératives agricoles et les coopératives de
consommation deviendront eux-mêmes des régulateurs de marchés
internationaux, alors les grands problèmes naîtront.

Les coopératives agricoles du Canada et des Etats-Unis, par exemple,
sont parvenues, sur le marché international du blé, à avoir une influence
de premier ordre, à certains moments prépondérante.

Si les ententes entre les coopératives agricoles et les coopératives de
consommation prennent la même influence, il faudra bien trouver une
règle pour fixer les prix aux meilleures conditions. Quelle sera cette
règle ? Voilà le problème essentiel et qu'il faut s'efforcer de résoudre.

Il semble bien que les coopérateurs agricoles eux-mêmes aient déjà eu conscience de ce problème et qu'ils se soient efforcés tout au moins d'en préparer la solution.

Ils ont compris, d'une part, qu'il fallait d'abord et avant tout assurer, dans l'intérêt de l'agriculture elle-même, la stabilité des prix, et c'est là un but que les coopérateurs de consommation approuvent, parce que le consommateur a intérêt à la stabilité qui exclut la spéculation et qui par conséquent, permet la régularisation de la consommation en même temps que la régularisation de la production.

Mais cela ne suffit pas. Il faut encore que, dans la conciliation, on pénètre plus loin. Il ne faut pas seulement s'attacher à la permanence des prix ; on doit considérer à d'autres éléments qui peuvent faire varier les prix, non point dans un court espace de temps, mais sur de longues durées d'années. Ces éléments, ce sont les nécessités de la production d'une part, la nécessité d'autre part d'étendre le marché et la consommation.

Il faut chercher un équilibre entre ces besoins réciproques : nécessité d'étendre la consommation ; nécessité de maintenir à la production une rémunération suffisante pour couvrir le prix de revient.

C'est là un problème extrêmement délicat. Les producteurs ont conscience que, s'ils ne travaillent pas de leur côté à étendre le développement de la consommation, ils risquent, à un certain moment, d'arrêter le développement même de la production agricole. Mais il faut qu'il y ait une marche combinée entre la production agricole, d'une part, et la consommation d'autre part.

Cet accord, les ententes entre paysans et consommateurs ont pour objet de l'établir.

Mais elles ont peine à y parvenir. Aussi bien pour les grands accords que pour les petits, c'est par cet obstacle que l'on échouera.

Je voudrais que dans les résolutions qui seront prises, on fît allusion à ce problème des prix.

Jusque dans les plus petites choses, nous en avons senti l'importance. Je n'ai pas besoin de rappeler les relations anciennes entre les coopératives viticoles et les coopératives de consommation de la région parisienne.

Elles se sont reproché mutuellement de s'exploiter, de s'arracher des prix trop bas ou de s'imposer des prix trop hauts, suivant les circonstances, et la conclusion a été la rupture des accords.

Si l'on veut établir d'importantes relations entre coopératives de consommation et coopératives agricoles, il est indispensable d'envisager ce problème et de fixer tout au moins quelques données générales, sans quoi l'on risque d'échouer aux premiers obstacles.

Voilà, Camarades, les quelques observations que je voulais présenter.

Adhésion — et je pense que personne ici ne s'y oppose — à la proposition qui nous est faite. Mais en même temps, mise en garde sur les difficultés que présente le règlement des prix et sur la nécessité actuelle de déterminer les principes suivant lesquels ces prix doivent être réglés.

Le Président. — Camarades, il y a encore deux orateurs inscrits. Je leur demande, en raison de la fatigue du Congrès et de l'importante question qui va suivre, d'être aussi brefs que possible.

Je donne la parole à Marcailloux.

Intervention de MARCAILLOUX

Marcailloux. — Camarades, je vous confesse tout de suite que je ne suis pas très à l'aise à cette tribune, car je n'ai pas l'habitude de prendre la parole dans des congrès comme celui-ci, et surtout sur des questions de l'importance de celle-ci. C'est pourquoi je fais appel à toute votre indulgence à ce sujet.

Je voudrais vous indiquer tout de suite qu'il n'est pas dans mon intention de critiquer le rapport présenté par l'éminent rapporteur qu'est le D' Fauquet ; je voudrais seulement attirer votre attention et spécialement celle du Comité Central sur ce point particulier de l'ordre du jour.

On nous parle des relations qui devront exister entre les coopératives de consommation et les coopératives agricoles. Nul, plus que moi, n'est partisan d'une entente qui ne pourra qu'être favorable au développement de la Coopération. Mais je suis de ceux qui militent dans les milieux paysans et qui s'occupent de coopération essentiellement agricole. Et comme je connais bien l'esprit qui anime les coopératives agricoles bourgeoises, je crains malheureusement que, pour notre mouvement, nous ne trouvions pas auprès d'elles un esprit de solidarité qui se rapproche suffisamment du nôtre.

Je voudrais me tromper et je voudrais que l'avenir me donne tort ; malheureusement, je ne l'espère pas.

Mon intervention a surtout pour objet de signaler au Congrès qu'il existe dans ce pays quelques petites coopératives agricoles comme la nôtre, qui se différencient sérieusement des autres associations agricoles. Je ne sais pas pourquoi les camarades de Limoges qui ont créé une Coopérative, ont cru devoir, dès le début, donner leur adhésion à la Fédération Nationale. Nous n'avons pas à le regretter ; bien au contraire, notre seul regret est d'être presque la seule coopérative essentiellement paysanne qui adhère à la Fédération ; pour ma part, je n'en connais pas d'autre.

Je sais que dans notre région, il existe actuellement des petites coopératives agricoles, qui ont fait une scission dans les diverses associations de syndicats agricoles, et qui n'appartiennent plus aujourd'hui à la « Fédération de la Mutualité et de la Coopération Agricoles ». Et c'est là que le problème se pose avec une certaine acuité.

C'est qu'en effet dans les départements comme la Haute-Vienne ou la Creuse, région de petite et moyenne culture, il existe diverses catégories de paysans, par conséquent diverses catégories de producteurs agricoles. Et comme conséquence, il existe diverses formes de groupements agricoles.

Nous qui avons la prétention de représenter le mieux la démocratie agricole, nous allons nous trouver devant ce fait que la Fédération Nationale semble donner une importance non point démesurée, mais trop grande aux avantages qui pourront résulter des relations avec des coopératives agricoles, comme celle formant la « Fédération de la Mutualité et Coopération Agricoles » par exemple, alors que notre petit mouvement paysan semble trop négligé et presque méconnu de la part de nos grosses sociétés.

En effet, il me paraît paradoxal qu'on n'ait pas davantage encouragé des essais qui semblent intéressants pour notre mouvement, et je voudrais en quelques mots indiquer qu'à mon humble avis, il me semblerait quant à moi, que la Fédération Nationale aurait peut-être eu avantage à essayer de créer une espèce de service agricole de la coopération.

Il faut bien nous persuader que la plupart de nos grandes coopératives de développement ont leurs magasins plantés dans des villages agricoles.

Si nous envisageons sérieusement la position de ces succursales de coopératives établies dans des cantons ou communes, nous considérons que peut-être ces succursales de sociétés pourraient avantageusement remplir le rôle incombant à la coopération agricole, tant pour l'achat que pour la vente des produits agricoles ; la question serait compliquée, mais nous considérons que, dans des régions de petite production agricole, les coopératives de développement auraient avantage à essayer d'étendre leur action dans la branche de la production agricole.

Il s'agirait, en l'espèce, d'arriver à ce résultat de faire passer directement, sans intermédiaire aucun, la production agricole du producteur au consommateur.

Je ne voudrais pas citer comme exemple ma coopérative : cependant, il faut que vous sachiez que, dans la Haute-Vienne, malgré qu'il y ait des groupements agricoles de syndicats très puissants, patronnés par les pouvoirs publics, subventionnés par ceux-ci, qui sont évidemment les filiales de ce qu'on appelle la coopération agricole, nous avons créé, nous, paysans travailleurs agricoles, une coopérative qui, malgré les plus grandes difficultés financières, arrive aujourd'hui à faire plus d'un million d'affaires, et nous espérons qu'à l'avenir nous serons en mesure d'écouler une grosse partie de la production agricole du Limousin, dans les coopératives de consommation, lorsque celles-ci sauront attacher davantage d'importance à ce beau rôle que nous voulons jouer, en allant écouler directement dans les coopératives de consommation la production de nos paysans.

Je pense que la Fédération Nationale et surtout les sociétés de développement auraient avantage à s'inspirer de cette conception pour trouver dans le giron même de la Fédération, des éléments qui pourraient jouer ce grand rôle, pour la production agricole.

Ma conclusion sera que peut-être dans les régions où nous avons de petites coopératives agricoles, indépendantes — j'en connais quelques-unes — la Fédération aurait intérêt à faciliter ces sociétés qui en sont à leur période de début, et surtout envisager la possibilité de les grouper en fédérations régionales par exemple.

Je ne dis pas que la question soit simple, mais on ne peut pas négliger un mouvement agricole comme le nôtre qui, quoiqu'étant à sa période de début, n'en offre pas moins de sérieux espoirs pour l'avenir, et dans l'intérêt des consommateurs que des producteurs, de la puissance de celui de la Fédération Agricole qui est très importante par le nombre de ses adhérents et par le prestige, mais il me semble qu'elle n'est pas suffisamment comme nous dans le cadre de la démocratie coopérative, pour inspirer une confiance véritable à notre mouvement.

Voilà ce que je voulais dire au Congrès en m'excusant d'avoir été peut-être un peu trop long.

Le Président. — La parole est à Bertrand.

Intervention de BERTRAND

Bertrand, de Cavaillon. — Je voudrais présenter quelques courtes observations, au nom d'une coopérative d'un pays essentiellement agricole.

Permettez-moi de constater avec plaisir qu'il est très utile d'aborder la question de la coopération paysanne, parce qu'il y a dans la classe paysanne, un réservoir considérable pour le recrutement des coopérateurs, et jusqu'ici, on a laissé un peu trop de côté l'immense majorité des paysans de France qui peuvent venir à la Coopération.

Ce matin, on vous indiquait ce vaste réservoir que constituent les ouvriers syndiqués. Moi, je dis que chez les petits paysans travailleurs on trouvera aussi un nombre considérable d'adhérents pour la Coopération de consommation comme pour la coopération de production agricole.

Aujourd'hui, ce mouvement dans les campagnes se précise. Mais ce mouvement n'est qu'à ses débuts. Si rapidement j'en examine les causes, je constate que c'est surtout la confiance qui manque. Pour que le mouvement se développe dans les milieux agricoles, il faut faire confiance aux petits paysans ; ils sont assez intelligents pour prendre eux-mêmes la direction de leurs organisations économiques, et c'est là que sera la cause du succès.

Jusqu'ici, trop de coopératives paysannes comme trop d'organisations paysannes ont été dirigées par des hommes qui n'ont rien de paysan ; et c'est là une cause de faiblesse. C'est en faisant confiance aux paysans travailleurs que vous arriverez à créer un mouvement coopératif puissant. Et on le peut.

Comment créer ce mouvement ? C'est là que nous sollicitons l'appui de la Fédération Nationale. Ces coopératives se créent ; elles ont de grandes difficultés à vivre. Eh bien ! nous sollicitons des grandes coopératives existantes, leur appui et leur confiance. Nous demandons à les servir, et je crois que là, on peut d'ores et déjà trouver le moyen de faire quelque chose d'utile.

Dans le rapport qui vous est présenté, on a raison de voir un moyen pratique pour organiser — on a même parlé de texte législatif — cette coopération mixte, entre le paysan producteur et l'ouvrier consommateur.

Il est très utile de développer cette question et je suis très heureux de voir qu'elle est présentée au Congrès.

Un fait qu'il faut constater. Dans mon milieu paysan, il y a peut-être quinze jours, on jetait des salades et des choux, alors que dans vos milieux ouvriers, on les payait extrêmement cher. Il faut constater que l'organisation actuelle de la production et des échanges aboutit à des conséquences anormales. Nos paysans ne trouvent pas toujours le moyen de tirer un peu d'argent de leur récolte, alors que les ouvriers sont privés des mêmes produits. Nous devons détruire des produits qui vous seraient nécessaires, parce que le prix ne couvrirait pas les frais de transport.

Les frais de transport sont en effet onéreux. Mais surtout, il y a les intermédiaires qui vivent sur le paysan et sur le consommateur, et tel produit est vendu à Paris, quatre fois le prix qu'il est payé sur le marché de Cavaillon !

Il y a des faits qu'il faut connaître, et c'est le rôle moral de la coopération d'être l'intermédiaire et l'unique intermédiaire entre le producteur et le consommateur. C'est aussi un moyen de lutte contre la spéculation, car il y a des paysans qui pourront vous dire ce qu'à la récolte ils ont vendu leur vin, que des spéculateurs vous revendent

C'est dire que dans cette question, il faut qu'ouvriers et paysans s'entendent, qu'il faut que les consommateurs aident les producteurs, et nous donnant la main, nous arriverons à faire quelque chose de bien : l'union du monde du travail qui est la cause des ouvriers et une nécessité inéluctable pour leur mieux-être et la réalisation d'un monde plus fort et plus fraternel.

Le Président. — La parole est au Dr Fauquet.

Discours de FAUQUET

Dr Fauquet, *Rapporteur*. — Le camarade Bertrand vient de montrer d'une façon tout à fait vigoureuse à quel besoin profond répond l'idée des relations directes entre coopératives agricoles et coopératives de consommation.

J'ai entendu avec joie la dernière phrase qu'il a prononcée et je l'ai retenue, parce que, dans une très large mesure, elle me permet de répondre à Ramadier sur le seul point où j'aurai peut-être quelque divergence de vue avec lui.

Mon ami Ramadier a souligné l'importance des similitudes entre la Coopérative agricole et la Coopérative de consommation ; et il a insisté sur ce fait que ces similitudes se manifestaient dans la structure juridique des sociétés.

Eh bien ! derrière la sructure juridique des sociétés coopératives, qu'elles soient de consommation ou qu'elles soient agricoles, nous trouvons des aspirations sociales communes qui sont celles des travailleurs des villes et des travailleurs des campagnes.

Je tiens à faire remarquer d'autre part que lorsqu'on identifie la notion de consommateur avec la notion d'intérêt général, il ne peut pas s'agir de consommateurs de produits déterminés, car ceux-ci ne sont pas tout le monde, ils sont une catégorie, à côté de la catégorie des producteurs de ces mêmes produits.

Par conséquent, l'expression « intérêt du consommateur » identifiée avec l'expression « l'intérêt général », c'est une notion qui ne nous sert plus, qui ne nous est plus d'aucune utilité, lorsque nous avons à considérer des rapports entre producteurs et consommateurs d'un produit déterminé.

Par contre, intervient alors une notion plus concrète, plus facile à percevoir que cette notion abstraite de consommateur, c'est l'identité des aspirations et des besoins des travailleurs.

Eh bien ! que ce soit le travailleur des champs ou que ce soit le travailleur des villes, l'un et l'autre ont deux grands besoins fondamentaux.

Ils ont, les uns et les autres, un premier besoin qui est d'acquérir, comme producteur, un certain pouvoir d'achat. Ils ont ensuite à utiliser au mieux ce pouvoir d'achat à la satisfaction de leurs besoins de consommateurs.

Et lorsqu'on parle des difficultés qui se présenteront, parce que le producteur agricole voudra avoir le plus haut prix pour ses produits, et que le consommateur voudra avoir ces mêmes produits au prix le plus réduit possible, on ne voit qu'une partie du problème.

Le besoin du producteur agricole, le désir du producteur agricole, ce n'est pas seulement d'obtenir un prix avantageux, c'est aussi d'écouler son produit. Et lui-même doit faire la balance entre la possibilité qu'il a d'obtenir un prix avantageux et le risque qu'il y a de ne pouvoir écouler son produit.

De même, le consommateur a bien le désir d'avoir des produits au meilleur marché possible : mais il a aussi le désir d'être approvisionné, et pour être approvisionné, il faut payer, non pas un prix quelconque, mais un prix qui permette la continuité de la production.

Le consommateur, aussi bien que le producteur, sont donc mus l'un et l'autre par deux mobiles, dans une certaine mesure contradictoires et que l'un et l'autre doivent concilier : pour le producteur, le désir du prix avantageux et le désir d'écouler son produit ; pour le consommateur, le désir du prix réduit et le désir d'être approvisionné.

Il ne s'agit donc pas d'un antagonisme ; il s'agit au contraire d'une relation complexe où l'une et l'autre partie ne peuvent satisfaire leurs besoins qu'à la condition qu'elle reconnaissent leur mutuelle dépendance.

Je me suis sans doute trop étendu sur la petite divergence de vues que j'avais avec Ramadier, je me demande en effet si cette divergence de vue est vraiment fondamentale ; peut-être n'y a-t-il qu'une différence de présentation d'idées qui sont au fond les mêmes.

Ce que je tiens à dire, c'est que je suis tout à fait d'accord avec Ramadier, lorsque, abandonnant le point de vue purement théorique et abstrait, il nous a montré dans une progression qui, sous des apparences critiques, était en réalité constructive, comment nous aurions à résoudre toute une série de difficultés, mais des difficultés qui ne se présenteront pas en bloc devant nous, des difficultés qui se présenteront une à une, au fur et à mesure que nous avancerons.

Eh bien ! l'essentiel, c'est d'avancer. Au fur et à mesure que nous avancerons, nous rencontrerons des obstacles ; certains problèmes sont des problèmes d'aujourd'hui : d'autres sont des problèmes de demain. Eh bien ! travaillons aujourd'hui et visons à atteindre demain.

Il en est ainsi, par exemple, de la question de savoir ce qu'il adviendra le jour où Coopératives agricoles et Coopératives de Consommation ne pourront plus utiliser comme prix de références les prix du marché, parce que les unes et les autres se seront tellement développées qu'il n'y aura plus de marché du tout.

Ramadier a parfaitement indiqué qu'à ce moment-là, il y aurait le désir commun des unes et des autres d'arriver à des prix assez stables pour assurer la régularité et la continuité dans des relations.

Mais cette continuité, on ne peut pas l'obtenir d'une façon définitive, une fois pour toutes. Il y a des circonstances changeantes dans la production et dans l'étendue de la consommation, il y a des créations de besoins nouveaux, etc. Il faudra donc une certaine adaptation.

Il en est de même, si vous me permettez la comparaison, dans la marche. Quand je fais quelques pas sur cette tribune, à chaque instant je résous des problèmes d'équilibre et à chaque instant je passe d'un équilibre à un autre. Eh bien, sans doute nous n'atteindrons jamais un équilibre définitif et des ajustements continus seront nécessaires.

Je ne voudrais pas qu'on prit mon optimisme pour de l'aveuglement. Je vois très bien les difficultés, et si Ramadier veut bien m'accorder que je les vois pleinement, nous serons pleinement d'accord.

Ramadier. — Je vous l'accorde bien volontiers.

Le Président. — La liste des orateurs étant épuisée, je mets aux voix les rapports de Poisson, Lévy et Fauquet.

Ces rapports sont adoptés à l'unanimité.

Rapport de la Commission des Résolutions

Le Président. — Je donne la parole à Fauconnet, rapporteur de la Commission des Résolutions.

Fauconnet, *Rapporteur*. — La Commission des Résolutions s'est réunie à plusieurs reprises pour examiner les propositions qui ont été déposées sur le Bureau du Congrès, à l'occasion du Rapport sur l'activité de la Fédération Nationale.

Tout de suite elle a écarté, et elle demande au Congrès de passer à l'ordre du jour sur cette question, un vœu qui a été déposé par l'*Union Coopérative de Tours*, et qui a pour objet d'élever une protestation contre le projet de loi sur la Nation armée ; elle a écarté également et demande le passage à l'ordre du jour, sur une proposition de la minorité concernant une protestation contre la guerre de Chine.

Sur ces deux questions, je le répète, la Commission des Résolutions propose de passer à l'ordre du jour.

La Commission des Résolutions a eu également à examiner une proposition tendant à demander aux représentants du Mouvement Coopératif de démissionner des différentes commissions dans lesquelles une place leur a été faite : Comité Consultatif des Chemins de Fer, Office des Céréales, Office des Pétroles, etc., etc.

La Commission des Résolutions pense que ces questions ont été réglées par le fait même que Poisson a eu à s'expliquer sur les travaux de ces différentes commissions, et que la question a été réglée aussi par le vote du Rapport présenté par le Conseil Central de la Fédération Nationale.

Un vœu a été déposé également par la Fédération du Nord et du Pas-de-Calais, dont je vais vous donner lecture :

Le Douzième Congrès de la Fédération du Nord et du Pas-de-Calais demande que l'ordre du jour des Congrès Nationaux comporte au moins une question d'ordre pratique et d'actualité.
Il réclame la création d'offices techniques capables de conseiller, de diriger et de guider, donnant ainsi à nos sociétés des possibilités d'amélioration constante qui permettent de les placer à la pointe du progrès.

La Commission des Résolutions a fait sien cet ordre du jour, en demandant au Congrès de le renvoyer à l'étude du Conseil Central, pour aboutir à une résolution pratique.

BOYET. — Est-ce que vous entendez lire devant le Congrès les résolutions qui ont été disjointes.

FAUCONNET, *Rapporteur*. — Evidemment, non.

BOYET. — Parce que vous dites : « La Commission des Résolutions a décidé de demander au Congrès de passer à l'ordre du jour ». Mais, pour que le Congrès se prononce, il faut mettre aux voix et faire connaître les textes.

LE PRÉSIDENT. — Nous ne pouvons pas recommencer la discussion, et cela d'autant plus que ces résolutions ont été déjà lues.

BOYET. — Je demande que le Congrès se prononce.

LE PRÉSIDENT. — Nous demanderons au Congrès d'approuver les propositions de la Commission des Résolutions.

POISSON. — Je suis prêt à donner satisfaction au Camarade Boyet. Il y a deux questions qu'on a écartées comme d'ordre politique, pour lesquelles on demande au Congrès de passer à l'ordre du jour. Si Boyet veut un vote, je demande au Président de mettre aux voix les conclusions de la Commission sur ces points.

LE PRÉSIDENT. — Je mets aux voix les propositions de la Commission des Résolutions, tendant à ne pas introduire au sein du Congrès des

Coopératives des discussions d'ordre politique. Il s'agit des questions concernant la guerre de Chine et la loi militaire.

Que ceux qui sont partisans d'adopter les propositions de la Commission veuillent bien le manifester en levant la main.

Elles sont adoptées.

Un Délégué. — A bas la guerre !

Le Président. — A bas la guerre ! d'accord. Mais pas de politique au sein de la Coopération.

La parole est à Fauconnet.

Fauconnet, *Rapporteur*. — La Commission des Résolutions a eu à examiner une proposition de la minorité, rédigée comme suit :

Le Congrès de Nîmes déclare que le travail de jour en boulangerie peut s'appliquer, sous réserve que le Sénat adoptera sans rien en retrancher et sans nouvel amendement le projet de loi voté par la Chambre, le 13 Juillet 1925.

Le Congrès invite le Comité Central à abandonner son point de vue particulier visant les boulangeries coopératives industrielles et se rallie au projet de loi pendant devant le Sénat et dont le vote est réclamé par l'unanimité des ouvriers boulangers organisés dans les deux C. G. T.

La Commission des Résolutions, après avoir examiné la question, vous propose de voter l'ordre du jour suivant :

Le Congrès confirme les résolutions du Congrès de Lille et du Conseil Central, en ce qui concerne le travail de nuit dans les boulangeries.

A cette occasion, il rappelle aux organisations professionnelles intéressées que la Fédération Nationale est toujours prête à rechercher avec elles une solution satisfaisante à la fois pour les travailleurs de la profession et pour les sociétés coopératives.

Boville. — Je demande la parole.

Le Président. — La discussion est close.

Boville monte à la tribune et demande la parole avec insistance, au milieu du bruit.

Le Président. — Vous n'avez pas la parole.

Boville. — J'ai un mot à dire là-dessus.

Le Président. — Vous n'avez pas la parole. Je mets aux voix les propositions de la Commission.

Elles sont adoptées.

Boville continue ses protestations.

Le Président. — La parole est à Fauconnet.

Fauconnet, *Rapporteur*. — La Commission des Résolutions a eu à examiner un vœu présenté par Marrane. Ce vœu a trait au nouveau projet de loi douanier. Après l'avoir examiné, la Commission vous demande de voter le texte suivant :

Le Quatorzième Congrès National de la Fédération Nationale des Coopératives de Consommation proteste énergiquement contre les nouvelles taxes douanières qui auraient comme conséquence, en aggravant le coût de la vie, de réduire la capacité d'achat des consommateurs.

Il donne mandat au Conseil Central de poursuivre son action, et invite les Fédérations Régionales et toutes les Coopératives adhérentes à intensifier leur propagande pour la défense des intérêts des consommateurs.

Le Président. — Je mets aux voix le texte proposé par la Commission.

Il est adopté.

Fauconnet, *Rapporteur*. — Une proposition émanant de la Fédération de la Région Parisienne est ainsi conçue ; elle a trait aux absences des membres du Conseil d'administration aux séances du Conseil Central :

Toutes les fois qu'un membre du Conseil Central aura plus de six absences consécutives non motivées au cours d'une année, il sera considéré comme démissionnaire et remplacé automatiquement l'année suivante, soit par la Fédération Nationale, soit par le Congrès.

Ce vœu a soulevé quelques observations de la part de délégués qui ont fait remarquer, avec juste raison, que les membres du Conseil Central étaient à la fois membres du Conseil d'administration du Magasin de Gros et de la Banque des Coopératives, et que cette motion, ainsi rédigée, nous mettrait dans l'obligation d'apporter des modifications aux statuts des organismes que je viens de signaler.

Pour donner satisfaction à la proposition faite par la Fédération de la Région Parisienne et pour éviter l'inconvénient que je viens d'indiquer, la Commission vous demande de voter le texte suivant :

Le Quatorzième Congrès de la Fédération Nationale des Coopératives de Consommation charge le Conseil Central de signaler aux Fédérations Régionales, pour les délégués choisis par les Fédérations Régionales, et au Congrès National, pour les délégués choisis par le Congrès, ceux des membres du Conseil Central qui auraient eu plus de six absences aux séances du Conseil Central.

Les Fédérations Régionales et le Congrès devront examiner les motifs de ces absences et pourront demander, le cas échéant, aux administrateurs intéressés de remettre leur démission.

Au cas où cette demande ne recevrait pas satisfaction de la part des administrateurs intéressés, le Congrès serait appelé à examiner s'il n'y a pas lieu de révoquer le mandat de ces administrateurs.

Le Président. — Je mets aux voix la proposition de la Commission.

Il est adopté à l'unanimité.

Fauconnet, *Rapporteur*. — La Commission des Résolutions a examiné la résolution présentée par *La Bellevilloise*, concernant les prêts aux Sociétés Coopératives.

Après étude approfondie de la question, la Commission vous propose d'accepter la résolution suivante :

Le Quatorzième Congrès National de la Fédération Nationale des Coopératives de Consommation donne mandat au Conseil Central de poursuivre son effort, en vue de faire augmenter l'importance du fonds de dotation destiné à assurer le développement du Mouvement Coopératif de Consommation, ce fonds de dotation n'étant plus à l'heure actuelle en rapport avec l'importance du Mouvement Coopératif de Consommation, surtout si l'on tient compte de la dévaluation du franc.

Ce paragraphe est pour répondre à une observation qui a été présentée par des Camarades du Centre.

Le Congrès est heureux de constater que les délégués de la Fédération Nationale des Coopératives de Consommation à la Commission d'attribution des Prêts ont pu obtenir la prolongation des délais de remboursement qui ont été fixés à un maximum de cinq années.

Le Congrès charge ses délégués à la Commission de continuer comme par le passé à ne tenir compte, pour l'attribution des prêts, que de la situation des sociétés coopératives au triple point de vue des principes coopératifs, de la situation financière et des causes de développement.

Le Président. — Je mets aux voix le texte proposé par la Commission. Il est adopté.

Boyet. — Je voudrais dire un mot.

Le Président. — Vous avez satisfaction

Boyet. — Un simple mot.

Le Président. — Non, la discussion est close.

La parole est à Fauconnet.

Fauconnet, *rapporteur*. — Voici le texte de la résolution sur l'organisation de la propagande, mise au point par la Commission des Résolutions qui vous demande de l'accepter :

I. — Le Congrès National rappelle à toutes les Sociétés adhérentes la nécessité d'organiser régulièrement dans leur rayon d'action une propagande de recrutement et d'éducation, pour atteindre la masse des consommateurs.

Le Congrès recommande les moyens de publicité employés par le commerce. Il met cependant en garde les Sociétés qui croiraient devoir organiser des ventes à prime, dont la fréquence serait contraire au caractère coopératif.

Les Sociétés ne sauraient négliger la propagande orale ou écrite, sans lesquelles on ne peut attacher fidèlement le consommateur à la Coopérative. Elles doivent particulièrement rechercher toutes les formes d'action qui associent les femmes à la propagande et à la gestion de la Société et de ses œuvres annexes.

La Fédération Nationale agira de toutes ses forces auprès des Sociétés et des Fédérations Régionales, pour obtenir qu'une bonne organisation de la propagande et de l'éducation coopérative soit assurée dans leur rayon d'action.

La Fédération Nationale, à qui incombe la mission de diffuser la pensée coopérative par tous les moyens efficaces (presse, affiches, brochures, films, conférences, T.S.F., etc.), et de la faire pénétrer dans tous les milieux favorables (professionnels et mutualistes), organisera en les développant ses services de propagande et de publicité.

II. — Le Congrès considère qu'une tâche importante de la Fédération Nationale est de travailler à l'extension du Mouvement Coopératif.

Pour fournir les moyens de cette extension, les Organismes Coopératifs à tous les degrés doivent consentir des sacrifices permettant la formation d'un personnel d'élite et le perfectionnement des administrateurs.

Les Conseils d'Administration ont l'intérêt le plus immédiat et le devoir, vis-à-vis de leurs mandants, de soumettre leur comptabilité au Service de Revision de la Fédération Nationale.

La Fédération Nationale, trouvant ainsi les éléments techniques et administratifs indispensables, s'appuyant sur des situations bien connues et consolidées, pourra entreprendre le développement rationnel dans le pays.

Le Congrès charge le Conseil Central d'établir ce plan de développement à longue échéance et d'en poursuivre la réalisation, en accord avec les Fédérations Régionales.

Le Président. — Pas d'observations. La résolution est adoptée.

La parole est à Fauconnet.

Fauconnet, *Rapporteur*. — La Commission a eu également à examiner les candidatures au Conseil Central. Il vous demande de ratifier les candidatures suivantes, qui ont été présentées par les Fédérations Régionales : Fédération de l'Est, Benoist ; Fédération de la Somme, Cozette ; Fédération du Nord-Ouest, Fouladoux ; Fédération de Bourgogne, Franche-Comté et Territoire de Belfort, Jean Caumont ; Fédération du Nord et du Pas-de-Calais, René Louis et Gaston Prache ; Fédération de la Région Parisienne, Couvrecelle ; Fédération de l'Alsace, Rhiel ; Fédération de Lorraine et des Ardennes, Paul Thiriet.

D'autre part la Commission des Résolutions propose au Congrès de ratifier la candidature de notre camarade Saint-Eloy, de la Fédération du Centre, en remplacement de Chègne, démissionnaire.

Le Congrès doit également se prononcer sur les candidatures de Buquet, Maurice Camin et Garbado qui sont soumis directement à vos suffrages.

En ce qui concerne la Commission de contrôle, elle présente à vos suffrages les candidatures de : David, Donneau, Ducrocq, Tutin et, — pour remplacer Gaston Prache, devenu membre du Conseil Central, — Jevais.

Le Président. — Ces candidatures sont mises aux voix.

Elles sont adoptées.

CLOTURE DU CONGRÈS

Le Président. — Camarades, bien que la tâche ait été, par instants, difficile cet après-midi, je remercie tous les Coopérateurs d'avoir bien voulu apporter à ce Congrès les connaissances coopératives qu'ils ont acquises. Je remercie en particulier nos amis de Nîmes de leur magnifique hospitalité.

Notre tâche n'est point terminée. Nous avons à continuer, pendant l'année qui nous sépare du prochain Congrès, notre travail de propagande. Ce travail nous sera facilité par nos débats et par les résolutions que nous avons votées.

Je vous prie donc, Camarades, dès votre rentrée dans vos sociétés, de remettre la main à la pâte et de travailler pour le développement et la grandeur du Mouvement coopératif.

Je lève la séance et déclare le Congrès clos.

TEXTES des ADRESSES

figurant au

LIVRE D'OR

remis à

M. Charles GIDE

LE LIVRE D'OR
remis à M. Charles GIDE

———o———

En raison de circonstances imprévues, les Adresses qui forment le Livre d'Or qui a été remis à notre éminent ami CHARLES GIDE, au Théâtre Municipal de Nîmes, n'ont pu être lues.

Nous avons pensé qu'elles devaient cependant figurer dans ce compte rendu.

———

CHER ET VÉNÉRÉ MAÎTRE,

Pour ce quatre-vingtième anniversaire de votre naissance, la grande famille des Coopérateurs français a décidé de vous offrir ce Livre d'Or.

Une artiste habile en a orné les pages et dessiné les lignes avec le soin pieux des imagiers du temps passé. Il plaira, nous l'espérons, à l'artiste délicat et discret que vous êtes vous-même.

Puisse notre affection fervente être aussi heureuse !

En dépit de votre modestie si facilement impatiente et si prompte à s'effaroucher, sans crainte du sourire un peu ironique par lequel vous pourriez accueillir ce « compliment » solennel et naïf, trop semblable en sa forme même à ceux des enfants, aux jours de fêtes familiales, confiants seulement en votre propre sentiment de l'équité, nous avons voulu inscrire ici ce que nous pensons vous devoir, ce que nous croyons porter en nous de votre enseignement.

Souvenez-vous, à votre tour, de la parole de Saint François de Sales que vous citiez, un jour, dans une de vos batailles pour le juste prix : « Prenez la place du vendeur en achetant, et de l'acheteur en vendant, et votre commerce sera de bonne foi. » Nous nous sommes efforcés de ne rien écrire qui puisse

vous choquer. Prenez, en nous lisant, notre place. Tolérez,
respectez nos sentiments d'admiration reconnaissante comme
vous respectez la pensée d'autrui, lorsqu'elle est contraire à
la vôtre. Ainsi ferons-nous, comme il convient entre coopérateurs, un échange de bonne foi.

D'ailleurs, rappeler votre pensée et votre action, n'est-ce
pas, pour la Coopération française, une sorte de méditation
sur elle-même, en vue de mieux situer son effort et de discerner plus clairement son avenir ? N'est-ce pas comme une
remontée aux perspectives de son histoire, aux sources d'où
jaillirent les énergies, les enthousiasmes, la foi qui nous animent ? Et comment pourriez-vous critiquer un instant un tel
acte de réflexion et de conscience ?

*
* *

Maître, voici d'abord le don le plus précieux de cette fête :
c'est que nous y sommes tous présents, tous, ceux qui se
croient modérés et ceux qui se disent révolutionnaires, tous
les ouvriers et tous les bourgeois, bien plus, les socialistes et
les communistes, frères ennemis un intant réunis, tous, ceux
de Nîmes et ceux de la Bourse, ceux qui souffrirent des
luttes d'hier et ceux qui jouissent de l'unité nouvelle, ceux
des villes et ceux des villages, ceux qui, leur journée finie,
ont cloué les cadres de bois de nos petites boutiques, ceux
qui, dans leurs bureaux modernes, administrent nos puissantes Unions, ceux qui méditent sur la doctrine et ceux
qui peinent pour la propagande, tous les coopérateurs de
France ! Jamais, ils ne se sont senti un cœur aussi fraternel
que dans l'affection qu'ils vous portent.

Parfois, lorsque vous songez à votre chère école de Nîmes,
lorsque vous comptez les trois seuls représentants qu'elle
conserve encore dans notre Conseil Central, un peu de
mélancolie paraît assombrir votre âme. Puisse le spectacle
de notre union vous rendre joie et certitude.

*
* *

Reconnaissez-le donc avec nous : cette unanimité inouïe,
nul plus que vous ne la méritait.

Vous n'avez pas été seulement l'un des premiers et l'un
des plus fervents artisans de notre unité coopérative, vous

n'avez pas seulement préparé avec une foi et un désintéressement entiers notre grand Noël de 1912. Mais, par plus de cinquante ans d'enseignement et de propagande, vous avez, dans nos cœurs tourmentés et ravagés par des doctrines contraires, dégagé et assuré nos sentiments de coopérateurs. Vous nous avez aidés à nous faire une âme commune.

Vous nous avez enseigné tout à la fois la modestie et l'orgueil. Vous nous avez appris à admirer l'action humble et persévérante des pauvres pionniers de Rochdale. Vous nous avez enseigné qu'elle valait plus « que toute la science des savants et des scribes, la science qui se formule dans les livres et dans les lois ». Avec vous, la Coopération s'est complue dans son rôle de Cendrillon soumise et diligente.

Mais vous nous avez enseigné que la pratique tenace et méthodique de ces humbles travaux allait renouveler la face du monde. Et la Coopération nous est apparue comme la plus grande puissance de création et de rénovation sociale.

Entre les libéraux timides qui ne voyaient en elle qu'un allègement aux misères accidentelles d'un salariat immuable, et les socialistes doctrinaires qui la voulaient réduire à n'être que la caisse d'un parti politique de classe, vous avez révélé que par sa vertu propre, elle allait créer un monde nouveau fondé sur la justice et sur la liberté. Alors, quels que fussent nos autres rêves, quelles que fussent nos autres préoccupations, entraînés par votre foi, nous nous sommes promis d'être, en premier ou en second lieu, — qu'importe ! mais toujours également et sans réserves d'authentiques coopérateurs.

**

Comment donc cela s'est-il accompli ? Par quels dons du cœur et de l'esprit avez-vous fixé nos volontés ? Des sociologues, des historiens, peut-être des académiciens, diront un jour comment les doctrines hérétiques que vous aviez exposées dans votre Traité d'Economie publique, comment vos attaques contre les doctrines intangibles de l'adaptation spontanée des intérêts individuels à l'intérêt général, des vertus de la concurrence et de la nécessité du profit, comme unique moteur de l'activité économique, devaient vous conduire à l'action coopérative. Ils fixeront, pour l'histoire des doctrines, comment avec votre cher de Boyve, vous avez *subi l'inspiration morale des socialistes chrétiens anglais, comment vous avez participé aux enthousiasmes, aux ardeurs de Fabre, le fouriériste, et même à ses visions... jusqu'aux pratiques spirites exclusivement ! Ils définiront tous les traits de votre doctrine « coopératiste », par opposition aux autres doctrines socialistes, marxistes, syndicalistes, et ils détermineront enfin, dans les actes de tous ceux qui se préparèrent à la vie publique en vous lisant, la portée et les limites de votre influence.*

Nous autres, nous ne voulons que sonder naïvement nos cœurs. Si nous avons été entraînés et séduits par vos idées, si nous nous sommes laissés porter par leur flot abondant et calme, si nous nous sommes rencontrés et unis autour de vous, au mépris peut-être de la rigoureuse critique scientifique, qu'ignorent beaucoup d'entre nous, au mépris même de la pure logique, c'est qu'elles répondaient étonnamment aux aspirations de nos cœurs.

Nous nous sommes attachés à vous, parce que votre pensée était généreuse et bonne, parce que vous n'aviez en vous que la haine de la haine elle-même, de tout ce qui exprime, ou suppose, ou engendre la haine, de l'injustice et de l'exploitation sous l'aspect du profit et du salariat ; de la contrainte et de toutes les autres formes de la violence, concurrence et lutte entre les individus et entre les nations.

Nous nous sommes attachés à vous, parce que nous retrouvions en votre doctrine, dans sa fécondité et dans sa vérité, tous les rêves aimés du vieux socialisme français, de celui qui mit sa confiance dans la vertu de l'association, de celui qui voulut sans cesse faire œuvre de fraternité et d'amour. Ces traditions et ces vouloirs, plus ou moins consciemment, ne les portons-nous pas tous en nous ? Quelle consolation et quelle joie pour les descendants des milliers d'ouvriers militants qui, un siècle durant, ont cherché péniblement la vérité coopérative et tenté au prix de si lourds sacrifices de la créer dans les faits, de découvrir enfin avec vous, dans la direction même où ils avaient aperçu au ciel les premières lueurs de vérité, le chemin certain de leur victoire !

Mais nous nous sommes attachés à vous, surtout, parce que dès vos premières propagandes, dès le Congrès de 1886, nous avons senti que votre but était le nôtre : l'émancipation de la classe ouvrière par l'abolition, la transformation du salariat. But suprême du Parti socialiste ; but de la Confé-

dération Générale du Travail, dans l'article premier de son programme en 1895 ! But de tous ceux qui, en dehors de toute école ou de tout groupement professionnel, voient, selon le mot de Jaurès, dans des dominations de classe, un attentat contre l'humanité.

∴

Mais ce n'est pas seulement par l'identité d'un but lointain, par la satisfaction donnée à des traditions intimes ou par la générosité des sentiments, que nous avons été conduits à vous aimer et à vous suivre ensemble. C'est que vous nous avez aidé à définir et pratiquer une même et sûre méthode d'action.

Les vieux coopérateurs s'étaient souvent égarés. Dans leur ardeur associationniste, ils avaient confusément tenté de résoudre d'un coup tous les problèmes de production, d'échange, de consommation.

Quelles que fussent nos préférences doctrinales, vous nous avez contraints par la force de vos raisonnements, par votre lucidité, semblable à la transparence des beaux soirs de votre pays, par l'autorité des vérités d'expérience que vous aviez condensées, à édifier d'abord nos coopératives de consommation.

Vous avez restauré l'éminente dignité des consommateurs. Vous avez marqué que leur intérêt était l'intérêt général et vous avez voulu qu'il fût placé au-dessus de tous les intérêts des individus, au-dessus même de tous les intérêts de classe.

Vous avez édifié la Société de Consommation comme la citadelle solide d'où nous pouvions tenir en échec, puis mettre en déroute, les adversaires de la Coopération et où pouvaient se regrouper tous ses amis dispersés et inquiets.

Vous avez montré quelle est la forme la plus propre à créer, utiliser et exercer, la solidarité consciente des hommes, qui doit se substituer aux solidarités mécaniques des choses. Vous avez montré qu'en fait, au cours de son développement progressif, elle abolit le profit, qu'elle dépouille le salariat de ce qu'il a d'impur, qu'elle établit et organise la propriété collective. Par elle, la Coopération devient accessible à tous et peut, sur tous, répandre ses bienfaits. Ainsi étend-elle à tous, au lieu de la réserver à une classe, sa force d'émancipation. Ainsi se manifeste la haute valeur morale qu'elle possède et que vous nous avez appris à comprendre.

Mais, au moment même où vous démontriez, sans contestation possible, cette supériorité de la Coopération des consommateurs, au moment où vous montriez qu'autour d'elle devaient se concentrer et s'harmoniser tous les efforts, vous demeuriez accueillant, dans la largeur de votre intelligence, à toutes les autres formes que la Coopération peut revêtir.

A la plaie du salariat, qui, au cours d'un demi-siècle de réflexions, n'a cessé de vous préoccuper, vous montriez quel remède peuvent apporter les associations ouvrières de production, et c'est vous qui avez su découvrir et faire apparaître au jour les minuscules, les humbles autant que fières coopératives de main-d'œuvre, dans lesquelles la responsabilité, juste prix de la liberté, laisse le travailleur, dans l'accomplissement de son travail, sans autre maître que le travail lui-même.

D'un même cœur, vous avez souhaité la libération des paysans. Vous avez salué la série des réformes agraires qui, depuis la guerre, dans l'Europe orientale et centrale, ont rendu la terre à ceux qui la fécondent, et vous avez proclamé que la Coopération empêcherait ces affranchis de tomber sous la servitude des usuriers, des accapareurs, de tous ceux qui, se plaçant entre le producteur et le consommateur de denrées agricoles, jetant entre eux le brouillard pestilentiel des résistances et des hostilités réciproques, s'exercent à dépouiller les uns et les autres. Par la Coopération, l'indépendance deviendra le prix équitable du labeur, la perfection du produit et la sécurité des échanges seront sauvegardées, et l'on ne peut encore complètement pressentir tous les bienfaits qu'ainsi elle dispensera aux hommes.

Chaque fois que vous avez rencontré ou retrouvé la Coopération, sous quelque apparence que ce fût, vous avez mis tout votre esprit et tout votre cœur à la reconnaître. Au retour de votre voyage dans l'Union des Républiques socialistes soviétiques, où vous avait appelé votre curiosité tolérante et aimante, et où vous aviez voulu voir le visage nouveau qu'on avait donné à la Coopération, vous vous êtes réjoui de la redécouvrir active et vivante, au milieu d'institutions parfois autoritaires, de la voir se multipliant sous toutes ses formes, sans mesquines démarcations, sans antagonismes, « plongeant ses racines et puisant sa sève dans le tréfonds de la terre pour étendre ses rameaux sur tout l'immense empire. »

Et c'est ainsi que vous avez pu nous aider à concevoir, pour notre joie de coopérateurs fidèles, autorisés désormais à rêver de justice totale, l'organisation coopérative de la société future, harmonieuse fédération d'associations de toutes sortes et de toutes proportions, les unes petites, les autres immenses, et dont tous les hommes feront partie librement : « associations dans lesquelles les travailleurs toucheront l'intégralité du produit de leur travail parce qu'ils posséderont leurs instruments de production ; associations qui supprimeront les intermédiaires parce qu'elles échangeront directement leurs produits entre elles ; associations enfin qui, sans supprimer cette émulation qui est indispensable au progrès, atténueront la concurrence et la lutte en supprimant la plupart des causes des conflits qui mettent aujourd'hui les hommes aux prises. »

Ah ! sans doute vous nous avez avertis que « notre science à courte vue » ne peut pas nous permettre de prévoir l'avenir avec précision, sans doute vous nous avez interdit de discuter sur les réalisations à venir, vous nous avez invités « à nous diriger seulement du côté où l'on aperçoit la lumière, ne fût-ce qu'une lueur, et à nous en remettre pour le reste, soit à la Providence, soit à la marche des choses ». Mais avec quel élan d'espérance et de certitude nous répétons aujourd'hui avec vous la parole du poète antique : Fata viam invenient, « les Destins trouveront leur voie ! »

∴

Mais peut-être n'aurions nous pas senti toute l'étonnante vitalité de votre doctrine, toute la certitude qu'elle nous apporte, si la guerre n'était venue bouleverser le monde. Toujours, vous aviez été un fervent ami de la paix. Mieux encore, vous avez été, en des heures graves un courageux ennemi de la guerre : au milieu des exaltations et parfois des égarements, vous avez réclamé le droit « de frémir encore d'horreur et de pitié. »

Pour vous, la Coopération est la sœur de la Paix, sa sœur aînée agissante. De tous temps, vous avez voulu qu'elle la protégeât et qu'elle la servît. Dès le premier Congrès de Lyon, vous marquiez avec force comment la division de l'humanité en nations et en patries devait être acceptée comme une manifestation de la loi naturelle de la division

*du travail, qui assure le progrès. Mais si, ainsi que Jaurès,.
vous respectiez les patries comme des aspects de l'humanité,
si vous ne vouliez pas les supprimer, vous réclamiez « l'association des peuples, association qui, à l'exemple de l'association coopérative parmi les individus ne doit pas avoir pour
but de faire disparaître l'individualité de chacun, mais au
contraire, de mettre en relief et d'utiliser, pour le bien de
tous, les aptitudes diverses, l'originalité et le génie propre de
chacun d'eux. »*

*C'est selon la même aspiration et avec le même élan que
vous aviez approuvé l'initiative de de Boyve et que vous avez
partagé son espoir de fonder la vaste association fraternelle
qui est devenue l'Alliance Coopérative Internationale. Dès sa
naissance, d'une main prompte et sûre, vous lui avez donné
son drapeau : « Ce n'est pas seulement l'abolition des conflits
économiques et commerciaux, disiez-vous, mais peut-être
aussi celle des conflits politiques et militaires que la Coopération préparera. »*

*Ensemble, selon ce programme, à Hambourg, à Glasgow,
dans nos Congrès internationaux, nous avons poursuivi ce
noble rêve. La guerre a semblé le briser. Les deux mains
jointes, symbole de l'Alliance ont paru brutalement séparées.
Notre Association, cependant, a survécu, en dépit des dislo-
cations apparentes. Et voici que plus que jamais la pensée
coopérative se manifeste et s'impose à tous. Voici que les
peuples accablés de maux de tous genres, financiers, économiques, moraux même, conséquences de leurs hostilités et de
leurs méfiances, prennent conscience de leur situation commune et ne voient d'autre remède à tous ces maux que la
Coopération. Ainsi se réalise la prédiction que vous dictait
votre foi, et qui exaltait nos cœurs, le jour même de la signature du traité de Versailles, lorsque opposant l'humilité de
notre obscure Conférence Internationale à la solennité de
l'Assemblée diplomatique, vous annonciez cependant que
seule la paix certaine et durable de la Coopération assurerait
la destinée heureuse des peuples.*

*

*Mais nous serions vraiment indignes de votre affection et
de votre enseignement si nous n'avions retenu aussi votre plus
haute leçon, si nous n'avions voulu, en vrais coopérateurs,*

nous associer, chacun pour notre part, à l'œuvre suprême qu'exige la Coopération, celle de « faire des hommes nouveaux ».

Dès vos premières réflexions, vous avez opposé à la conception des économistes qui pensaient trouver dans le libre jeu des lois économiques la guérison des iniquités sociales, les efforts coordonnés et inlassables des coopérateurs vers leur idéal de justice. Dès alors, « vous avez réclamé le droit à l'existence et à l'autonomie d'une économie politique où la justice aura sa place à côté et au-dessus de l'utilité ». Mais si c'est de la volonté et de la raison de l'homme que doit naître un monde nouveau, comment l'homme ne devrait-il pas chercher à devenir d'abord lui-même plus conscient de la justice, plus averti des nécessités auxquelles il doit s'adapter?

Sans doute, les conditions et les transformations du milieu économique et social ont une action sur l'homme, sur les conditions de son existence, sur le rythme de son progrès moral. Toute institution qu'inspire un esprit fraternel, toute institution qui tend à créer un peu plus de bien-être ou de salubrité doit être encouragée. Mais ceux qui disent : « Quand les institutions seront justes, les hommes seront justes » prononcent une parole imprudente et stérile. Les institutions ne seront justes que lorsque les hommes qui les font seront justes eux-mêmes. « Faire des hommes nouveaux », voilà l'enseignement essentiel, voilà la révélation, la plus précieuse peut-être que vous nous avez léguée. « Pour que le XX⁰ siècle soit autre chose que la continuation monotone des siècles qui l'ont précédé », vous nous avez invités à tourner notre activité sur nous-mêmes. Education ! éducation sociale et morale ! ce qui est tout un, voilà l'effort immédiat que vous nous avez proposé. Vous nous avez rappelé la parole du Christ : « Le royaume de Dieu est au-dedans de vous ». Oui, la République Coopérative est au-dedans de nous. Elle grandit au dedans de nous. Et c'est parce que vous nous avez enseigné cette vérité féconde, que votre enseignement est complet.

Pourquoi d'ailleurs un doute subsisterait-il en nos âmes ? S'il est vrai, comme vous l'avez dit, que chacune de nos sociétés forme « une petite république, un petit monde, un microcosme où se trouvent déjà mis en pratique les principes d'équité et de fraternité », comment n'espèrerions-nous pas avec vous qu'elles pourront « par leur développement, par leur lent travail de contagion et de fermentation, envahir le vaste monde, éliminer par leur seule présence les ferments mauvais qui empoisonnent encore à cette heure tout le milieu où nous vivons, ferments de haine, ferments d'égoïsme et d'intérêts sordides » et créer ainsi, comme vous l'avez voulu, cet esprit nouveau « esprit de bienveillance envers les hommes, esprit de solidarité, esprit de joie qui brillera dans les yeux de nos enfants, si nous sommes trop vieux pour être changés nous-mêmes. »

Voilà, Maître, le bouquet que dans le vaste jardin de votre enseignement, nous autres, coopérateurs français, nous avons cueilli. Nous vous le présentons respectueusement. Nous espérons que vous pourrez l'accepter, car les fleurs qui le composent ont été détachées de l'arbre que vos soins ont fait croître.

L'arbre est fort. Vous pourrez en compter les rameaux dans ce livre. Il continuera à s'élever et à s'étendre. Son ombre verdoyante abritera les générations futures. Mais, déjà, vous pouvez avoir joie à contempler sa puissance, et vous pouvez vous rendre à vous-même ce témoignage dont vous avez fait la récompense des vrais coopérateurs : « d'avoir préparé l'avenir et travaillé pour autrui. »

Albert THOMAS.

L'Alliance Coopérative Internationale apporte son hommage, ses félicitations et son affectueuse estime à Charles Gide à l'occasion de son quatre-vingtième anniversaire. Elle salue en lui le vétéran honoré non seulement par la Coopération française, mais par le Mouvement coopératif du monde entier.

Sa science et son expérience comme Professeur de Droit et d'Economie Politique, ses cours au Collège de France — où, comme apôtre de la Coopération il s'adresse à des auditeurs de toutes les parties du monde — sont dépassés par sa grande connaissance de l'humanité, sa largeur de vues, sa grandeur d'âme qui le désignent comme étant un véritable esprit international. Son œuvre et sa personnalité lui assurent une place impérissable dans les Annales de notre Mouvement.

Au collègue qui a été à l'origine de la conception de

l'Alliance Coopérative Internationale, qui a assisté à sa naissance et qui a servi son développement avec une inébranlable loyauté et un idéalisme qui ne s'est jamais démenti, nous souhaitons une heureuse continuation à son noble travail et la gloire qui lui est due à sa vie de dévouement.

Au nom de l'Alliance Coopérative Internationale :

G.-J.-D.-C. GOEDHART, A. WHITEHEAD, E. POISSON, H.-J. MAY, W. SERWY, E. LUSTIG, H. KAUFMANN, Sir T. ALLEN, W. GREGORY, A.-A. KISSIN, A. OERNE, Dʳ A. SUTER.

HONORÉ MAITRE ET CHER COLLÈGUE,

Le Conseil administratif unique des institutions Centrales Coopératives, en fixant la tenue du XIVᵉ Congrès national dans cette ville de Nîmes, a obéi à une double inspiration. Rappeler d'abord que c'est ici, il y a 42 ans que prit naissance le mouvement de la première union nationale de nos sociétés, sous l'effort du petit groupe de Coopérateurs nîmois que vous deviez rejoindre presque à l'origine et que la tradition a consacré du nom d'Ecole de Nîmes. Lui associant pieusement les noms d'Edouard de Boyve et d'Auguste Fabre, ses amis disparus, honorer ensuite le survivant des fondateurs d'un public hommage en faisant correspondre ce retour des institutions coopératives à leur berceau historique avec le jubilé du 80ᵉ Anniversaire de son Maître et Doyen éminent, jubilé que tous voudront célébrer dans l'admiration la plus respectueuse et la plus affectueuse pour le vétéran de notre Mouvement.

Si pourtant il désire que cette commémoration apparaisse avec tout son sens, c'est-à-dire comme un salut à l'Œuvre du Maître, il se réserve comme un privilège d'exprimer la reconnaissance émue des 2 millions de familles de coopérateurs français qu'il représente, pour l'effort du Coopérateur et pour la vie de l'homme.

De votre œuvre de Maître, Cher Collègue, nous, vos collaborateurs des Conseils Administratifs Centraux, de l'œuvre immense de l'Educateur et du Savant, de vos travaux d'économie, d'historien, de philosophe et de penseur, nous ne parlerons ici que pour proclamer le respect et l'admiration qu'ils nous inspirent et pour en dire, d'une phrase, qu'elle est comparable à ce que serait une belle et robuste statue de la Minerve athénienne, à une noble figure de Pallas Athéné, qu'on aurait modelée dans le granit et l'ivoire pour servir de symbole à la sagesse d'un législateur de la Cité antique.

Ce que nous voulons célébrer en particulier, c'est votre œuvre pratique et positive, votre effort constructif de coopérateur, poursuivis depuis les débuts de la Société La Prévoyance Montpelliéraine et du Secrétariat de la chétive fédération départementale de l'Hérault, en 1887, jusqu'aux 10 années de présidence du Comité Central de l'Union Coopérative, de 1902 à 1912, aux 15 années du Conseil de notre Fédération Nationale, aux 25 années du Comité de l'Alliance Internationale, qui embrassent 40 ans de prosélytisme et de foi active, tout entiers consacrés à gravir les cimes et à regarder vers les plus hauts sommets, votre participation à 25 congrès nationaux et à nombre des grandes assises internationales, auxquels l'autorité de votre parole et le renom de vos travaux ont apporté tant de prestige et d'éclat, les résultats de vos ambassades et de vos pélerinages coopératifs à l'étranger, sous le signe victorieux des Pionniers de Rochdale, votre action au Conseil Supérieur de la Coopération, et au Conseil Economique National, la haute signification de votre enseignement dans la Chaire Coopérative du Collège de France. Ce ne serait sans doute pas le moindre étonnement de vos pairs et de vos disciples des cours scientifiques, s'ils pouvaient connaître la longue et fidèle collaboration à nos discussions et travaux d'administrateurs et de militants, vérifier dans le détail d'assiduité exemplaire, l'application attentive, patiente, déférente et même disciplinée, apportées par vous aux fréquentes et absorbantes séances de nos Conseils, de nos Comités d'études techniques, même les plus infimes, de découvrir par exemple avec quelle obstination et quelle volonté méritoire vous avez pu pendant un quart de siècle travailler à la tâche difficile de l'Unité Coopérative.

Plus peut-être que de lui avoir consacré votre œuvre scientifique, le peuple des coopérateurs, la multitude obscure de la grande famille coopérative vous sait gré de cette volonté délibérée de prendre une part directe à la moindre activité de nos institutions, d'être présent à chacune des manifestations de leur activité journalière, aux misères comme aux joies de tous, car ils y voient la marque d'une sollicitude *vraie et la certitude du don sans réserve de votre cœur et de votre intime sentiment quotidien..*

De ces témoignages inappréciables, Cher Collègue, nous avons voulu vous remercier en leur nom.

Mais c'est aussi votre vie que nous avons voulu honorer, votre vie de travailleur, droite et pure, sereine et pacifique, tout entière penchée par la méditation et par le constant examen de la Conscience sur les grands et austères devoirs envers l'individu et envers l'humanité ; vie de philosophe et de sage, illuminée des mêmes pensers graves qui ennoblirent Socrate et Sénèque, vie évangélique d'apôtre, qui, dans le champ de l'expérience humaine sema inlassablement les leçons de bonté et les préceptes de solidarité ; longue et simple vie dont les deux périodes équilibrées dans le temps furent aussi appliquées harmonieusement, l'une à l'étude des problèmes sociologiques et à la méditation sur les grandes forces morales, l'autre à enseigner et à agir.

Excusez ces témoignages de notre admiration affectueuse, Cher Maître et Collègue.

« Lentement, mais sûrement, a proclamé Anatole France, l'humanité réalise le rêve des sages ! »

C'était notre devoir, à nous qui sommes les interprètes du grand Mouvement Coopératif, dont la vigoureuse éclosion d'aujourd'hui représente comme la fleur d'une civilisation supérieure, d'honorer la personne et la vie d'un de ces sages, comme celle d'un des grands porteurs de flambeau de notre époque dans le pays, et d'en extraire les hautes leçons ; mais nous préférons résumer tous nos éloges en celui-ci qui, nous le savons, vous agréera bien davantage : Ce que nous glorifions en vous, c'est d'avoir toute votre existence, été le serviteur désintéressé d'une grande Idée.

Ernest POISSON, Maurice CAMIN, Gaston LÉVY, A.-J. CLEUET, G. LEBON, AFFRE, E. BENOIST, L. BERLAND, E. BRICOUT, M. BROT, E. BUGNON, BUGUET, C. CAYOL, C. CHIOUSSE, COUVRECELLE, E. COZETTE, P. CUMINAL, A. DAUDÉ-BANCEL, FAUCONNET, FOUCAUT, FOULADOUX, E. GAILLARD, G. GARBADO, J. GAUMONT, J.-B. LAMOTTE, LEPOURIEL, RENÉ LOUIS, L. LUCAS, J. PASSEBOSC, H.-P. PONARD, A. POULETTE, G. PRACHE, Ch. RIEHL, SAINT-ELOY, TERRIEN, THIRIET.

Monsieur le Professeur et Cher Maitre,

Je suis heureux de profiter de l'occasion qui m'est offerte de vous témoigner les sentiments de gratitude et d'affection à votre égard de la Fédération Nationale de la Mutualité et de la Coopération Agricoles, et par conséquent de toutes les associations qui lui sont affiliées.

Je suis certain de traduire ainsi non seulement la pensée des petits et des moyens agriculteurs français, mais encore de tous ceux qui se sont consacrés à l'étude des questions agricoles et se sont imprégnés de vos idées au cours de leurs travaux d'abord, de leur action sociale, ensuite.

Vous avez, en effet, exercé une empreinte profonde et durable sur les institutions, comme aussi sur les hommes épris de dévouement envers leurs semblables.

A ne s'en tenir qu'à la lettre de certains de vos écrits, vous pourriez peut-être paraître à des esprits superficiels comme uniquement le champion de la coopération distributive, laquelle étendrait son hégémonie sur les autres formes de la coopération.

Vous avez, au contraire, soigneusement observé et analysé la vie économique et sociale, ne serait-ce que pour sacrifier au remarquable éclectisme qui est à la base de votre enseignement. Les médecins avisés déclarent d'ailleurs, qu'on ne commande à la Nature qu'en lui obéissant. Il en est de même en matière d'action sociale. Aussi tandis que la propagande dressait un tableau un peu unilatéral de vos théories, vous teniez compte de toutes les activités et, déjà soit dans votre enseignement, soit dans les manifestations de votre pensée, vous faisiez une part légitime aux autres expressions de l'action coopérative.

Nous ne pouvons oublier, en particulier, qu'à l'époque déjà lointaine où vous avez inauguré la collection aujourd'hui introuvable de l'Almanach de la Coopération française, cette publication était le point de rencontre de toutes les pensées des mutualistes et coopérateurs de l'époque.

Par là, vous avez montré une grande compréhension de la vie mutualiste et coopérative dans ses diverses activités. Plus qu'aucun autre, vous avez perçu les mérites incontestables de chaque forme et exposé, dans votre longue vie d'anticipations, les résultats que chacun avait le droit d'attendre du mouve-

*ment auquel il consacrait ses efforts. En cela, vous avez été
pour chacun de nous un guide infiniment précieux.*

*Vous avez exprimé, depuis longtemps déjà, en des écrits
prophétiques, la nécessité de relations étroites entre les coopératives de consommation et les coopératives agricoles et de
production. Si des résultats importants n'ont pas encore couronné les efforts communs, la faute en est plutôt à un défaut
d'organisation qu'à la mauvaise volonté des hommes. Les
Fédérations intéressées collaborent à présent dans un Comité
d'Entente et nous espérons bien que leur complet accord
portera bientôt tous ses fruits.*

*Nos amis ont ressenti une joie profonde de la sympathie
que vous leur avez témoignée en vous penchant sur nos associations pour en faire connaître les mérites à vos auditeurs
du Collège de France.*

*Un de vos biographes vous a représenté comme un pessi-
miste. Permettez-nous de ne point partager cette opinion et
de vous considérer au contraire comme le plus aimé et le plus
optimiste des animateurs du mouvement social. On ne peut,
en effet, verser l'optimisme au cœur des autres si on n'est
profondément optimiste soi-même !*

*Certains recherchent le secret de votre verte vieillesse si
pleine de labeur et de sérénité. Il réside sans aucun doute
dans le fait que vous avez consacré le plus clair de votre
temps à faire le bien. La Fédération Nationale de la Mutualité et de la Coopération Agricoles souhaite que votre noble
existence se prolonge longtemps encore à la fois pour les
autres et pour vous-même.*

Fernand DAVID,
Sénateur, ancien Ministre,
Président de la Fédération Nationale
de la Mutualité et de la Coopération Agricoles.

---

*Parmi les amis des Associations ouvrières de production,
le Professeur Charles Gide est un des plus estimés.*

*Cela tient à la sympathie qu'il a toujours témoignée pour
ceux qui, depuis près d'un siècle, cherchent à s'affranchir du
salariat par l'Association Ouvrière de production.*

*Cette sympathie s'est manifestée, non seulement par
le concours apporté à la Chambre Consultative mais aussi*

dans les cours de l'éminent Professeur soit à l'Ecole de Droit de Paris, soit au Collège de France, où quelquefois des critiques assez sévères ont été adressées aux sociétés qui ont abandonné leur idéal pour de satisfactions plus matérielles. Ces critiques étaient méritées, aussi aucun membre de nos Associations ne s'en est froissé.

La Chambre Consultative des Associations ouvrières de production n'oublie pas non plus que le Professeur Charles Gide a été membre fondateur d'une Association Ouvrière de production : « La Laborieuse de Nîmes » que dirige avec compétence et dévouement notre Camarade Claude Gignoux.

Nous sommes donc heureux de témoigner publiquement au Professeur Charles Gide toute notre reconnaissance pour la sympathie qu'il a manifestée à notre Mouvement et nous l'assurons d'une éternelle reconnaissance.

E. BRIAT,
*Secrétaire Général de la Chambre Consultative
des Associations Ouvrières de Production.*

Dans ce Livre d'Or où la grande famille des coopérateurs de France unis par une même pensée de reconnaissance, a voulu exprimer à son vénéré Maître Charles Gide ses sentiments de fervente affection, je suis chargé de lui offrir l'hommage des agriculteurs groupés autour de la Caisse nationale de crédit agricole, qui, sous l'impulsion de la belle et féconde idée coopérative, ont fondé, organisé et développé le puissant réseau d'institutions de crédit et de coopération agricoles dont ils sont justement fiers aujourd'hui.

L'institution du crédit agricole régie par la loi du 5 Août 1920 offre l'exemple d'une organisation qui, à tous les degrés, repose sur les principes coopératifs. Il est même permis d'affirmer que dans aucune autre institution analogue ces principes ne sont appliqués d'une manière aussi complète et aussi absolue que dans les sociétés de crédit et de coopération agricoles qui sont administrées gratuitement, dont le capital est formé uniquement au moyen de parts ne recevant qu'un intérêt fixe à l'exclusion de toute autre rémunération, dont les excédents de recettes annuels ne peuvent être répartis entre les associés qu'au prorata des opérations faites par eux avec la société et dont l'actif net, même en cas de dissolution, est obligatoirement dévolu à une œuvre d'intérêt général sans pouvoir jamais être partagé entre les adhérents.

Dans ces institutions on peut dire, suivant la formule si expressive de M. Charles Gide, que « le capital n'est qu'un salarié » mis au service d'une œuvre qui poursuit un but généreux et désintéressé d'émancipation sociale.

Les résultats obtenus par l'institution du crédit agricole montrent la force de réalisation des principes coopératifs.

Au 31 décembre 1926, 317.000 chefs de familles agricoles étaient groupés dans près de 5.500 caisses régionales et locales; 35.000 d'entre eux étaient devenus de petits propriétaires ruraux à l'aide du crédit à long terme. Les opérations en cours s'élevaient à 280 millions pour les prêts à court terme et les caisses de crédit agricole avaient en cours 123 millions de prêts à moyen terme et 254 millions de prêts individuels à long terme destinés à faciliter l'accession à la petite propriété, dont 85 millions consentis à des victimes de la guerre ; en outre, 161 millions avaient été prêtés à près de 2.000 sociétés coopératives constituées par de petits agriculteurs. Enfin, et c'est là le meilleur témoignage de la confiance des cultivateurs dans leurs associations, les caisses de crédit agricole avaient reçu en 1926 des dépôts de fonds dépassant 750 millions et dont le solde était de 260 millions.

Ces résultats attestent le magnifique essor des institutions coopératives et des sociétés de crédit agricole, fondées par nos agriculteurs sur les principes que M. Charles Gide a enseignés et défendus toute sa vie et que ses élèves s'efforcent à leur tour de propager et de réaliser. A ce titre, ils méritaient d'être cités dans ce livre à l'honneur du professeur Charles Gide qui peut ainsi constater combien son enseignement a été utile et combien sa doctrine a déjà reçu de fécondes applications en agriculture.

Louis TARDY,

Directeur Général
de la Caisse Nationale de Crédit Agricole,
Membre de l'Académie d'Agriculture.
Membre du Conseil Supérieur de la Coopération.

ANNEXES

RAPPORTS ET DOCUMENTS

PREMIERE PARTIE

DEUXIEME PARTIE

ANNEXE

PREMIÈRE PARTIE

RAPPORT DU CONSEIL CENTRAL
au Congrès de Nîmes

Ainsi qu'il le fait chaque année, le Conseil Central de la Fédération Nationale des Coopératives de Consommation adresse son Rapport annuel aux Sociétés Coopératives adhérentes.

Ce Rapport résume les travaux qui ont été faits au cours de l'année 1926 et il analyse ce qu'a été l'activité générale de la F. N. C. C. au cours de cette même année. Des renseignements sont donnés sur tous les services de la F. N. C. C.

A ce rapport s'ajoutent ceux qui concernent les questions figurant à l'ordre du jour du Congrès National, en dehors du Rapport du Conseil Central.

Bureau permanent de la F. N. C. C.

Dans une séance tenue à Lille, le 15 mai 1926, à l'issue du Congrès National, le Conseil Central a désigné Ernest Poisson et Maurice Camin comme Secrétaires Généraux de la F. N. C. C.

Un Bureau permanent a été constitué; il est chargé d'assurer le fonctionnement des Services de la F. N. C. C. et il est composé de M. Charles Gide et des Secrétaires généraux.

Conformément à une décision prise antérieurement par le Conseil Central, le nombre des membres de la Commission des Finances a été porté à cinq. Buguet, Gaillard, Jean Gaumont, Lebon et Peckstadt ont été désignés comme membres de cette Commission qui a charge de proposer le budget au Conseil Central et, au cours de l'année, d'examiner, le cas échéant, les dépenses non prévues et que les circonstances peuvent rendre nécessaires.

La Commission mixte chargée d'examiner les questions qui sont de nature à intéresser les trois organisations centrales, a été renouvelée. Elle comprend les Secrétaires Généraux de la F. N. C. C., les Administrateurs-délégués du M. D. G. et l'Administrateur-délégué de la B. C. F.

Les réunions du Conseil Central

Au cours de l'année 1926, le Conseil Central s'est réuni treize fois: deux réunions ont eu lieu à Lille, la première avant le Congrès, la seconde après. Les réunions ont eu lieu aux dates suivantes : 25 janvier, 28 février, 28 mars, 25 avril, 12 mai, 15 mai, 27 juin, 25 juillet, 22 août, 26 septembre, 24 octobre, 28 novembre, 26 décembre.

Conformément à la décision prise par le Congrès National de 1917, le Conseil Central indique ci-après les absences de ses membres aux séances mensuelles de janvier à décembre :

Affre, 3; Berland, 8; Benoist, 1; Bricout, 1; Marcel Brot, 1; Bugnon, 2;

Buguet, 1; Maurice Camin, 1; Cayol, 10; Chiousse, 5; Cuminal, 5; Daudé-Bancel, 1; Fouladoux, 1; Garbado, 2; Gaillard, 1; Jean Gaumont, 1; Charles Gide, 2; Lepouriel, 2; Passebosc, 4; Ponard, 1; Poulette, 5; Rhiel, 3; W. Terrien, 11; Paul Thiriel, 6.

Renouvellement du tiers des membres du Conseil Central

Conformément à l'article 9 des Statuts de la F. N. C. C., le Conseil Central est renouvelable par tiers chaque année. Les membres sortants, en 1927, sont les suivants :

1° Membres désignés par les Fédérations Régionales : BENOIST (Fédération de l'Est); COZETTE (Fédération de la Somme); FOULADOUX (Fédération du Nord-Ouest); Jean GAUMONT (Fédération de Bourgogne, Franche-Comté et Territoire de Belfort); René LOUIS (Fédération du Nord et du Pas-de-Calais); PASSEBOSC (Fédération du Sud); PECKSTADT (Fédération de la Région Parisienne); RHIEL (Fédération d'Alsace); Paul THIRIET (Fédération de Lorraine et des Ardennes).

2° Membres désignés par le Congrès : BUGUET, Maurice CAMIN, GARBADO.

Le Conseil Central croit devoir rappeler qu'en vertu de l'article 9 des Statuts, il est ainsi composé :

1° Des délégués présentés par chacune des Fédérations Régionales, à raison de un délégué pour les Fédérations dont le chiffre d'affaires est inférieur à 50 millions. Au-dessus de ce chiffre, un délégué supplémentaire par tranche complète de 50 millions. Le montant de la tranche complète pourra être augmenté par décision du Congrès National;

2° D'un nombre égal à la moitié de ceux de la première catégorie et désignés par le Congrès dans les conditions indiquées par les articles 12 et 17 des Statuts.

Commission de Contrôle

Le Congrès de Nîmes est appelé à désigner la Commission de Contrôle, qui est rééligible.

Les membres sortants, désignés en 1926, sont : DAVID, DRONEAU, DUCROCQ, PRACHE et TUTIN.

Librairie

La Fédération Nationale a édité ou réédité les brochures et les livres suivants :

Le Congrès de Lille, tiré à 1.200 exemplaires.

Lettre à Pierre et à Françoise, par G. Yung. Cette brochure de propagande de 16 pages avait eu, l'année précédente, deux tirages formant un total de 30.000 exemplaires; un nouveau tirage de 20.000 exemplaires effectué en novembre dernier, s'est épuisé rapidement et une quatrième édition a été rendue nécessaire.

Le Rôle du Conseil d'Administration et des Administrateurs d'une Société Coopérative de Consommation, par E. Poisson; une seconde édition de cette brochure a dû être effectuée, le premier tirage étant épuisé.

Agendas de poche pour 1927. Vingt-trois sociétés nous ont passé commande pour un nombre total de 92.300 exemplaires. Le prix modique de ces agendas (0 fr. 22 l'unité pour le 1er mille et 0 fr. 17 pour chaque mille suivant) permet aux sociétés, en les distribuant, de faire une propagande efficace particulièrement recommandée.

Statistique

La statistique des Sociétés Coopératives de Consommation adhérentes à la Fédération Nationale, ainsi que celle des Sociétés non adhérentes, a paru dans l'Annuaire. La publication de celui-ci sous une nouvelle forme a amené un certain retard, mais, par contre, celle-ci permettra de hâter l'édition du prochain annuaire, surtout si toutes les sociétés retournent rapidement à la Fédération Nationale les renseignements statistiques qui leur sont demandés chaque année.

Le mouvement des Sociétés

Le nombre des Sociétés adhérentes à la F. N. C. C., au 31 décembre 1925, était de 1.670; il est au 21 décembre 1926, de 1.573, soit une différence en moins de 97 qui provient de 82 dissolutions ou disparitions et de 15 fusions.

Il y a lieu de tenir compte qu'à côté de cette diminution du nombre de sociétés, il y a un accroissement important du nombre des magasins coopératifs ouverts par les sociétés de développement.

Le mouvement des sociétés se répartit ainsi par Fédération Régionale :

	Nombre de Sociétés au 31/12/26	Sociétés fusionnées	Sociétés dissoutes ou disparues
Albi	105	1	5
Algérie	7	»	1
Amiens	14	1	»
Bordeaux	115	»	9
Bourges	94	»	4
Cameroun	1	»	»
Chine	1	»	»
Constantine	7	»	2
Corse	7	»	»
Dijon-Besançon	107	2	5
Grenoble	88	1	8
Lille	128	4	9
Limoges	101	3	7
Lyon	110	»	5
Madagascar	1	»	»
Maroc	2	»	»
Marseille	111	1	7
Martinique	1	»	»
Nancy	143	»	9
Nantes	64	»	1
Nouvelle-Calédonie	1	»	»
Oranie	8	»	»
Paris	87	»	12
Roanne	129	»	8
Rouen	38	»	2
Strasbourg	25	»	»
Tonkin	1	»	»
Troyes	74	2	3
Tunisie	3	»	»

Les Chiffres d'affaires des Sociétés de développement en 1925 et 1926

Il apparaît utile de donner — en les comparant — les chiffres d'affaires des sociétés de développement de 1925 et de 1926.

Union des Coopérateurs du Sud de l'Aisne,

	CHIFFRES D'AFFAIRES	
	1925	1926
Union des Coopérateurs du Sud de l'Aisne, Château-Thierry	21.153.807	32.857.961
Union Coopérative. du Laonnois, Laon	3.778.023	4.767.133
La Fraternelle, Saint-Quentin	8.633.214	10.631.529
Coopérative Régionale du Bas-Vivarais, Aubenas	1.949.401	2.801.000
Union des Coopératives des Ardennes, Charleville	4.489.905	5.401.271
Union des Coopérateurs de l'Aube, Troyes.	3.819.857	4.644.170
La Butineuse, Marseille	6.597.154	6.652.743
Union des Coopérateurs, La Rochelle	3.653.303	5.479.338
Coopérative Régionale des Charentes et des Deux-Sèvres, Saintes	15.641.889	23.990.222
Union des Coopérateurs de la Creuse, Guéret	7.609.345	11.046.856
L'Universelle, Valence	1.555.195	1.750.000
Union Coopérative du Sud-Ouest, Bordeaux	25.848.216	29.447.300
L'Alliance des Travailleurs Fougérais, Fougères	3.169.486	4.300.113
La Ménagère, Grenoble	758.850	907.461
La Solidarité, Roanne	11.078.231	12.749.640
Union des Coopérateurs de la Loire-Inférieure, Nantes	8.500.500	12.109.388
Union des Coopérateurs de l'Anjou, Angers.	805.623	1.245.508
Union des Coopérateurs de Lorraine, Bar-le-Duc	93.776.079	117.014.000
Union Coopérative Lorientaise, Lorient	7.994.143	10.475.303
Union des Coopérateurs du Cambrésis, Caudry	32.610.320	38.277.279
Union des Coopérateurs de Denain, Denain.	8.854.435	11.849.564
Union des Coopérateurs de l'arrondissement de Douai, Sin-le-Noble	22.600.000	31.926.916
Union des Coopérateurs de la Selle et de la Sambre, Solesmes	9.842.752	13.495.429
Union des Coopérateurs des Flandres, Coudekerque-Branche	9.685.434	20.430.084
Coopérative du Beauvaisis, Beauvais	6.896.102	9.359.475
Coopérative Régionale de Basse-Normandie, Alençon	15.010.335	16.643.101
Coopérative Générale de Consommation, Arras	9.371.022	10.089.100
Union des Coopérateurs de l'Adour, Bayonne	7.708.210	12.046.318
Société Coopérative de Consommation, Illkirch-Graffenstaden	5.145.349	7.117.503

	CHIFFRES D'AFFAIRES	
	1925	**1926**
Société Coopérative de Consommation de Strasbourg et environs, Strasbourg...	36.895.800	51.748.800
Société Coopérative de Colmar et environs, Colmar	2.898.363	3.749.304
Société Coopérative de Mulhouse et environs, Mulhouse	16.720.609	18.921.957
L'Avenir Régional, Lyon	20.694.125	24.080.406
Union des Consommateurs de Saône-et-Loire, Montceau-les-Mines	249.445	243.617
Union des Coopérateurs, Paris	84.625.774	92.787.775
Union des Coopérateurs du Havre et de la Région, Le Havre	3.254.956	3.031.018
La Solidarité Sottevillaise, Sotteville-les-Rouen	9.517.725	11.500.000
L'Union, Amiens	47.955.491	60.270.000
L'Aurole Sociale, Albi	5.150.705	8.841.291
Union des Coopérateurs du Var, Le Cannet-du-Luc	5.317.448	8.583.164
La Ruche Cavaillonnaise, Cavaillon	2.882.615	4.875.377
Association Coopérative, Poitiers	3.548.553	5.140.009
L'Avenir du Centre-Ouest, Limoges	4.037.947	5.298.415
L'Union Syndicale Ouvrière, Saint-Junien.	5.054.967	5.088.772

Le total, pour 1925, est de 607.356.640 fr.; il est de 774.871.267 fr. pour 1926, ce qui fait, en plus, 167.514.627 francs.

Il n'est pas téméraire de considérer que, dans l'ensemble, ce chiffre marque un développement assez important du Mouvement et ce doit être l'indice que la généralité des Sociétés marque une progression effective sur l'exercice précédent.

Le Conseil Central a voulu donner ces chiffres afin de renseigner les Sociétés.

L'Action Coopérative

Le tirage de l'organe de la F. N. C. C. est très limité. Cela tient au fait que très peu de Sociétés — un quart seulement — ont souscrit des abonnements. Il s'en suit que l'exploitation du journal est déficitaire pour l'exercice 1926 et qu'une augmentation du prix des abonnements a dû être faite.

Le problème devrait et pourrait être résolu autrement. Ce qui provoque le déficit, c'est la faiblesse du tirage; or il suffirait que chaque Société fasse un effort pour que le prix des abonnements soit plus réduit et que la vie du journal soit normalement assurée.

La Conférence des Secrétaires des Fédérations Régionales s'est particulièrement intéressée à ce problème et après avoir décidé de mettre à l'ordre du jour de chaque Congrès régional la question de *l'Action Coopérative*, elle a fait les recommandations suivantes : 1° Les Sociétés ne faisant pas un million d'affaires devraient souscrire deux abonnements au moins; 2° les Sociétés faisant plus d'un million d'affaires devraient abonner les administrateurs et les membres de toutes les Commissions statutaires; 3° les Sociétés de développement devraient abonner les membres du Conseil d'Administration, des Commissions et des Comités de propagande ou de Section.

La F. N. C. C. a fait — par voie de correspondance — un appel dans ce sens. Il est certain que si ces principes étaient appliqués, *l'Action Coopérative* pourrait vivre dans de meilleures conditions.

De plus, des carnets d'abonnements sont à la disposition des Sociétés et des Coopérateurs.

La F. N. C. C. s'est efforcée de donner à son journal un caractère nouveau. Les collaborations qu'elle a obtenues — et qu'elle s'efforcera de multiplier — ont rendu le journal plus attrayant.

Il y a lieu d'ajouter qu'à l'heure où ce rapport est écrit, la F. N. C. C. examine les conditions dans lesquelles la presse coopérative pourrait être centralisée autour de l'*Action Coopérative,* en tenant compte qu'il faut obtenir des prix réduits. Une réunion doit avoir lieu pour examiner cette question qui est fort importante.

Annuaire

La F. N. C. C. publiait tous les deux ans un Annuaire qui était vendu aux Sociétés qui en faisaient la demande. Cette année — 1926-1927 — *L'Annuaire* a été complètement transformé. Du format in-8° raisin, il a 642 pages; il est relié.

Il contient de très nombreux et très importants renseignements.

Des collaborations lui ont été assurées et l'ensemble du Mouvement s'y trouve analysé.

Cette publication a pu être envoyée gratuitement à toutes les Sociétés adhérentes. Elle sera faite chaque année.

La F. N. C. C. pense que les Sociétés pourront utilement en faire la collection.

Moyens de publicité et de propagande

Conformément à une décision du Congrès de Lille, la F. N. C. C. a demandé aux Sociétés de lui adresser des exemplaires des affiches, tracts, catalogues et brochures édités par leurs soins pour la publicité et la propagande.

Un certain nombre de Sociétés ont répondu à cette demande et les documents sont, au Secrétariat de la F. N. C. C., à la disposition des représentants des Sociétés.

Mois de Recrutement de Capitaux

Le Conseil Central se trouvant dans l'incapacité de faire un Mois d'Adhésions avec un Concours National comme les années précédentes, a pensé qu'étant données les circonstances, il serait opportun de consacrer un Mois au Recrutement des Capitaux.

Le Conseil Central décida — en accord avec *l'Enfance Coopérative* — que des billets de la Grande Souscription, achetés par la F. N. C. C., seraient attribués aux souscripteurs d'actions nouvelles ou aux déposants à terme.

Le Mois de Recrutement des Capitaux a eu lieu du 12 décembre 1926 au 9 janvier dernier.

Des affiches et des cartes postales ont été mises à la disposition des Sociétés, et une édition spéciale de *L'Action Coopérative* a été publiée. La brochure de Georges Yung, *Lettre à Pierre et à Françoise,* a été très demandée à cette occasion.

112 Sociétés ont participé au Mois de Recrutement des Capitaux. A l'heure où ce Rapport est publié, les résultats ne sont pas encore connus.

Crédits du Ministère du Travail

Depuis le Congrès de Lille, les avances ci-dessous ont été consenties aux Sociétés sur le fonds de dotation prévu par la loi du 7 mai 1917.

Union des Coopérateurs de l'Adour, Bayonne............ 200.000 »
Aurore Sociale, Albi.................................. 300.000 »
Union des Coopérateurs de Lorraine, Nancy (2e versement
    sur décision antérieure)......................... 600.000 »
Coopérative Régionale des Charentes et des Deux-Sèvres,
    Saintes .... 500.000 »
L'Union, Gommegnies .... 50.000 »
Union des Consommateurs, Comines................... 35.000 »
La Semeuse, Carpentras.............................. 25.000 »
L'Avenir Fréventin, Frévent......................... 9.000 »
Union des Coopérateurs de Denain, Denain............ 250.000 »
L'Avenir du Prolétariat, Trélazé.................... 25.000 »
Union des Coopérateurs Ariégeois, Foix.............. 100.000 »
Union des Coopérateurs du Cambrésis, Caudry......... 1.500.000 »
Union des Coopérateurs des Flandres, Coudekerque-
    Branche .... 200.000 »
L'Union Economique, Villeurbanne.................... 30.000 »
L'Humanité, Flers-en-Escrebieux.................... 13.000 »

D'autre part, le fonds de dotation qui avait été constitué pour les sociétés coopératives d'Alsace et de Lorraine a été ramené au Ministère du Travail par suite de la disparition de l'administration spéciale à l'Alsace-Lorraine. Avant de se dissoudre, les crédits suivants avaient été accordés :

*Société Coopérative de Consommation d'Illkirch-Graffen-
    staden* .... 200.000 »
Société Coopérative de Mulhouse et environs........... 500.000 »
Société Coopérative de Colmar et environs............. 250.000 »

Avant de terminer ses travaux, la Commission de répartition des crédits pour l'Alsace-Lorraine, où Lévy et Poisson représentaient les organismes centraux, a demandé que les sociétés d'Alsace-Lorraine, appelées à bénéficier des avantages de la loi du 7 mai 1917, puissent obtenir les mêmes avantages qu'auparavant et a appuyé à ce point de vue la résolution votée par la Semaine Parlementaire de la Coopération, particulièrement en ce qui concerne les délais nécessaires pour toucher les fonds, et la durée des prêts.

D'autre part, la Commission des Crédits a examiné les conditions générales dans lesquelles devaient être consentis, à l'avenir, les différents prêts. La Fédération Nationale, appuyée par les décisions de la Semaine Parlementaire de la Coopération, avait présenté à ce point de vue quelques revendications. Le rapport soutenu devant la Commission des Crédits a abouti à prévoir que les délais de remboursement des prêts pourraient être portés de trois à cinq ans. La Commission des Crédits a également décidé de réclamer une modification en ce qui concerne les conditions de remboursement, c'est-à-dire qu'un délai plus long soit consenti entre le moment où le prêt est accordé et le premier échelon de remboursement. Il a été également décidé de réclamer, tant auprès du Ministère des Finances qu'auprès du Ministère du Travail, un délai plus court entre le moment où le prêt est accordé et celui où il est versé. Enfin, la Commission doit examiner un projet de loi qui consisterait à augmenter le montant des prêts jusqu'aux trois quarts de l'actif net, sans avoir cependant émis d'opinion favorable. La Commission a aussi modifié les conditions des prêts en modifiant et en étendant leur objet.

La loi Chanal

La F. N. C. C. s'est associée à l'effort fait en vue d'obtenir le vote de la loi de M. le Sénateur Chanal. Elle est intervenue auprès du Gouvernement et elle a demandé aux Fédérations Régionales d'intervenir auprès de tous les Candidats au Sénat pour leur demander de prendre l'engagement de voter cette loi qui a pour objet de permettre les accords entre les Sociétés Coopératives Agricoles et les Sociétés Coopératives de Consommation ou leurs Unions.

Les Sociétés, elles-mêmes, pourraient utilement profiter de toutes les occasions pour intervenir auprès des parlementaires.

Deux Journées Parlementaires de la Coopération

Le Groupe Parlementaire de la Coopération — en accord avec la F. N. C. C., la Fédération de la Mutualité et de la Coopération Agricoles et la Chambre Consultative des Associations Ouvrières de Production — a organisé Deux Journées Parlementaires de la Coopération qui ont eu lieu les 8 et 9 juin 1926. Elles ont obtenu un très gros succès; un grand nombre de Sociétés avaient envoyé des représentants qui suivirent les débats avec intérêt.

Sur un rapport de M. Chabrun, député, vice-président du Groupe Parlementaire de la Coopération, l'Assemblée vota le vœu suivant qui concerne les crédits aux Sociétés de Consommation :

Considérant une judicieuse utilisation des fonds de dotation des coopératives reliées au Ministère du Travail, exige que le maximum de services puisse être rendu aux sociétés coopératives par l'attribution de prêts destinés à leur développement.

Emet le vœu,

Qu'un établissement autonome soit géré par les organisations intéressées, créé sous la surveillance du Ministère du Travail et que la totalité des fonds de dotation soit mise à la disposition de cet établissement pour être utilisée au maximum conformément à leur destination légale.

Une importante et fort utile discussion eut lieu sur l'avant-projet de loi organique. Il apparut, à la fin de cette discussion que l'accord entre toutes les formes de la Coopération était possible, et le texte ci-après fut voté :

Les Deux Journées Parlementaires de la Coopération, après avoir pris connaissance de l'avant-projet de loi sur la Coopération établi par la sous-commission juridique, en approuvent les lignes générales, étant entendu que les dispositions propres à chaque forme de la Coopération subsisteront, que les coopératives pourront continuer à se former sous le régime de sociétés civiles particulières, que la législation s'appliquera aux Groupements d'achats en commun constitués entre professionnels s'ils fournissent des denrées à leurs seuls sociétaires, à l'exclusion de tiers non associés.

Elles décident de transmettre le projet ainsi rectifié aux organisations coopératives qui devront, avant le 1er novembre 1926, présenter leurs observations au Groupe Parlementaire et se mettre d'accord entre elles sur un texte définitif.

Après un exposé de M. Boully, député de l'Yonne, l'assemblée vota le texte ci-dessous relatif à la taxe sur le chiffre d'affaires :

Les Journées Parlementaires de la Coopération émettent le vœu que le Parlement vote la proposition Boully sur l'application de la loi sur le chiffre d'affaires aux Groupements d'achats en commun et aux coopératives de consommation et exonère complètement de cet impôt les syndicats agricoles et les coopératives agricoles de Production.

Elles demandent que ce vote intervienne avant le 30 juin 1926 ou que le régime provisoire établi par l'article 85 de la loi du 13 juillet 1925 soit prorogé jusqu'au vote du texte définitif.

D'autre part, en ce qui concerne les crédits, l'assemblée, informée de propositions hostiles, vota la résolution suivante :

L'assemblée émue de certaines campagnes dirigées contre les Offices publics ou les fonds de dotation dus à des dispositions législatives, affirme la nécessité de leur gestion par des établissements publics autonomes, gérés par les représentants des intéressés, sous le contrôle financier des administrations publiques.

L'Enseignement de la Coopération à l'École

La F. N. C. C. — en accord avec la Commission de l'Enseignement — a édité une brochure due à M. Charles Gide qui a été mise à la disposition du Ministère de l'Instruction Publique en vue de la création de cours coopératifs dans les écoles primaires.

Cette brochure a été tirée à 120.000 exemplaires.

Le Conseil Central a pensé que cette édition avait un très grand intérêt.

La Journée Coopérative Internationale

Un certain nombre de Sociétés ont organisé des fêtes à l'occasion de la Journée Coopérative Internationale qui a eu lieu le 23 juillet, mais le nombre a été restreint et peut-être pourrait-on envisager de généraliser cette Manifestation. Il y a des pays où elle prend une importance très grande.

La F. N. C. C. a publié un numéro spécial de *L'Action Coopérative*.

Le projet de loi organique

La Commission des Juristes désignée par le Groupe Parlementaire de la Coopération a abouti à la rédaction d'un projet de loi organique. Ce projet a fait l'objet d'une étude de chacune des organisations nationales particulièrement intéressées : Fédération Nationale des Coopératives de Consommation, Fédération Nationale de la Mutualité et de la Coopération Agricoles et la Chambre Consultative des Associations Ouvrières de Production. Aux fins d'entente le Comité de Défense de la Coopération a tenu plusieurs réunions.

Ainsi qu'on le verra d'autre part le Conseil Supérieur de la Coopération est saisi de la question et délibère sur le projet.

Cependant le Groupe Parlementaire de la Coopération a déposé le projet, adopté par la Commission, sur le bureau de la Chambre des Députés. Notre ami Frédéric Brunet, Président du groupe et Vice-Président de la Chambre des Députés, a déposé le projet en même temps que les membres du groupe.

Il apparaît que l'entente pourra se faire entre les Commissions de la Chambre des Députés, qui auront à examiner le projet ainsi que le Conseil Supérieur de la Coopération.

Conférence sur la Boulangerie

A la suite du Congrès de Lille le Conseil Central a pensé utile qu'une conférence où seraient conviées toutes les boulangeries coopératives se tienne pour l'examen des problèmes qui pouvaient les intéresser.

Cette réunion a eu lieu à Paris le 24 octobre 1926. Des rapports y ont été présentés sur les questions suivantes : La boulangerie industrialisée, par C. Mathieu, de l'*Union des Coopérateurs de Denain;* Le travail de nuit dans les boulangeries et sa suppression, par Riehl ; Meuneries et Meuneries-Boulangeries, par G. Prache ; Les conditions économiques générales concernant le blé, la farine et le pain, par E. Poisson ; et la situation des petites boulangeries, par L. Berland.

A la suite de cette réunion une Commission a été nommée pour suivre tous les problèmes traités et en particulier l'application de la loi de 1922 sur la taxation des farines et du pain et la situation des boulangeries coopératives industrielles déclarant l'impossibilité de travailler d'une façon continue.

La Commission a déjà décidé une enquête pour arriver à connaître les départements où les Sociétés Coopératives ont leurs représentants directs et pour les réclamer là où elle ne les ont pas encore. Il a été décidé aussi de faire une sorte de *Vade Mecum* pour que les délégués dans les commissions départementales puissent faire une action d'ensemble et obtenir des résultats utiles du point de vue de l'intérêt des consommateurs.

La Commission a aussi décidé de rechercher la définition juridique de la boulangerie industrielle et de s'aboucher ensuite avec les représentants des organisations syndicales pour un accord possible en ce qui concerne ces sociétés et la nécessité d'une situation à part si on veut qu'elles vivent, en tant que représentants de l'intérêt des consommateurs et du progrès économique.

Conférence Économique

Lorsque la situation financière s'est aggravée et que des difficultés assez graves apparaissaient comme possibles, la F. N. C. C. a pris l'initiative de convoquer toutes les sociétés à une conférence — à Paris — en vue d'examiner la situation et de tirer les conclusions de cet examen. Cette réunion a eu lieu fin juillet 1926. Elle a réuni un très grand nombre de sociétés et elle a été particulièrement intéressante. Beaucoup de représentants de sociétés ont apporté leur point de vue et de l'ensemble de cet examen, il ressortait que la prudence s'imposait.

Dans un même ordre d'idées — en octobre — la F. N. C. C. a cru devoir adresser une lettre à toutes les sociétés pour leur dire qu'à son point de vue il ne fallait pas constituer de stocks et s'efforcer de vendre ceux existants dans les meilleures conditions.

Groupe Parlementaire de la Coopération

Le Groupe Parlementaire de la Coopération s'est réuni fréquemment depuis le dernier Congrès. Il s'est préoccupé d'un certain nombre de questions d'ordre fiscal et il est intervenu contre des propositions dirigées contre la Coopération.

C'est en son nom et avec son concours que notre ami M. Boully a déposé, à nouveau, ses amendements relatifs à la taxe et sur le chiffre d'affaires tendant à faire admettre comme mandataires les sociétés pour la part du chiffre d'affaires réalisée avec leurs sociétaires, la taxe étant payée pour la part de vente réalisée avec le public.

Le Groupe Parlementaire de la Coopération a apporté son concours chaque fois que la F.N.C.C. ou les autres organisations coopératives l'ont sollicité.

La F. N. C. C. et la Prévoyance sociale

La Prévoyance Sociale est une société coopérative d'assurances belge qui a installé des bureaux à Lille. La question des relations entre cette société et la F.N.C.C. s'est trouvée posée et après des pourparlers et des entrevues, l'accord suivant a été adopté par les deux parties :

La Fédération Nationale des Coopératives de Consommation apportera son appui à la Prévoyance Sociale pour son développement en France.

En raison de cette action, il est constitué un comité consultatif attaché à la succursale française de la Prévoyance Sociale.

Ce Comité se réunira sur convocation du Directeur Général de la Compagnie aussi souvent que de besoin et autant que possible une fois par trimestre.

Il sera composé de 6 membres désignés par la Prévoyance Sociale et de 6 membres désignés par la Fédération Nationale des Coopératives de Consommation. Il sera en outre présidé par le Directeur Général de la Société.

Il sera appelé à donner son avis sur tout ce qui peut contribuer au développement de l'organisation extérieure de la Prévoyance Sociale.

L'article 30 des statuts prévoyant que 60 % des bénéfices réalisés sont portés à la réserve, le comité consultatif sera appelé à donner son avis sur la répartition des 40 % restants des bénéfices réalisés.

Il est dès à présent entendu que les 16 % des bénéfices seront attribués à des œuvres coopératives ou extra-coopératives désignées par la Fédération des Coopératives de Consommation de France.

Les 24 % restants seront acquis à la société en vue de son développement.

Avant la nomination d'un agent, la Prévoyance Sociale prendra l'avis de la Fédération Nationale des Coopératives de France qui devra lui donner réponse dans la huitaine.

Exposition Internationale de Stockholm

A l'occasion du Congrès de l'Alliance Coopérative Internationale qui aura lieu à Stockolm en août prochain, une Exposition Internationale a été décidée.

La F.N.C.C. y participera en exposant les moyens de propagande et de publicité utilisés par le Mouvement français jusqu'à ce jour.

Office Technique

L'Office Technique a tenu plusieurs réunions pour l'examen du projet de Loi organique. Il a mis au point les amendements qui lui avaient été renvoyés par le Conseil Central.

L'Office Technique s'est également occupé de l'étude d'un projet éventuel d'assurance vie.

Le Conseil Supérieur de la Coopération

Le Conseil Supérieur de la Coopération a tenu ses assises le 30 Novembre 1926. Pour la deuxième fois depuis sa fondation en 1917, il s'est agi d'une session des deux Sections réunies : Section de la Consommation, Section de la Production. Il s'agissait, en effet, de l'examen d'une question commune : le projet de loi organique.

Ce projet a fait l'objet de la discussion du Conseil Supérieur de la Coopération, où l'Office National du Crédit Agricole avait été spécialement invité à assister en la personne de son Directeur. Après que Ramadier eut exposé les motifs de la loi organique, la résolution ci-après fut votée :

Le Conseil Supérieur constate les insuffisances actuelles de la législation coopérative : sa dispersion, son formalisme, ses lacunes, notamment l'absence de dispositions permettant de réprimer efficacement les usurpations les plus audacieuses du titre coopératif.

Il prend en considération le projet qui lui est soumis d'une loi organique s'appliquant à toutes les formes de la Coopération.

Considérant qu'il importe de soumettre ce texte à l'étude de toutes les administrations et de tous les organismes intéressés, il charge une Commission de sept membres de réunir les avis des administrateurs, des personnalités et des organisations compétentes et demande à M. le Ministre du Travail de convoquer une nouvelle réunion du Conseil pour examiner ces avis aussitôt qu'ils seront réunis.

Une Commission composée de MM. Chabrun, Lévy-Oulmann, Briat, Leduc, Ramadier, Lévy et Poisson a été nommée pour recevoir les suggestions et observations des organisations non encore consultées. Cette Commission tiendra ses réunions à partir de Janvier et une nouvelle session du Conseil Supérieur de la Coopération se prononcera ensuite sur le projet lui-même.

Comité d'Entente
entre les diverses formes de la Coopération

Le Comité d'Entente entre les diverses formes de la Coopération a continué à fonctionner. Il a tenu non seulement quelques réunions pour l'examen de la loi organique, mais des entrevues nombreuses ont eu lieu entre ses membres et les représentants de la Fédération Nationale à diverses occasions : Semaine Parlementaire de la Coopération, Manifestation Internationale de Juillet, Commission de l'Enseignement.

Comme précédemment des délégués de chaque forme de la Coopération ont assisté aux Congrès les uns des autres : Poisson a représenté la F. N. C. C. au Congrès de la Fédération Nationale de la Mutualité et de la Coopération Agricoles à Perpignan; Camin et Poisson ont représenté la F.N.C.C. au Congrès de la Chambre Consultative des Associations Ouvrières de Production.

A la fin des cours coopératifs sur la Coopération agricole, une réception a été organisée à l'*Union des Coopérateurs de Paris*, Camin Buguet et Poisson participèrent à cette occasion à un banquet fraternel.

Office central des Céréales

Une loi a constitué un Office Central des Céréales. Quoique cet Office soit loin d'être la réalisation de celui qu'avait réclamé le Mouvement Coopératif et particulièrement le rapport présenté l'année dernière à propos de l'importation des céréales, il est une étape dans le même sens. Riehl et Poisson ont été choisis pour en faire partie.

La première question qui est venue en discussion, la plus importante, a été celle des droits de douane. Une proposition de Poisson a été votée par le Conseil, autorisant le Ministre à lever les droits de douane sur les blés si la situation économique était telle que les prix du blé dépassent le prix de revient normal réclamé par les agriculteurs pour utilement produire.

C'est l'Office des Céréales qui, pour faire face au déficit de l'importation, a indiqué au Ministre les mesures nécessaires pour l'augmentation du coefficient des succédanés, augmentation du taux de blutage. Dans l'une de ses sessions la Commission s'est prononcée en faveur d'une stabilisation du prix du pain ; un rapport de Poisson tendant à l'organisation sinon totale de l'importation du moins à son contrôle, a été admis par la Commission, malheureusement sur ce dernier point l'Office Central des Céréales n'a pas été appelé à se prononcer.

Comité technique de l'Alimentation

Le Ministre du Commerce a décidé, au mois de Septembre, de constituer un Comité Technique de l'Alimentation. Une section spéciale a été créée pour la répartition au détail et Poisson a été appelé à faire partie de cette dernière.

Le Comité Technique de l'Alimentation a mis à son ordre du jour l'étude d'un *Bureau de documentation économique et des prix*, office qui a été institué avec le concours des différents organismes représentés.

Ce Bureau est la consécration même d'une idée défendue depuis longtemps par la F.N.C.C. et il avait déjà été réclamé par elle tant au Conseil Supérieur de la Coopération qu'au Comité Consultatif du Commerce et de l'Industrie. Ce Bureau sera à la disposition de toutes les organisations adhérentes et même de tous les consommateurs pour suivre la vie économique, l'évolution des prix, la production et la consommation des denrées et marchandises tant en France qu'à l'étranger.

Le Bureau de documentation économique et des prix a commencé à fonctionner officiellement le 1er Janvier 1927.

Le Comité Technique de l'Alimentation, qui a tenu de nombreuses réunions, a suivi de très près la situation du marché économique, il a tendu à obtenir des prix de revient minimum des fournisseurs et a eu à cette occasion des entrevues avec toutes les catégories de fabricants : sucriers, raffineurs, pétroliers, margariniers, etc... Le Comité Technique de l'Alimentation a pu constater que dans le commerce de détail, les coopératives n'étaient pas les dernières à avoir baissé leurs prix dans la mesure même où les prix de gros baissaient et sans qu'elles puissent être incriminées d'être de près ou de loin cause de certains retardements à la baisse comme elles n'avaient point été les causes d'accélération et d'aggravation à la hausse; il est du reste apparu que le problème de la vie chère et du renchérissement tenait autant à l'instabilité des changes qu'à l'insécurité économique générale, et le Comité Technique d'Alimentation l'a proclamé dans son premier grand rapport officiel qui a été voté à l'unanimité des délégués.

Le Comité Technique de l'Alimentation continue à suivre les prix de revient, à se préoccuper de l'évolution des prix, et le représentant de la Coopération a pour rôle d'y défendre au premier plan les intérêts des consommateurs.

Conseil National Économique

Le Conseil National Economique où la Fédération Nationale a 3 délégués titulaires et 6 délégués suppléants pour chaque délégué titulaire, a tenu de nombreuses séances au cours de l'année 1926. Sa Commission Permanente — dont Poisson est membre — s'est réunie presque toutes les semaines. Le Conseil — en son entier — a tenu deux sessions, l'une en Janvier et l'autre en Juillet. En Juillet, notre ami Charles Gide a été nommé vice-président du Conseil National Economique pour représenter plus spécialement l'élément économique de consommation.

Le Conseil National Economique avait abordé d'abord le problème de l'habitation et ensuite a voté un ensemble de dispositions. La F. N. C. C. par l'intermédiaire de Poisson, avait présenté plusieurs rapports préalables dont l'un de Dormoy et, Poisson lui-même, à la Commission permanente a fait adopter les bases de son propre projet comme bases du projet définitif voté par le Conseil National Economique

Depuis lors le Conseil National Economique a mis à son ordre du jour le problème de l'outillage national et la F. N. C. C. a des représentants dans chacune des cinq grandes commissions constituées : outillage industriel, outillage commercial, colonies, agriculture, organismes de communication ; Poisson a même été choisi comme président de la Commission pour l'étude de l'outillage en ce qui concerne les communications.

Une session, où seront examinés les travaux qui peuvent être entrepris contre le chômage, se tiendra au début de 1927, le Gouvernement ayant décidé de les soumettre pour avis au Conseil National Economique.

L'Alliance Coopérative Internationale

Au cours de l'année 1926 l'Alliance Coopérative Internationale a tenu ses assises régulièrement. Il y a eu deux réunions du Comité Exécutif : l'une à La Haye en Février et l'autre à Anvers en Mai, le Comité Central s'est réuni à Hambourg en Octobre.

Poisson a assisté aux deux réunions du Comité Exécutif et pour le Comité Central les délégués étaient : Cleuet, Gaston Lévy, Poisson, titulaires et Fauquet, suppléant.

Les discussions et les résolutions prises par l'Alliance Coopérative Internationale faisant l'objet cette année d'un rapport spécial à l'ordre du jour du Congrès National, en vue du Congrès International de Stockholm, nous n'insisterons pas davantage sur les travaux de l'A. C. I.

Notons que Poisson a été appelé à faire deux cours à l'Ecole Internationale d'Eté qui s'est tenue à Manchester, l'un sur « La République Coopérative » et l'autre sur « l'Organisation internationale des échanges ».

Union de Révision et de Contrôle

Le Conseil Central a pensé que l'Union de Révision et de Contrôle pouvait disparaître et il a décidé qu'un service spécial serait créé au Secrétariat de la F. N. C. C. Cette décision a reçu son application depuis le 1ᵉʳ Janvier dernier.

Une Commission composée de Gaston Lévy, Georges Lebon et Maurice Camin a été désignée pour rechercher tous les moyens nécessaires pour assurer le contrôle et la révision auprès de toutes les sociétés.

La Propagande

La F. N. C. C. a répondu, presque dans tous les cas, aux demandes de conférences qui lui ont été faites. Elle a pu, dans quelques cas, faire appel aux secrétaires des Fédérations régionales.

Elle indique à nouveau qu'elle est à la disposition des sociétés qui peuvent utilement écrire au secrétariat.

Le Conseil Central va organiser le recrutement des sociétés non adhérentes ; dans certaines régions il y en a en assez grand nombre et quelques-unes sont importantes. La question sera résolue région par région et la visite des sociétés adhérentes sera assurée en même temps.

Insignes, Brassards et Drapeaux arc-en-ciel

Dès après le Congrès de Lille, la F. N. C. C. a pu mettre à la disposition des Sociétés des insignes, des brassards et des drapeaux aux couleurs de l'arc-en-ciel.

Un certain nombre de sociétés ont fait des commandes, mais il serait désirable que toutes les sociétés possèdent ces insignes et ces drapeaux qui ont été longtemps réclamés.

Service juridique

Le service juridique a répondu en 1926 à 1439 demandes de renseignements.

C'est cette année l'adaptation des statuts à la loi de 1917, qui a fourni la plus ample matière. A vrai dire, beaucoup de sociétés sont parties de là pour modifier beaucoup plus profondément leurs statuts. Une tendance très nette s'est manifestée sur l'adoption pure et simple — ou avec de légères variantes — des statuts types. Le moment est proche où d'un bout à l'autre de la France, les coopératives de consommation seront régies par des pactes sociaux à peu près uniformes.

Les coopératives ont même quelque penchant à exagérer l'uniformité. Elles ne tiennent pas toujours un compte suffisant de leurs statuts initiaux et croient trop volontiers qu'elles peuvent les modifier sur tous les points par de simples décisions de leurs assemblées générales. L'observation s'applique principalement aux coopératives civiles, dont les assemblées n'ont de pouvoirs que dans les termes des statuts. Encore ces termes doivent-ils être interprétés restrictivement et le pouvoir général donné aux assemblées de modifier le pacte social ne permet de changer ni l'objet, ni la forme de la société, ni la répartition des bonis, si du moins elle est conforme à la règle coopérative. Les sociétés anonymes constituées avant la loi du 22 novembre 1913 sont dans une situation analogue et doivent également être très prudentes, si elles ne veulent pas courir le risque d'action en nullité.

Beaucoup de sociétés gênées au cours de la crise du change par l'absence de capitaux ont eu la pensée d'augmenter le taux de leurs actions croyant obliger ainsi leurs sociétaires à verser des apports nouveaux. Le procédé en effet eût été simple, s'il avait été licite. Mais il est en réalité inefficace : l'assemblée générale n'a pas le droit d'augmenter les engagements des associés. Ce n'est que par l'effet d'un consentement individuel qu'un associé peut être tenu de verser dans le fonds social plus qu'il n'avait tout d'abord promis. Il y a un réel danger à s'engager dans la voie des délibérations irrégulières augmentant sur le papier les engagements sociaux, sans que cette augmentation ait aucun caractère de validité juridique.

Les fusions sont plus rares qu'elles n'étaient, il y a quelques années. Elles restent cependant très importantes. Mais les nouvelles mesures fiscales les ont rendues singulièrement difficiles. Quel que soit le procédé juridique employé (fusion proprement dite par voie d'apport, ou cession des éléments nécessaires à l'exploitation commerciale), on ne peut éviter le payement des droits de mutation sur une part notable de l'actif. Or ces droits atteignent des taux prohibitifs : 16 % sur les fonds de commerce; 22 % sur les immeubles. Les frais de fusions peuvent dans ces conditions rendre impossibles les opérations envisagées. Parfois — le cas s'est produit récemment — les droits à acquitter excèdent les ressources disponibles des sociétés qui s'unissent. Force sera donc de rechercher des formules nouvelles, moins onéreuses. Ainsi la société qui disparaît louera une partie de ses biens à la société de fusion au lieu de les lui vendre. On peut également envisager la constitution entre les coopératives unies d'une société en nom collectif, chargée de leur gestion. Ces combinaisons ne donneront, il faut le reconnaître, que des solutions transitoires et l'on devra en venir, au bout d'un temps plus ou moins long à un apport ou à une fusion. Mais fréquemment, au bout de quelques mois de vie commune, les patrimoines des sociétés unies en sont simplifiés, allégés et l'apport ou la cession peuvent s'accomplir à moindres frais. Quelque répit permet de gagner non seulement du temps, mais de l'argent.

Rappelons à ce sujet que le Conseil Supérieur de la Coopération a émis en 1925 un avis favorable au vote d'une loi sur les fusions entre coopératives. Ce projet est malheureusement resté à l'état de velléité législative, malgré les démarches faites par la Fédération.

La loi organique sur la coopération est fort heureusement un peu plus avancée, sans que l'on puisse considérer sa discussion comme prochaine. Le tout, préparé par la Commission des juristes, a été révisé et amendé par les Journées Parlementaires de la Coopération, par les organisations coopératives, enfin par le groupe parlementaire. Dans cet état, il a été déposé par les députés adhérents au groupe. En même temps, la Fédération Nationale et la Chambre Consultative des Associations Ouvrières de Production l'ont soumis au Conseil Supérieur, qui a chargé une commission de son examen. Un nombre important d'amendements a été proposé; le texte actuel ne peut donc être considéré comme définitif. Cependant, sur la plupart des questions importantes, des solutions opportunes ont été trouvées et des points de vue opposés se sont rapprochés. On entrevoit, semble-t-il, le moment où le texte sera mis au point.

Les lois de 1926 n'ont apporté aucun changement au statut juridique des coopératives. Signalons cependant les décrets des 5 novembre et 28 décembre 1926, qui ont autorisé l'intervention des communes, notamment par voie d'exploitation indirecte, ou par simple participation financière, dans les entreprises, même de forme coopérative ou commerciale, ayant pour objet le fonctionnement des services publics, le ravitaillement et le logement de la population, les œuvres d'assistance, d'hygiène, de prévoyance sociale, ou la réalisation d'améliorations urbaines. » La jurisprudence du Conseil d'Etat s'était, on se le rappelle, montrée hostile à tout concours apporté par la municipalité aux organisations coopératives : au nom de la liberté du commerce, elle annulait les concours pécuniaires apportés à nos sociétés, sous quelque forme que ce soit. Tout au plus, admettait-on l'intervention des pouvoirs locaux dans des circonstances exceptionnelles, où le commerce ne peut assurer le ravitaillement normal des populations. Le décret du 5 novembre rompt avec cette tradition et pose le principe inverse. Mais si le principe est renversé, de nombreuses restrictions subsistent encore : la part de la commune ne peut excéder 40 % du capital de l'entreprise; l'initiative du Conseil municipal est subordonnée à une approbation par décret rendu en Conseil d'Etat. Enfin la commune doit exiger, si elle est actionnaire, l'attribution statutaire, en dehors de l'assemblée générale, d'un ou de plusieurs représentants au Conseil d'administration, et, si elle est obligataire, le droit de faire défendre ses intérêts auprès de la Société par un délégué spécial. Cette réglementation rend totalement impossible la souscription par une commune d'actions coopératives : les administrateurs d'une société de consommation doivent être nommés par l'Assemblée générale; l'art. 7, 1. 7 mai 1917, interdit tout autre mode de désignation. Malgré ces restrictions regrettables, les décrets renversent une règle séculaire qui rendait impossible toute collaboration pécuniaire de tous nos groupements et les municipalités. Aujourd'hui la porte est entrebâillée. Demain, il faut l'espérer, elle sera assez largement ouverte pour permettre aux initiatives utiles de se produire.

Questions fiscales

L'impôt sur le chiffre d'affaires s'applique depuis le 1er juillet 1926 à toutes les coopératives de consommation. De vains efforts ont été accomplis par nos amis Lafont, Chabrun et Boully, pour obtenir une nouvelle prorogation du régime transitoire établi par la loi du 13 juillet 1925. Depuis, M. Boully a essayé de reprendre la question; mais il n'a pu y réussir.

Le fardeau fiscal ne s'est pas seulement aggravé de cette nouvelle charge. Les droits d'enregistrement et de timbre sont aussi devenus plus lourds et des contrôles minutieux ont été effectués très fréquemment par les inspecteurs de l'enregistrement. Ils ont porté principalement sur les titres d'actions et sur les distributions de ristournes. L'administration a très attentivement examiné les livrets délivrés aux sociétaires et cherché à les assimiler à des titres d'actions : elle a souvent tiré argument de l'inscription du nom et du numéro du sociétaire, de son compte, de la signature d'un ou de deux administrateurs, de l'apposition du cachet de la Société, pour soutenir que les carnets forment titres d'actions et exiger qu'ils soient timbrés. Il est souhaitable que les sociétés émettent des titres réguliers, indépendants des livrets, et qu'elles contractent, si elles sont anonymes, des abonnements au timbre. Elles évitent ainsi des investigations désagréables et des discussions assez épineuses; les livrets sont en effet disposés de telle manière que dans bien des cas on ne sait s'ils constituent ou non des titres.

Les agents de l'enregistrement ont également vérifié très attentivement les pièces constatant le payement de la ristourne. Certaines sociétés font émarger les sociétaires sur des listes préparées à cet effet : chaque émargement, s'il est relatif à une somme supérieure à 10 fr., donne lieu à l'apposition d'un timbre de quittance. L'administration a veillé très étroitement à l'application de cette règle.

La situation des coopératives à l'égard de la taxe d'apprentissage a été réglée dans le cours de l'année 1926. L'administration a décidé que les coopératives civiles en sont seules exemptes. Toutes les sociétés anonymes — vendant ou non au public — y sont soumises.

Commission de l'Enseignement

Fidèle aux décisions qui l'ont créée et aux directives reçues chaque année des congrès nationaux, la Commission de l'enseignement de la Coopération a obtenu en 1925-1926 de nouveaux résultats appréciables.

I. — *Enseignements organisés.*

Des cours ont été professés dans cinq Facultés de droit :
1° A Aix-en-Provence, par M. Reynaud.
2° A Grenoble, par M. Porte.
3° A Lille, par M. Bernard Lavergne.
4° A Lyon, par MM. Antonelli, Lévy et Hoffher.
5° A Nancy, par M. Brocard.

Avec l'approbation des Directeurs des enseignements secondaires, primaire et technique, des leçons spéciales ont été données, ainsi qu'il est indiqué ci-dessous, par Académies :

ENSEIGNEMENTS :	SUPÉRIEUR	SECONDAIRE	PRIMAIRE	TECHNIQUE	TOTAUX
PARIS.					
Etablissements..	0	3	5	1	9
Leçons	0	5	8	1	14
Bourses	2 (1)	3	6	1	12
LILLE.					
Etablissements..	1	7	10	1	19
Leçons	6	10	23 (2)	2	42
Bourses	1	10	11	1	23
NANCY.					
Etablissements..	1	1	5	2	9
Leçons	4	2	10	7	23
Bourses	3	2	5	3	13
GRENOBLE.					
Etablissements..	1	0	6	1	8
Leçons	6	0	20	6	32
Bourses	1	0	6	1	8
LYON.					
Etablissements..	1	1	2	0	4
Leçons	3	3	4	0	10
Bourses	2	0	4	0	6

(1) Elèves de l'Ecole normale Supérieure ayant suivi le cours de sociologie de M. Bouglé à la Sorbonne.
(2) Plus les cours donnés dans les cours d'adultes par l'Union des Coopérateurs des Flandres.

ENSEIGNEMENTS :	SUPÉRIEUR	SECONDAIRE	PRIMAIRE	TECHNIQUE	TOTAUX
BORDEAUX.					
Etablissements..	0	0	2	2	4
Leçons	0	0	4	4	8
Bourses	0	0	2	4	6
POITIERS.					
Etablissements..	0	3	5	1	9
Leçons	0	9	14	1	24
Bourses	0	2	5	1	8
AIX.					
Etablissements..	1	0	2	0	3
Leçons	6	0	4	0	10
Bourses	1	0	1	0	2
TOULOUSE.					
Etablissements..	0	2	3	0	5
Leçons	0	6	8	0	14
Bourses	0	1	1	0	2
BESANÇON.					
Etablissements..	0	0	2	0	2
Leçons	0	0	4	0	4
Bourses	0	0	2	0	2
DIJON.					
Etablissements..	0	0	1	0	1
Leçons	0	0	2	0	2
Bourses	0	0	1	0	1
TOTAUX					
Etablissements..	5	17	43	8	73
Leçons	25	35	101	22	183
Bourses	10	18	44	11	83

Des tableaux ci-dessus, il se dégage :

1° que si l'on accepte le chiffre minimum de 25 auditeurs par leçon, notre enseignement a atteint environ 4.500 jeunes gens et jeunes filles.

2° que nous avons plus d'établissements d'enseignement primaire (E. N., E. P. S. et C. C.) que d'établissements d'enseignement secondaire (lycées et collèges).

C'est à l'école primaire que notre enseignement trouve le plus de sympathie, ses programmes comportant l'étude de la Coopération, les professeurs sont heureux de trouver auprès de nous aide pécuniaire et documentation ; les élèves concourent de plus en plus volontiers pour les récompenses offertes sous forme de bourses de voyage.

3° que seuls quelques établissements d'enseignement technique ont été atteints par notre enseignement.

4° que certaines Académies ont été à peine touchées : Toulouse, Besançon, Dijon ; et d'autres, nombreuses encore, restent totalement en dehors de notre action : Strasbourg, Caen, Rennes, Clermont, Montpellier, Chambéry.

5° que les résultats, malgré leur importance, apparaissent encore très insuffisants, surtout si l'on compare le nombre d'établissements que nous avons pu intéresser au nombre d'établissements existants. Pour que cet enseignement puisse être étendu, il faudrait que nous disposions de ressources plus importantes.

II. — *Concours de fin d'année.*

On sait que pour entraîner les élèves, la Commission met au concours chaque année une ou plusieurs bourses de voyage dans chaque école. Une composition sur l'un des sujets traités au cours des conférences est donnée par les professeurs ; nous avons eu le plaisir de recevoir cette année un nombre important de copies, la plupart intéressantes.

III. — *Les Bourses.*

Le nombre des bourses accordées par la Commission depuis sa création s'accroît continuellement :

En 1922 : 6; en 1923 : 10; en 1924 : 32; en 1925 : 46; en 1926 : 83.

Huit boursiers ont voyagé isolément ; les autres ont voyagé en groupes sous la direction de guides désignés par la Commission.

Voyages effectués :

1er Groupe (garçons) Région du Nord : 14 boursiers guidés par M. Prache.

2e Groupe (garçons) Région de l'Est : 10 boursiers guidés par M. Colin.

3e Groupe (filles) Région du Nord : 13 boursières guidées par Mlle David.

4e Groupe (garçons) Région Lyonnaise : 7 boursiers guidés par M. Wilks.

5e Groupe (garçons) Région de l'Ouest : 9 boursiers guidés par M. Terrien.

6e Groupe (filles) Région du Centre : 11 boursières guidées par M. Berland.

7e Groupe (mixte) Alsace : 11 boursiers guidés par M. Bugnon.

L'utilité de ces voyages est incontestable : les boursiers en tirent profit pour leur éducation générale et surtout pour leur éducation coopérative. On l'a déjà constaté par la publication des comptes rendus de 1925.

Nous espérons publier cette année encore d'abondants extraits des compositions et des rapports de nos boursiers. Plusieurs méritent d'être intégralement connus.

IV. — *Les encouragements du Ministère de l'Instruction publique.*

La Commission n'a cessé de trouver auprès des Directeurs des divers enseignements le meilleur accueil. Elle est heureuse d'annoncer que M. le Directeur de l'enseignement primaire a bien voulu lui demander pour toutes les écoles primaires de France, une brochure portant quelques leçons sur la Coopération.

Cette brochure rédigée par M. Charles Gide, sera imprimée par les soins de la Fédération Nationale des Coopératives de Consommation.

En 1927, l'enseignement de la coopération sera inscrit à tous les programmes de l'enseignement primaire.

Notre Commission aura donc atteint le premier des buts qu'elle s'était fixés.

V. — *Coopératives scolaires.*

Sous une forme très élémentaire, ces associations font faire à l'enfant l'apprentissage de la coopération. Leur influence est aujourd'hui considérable. Aux avantages matériels qu'elles apportent à l'école, elles donnent aux enfants de précieuses qualités : le sens de l'action collective, de la discipline volontaire et de la responsabilité, le culte d'un idéal désintéressé et généreux.

Avec l'approbation du Ministère, le concours de l'Inspection générale, des Inspecteurs d'Académie et des Inspecteurs primaires, notre Commismission a réussi à recenser les Coopératives scolaires dans un très grand nombre de départements.

Voici quelques renseignements quant à leur nombre et à leur action, ainsi que la conclusion du rapporteur de la Commission, M. Cattier, Directeur de l'Ecole normale des Vosges :

« A la date du 1er octobre 1926, le nombre des coopératives scolaires « recensées s'élève à 4.444. Et le mouvement continue. 54 départements « ont de 10 à 50 coopératives, 15 en ont de 50 à 100, 11 en ont plus de 100:

Var	128	Yonne	177
Haute-Savoie	131	Côte-d'Or	234
Ardennes	133	Charente	273
Nord	158	Charente-Inférieure	325
Marne	161	Vosges	408
Manche	176		

« Nous avons des raisons de croire que ce mouvement est plus impor-« tant que ne l'indiquent ces chiffres. Il est certain que le nombre des « coopératives scolaires augmenterait dans de plus grandes proportions « si l'idée de M. Profit était vulgarisée officiellement.

« Le meilleur moyen d'encourager ceux qui ont la foi, et de faire de « nouveaux adeptes, c'est de publier les résultats obtenus ; — c'est de « montrer la puissance des moyens employés par les écoliers qui, grâce « à la Coopération, enrichissent non seulement leur école, mais enri-« chissent surtout leur propre conscience, — s'instruisent avec enthou-« siasme, font l'apprentissage de la liberté, de la responsabilité; acquiè-« rent le sens social ; et pratiquent sans faste la morale élevée, — mais « accessible à tous, — de l'universelle Solidarité. »

VI. — « *Le Coopérateur Scolaire.* »

Journal illustré de l'école, rédigé par des délégués de la Commission et imprimé par la Coopérative d'édition et de librairie *Les Presses Universitaires de France*, 49, boulevard Saint-Michel, Paris, *Le Coopérateur Scolaire* est destiné à servir de trait d'union entre les coopératives scolaires d'une part et de l'autre entre les coopératives scolaires et les organisations coopératives nationales. Il a reçu le meilleur accueil.

Il comportera, à partir des premiers numéros de 1927, une partie pour les maîtres comprenant d'abord toute la documentation utile sur la coopération scolaire, son esprit, ses moyens d'action, ses formes, ses résultats; ensuite, les renseignements nécessaires pour connaître la vie coopérative générale. Enfin, huit pages amusantes pour les enfants, écrite pour eux, autant que possible par eux. Ces dernières pages seront détachables et pourront être vendues à part ; les instituteurs en recevront autant d'exemplaires qu'ils en demanderont.

Grâce à l'appui des *Presses Universitaires* qui ont lancé les trois premiers numéros de 1927 à 25.000 exemplaires, grâce aux subventions des sociétés coopératives, au concours des maîtres et des inspecteurs, nous espérons doter l'école d'un véritable journal coopératif. Nous y arriverons d'autant plus vite que les encouragements nous viendront plus nombreux, sous forme d'abonnements. L'exemple est déjà donné par la plupart des grandes sociétés qui abonnent les écoles de leur rayon d'action.

VII. — *Offices Cinématographiques Régionaux.*

La Commission s'est préoccupée cette année du développement des Offices Régionaux existants et d'une nouvelle création à Lille pour la région du Nord.

Des représentants du mouvement coopératif font partie des Conseils des différents Offices; à Lille, M. Prache, Secrétaire fédéral et délégué de la Commission de l'Enseignement, a été élu Vice-Président de l'Office en formation.

Subventionner les Offices cinématographiques est un devoir pour les sociétés coopératives au même titre que l'achat de livres pour les bibliothèques. Le film doit prendre une large part dans la propagande coopérative.

Pour tous renseignements complémentaires, s'adresser : à Nancy, au Directeur de l'Office de Lorraine : M. Colin, 32, rue du Faubourg Stanislas; à Lyon : à M. Cauvin, Directeur de l'Office de Lyon, 126, Grande rue de la Guillotière, ou à M. Wilks, Secrétaire fédéral et Trésorier de l'Office, 8, avenue Leclerc; à Saint-Etienne : à M. Reboul, Directeur de la Cinémathèque, dont le livre sur le Cinéma Educateur, édité par les Presses Universitaires est un précieux guide; à Lille : à M. Ousselin, Directeur de l'Office, ou à M. Prache, Secrétaire Fédéral, 147, rue d'Arras.

C'est par les Offices Régionaux que les films coopératifs pourront être le plus facilement établis et propagés.

Situation Financière au 31 Octobre 1926.

Recettes encaissées :

Reliquat exercice 1925	5.848 25
Subvention F. N. C. C. 1926	14.000 »
Subventions des Sociétés, Municipalités, Départements :	
Académie : Aix-en-Provence	450 »
Bordeaux	650 »
Besançon	400 »
Grenoble	3.690 »
Lille	3.239 80
Lyon	1.249 90
Montpellier	150 »
Nancy	4 500 »
Paris	2.540 75
Poitiers	725 »
Rennes	15 »
Toulouse	449 65
	37.917 35
Ventes de Rapports sur l'Enseignement de la Coopération.	378 »
TOTAL	38.295 35

Dépenses :

83 Boursiers	29.098 35
Cours	6.641 35
Subvention au Coopérateur scolaire	6.000 »
Edition en brochure des rapports sur l'Enseignement de la Coopération	1.750 »
Indemnité au personnel du Secrétariat	3.333 35
Frais de bureau	1.438 35
Frais de voyages	2.016 »
Livres, revues, adressées aux établissements scolaires	660 30
Assurances	58 65
TOTAL	50.996 35

Récapitulation

Dépenses	50.996 35
Recettes	38.295 35
Excédent de dépenses, au 31 octobre 1926...............	12.701 »

Conclusion.

La Commission croit avoir bien rempli son rôle. Si ses ressources n'augmentent pas, son développement se trouvera ralenti.

En 1925-1926, ainsi que le montrent les tableaux ci-dessus, elle n'a pu faire face à ses dépenses qu'à l'aide des avances de la F. N. C. C.

Si les coopératives veulent tirer de l'action engagée tout le profit possible, elles doivent faire un continuel effort financier. Il serait désirable qu'en chaque Académie, par les subventions des sociétés, des municipalités et des départements, on puisse couvrir totalement les frais engagés. La subvention de la F. N. C. C. devrait servir uniquement à couvrir les frais matériels.

L'éducation est un travail dont on ne mesure pas immédiatement le rendement. Et c'est pourquoi les administrateurs imprévoyants refusent ou mesurent les crédits.

La faiblesse de notre éducation coopérative en France est peut-être la cause du développement assez lent de notre mouvement. En Angleterre, la sage mesure que les Pionniers de Rochdale avaient imaginée : « consacrer 2 ½ % des bénéfices nets à un but d'éducation », a été maintenue dans toutes les sociétés.

C'est cette règle d'or, dit Holyoake qui a donné tant de valeur à l'exemple des Équitables Pionniers. C'est elle qui, en contribuant au progrès intellectuel et moral des coopérateurs, a préservé la Société elle-même de voir ses règles entamées ou détruites par des hommes ignares ou mal informés, qui n'eussent pas manqué, là comme partout, de faire leurs efforts pour détruire les points mêmes les plus remarquables de la Société de Rochdale. Car les ignorants sont toujours prêts à admettre que l'intelligence ne rapporte pas d'argent, tandis qu'en réalité sans intelligence, il n'y aurait pas de dividendes du tout, ni dans les magasins coopératifs ni ailleurs. »

Rapport de la Commission de Contrôle

CHERS COOPÉRATEURS,

La Commission de Contrôle vous rend compte du mandat qui lui a été confié par le Congrès tenu en Mai 1926 à Lille.

Nous avons procédé à la vérification de tous les comptes, lesquels ont été reconnus exacts.

Malgré l'excellente gestion des administrateurs de la F. N. C. C., il ressort de l'exploitation de l'année 1926, un déficit qui atteint 45.733 francs 06.

Ce déficit s'explique aisément du fait que d'une part il a été perçu une somme de 7.477 francs 95, en moins que l'année précédente et que malgré cette diminution, la F. N. C. C. a dû faire face à un accroissement sérieux de dépenses principalement aux chapitres suivants : Frais administratifs, Propagande (éditions spéciales d'affiches et de journaux), Organisation du Mois de Recrutement, etc.

L'élévation considérable du prix du papier et des prix d'impressions jusqu'en septembre 1926 est également cause d'un déficit de 10.589 francs 79 dans l'édition de l'Action Coopérative.

La Commission est persuadée que le déficit de cette année est tout à fait accidentel et vous propose d'accepter le bilan qui vous est présenté.

La Commission:

DAVID, DRONEAU, DUCROCQ, PRACHE, TUTIN.

Le Rapporteur,

E. DRONEAU,

Bilan au 31 Décembre 1926

ACTIF	VALEURS DISPONIBLES	PASSIF
	Caisse :	
14.899 30	Espèces en Caisse.	
13.882 21	Chèques Postaux : en dépôt.	
	Banque des Coopératives.	
236.655 94	Compte courant.	
	Banque des Coopératives.	
95.038 15	Compte spécial.	
360.475 60		
	VALEURS RÉALISABLES	
5.000 »	Titres et valeurs.	
4.288 40	Stock Librairie.	
6.110 30	Stock Action Coopérative	
26.866 »	Stock Histoire générale de la Coopération.	
42.264 70		
402.740 30 A reporter		A reporter » »

ACTIF			DÉBITEURS DIVERS		PASSIF
402.740 30	*Report*			*Report*	» »
327.478 80			Débiteurs divers.		

VALEURS EXIGIBLES

Comité des Régions libé-	
rées	3.631 34
Créditeurs divers . . .	28.681 90
Frais et factures à payer	37.462 55
Orphelins	95.038 15
	164.813 94

EXCÉDENTS

Excédents des exercices	
précédents	611.138 22
Déficit de l'exercice. . .	45.733 06
	565.405 16

| 730.219 10 | | | | | 730.219 10 |

Compte d'exploitation - Exercice 1926

Action Coopérative

DÉPENSES

Papier Journal	122.324 75
Impression et clichés	138.918 25
Bandes (impression et confection)	29.382 70
Frais d'emballage et d'expédition	69.160 05
Affranchissement	27.732 64
Salaires et indemnités	13.502 90
Impôt sur chiffre d'affaires	119 10
	401.140 39
Frais généraux communs	3.000 »
Stocks au 31 décembre 1925	25.677 »
Pertes et Profits : Débiteurs irrécouvrables	621 05
	430.438 44

RECETTES

Montant des abonnements reçus	394.627 60	
Publicité	17.895 75	
Vente de bouillons	1.215 »	
		413.738 35
		16.700 09
Stocks au 31 décembre 1926		6.110 30
Résultat : Déficit de l'Exercice........................		10.589 79

Librairie

Stocks au 1er janvier 1926	1.551 95
Montant des achats de l'exercice	66.026 15
Ensemble.....	67.578 10
A déduire : Stocks au 31 décembre 1926	4.288 40
Prix de revient des marchandises vendues	63.289 70
Total des ventes de l'exercice	71.701 85
Bénéfice brut.....	8.412 15

Frais généraux

Déplacements, Pourboires	183 30	
P. T. T., frais d'expédition et d'emballage.	2.826 50	
Comptabilité et pourcentage	997 25	
	4.007 05	
Pertes et Profits : Clients irrécouvrables.	373 60	
		4.380 65
Résultat : Bénéfice net.....		4.031 50

Stocks

Librairie	4.288 40
Action Coopérative	6.110 30
Histoire Générale de la Coopération................	26.866 »
TOTAL.....	37.264 70

Créditeurs divers

Action Coopérative, abonnements reçus pour 1927	1.532 75
Librairie, règlement d'avance	1 014 15
Créditeurs divers	1 125 »
Dépenses engagées pour mois de recrutement de capitaux	25.000 »
Total du Compte Créditeurs divers.....	28.671 90
Union de Révision et de Contrôle....................	10 »
Solde Créditeur au 31 décembre 1926.....	28.681 90

Débiteurs divers

Action Coopérative, abonnements dûs pour 1926	153.915 50
Librairie : Règlements dûs	26.444 45
Dû par divers : Mois de Recrutement	22.041 50
Cotisations dues par divers.........................	6.750 »
Magasin de Gros : Cotisation 4e trimestre..............	9.308 65
Banque des Coopératives : Cotisation pour 1926	5.000 »
Total du Compte Débiteurs divers.....	223.460 10
A reporter........	223.460 10

Report....	223.460	10
Association pour l'Enseignement de la Coopération	8.548	70
Office de Documentation	2.500	»
Prêt à l'Association pour l'Enseignement de la Coopération	43.000	»
Prêt à l'Enfance Coopérative	50.000	»
Solde débiteur au 31 décembre 1926.....	327.478	80

Cotisations

Sociétés Coopératives de Consommation	393.838	15
Sociétés de Production...............................	2.687	95
Cotisation M. D. G.	37.234	60
Cotisation Banque des Coopératives	5.000	»
Total.....	438.760	70

Comité des Régions libérées

Solde créditeur au 1er janvier 1926 (sans changement)..	3.631	34

Office de Documentation

Contribution de la F. N. C. C. aux frais du Bureau de Documentation	3.750	»
Participation du Magasin de Gros, aux frais du Bureau de Documentation	1.250	»
Solde débiteur 31 décembre.....	2.500	»

Dépenses de l'exercice 1926

Frais généraux. — Chapitre I

Art. 1. — Loyer et frais accessoires....	9.290	75	
Art. 2. — Assurances et Contributions..	1.210	20	
Art. 3. — Entretien	9.314	85	
Art. 4. — Salaire personnel	2.285	»	
			22.100 80

Frais administratifs. — Chapitre II.

Art. 5. — Appointements des deux Secrétaires généraux	63.750	»	
Appointements du personnel..	66.937	60	
Indemnité de Comptabilité au M. D. G.	787	50	
Assurances Accidents	781	75	
Frais de réunion des membres du Conseil Central	20.965	55	
			153.222 30

Frais de bureau. — Chapitre III.

Art. 6. — Imprimés, circulaires, papeterie, registres 19.788 80
Art. 7. — Frais de postes et télégraphes. 19.353 75

39.142 55

Propagande. — Chapitre IV.

Art. 8. — Frais de délégations du Secrétariat et membres du Conseil Central. Affiches et édition spéciale de l'*Action Coopérative* 71.892 15
Art. 9. — Congrès 21.373 05
Art. 10. — Subvention à l'Ecole Coopérative.
Art. 11. — Subvention à la Commission de l'Enseignement 26.717 30
Art. 12. — Service de Renseignements commerciaux et administratifs 2.520 50
Art. 13. — Service de renseignements juridiques .... 17.750 »
Art. 14. — Service gratuit de *l'Action Coopérative* aux Sociétés adhérentes .... 11.333 »
Art. 15. — Cotisation A. C. I............. 20.000 »
Art. 16. — Frais de traduction.

171.586 »

Statistiques. — Chapitre V.

Art. 17. — Un Secrétaire et Librairie.. 14.400 »

14.400 »

Propagande spéciale. — Chapitre VI.

Art. 18. — Journée Parlementaire et mois de recrutement .... 47.521 »

47.521 »

Dépenses extraordinaires. — Chapitre VII.

Art. 19. — Achat de matériel 13.378 50

13.378 50

Subvention à Union de Révision. — Chapitre VIII.

Art. 20. — Subvention .... 3.000 »

3.000 »

Réserve pour imprévu. — Chapitre IX.

Art. 21. — Réserve pour imprévu ...... 3.050 »
Art. 22. — Retraites .... 25.652 »

28.702 »

Total des Dépenses..... 493.053 15

Résultats

	DOIT	AVOIR
Frais généraux : Chapitre I	22.100 80	
Frais administratifs : Chapitre II	153.222 30	
Frais de Bureau : Chapitre III	39.142 55	
Propagande : Chapitre IV	171.586 »	
Statistiques : Chapitre V	14.400 »	
Propagande spéciale : Chapitre VI :		
Journée parlementaire 5.889 80		
Mois de Recrutement 41.631 20		
	47.521 »	
Dépenses extraordinaires : Chapitre VII....	13.378 50	
Subvention Union de Revis : Chapitre VIII.	3.000 »	
Réserve pour imprévu : Chapitre IX	28.702 »	
Cotisations		438.760 70
Pertes et Profits F. N. C. C. Intérêts s/Cpte		
Courant Banque		15.117 68
Action Coopérative : Déficit	10.589 79	
Librairie : Bénéfice net		4.031 50
Déficit de l'Exercice		45.733 06
	503.642 94	503.642 94

Union de Révision et de Contrôle

Bilan au 31 Décembre 1926

ACTIF			PASSIF	
Valeurs disponibles			*Résultat*	
Esp. en caisse.	10 »		Excédent de l'Exercice..	2.481 68
Banque des Coopératives				
Cte Courant	2.461 68			
		2.471 68		
Débiteurs divers				
Fédération : cotis. reçue	10 »			
		2.481 68		2.481 68

Pertes et Profits

DOIT		AVOIR	
Frais généraux : frais de révision	11.076 40	Intérêts et agios : Banque des Coopératives.	18 03
Résultat : Excédent au 31 décembre 1926.....	2.481 68	Cotisations reçues : Sociétés diverses	1.540 »
		Subventions :	
		M. D. G..............	3.500 »
		Banque des Coopérat.	2.500 »
		F. N. C. C.............	6.000 »
	13.558 08		13.558 08

Association pour l'enseignement de la Coopération

Bilan au 31 Décembre 1926

ACTIF				PASSIF	
		VALEURS DISPONIBLES			
	476 »	Caisse: Espèces en caisse			
	56.934 34	Banque des Coopératives, Compte courant.			
57.410 34		**VALEURS RÉALISABLES**			
	16.465 50	Stocks au 31 déc. 1926.			
	9.656 30	Débiteurs divers.			
26.121 80		**VALEURS EXIGIBLES** *à long terme*			
		Fédération Nationale : son prêt	43.000 »		
		à court terme			
		Factures à payer	18.175 »		
				61.175 »	
		RÉSULTATS			
		Résultats antérieurs ...		23.577 60	
1.220 46		Résultat de l'Exercice : Déficit.			
84.752 60				84.752 60	

Compte Brochures 1926

Stocks au 1er janvier 1926	7.381 08
Achats de l'exercice	18.175 »
Ensemble.	25.556 08
A déduire Stocks au 31 décembre 1926..................	16.465 50
Prix de revient des marchandises vendues..............	9.090 58
Total des ventes de l'exercice........................	9.101 30
Bénéfice de l'exercice.............	10 72

Pertes et Profits

Intérêts, Banque des Coopératives.............		1.776 37
Bénéfice sur compte brochures................		10 72
Souscriptions des Sociétés Coopératives........		18.720 »
Frais généraux	21.727 55	
Résultat : Déficit de l'exercice.................		1.220 46
	21.727 55	21.727 55

DEUXIÈME PARTIE

L'Organisation de la Propagande

Rapporteur : Marcel BROT

Les Congrès de Nancy et de Lille ont été saisis de motions relatives à la propagande coopérative, et particulièrement aux moyens à mettre en œuvre pour celle-ci.

En prenant acte de ces motions, le Conseil Central de la Fédération Nationale acceptait l'idée que la propagande soit examinée sous tous ses aspects par un Congrès National.

La question se trouvait en même temps élargie jusqu'à envisager le développement rationnel de notre mouvement.

Le problème a été porté devant une conférence des Secrétaires Fédéraux pour une première étude suivie d'une enquête auprès des Sociétés de développement, puis le Conseil Central en a fait un point de l'ordre du jour de ce Congrès.

Sous le prétexte de la propagande, tous les problèmes coopératifs pourraient être abordés.

Tous les actes de nos organismes ont leur influence sur la propagation de l'idée coopérative, depuis la politique générale de la Fédération Nationale jusqu'aux méthodes de vente employées dans les boutiques.

C'est à un examen plus précis que doit se livrer le Congrès en tenant pour acquises les directives de politique générale si longuement débattues et chaque fois confirmées par nos dernières assemblées.

L'énumération des moyens de propagande pour être une constatation banale n'en laisse pas moins apparaître que le développement coopératif des dix dernières années a fait naître de nouvelles formes d'action sur les consommateurs.

Il convient d'en discuter la valeur coopérative.

A côté de la propagande de recrutement, une autre se donne pour but : l'éducation du coopérateur ou le perfectionnement des Administrateurs de Sociétés. Une autre est née qui vise à semer dans l'enseignement à tous les degrés le levain coopératif.

L'heure enfin est venue de propager systématiquement la coopération dans les régions où jusqu'ici, peut-être, les initiatives seules ont fait défaut.

Les débats du Congrès peuvent, sur tous ces points, devenir une fructueuse confrontation des multiples expériences que nos Sociétés, grandes ou petites, poursuivent chaque jour dans le pays.

La question contient deux problèmes distincts, mais cependant liés selon qu'on envisage la propagande des Sociétés ou celle que doit entreprendre la Fédération Nationale.

LA PROPAGANDE DES SOCIÉTÉS

La Publicité

Saisir le consommateur au milieu de ses multiples préoccupations journalières, l'amener au magasin coopératif, tel est le premier objectif à atteindre.

Les grandes Sociétés qui se sont rapidement développées depuis moins de dix ans ont pour la plus grande part de leur recrutement opéré ainsi.

Elles ont fait du consommateur d'abord un client, ensuite un sociétaire.

Pour amener à elles la masse des acheteurs, la propagande d'idée est insuffisante, elle ne touche qu'un nombre limité de consommateurs déjà sympathiques à la coopération, elle atteint encore moins les femmes.

Afin d'attirer l'attention des ménagères indifférentes sur la coopérative, la propagande commerciale s'est imposée à nos Sociétés d'autant plus que pour réagir le grand commerce redoublait de publicité.

Il faut marquer pourtant que les coopératives ont usé de *la publicité commerciale* comme à regret. Il semble encore que des coopérateurs répugnent à user des mêmes moyens de propagande que le commerce privé.

L'expérience pourtant est décisive.

Les frais de publicité judicieusement employés sont des frais qui rapportent non seulement en résultats commerciaux, mais en développement de notre mouvement.

C'est l'affaire d'un Congrès de dire si parmi les procédés du commerce il en est qui sont incompatibles avec le caractère coopératif.

Sur un point, nos Sociétés ont considérablement évolué.

La première des publicités, elles le comprennent de plus en plus, réside dans *la présentation des magasins et des produits.*

A l'époque héroïque de la coopération réduite à quelques cercles idéalistes, une boutique au fond d'une cour, quelques tables branlantes pouvaient suffire pour répartir la marchandise.

Aujourd'hui, de bons emplacements, des agencements aux peintures claires, des étalages même, et par dessus tout un excès d'ordre et de propreté sont des qualités que chacun s'accorde à reconnaître comme nécessaires.

N'est-ce pas de constatation courante que le manque de propreté et le désordre éloignent jusqu'aux plus fervents sociétaires, à plus forte raison écartent-ils le non-coopérateur.

L'uniformité de couleur et d'agencement sont depuis longtemps pour les magasins des maisons à succursales un moyen de publicité qui frappe le consommateur. Le titre même de la Société n'est pas un détail pour sa diffusion, le consommateur a besoin d'un titre commode. S'il ne dit la « copé » tout court, il forge d'une appellation de la couleur des boutiques, la rouge, la bleue, la jaune.

La coopération, quoique trop faiblement, a déjà usé des autres moyens courants de publicité, depuis celle des journaux locaux ou régionaux, des affiches illustrées, tracts, calendriers, agendas, almanachs, jusqu'aux films de publicité dans les cinémas populaires, les projections lumineuses sur les champs de foire, les annonces par haut parleur, la participation aux fêtes locales.

La Fédération Nationale, depuis l'an dernier, rassemble une documentation d'affiches et d'imprimés des diverses Sociétés qui lui permettra de faire connaître à chacun les initiatives les plus heureuses.

Il lui appartient surtout de coordonner les efforts comme elle l'a fait déjà par les éditions d'agendas, d'almanachs, de calendriers et d'affiches illustrées.

La Vente réclame — La Prime

Deux moyens de publicité commerciale méritent une discussion particulière, ce sont la vente réclame et la vente avec primes.

La *vente réclame* consiste dans la pratique momentanée d'un prix spécial à faible majoration pour un article déterminé. Produits nouveaux à lancer, nouveau rayon de vente à inaugurer. La nature de ces ventes est d'être exceptionnelles, c'est de la publicité pure que peuvent mettre en œuvre nos Sociétés tout aussi bien que le commerce privé.

La *vente à primes* est pratiquée surtout par les Maisons à succursales multiples qui délivrent des objets divers contre justification, sous forme de timbres ou de tickets, d'un certain chiffre d'achats. Ces primes ne sont pas des marchandises dont la Maison fait le commerce. Il ne faut pas, en effet, que le consommateur puisse évaluer trop facilement la valeur marchande de la prime pour que celle-ci fasse illusion.

Il n'est pas douteux que du point de vue coopératif *ce système permanent* de primes employé par un certain commerce, doit être condamné.

Le but de nos Sociétés ne peut être de tendre uniquement à réaliser *de quelque façon que ce soit* un chiffre d'affaires toujours plus grand.

Si elles ne constituent pas en même temps un système de vente moralement supérieur au commerce privé, elles peuvent nous satisfaire en tant que réalisations techniques, mais elles ne mériteront pas que des coopérateurs s'attachent un seul instant à leur développement.

Du point de vue technique même le système des primes est loin d'être un bon moyen commercial.

Quand on s'y engage, même accidentellement, on est condamné à continuer et à dépasser ses prévisions.

C'est ainsi que les maisons à succursales annoncent des journées de vente avec double, triple et quadruple timbres-primes.

Une enquête dans de nombreux magasins d'une maison à succursales a permis de constater que pour ces journées le chiffre des ventes était très important, mais qu'il retombait très bas dès que cessait la prime exceptionnelle.

Le système ne permet pas de constituer une clientèle stable, c'est un jeu pour le concurrent d'attendre la fin de la période de prime pour anéantir ses effets par un procédé semblable.

Nos Sociétés n'ont pas intérêt, même matériellement, à faire une si déplorable éducation du consommateur et à racoler ainsi une clientèle mouvante.

Si elles devaient imiter une méthode commerciale, ce serait plutôt celle des commerçants qui, par la bonne qualité constante et la bonne présentation de leurs produits, se sont fait une réputation qui attache le consommateur.

En s'engageant dans la voie des ventes à primes, les coopératives abandonneraient une position solide. Elles ont la prétention d'instituer un « *commerce véridique* » ; si elles ne sont pas cela, leur puissance de propagande morale tombe, or, elle est la seule force que le commerce ne peut leur ravir.

Si ce rapport insiste sur les ventes à primes, c'est que déjà beaucoup de Sociétés les ont pratiquées accidentellement. En le faisant, elles n'ont pas eu le dessein d'abandonner le système des bénéfices ristournés selon les résultats sociaux. Mais elles ont eu à riposter aux attaques du commerce et elles ont cru bon de le faire en lui prenant ses propres armes. Dans le feu de la bataille, elles ont pu n'en pas voir tous les inconvénients.

Le Congrès National doit prêter attention à ces méthodes de propagande commerciale et mettre en garde les sociétés contre leurs inconvénients.. Il le peut sans craindre de porter atteinte à des situations particulières.

Les Sociétés ont, en effet, tous les moyens de défense suffisants que leur donnent les autres procédés de publicité jusque et *y compris les ventes-réclame.*

Il est inutile de souligner qu'aucune confusion n'est possible entre la pratique des primes et le paiement de ristournes sous forme de marchandises, ou l'attribution d'une prime de marchandises à la souscription d'actions.

Dans les limites que déterminent les réserves précédentes, la Fédération Nationale doit donc inciter les Sociétés à se servir de plus en plus de la publicité commerciale. Elles amèneront ainsi le consommateur à faire le premier pas à la boutique coopérative.

Mais en faire un sociétaire, lui donner les qualités d'un coopérateur attaché à l'œuvre commune est affaire de propagande.

La Propagande

Si on ne considère la propagande coopérative que comme une publicité d'un ordre particulier, elle est une publicité qui agit sur un terrain moral où le commerce le plus puissant est, dans l'impossibilité de nous suivre.

Dès lors, nous devons exploiter au maximum cet avantage unique et incontestable.

Cependant, la propagande est plus qu'une publicité, elle est dès ses formes les plus simples une éducation du consommateur. A ce titre aussi, elle ne doit jamais faiblir.

Nous avons posé aux Sociétés la question suivante : Quel est selon vous le meilleur moyen de propagande ?

L'une des réponses fut : de bons prix et de bonnes ristournes.

C'est, en effet, la réalisation de ces deux conditions, un peu contradictoires, qui résume toute la mentalité du coopérateur auquel on a négligé d'apprendre autre chose, à qui l'on n'a pas appris que les institutions coopératives protégeaient son intérêt de consommateur par delà prix et ristournes.

Se priver de la propagande et se contenter des résultats commerciaux, c'est croire avec une belle assurance que jamais on ne rencontrera sur sa route une puissance plus grande du commerce privé.

Aucune coopérative ne peut affirmer qu'elle échappera à coup sûr à des épreuves matérielles ou morales qui seraient insurmontables s'il n'y avait pas un minimum d'attachement des sociétaires.

Faute d'avoir fait cet effort d'élémentaire éducation de leurs membres, des sociétés, qui furent prospères, sont en train de mourir comme de vieillesse. Les fondateurs, les hommes qui donnèrent l'élan, une fois disparus, personne n'est là pour reprendre le flambeau, et sans même que le commerce privé y aide, la société s'éteint.

Les Sociétés de développement, pour garder le contact avec leurs membres ont dû organiser un service permanent de propagande orale et écrite. Mais les coopératives à rayon local n'ont pas moins besoin de propagande. Isolément, les moyens de la réaliser leur manquent et c'est le rôle essentiel des Fédérations Régionales de les leur procurer.

Propagande Orale

L'organisation de la propagande orale pose d'abord *une question d'hommes*.

L'action de notre Secrétariat National n'est pas de cet ordre. C'est sur place, dans les régions, que les Fédérations doivent choisir le ou les propagandistes, pourvoir à leur documentation et à leur circulation.

La Fédération Nationale devra examiner si pour une meilleure organisation, elle doit reviser les limites de certaines régions. Dans plusieurs, le découpage n'a pas paru conforme aux nécessités.

Une décentralisation à l'intérieur de celles-ci peut apporter plus de souplesse et de facilités de propagande.

A cette action régionale, la Fédération Nationale n'ajoute pas seulement son appoint, elle peut appeler des propagandistes de province à porter leur concours à des régions voisines.

Avec cette coordination des efforts, il n'apparaît pas que le manque d'hommes puisse être une cause d'insuffisance dans l'action, et notre littérature est assez copieuse pour fournir aux conférenciers la matière de leur enseignement aux consommateurs.

.˙.

Mais, dès qu'on examine les résultats obtenus généralement par nos réunions publiques, il faut convenir que le but désiré n'est pas atteint.

La presque unanimité des sociétés questionnées sur ce point répondent que les auditeurs sont peu nombreux aux conférences coopératives, quelle que soit la notoriété de l'orateur annoncé. Nos réunions n'ont pas l'attrait des batailles politiques.

Les Sociétés ont réagi devant le fait, elles ont reconnu que la propagande a besoin de faire aussi sa propre publicité.

C'est au cours de *réunions récréatives* presque uniquement que parlent aujourd'hui les propagandistes de plusieurs Sociétés. L'éducation coopérative y perd-elle sa valeur ? Non pas !

Les auditoires, d'abord, sont meilleurs. Les femmes n'iront pas à une réunion publique, elles viendront nombreuses à une fête. La causerie coopérative portera donc directement sur celles de qui dépendent, en dernier ressort, la fidélité d'achats et l'appréciation du rôle de nos Sociétés.

Ce ne serait pas pour la Fédération Nationale faire une besogne subalterne que de rassembler à l'usage des Sociétés toute la documentation qui peut alimenter les fêtes — concerts, parties théâtrales, réunions enfantines.

.˙.

Le développement du cinéma a mis entre nos mains un moyen simple de réaliser un programme récréatif, et les coopératives sont encore dans leur rôle lorsqu'elles donnent ainsi au public une distraction saine, éducative, artistique même.

Nombreuses sont les Sociétés qui possèdent l'outillage leur permettant de porter les attraits du cinéma jusque dans les campagnes dépourvues. Plusieurs, pour leurs besoins de films, s'appuient sur les Offices d'Enseignement par le cinéma qu'elles ont aidés à naître et à vivre dans leur région.

Mais le film est plus qu'un agrément. Appliqué aux faits coopératifs et commentés, il vaut la meilleure des conférences.

Il existe en France plusieurs *films de propagande* dans les Sociétés et l'édition d'un film national est prochaine.

Ici encore, l'action coordinatrice de la Fédération Nationale a son importance.

Une réalisation de film est assez coûteuse, les résultats n'en sont pas toujours très heureux; il est donc indispensable pour les Sociétés qui aborderont ce genre de propagande, de connaître l'expérience des devancières.

Propagande écrite

De quelque façon qu'on agrémente et complète la propagande orale, elle est, même devant de grands auditoires, d'une portée restreinte si on prétend gagner l'ensemble des consommateurs.

Ell est restreinte aussi parce qu'elle ne peut se répéter trop souvent sans user son attrait.

La *propagande écrite,* sous toutes ses formes, n'a pas ces inconvénients. Elle a sa pleine valeur par sa fréquence et sa diffusion. Elle permet de multiplier la propagande orale des conférenciers par celle qu'exerce chaque jour, des milliers de fois, l'ensemble des coopérateurs. Elle leur apporte, par une documentation simple, l'argument et le fait qui favorisent le recrutement individuel.

La plus formidable action écrite sur l'opinion, celle de la grande presse, a surtout servi à nos adversaires.

L'Union des Intérêts Économiques, par une manœuvre de grande envergure, a largement utilisé celle-ci, en inondant toutes les rédactions de Paris et de province de ses papiers.

Les journaux reçoivent à tout instant, au milieu d'informations économiques tendancieuses, des attaques plus ou moins directes contre la Coopération.

Pourquoi n'enverrions-nous pas, nous aussi, nos informations économiques interprétées du point de vue des consommateurs organisés ?

L'idée d'une circulaire de presse, régulière ou occasionnelle, a été retenue dans ce but par le Conseil Central.

Mais c'est par notre Presse coopérative que l'éducation du Coopérateur peut être faite constamment.

La Presse coopérative

La publication d'un *Bulletin* est devenue indispensable aux grandes sociétés qui ne veulent pas borner leur contact avec les Sociétaires aux seules Assemblées générales annuelles toujours restreintes.

Les informations d'ordre commercial ou administratif parviennent ainsi en temps opportun au coopérateur; le fait local d'actualité est, par le journal, rapporté aux principes coopératifs, les attaques et les manœuvres des adversaires y sont combattues.

Au-dessus de nos feuilles régionales, notre organe national pénètre dans toutes les Sociétés.

L'*Action Coopérative* est aujourd'hui dépouillée des informations économiques, fiscales ou juridiques, qui parviennent aux Sociétés par le *Bulletin de Renseignement.*

Elle est devenue vraiment un journal de propagande et d'éducation que devraient recevoir et lire au moins tous les Administrateurs des Sociétés, les membres des Comités de propagande.

Or, il faut le regretter, ce minimum d'effort n'est pas accompli par la plupart de ceux qui ont accepté des responsabilités coopératives.

Le Conseil Central, sur la suggestion de la conférence des Secrétaires Fédéraux, a décidé un certain nombre de mesures propres à faire vivre et à diffuser l'organe de la Fédération Nationale.

Le précédent Congrès a pris en considération un vœu tendant à réunir une conférence spéciale de la Presse Coopérative et le Conseil Central a décidé de réunir celle-ci en vue de rechercher une coordination n'excluant pas le caractère régional.

Quand se tiendra le Congrès de 1927, nous saurons si l'accord a pu se réaliser et si mettant fin à la dispersion des efforts, un journal de propagande plus attrayant, plus varié, et peu coûteux grâce à la publicité, peut être réalisé.

L'entreprise n'est pas impossible, elle peut ne coûter aucun sacrifice d'amour propre ou d'argent aux sociétés, elle peut mettre en nos mains un puissant moyen de diffusion et d'éducation.

*
* *

Les Conseils d'Administration sont les meilleurs juges des formes de propagande applicables à leur milieu.

Ils peuvent souvent eux-mêmes en organiser l'application. Mais dans les Sociétés importantes ou de vaste rayon, c'est aux *Comités ou Commissions de propagande* que ce soin revient.

Nous devons y faire place pour une très large part aux Coopératrices, elles y apporteront la connaissance des moyens de toucher et de convaincre les ménagères et, s'initiant plus intimement au fonctionnement de la Coopérative, elles révèleront parmi elles des collaboratrices utiles dans les Conseils d'Administration.

Les groupements exclusivement féminins ont été préconisés. Cette formule est peut-être bonne pour les œuvres sociales de certaines coopératives, mais une organisation qui associe coopérateurs et coopératrices, répond certainement mieux aux revendications féminines comme à l'intérêt des Sociétés.

LA PROPAGANDE DE LA FÉDÉRATION

La Fédération Nationale doit exercer son action de propagande dans le sens même des Sociétés d'abord. Parcourir la France pour aller à l'appel des coopératives, porter, en des circonstances exceptionnelles, la parole aux consommateurs, est une partie de la tâche de ses propagandistes.

Mais ce sont de plus en plus les régions elles-mêmes qui devront assurer normalement cette charge.

Le rôle de la F. N. C. C., dans cet ordre de choses même, est beaucoup plus d'agir auprès des Sociétés ou des Fédérations qui négligent toute action de propagande pour leur en faire comprendre la nécessité.

Elles s'y décideront si on leur apporte en même temps les moyens de réalisation.

En *coordonnant* la propagande des Sociétés et des régions, la Fédération Nationale peut *constituer une documentation* comme celle entreprise déjà pour la publicité, et portant à la fois sur la substance des conférences et sur les agréments variés indispensables au succès.

La Fédération Nationale peut devenir ainsi un *office de propagande et de publicité* bien outillé.

.*.

L'organisme central peut, seul, entreprendre avec fruit la généralisation des idées coopératives.

Celles-ci ont conquis, grâce à sa persévérance, leur place à tous les degrés de l'enseignement public.

Des rapports spéciaux ont rendu compte des résultats obtenus par la *Commission de l'Enseignement.*

Il faut nous en réjouir pour l'avenir. Les générations qui se lèvent seront ainsi préparées aux réalisations futures. Les buts de la Coopération ne seront plus, comme aujourd'hui, méconnus de la plupart des consommateurs.

C'est encore la Fédération qui peut faire pénétrer notre propagande sur des terrains spéciaux comme les groupements professionnels et la mutualité.

Les hommes qui y sont groupés reconnaissent déjà la vertu de l'association et des efforts solidaires. Leurs mouvements comme le nôtre se développent avec le souci de l'indépendance politique et religieuse, toutes circonstances favorables à une compréhension réciproque.

Mais l'action de la Fédération Nationale dépasse encore ce cadre.

Elle a la mission plus large de veiller sur notre mouvement tout entier et de l'étendre sans cesse.

Veiller sur le mouvement nécessite tout une propagande, non plus auprès des consommateurs, mais auprès des Conseils d'Administration.

Participant effectivement aux Conseils de plusieurs grandes coopératives, les représentants de la F. N. C. C. ont la connaissance pratique des expériences qui se répètent, connaissant par le Service Juridique et celui de la revision comptable les problèmes qui surgissent, ils peuvent prévoir bien des difficultés, intervenir avant que le fléchissement des sociétés soit irréparable.

Nous ne fortifierons notre mouvement que par une propagande active en faveur des institutions qui tendent à sauvegarder les positions acquises et qui préparent l'avenir.

Pour sauvegarder les résultats obtenus, la généralisation des *revisions comptables* doit être mise sur pied complètement après les tentatives de ces dernières années.

Le Conseil Central, à cet égard, a décidé d'appuyer financièrement l'expérience d'une de nos plus fortes Fédérations Régionales.

Ce que la Fédération du Nord entreprend pourrait être amorcé dès maintenant dans toutes les régions. Les difficultés techniques comme le choix de réviseurs ne constitueront certes pas les plus grosses difficultés.

La plus forte de toutes réside dans la résistance passive rencontrée dans les Conseils d'Administration contre une intrusion qu'ils redoutent à tort. Ce n'est qu'en allant visiter chaque Société que la nécessité et les bienfaits du Service de Revision seront compris.

La propagande est encore nécessaire sur d'autres points.

Le sort des coopératives dépend aussi de la *formation des Administrateurs* et de la *préparation d'un personnel d'élite*.

Encore, *pour le personnel,* avons-nous la possibilité d'assimiler celui qu'a formé le commerce privé. Il peut n'être pas réfractaire aux vues coopératives. Nous avons vu des commerçants, entrés dans nos cadres techniques, comprendre pleinement ce que la coopération représente au point de vue moral.

Nous devons aider à cette assimilation, former un personnel particulièrement apte à servir nos idées avec compétence.

Les écoles coopératives tentées jusqu'ici en France n'ont pas abouti alors qu'elles fonctionnent régulièrement à l'étranger. Le moment est venu pour la F. N. C. C. de s'en préoccuper à nouveau.

L'institution de la taxe d'apprentissage nous permettra de revendiquer l'utilisation du versement de nos Sociétés pour le perfectionnement technique et coopératif du personnel.

Si nous envisageons à leur tour, la compétence et l'esprit coopératif des Conseils d'Administration, il nous faut faire un aveu.

Ce que nous ne saurions dire sans manquer de tact, aux hommes que nous rencontrons lors de nos visites dans les Sociétés, il faut avoir le courage de le reconnaître ici d'une façon impersonnelle.

Les administrateurs, ceux même qui ont accepté des responsabilités particulières, font souvent peu de chose pour leur propre perfectionnement.

L'*Action Coopérative,* qui peut représenter le minimum d'effort éducatif et d'information reste souvent des semaines enfermée dans sa bande sur leur table de travail, jusqu'à ce qu'elle aille aux vieux papiers.

Des administrateurs se sont plaint de n'avoir pas été renseignés par la F. N. C. C. sur telle question fiscale, alors qu'un avis ou un article était passé dans le journal.

La lecture du journal ou des publications coopératives n'est pas ce à quoi nous visons. Il s'agit d'un perfectionnement plus complet et les intéressés alors ne peuvent être incriminés. C'est l'institution qui manque.

La comparaison avec ce qui se fait en divers pays est plutôt humiliante pour nous.

Lorsque telle Société allemande par exemple, d'importance pourtant réduite, assure par un séjour de plusieurs mois à Hambourg le perfectionnement d'un Administrateur, elle comprend quel en sera pour elle l'avantage.

La Fédération Nationale devrait résoudre ce problème avant même celui de la formation du personnel, elle devrait convaincre ensuite les Sociétés que de tels sacrifices sont profitables et urgents.

**
* **

Publicité, propagande orale ou écrite, Presse et publications, diffusion des idées dans l'enseignement et les milieux favorables, propagande pour la sauvegarde, le perfectionnement des Sociétés et la formation des hommes, tout doit aboutir à l'augmentation du nombre ou de la puissance des Sociétés.

L'extension du mouvement coopératif est la propagande qui s'impose au dessus de tout à la Fédération Nationale.

Les Sociétés existantes y ont un intérêt immédiat.

Il dérive du fait que nos plus redoutables adversaires sont les maisons commerciales à succursales multiples dont la supériorité technique sur l'ancien commerce est plus que démontrée.

Or, la puissance des Maisons à succursales, nous le savons tous, ne réside pas seulement dans leur technicité ou leur pouvoir d'achat, elle tient aussi dans le pouvoir de concurrence anormale que leur donnent le grand nombre de leurs magasins. Elles peuvent, pendant des mois, faire des sacrifices de prix dans une localité sans diminuer sensiblement l'ensemble de leurs résultats.

Portant ainsi successivement la lutte contre nos coopératives autonomes, elles leur font le plus grand mal.

Nos Sociétés régionales sont moins vulnérables, il faudrait, pour les atteindre, consentir à des sacrifices plus généraux.

Mais encore, si telle vaste Maison à succursales a la moitié ou les deux tiers de ses magasins hors du rayon de la Société visée, elle garde sa supériorité.

Il importe donc que, sur tout le territoire, la coopération puisse, non pas chercher l'adversaire, mais résister à ses pressions par l'entente des Sociétés voisines.

Or il y a des régions où la population coopérative est faible comparativement à la population générale. Il en est même qui ont compté d'assez nombreuses sociétés aujourd'hui disparues.

Devons-nous attendre la génération spontanée de petites sociétés recommençant sans guides l'expérience des aînées ?

Il n'est pas douteux qu'une telle absence d'initiative ne ferait que favoriser la naissance de sociétés éphémères.

Un rapporteur au Congrès de Reims, pour résumer une statistique, disait :

« Il naît en France une coopérative tous les deux jours, il en meurt une tous les cinq jours depuis vingt ans. »

Il semble que nous n'en soyons plus là. C'est que, depuis le Congrès de Reims, depuis la guerre surtout, la coopération a fait un effort d'extension logique et raisonné avec les Sociétés de Développement.

Leur éclosion n'est pas le fait du hasard. La Fédération Nationale avait précisé dès le début de 1918 selon quelles directives elle entreprendrait la reconstitution de l'important mouvement coopératif détruit par l'invasion. Elle avait prévu la dizaine de sociétés régionales qui devaient s'organiser sur le territoire libéré.

Le programme s'est accompli, et si les circonstances locales ont parfois légèrement modifié les prévisions théoriques, on peut dire que sans elles plusieurs sociétés puissantes n'existeraient pas aujourd'hui.

Cette période de développement a prouvé qu'il était possible de susciter un mouvement coopératif parmi des populations qui l'ignoraient totalement jusque là.

Elle nous a donné d'autres enseignements sur les causes des échecs partiels, sur le temps nécessaire pour réaliser un tel programme, sur les crises inévitables à surmonter.

Les meilleures conditions d'établissement et de départ peuvent en être déduites. Ce sont alors les faits qui avaient déterminé une politique de prévisions.

Ces prévisions, la Fédération Nationale doit les établir maintenant pour tout le pays, sous forme d'un plan de développement rationnel

En moins de dix ans, les Sociétés du Nord et de l'Est ont été mises debout, fusionnées quand il le fallait, consolidées.

Il n'est pas chimérique de dresser le programme des dix années à venir.

Pour cela, sans doute il faudra une étude préalable poursuivie avec toutes les Fédérations Régionales.

Nous devrons établir la géographie des Maisons à succursales multiples, évaluer leur pouvoir, connaître les conditions du commerce par régions et sous régions.

Du côté coopératif, nous devrons déterminer les Sociétés qui, par leur situation, peuvent être le pivot solide de l'extension, — prévoir les fusions possibles — et le problème de la préparation des hommes réapparaît ici.

Tout un effort de documentation enfin est indispensable pour une préparation sérieuse du plan de développement coopératif.

Déjà le Congrès de 1913 constatait le retard de la Coopération par rapport au commerce évolué.

Malgré les créations récentes dont la Coopération française est fière, elle n'a gagné nulle avance qui lui permette de se cristalliser en l'état actuel.

En face d'elle, l'évolution du commerce continue sa marche. Nos progrès sont même l'aiguillon qui la précipite — des concentrations de forces s'opèrent.

Au dessus de toutes les propagandes, celle du développement coopératif s'impose à la Fédération Nationale.

RÉSOLUTION

I

Le Congrès National rappelle à toutes les Sociétés adhérentes, la nécessité d'organiser régulièrement dans leur rayon d'action une propagande de recrutement et d'éducation pour atteindre la masse des consommateurs.

Le Congrès recommande les moyens de publicité employés par le commerce. Il met cependant en garde les Sociétés qui croiraient devoir organiser des ventes à prime dont la fréquence ou la permanence serait contraire au caractère coopératif.

Les Sociétés ne sauraient négliger la propagande orale ou écrite, sans lesquelles on ne peut attacher fidèlement le consommateur à la Coopérative.

Les Fédérations Régionales et la Fédération Nationale sont prêtes à répondre à tout appel des Sociétés, et elles ont pour mission de multiplier à cet effet les moyens d'action, même accessoires, qui doivent faciliter la propagande.

II.

Le Congrès considère qu'une tâche importante de la Fédération Nationale est de travailler à l'extension du mouvement coopératif.

Pour fournir les moyens de cette extension, les Organismes Coopératifs à tous les degrés, doivent consentir des sacrifices permettant la formation d'un personnel d'élite et le perfectionnement des administrateurs.

Les Conseils d'Administration ont l'intérêt le plus immédiat et le devoir, vis-à-vis de leurs mandants, de soumettre leur comptabilité au Service de Revision de la Fédération Nationale.

La Fédération Nationale trouvant ainsi les éléments techniques et administratifs indispensables, s'appuyant sur des situations bien connues et consolidées, pourra entreprendre le développement rationnel dans le pays.

Le Congrès charge le Conseil Central d'établir ce plan de développement à longue échéance et d'en poursuivre dès maintenant la réalisation, en accord avec les Fédérations régionales.

L'Activité de l'Alliance Coopérative Internationale

pendant la période 1924-1927

Rapporteur : E. POISSON

Le Congrès International de Gand a eu un grand retentissement à travers le monde, non seulement dans le Mouvement Coopératif mais dans tous les milieux économiques et sociaux. Il a dû son succès, pour une large part, à l'admirable organisation due à nos amis, les coopérateurs belges. Il a montré l'accroissement général des forces coopératives dans le monde par une Exposition Internationale à la fois intéressante et grandiose; il a marqué une prise de conscience du Mouvement par des débats éclairés et des résolutions utiles ; il est resté fidèle à toutes les traditions que l'Alliance Coopérative Internationale s'est peu à peu données sans cependant ne pas marquer une étape vers une coordination plus importante des forces et vers une discipline librement consentie pour le perfectionnement de l'institution et le rôle qu'elle a à remplir en vue de la réalisation de l'idéal coopératif international.

Aussi, depuis Gand l'Alliance Coopérative Internationale a nettement marché de l'avant. Au lendemain même de son Congrès elle réélisait son bureau composé de M. Goedhardt (Hollandais), Président, et de M. Whitehead (Anglais) et Poisson (Français), Vice-Présidents. Elle maintenait à son poste de Secrétaire Général, poste si délicat et si admirablement tenu, notre ami H.-J. May. C'est avec le même bureau que l'Alliance Coopérative Internationale se représentera à Stockholm, malgré, qu'à un moment donné, le Président ait eu quelque velléité de se retirer pour raison de santé. Mais aujourd'hui ce n'est qu'un souvenir et il est désirable pour l'Alliance qu'il conserve le plus longtemps possible ses hautes fonctions.

Le Comité Central a vu le nombre de ses membres s'accroître par suite du développement de certaines des organisations nationales adhérentes et du souci qu'ont peu à peu tous les pays d'y obtenir par des cotisations accrues leur maximum de représentation. La France y a quatre délégués titulaires : Charles Gide, Albert Thomas, Cleuet et Ernest Poisson et deux suppléants : Gaston Lévy et le Dr Fauquet.

Le Comité Exécutif de l'Alliance a été réélu à Gand ; un membre russe y a été adjoint. Il est composé, à l'heure actuelle, en dehors des membres du bureau : Goedhardt, Whitehead et Poisson, de MM. Gre-

gory, Sir Thomas Allen (Anglais), Kauffmann (Allemand), Suter (Suisse),
Anders Oerne (Suédois), Khintchouk (Russe), Lustig (Tchéco-Slovaque),
Serwy (Belge).

De Gand à Stockholm, les réunions régulières de ces organisations
d'administration et d'exécution ont eu lieu. Huit réunions du Comité
Exécutif furent tenues ; la première eut lieu à Gand en Septembre
1924; la deuxième à Francfort en Février 1925; la troisième à Stockholm
en Juin 1925; la quatrième à Paris en Septembre 1925; la cinquième à
La Haye en Février 1926; la sixième à Anvers en Mai 1926; la septième
à Strasbourg, en Février 1927 et une dernière réunion aura lieu à
Bruxelles en Avril 1927.

Le Comité Central, qui réunit les délégués de toutes les nations
adhérentes, a tenu quatre séances : la première à Gand, en Septembre
1924 ; la deuxième à Paris, en Octobre 1925 ; la troisième à Hambourg,
en Octobre 1926; il tiendra une dernière réunion à Bruxelles, en Avril
1927, en vue de la préparation du Congrès de Stockholm qui aura lieu
du 15 au 20 Août 1927.

Ce sont les travaux de l'Exécutif et du Comité Central ainsi que
l'activité du Secrétariat qui seront examinés d'abord au Congrès de
Stockholm, et avant l'examen des questions figurant à l'ordre du jour,
questions qui font du reste à notre Congrès National de Nîmes, l'objet
de rapports spéciaux.

Pour juger de l'activité générale de l'Alliance Coopérative Internationale et de ses organismes, il faut se rendre compte de ses multiples et
difficiles tâches.

Les forces de l'A. C. I.

L'A. C. I. doit d'abord et avant tout chercher à augmenter ses forces,
elle doit essayer d'attirer à elle tous les mouvements nationaux et dans
chaque nation les différentes formes de ce mouvement ou ses différentes
fractions si, comme malheureusement il arrive trop souvent, il est
encore divisé. Ce n'est pas là besogne facile ; les difficultés sont en effet
nombreuses ; il faut se souvenir que dans un Mouvement aussi vaste
les causes de divergence et de division sont quelquefois plus fortes que
les causes de cohésion et de coordination des efforts. Chaque mouvement national a son caractère, il ignore souvent celui de ses voisins et
il faut que l'A.C.I. veille avec attention au respect du principe sur lequel
elle est fondée : la neutralité politique et religieuse, pour pouvoir parvenir à ses fins. Si elle ne le respectait pas scrupuleusement et jusqu'à
la minutie, elle risquerait fort souvent de voir son existence elle-même
mise en jeu. Ajoutons que souvent le caractère social des Mouvements
Coopératifs n'est pas seulement l'unique cause de dissociation, mais qu'à
côté il faut tenir compte du facteur national de beaucoup de pays. Il y
a des minorités dites étrangères et il y a aussi encore de telles incom-
préhensions, de tels souvenirs en certains peuples, qu'ils hésitent à se
rencontrer même autour de la table fraternelle de l'A. C. I.

Enfin, pour compliquer les choses, n'oublions point que l'A. C. I.
entend appeler en son sein toutes les formes de la coopération : coopération de consommation, coopération de crédit, coopération de production industrielle, coopération de production agricole et que cela encore
est une difficulté de plus, car d'apparence, sur le terrain économique,
ces efforts divers peuvent apparaître se contrarier si l'on ne met pas en
valeur la raison fondamentale de leur rapprochement qui est précisément la Coopération elle-même.

Cependant, chaque assise internationale marque des adhésions nouvelles et dans chaque pays et pour des pays nouveaux. L'A. C. I. est dès maintenant non plus une Alliance européenne mais une Alliance universelle puisque sont rattachés à elle des mouvements américains, ou des mouvements japonais ou indiens ou sud-africains. 32 nations, 65 organisations nationales, tel est le bilan que l'A. C. I. peut présenter et les trois dernières années ont marqué des résultats de plus dans ce sens.

L'Unité

L'unité coopérative internationale est donc le souci constant de ceux qui dirigent l'A. C. I. Il faut bien dire qu'ils sont obligés très souvent de résister à certains courants qui entendraient faire perdre à l'Alliance son caractère ; ne voit-on pas certains pays, pour des buts quelquefois très extraordinaires et très éloignés, chercher à en éloigner d'autres, ne voit-on pas les éléments sociaux et d'une certaine catégorie pousser volontiers les autres vers la porte. Religion, politique, nationalité, ont quelquefois une force supérieure à l'idéal coopératif. C'est ainsi que l'A. C. I. a été obligée à maintes reprises pendant ces trois dernières années de se préoccuper du problème de sa neutralité politique. Les Etats Scandinaves reprochaient à l'Alliance de sortir de son statut organique même en s'occupant des questions qui semblent pourtant être de son ressort : organisation internationale du travail, et du personnel des coopératives, manifestations pour la paix en diverses occasions. Certes il ne faut point exagérer et la neutralité coopérative ne doit pas aboutir à une stérile inaction, mais cette défense jalouse reposait sur des excès d'un autre côté et il est incontestable que le problème russe a troublé beaucoup d'esprits. L'Alliance était inquiète des attaques dont étaient l'objet ses militants ou même quelques-unes de ses organisations nationales dans certains journaux. L'Alliance s'est, à diverses reprises, et par des résolutions vigoureuses, montrée décidée à empêcher qu'une organisation nationale — en l'espèce l'organisation nationale russe — puisse directement ou indirectement — car directement elle déclarait n'y être pour rien — se mêler des affaires coopératives d'un autre pays, contrairement à l'idée que chaque nation aussi bien coopérativement qu'autrement a le droit de se gérer et de se conduire elle-même sans ingérence étrangère. Ce point de vue fut renforcé du fait que la représentation russe s'est accrue à chaque réunion du Comité Central, de pays que demandaient à avoir une représentation séparée, après l'Ukraine, l'Afghanistan, le Turkestan, la Russie Blanche, etc..., de telle sorte que l'on pouvait craindre, avec certaines adhésions de nations appartenant à l'Union des Républiques Soviétiques Socialistes, qu'une majorité pourrait un jour et rapidement se faire au sein de l'Alliance et avec un état d'esprit où l'idée de subordonner la Coopération à un mouvement politique était nettement avoué.

L'Indépendance

C'est aussi avec la plus grande vigueur que le Comité Exécutif et le Comité Central ont essayé de mettre fin à une entreprise qui pourrait tuer l'Alliance elle-même. Là encore les représentants de la Coopération française — comme pour la question de la neutralité — ont soutenu l'idée de l'indépendance avec fermeté et se sont déclarés prêts à s'opposer à toute tentative plus ou moins abritée derrière les statuts et tendant à s'emparer de l'Alliance. Sans cependant vouloir jeter l'ostracisme contre aucun pays et en réclamant que les règles soient uniformes pour tout le monde et applicables pour tous les pays. C'est ainsi que pour élargir la représentation des grandes nations à forme fédérative — Russie, Grande-Bretagne — les représentants de la France soutinrent une augmentation du nombre des membres pour ces nations; le *statu quo* fut voté par l'ensemble de l'Alliance. Tel quel il est en tous cas une garantie plus que suffisante maintenant contre une campagne qu'il importait de faire cesser.

Les représentants de la France, dans ces questions de neutralité, n'ont eu qu'à rester fidèles à la propre politique qu'ils suivent dans leur pays qui est de réaliser tout à la fois un idéal de transformation économique et sociale dans le respect strict de l'indépendance totale à l'égard des partis politiques et des questions religieuses. Mais en dehors même de la position nationale, il est clair que le point de vue est renforcé internationalement, car sans cela il n'y aurait même pas le principe d'une alliance possible.

La Solidarité

L'Alliance Coopérative Internationale a une autre tâche qui est celle de soutenir les Mouvements Coopératifs et leurs militants en face de tous les ennemis qu'ils peuvent rencontrer ; il y a donc là un devoir de solidarité auquel l'Alliance n'a jamais manqué, ni failli. Mais le principe posé, l'application est beaucoup plus difficile qu'on ne le pense; tel ou tel Mouvement Coopératif est persécuté par son Gouvernement ou pourchassé par des forces économiques adverses, s'il ne le doit qu'à ses principes coopératifs tout va bien et le devoir est clair, mais, en général, la situation est plus compliquée, les gouvernements ou les forces économiques anti-coopératives prennent des masques, quelquefois ces masques ne sont qu'un prétexte de la persécution coopérative, mais il est clair qu'en d'autres circonstances ce sont des raisons évidemment d'ordre politique ou d'ordre national qui sont la cause même des attaques faites contre la Coopération. Est-ce alors l'élément politique qui est en jeu, ou l'élément national ? Est-ce au contraire la Coopération qui est visée ? Il est difficile de le discerner, surtout que souvent les événements se passent à longue distance, cependant il est des cas où tout en agissant avec prudence il ne faut pas hésiter à intervenir. Tel a été particulièrement le cas pour l'Alliance Coopérative Internationale pendant ces trois dernières années à propos de l'Italie. Par maintes résolutions, par de nombreuses démarches, l'Alliance est intervenue en faveur de la Coopération italienne et de sa Ligue Nationale d'abord persécutée, ensuite dissoute, puis détruite; elle est intervenue en faveur des militants coopérateurs italiens frappés ou emprisonnés, elle a protesté contre les assassinats d'un certain nombre d'entre eux, elle l'a fait en dehors précisément de toute question d'ordre politique ne voulant se mêler ni à un problème national — celui du gouvernement — ni à une question d'ordre politique qui n'est pas de son ressort. Aurait-elle voulu, du reste, faire autre chose, qu'elle n'aurait pu voter que des ordres du jour sans résultat et autant en aurait emporté le vent.

Dans la mesure de ses forces elle a apporté sa solidarité au Mouvement Coopératif italien en lui permettant, sous une forme dérisoire, mais tout de même agissante, de subsister avec un Office pour lequel elle n'a pas hésité à donner les fonds qui lui restaient d'un fonds destiné aux coopératives dévastées de la guerre. Elle a maintenu au sein de son Comité Central le vieux lutteur Vergnanini, et elle garde le contact avec les coopérateurs italiens. Elle a assez d'esprit de solidarité pour essayer d'appeler à elle tous ceux qui voudront, suivant la formule des Pionniers de Rochdale, dresser des coopératives vivant d'elles-mêmes et sans autre ingérence que celle des associés ; elle défendra la coopération italienne dans la mesure de ses moyens et elle espère que, peu à peu, la liberté coopérative italienne sera recouvrée et que même ceux qui ont pu être égarés reviendront au sein d'une organisation coopérative italienne dont elle espère, demain, voir le caractère neutre assurer des destinées glorieuses.

La Coopération, en son Alliance Coopérative Internationale, veut rester elle-même. Ce n'est point que son cœur ne puisse vibrer à tous les grands mouvements humains ; mais même si la plupart de ses éléments sentaient battre leur cœur en face d'un mouvement social comme celui des mineurs anglais par exemple, il lui convient toutefois de rester elle-même et hors de ces luttes auxquelles elle ne doit pas prendre part. Elle n'a du reste pas eu ce point de vue, contrairement à ce que l'on a prétendu, à se prononcer, car pour refuser une solidarité encore faut-il qu'il y soit fait appel et les coopérateurs anglais seuls compétents, n'ont jamais demandé à l'Alliance Coopérative Internationale — et n'ont jamais voulu le demander par respect même de la neutralité — une démonstration pour ceux à qui allait toute leur sympathie et toute leur solidarité nationale.

M. D. G. et B. C. Internationaux

Le rôle de la coopération internationale est donc extrêmement délicat et avant de se lancer dans de périlleuses démonstrations ou sur des chemins sinueux où elle pourrait se perdre elle-même, il lui appartient avant tout de devenir une force puissante ; elle n'y aboutira qu'en réservant toute son activité et qu'en poussant toute son action vers des tâches positives et pratiques qui sont du reste bien conformes à l'esprit coopératif. Il lui faut avant tout réaliser la Coopération internationale non pas seulement la coopération intellectuelle et morale mais la coopération matérielle. Il y a des besognes coopératives internationales différentes des besognes coopératives nationales ; elles sont nombreuses et multiples, elles peuvent devenir chaque jour plus importantes, dans cet ordre de choses il y a le Magasin de Gros International à faire vivre, il y a la Banque Coopérative Internationale à constituer. Les coopérateurs français n'ont jamais ménagé leur concours pour la création de ces œuvres. C'est des conférences inter-alliées, après la guerre, qu'est sortie l'idée de réaliser immédiatement ces deux œuvres : commerce international et finance coopérative internationale. Ce n'est que peu à peu et bien lentement que les nations, les unes après les autres, y sont conquises. Entre Gand et Sockholm, à ce point de vue là, le progrès n'a pas été immense ; l'organisation juridique du Magasin de Gros International a été instituée ; les relations se font plus pressantes et il suffira peut-être d'une stabilisation croissante des changes pour que les affaires entre Magasins de Gros deviennent plus nombreuses. De même en ce qui concerne la Banque Coopérative Internationale dont la réalisation semble à première vue reculée, il nous apparaît qu'au contraire, sous la forme de correspondances diverses traitées entre les différentes Banques nationales, l'idée se concrétise et finalement, après bien des résistances, on a vu les Wholesales anglaises, comme la Wholesale allemande, au Comité du Magasin de Gros International et maintenant au Comité Bancaire dont notre ami Gaston Lévy est le Secrétaire.

Ce n'est point tout et cela ne constitue pas toutes les tâches de l'A. C. I. Certes le Magasin de Gros International, comme la Banque Coopérative Internationale vivent à côté de l'Alliance ; elles ne sont pas sous sa direction propre, mais à notre avis il n'y a rien là d'extraordinaire étant donné la diversité des mouvements et il ne faut pas juger d'après son propre concept national. Dans l'état actuel du Mouvement Coopératif du monde, et surtout de la Grande-Bretagne, il n'est pas possible de concevoir une seule organisation pour l'institution morale et pour les institutions commerciale et bancaire. Du reste en France même où la F. N. C. C., le M. D. G. et la B. C. F. sont si unies par leur Conseil Unique, n'ont-elles point encore leur organisation juridique spécialisée et cela n'empêche ni la cohésion dans l'action, ni l'unité du Mouvement. Il ne faut donc point trop s'effaroucher de l'organisation tri-partite de la Coopération internationale et même sur d'autres terrains qui sembleraient devoir lui être plus proches et plus directement le résultat de son effort, l'Alliance Coopérative Internationale est obligée d'admettre à côté d'elle des satellites travaillant sous sa direction, c'est ce qu'elle doit réclamer même avec une constitution particulière, tel est le cas pour le Comité des Assurances auquel est adhérente l'Assurance Ouvrière française ; tel est aussi le cas pour l'Ecole Coopérative Internationale d'Eté qui voit son succès grandir d'année en année ; tel devra être le cas, demain, à notre avis, pour une Commission Internationale des Juristes et également pour un Groupe Parlementaire Coopératif International dont notre ami Frédéric Brunet, avec notre accord, veut se faire le propagateur; peut-être même à Stockholm.

L'Alliance Coopérative Internationale voit son éclat grandir chaque année grâce à ses démonstrations et à son organisation croissante. Il est incontestable que sa fête de plus en plus réussie est suivie par tous les pays du monde et que son drapeau aux sept couleurs de l'arc-en-ciel lui donne des instruments d'action. A ce point de vue — surtout en ce qui concerne la fête internationale, — la Coopération française a le devoir de suivre de plus en plus résolument les indications de l'A. C. I.

Conclusion

Pour nous résumer, nous pensons que l'Alliance Coopérative Internationale en ses divers organismes, a accompli la tâche qu'elle devait accomplir. Elle ne pouvait faire davantage dans l'état du Mouvement, suivant les forces qu'elle contient et en présence des difficultés qui sont devant elles et que nous avons marquées au cours de ce rapport. Sa marche en avant paraît lente mais elle n'en sera certainement que plus sûre. Les coopérateurs français, en tous cas, sont les premiers parmi les coopérateurs internationaux pour vouloir lui faire réaliser son but tout entier.

L'Alliance Coopérative Internationale doit être de plus en plus un instrument de paix économique entre les peuples, comme le flambeau de l'idéal coopératif sur le monde tout entier. Cela a été pour nous une grande joie que l'Alliance Coopérative Internationale ait pu, avec notre appui, être représenté au Comité préparatoire de la Conférence économique de Genève. Quelle que soit l'opinion même que l'on puisse avoir sur la Société des Nations, quelles que soient les réserves que l'on puisse faire, pour permettre à ceux-là même qui y croient le plus et pour la paix tout court et pour la paix économique, il est juste de dire que l'Alliance Coopérative Internationale a reçu la consécration de sa force puissante par son admission au dit Comité, parmi les vingt grandes puissances économiques du monde. Ses délégués — qui y font du reste bonne figure — y ont à défendre tout à la fois les intérêts des coopérateurs et aussi, presque seuls, les intérêts des consommateurs tout au moins sous leur forme la plus accusée. Des rapports ont été rédigés par eux ; ils ont permis, en maintes occasions, de faire connaître les idées coopératives sur le plan international et particulier de la Coopération agricole en même temps qu'ils ont démontré le rôle régulateur des prix de la Coopération dans le monde et son rôle comme facteur de paix économique.

Nul doute que si des coopérateurs peuvent être représentés aux conférences générales qui suivront, la Coopération ne recueille les fruits de l'action de l'A. C. I. au Comité préparatoire.

La Coopération française — toutes les nations et l'A. C. I. elle-même l'ont reconnu — s'est montrée au premier rang pour la reconstitution du Mouvement Coopératif International après la guerre. La Coopération française n'entend pas perdre au sein de l'Internationale coopérative ni son caractère, ni sa couleur nationale; elle entend faire respecter les formes de l'organisation qu'elle s'est donnée et les directives qu'elle entend suivre en toute indépendance et sans aucune ingérence extérieure, mais ses représentants veulent également que la Coopération française soit la première à être conforme à ce qu'ils croient être le génie de leur pays : l'amour d'un idéal et la foi en l'idée.

Pour les coopérateurs français, pour les représentants de notre F. N. C. C. comme pour les délégués au Congrès, il n'est qu'un souci celui que leur Mouvement national serve et fasse servir le Mouvement Coopératif international à la réalisation d'un idéal humain de rénovation sociale et à l'idée de paix économique et même de paix tout court entre les peuples.

Les Relations entre les Coopératives
de consommation et les Coopératives agricoles

Rapporteur : D' FAUQUET

La question des relations entre les Coopératives de Consommation et les Coopératives agricoles a été portée à l'ordre du jour du prochain Congrès Coopératif International qui se tiendra cette année à Stockholm, au mois d'août, et c'est en prévision des débats du Congrès de Stockholm que la question est posée devant le Congrès de notre Fédération Nationale. Les conclusions du rapport que présentera à Stockholm l'éminent président de l'*Union Suisse Coopérative de Consommation*, Bernard Jaëggi, ne sont pas connues d'une manière concrète au moment de la rédaction du présent rapport. Elles ne seront rendues publiques qu'après la session du Comité Central de l'Alliance Coopérative Internationale, qui se tiendra à Bruxelles, au mois d'avril. Nous ne serons par suite en mesure de les présenter que verbalement au Congrès de Nîmes. Dans les lignes qui suivent, nous nous bornerons à donner un exposé de l'état de la question au début de l'année 1927, en nous plaçant successivement au point de vue national et au point de vue international.

Relations nationales

L'établissement de relations coopératives entre les producteurs et les consommateurs de produits agricoles, entre les villes et les campagnes, entre l'industrie et l'agriculture, n'a cessé, depuis qu'il y a un mouvement coopératif, de préoccuper les coopérateurs. Cette préoccupation, on la retrouve tout au long des deux volumes si pleins de références et de notations précises de l'*Histoire générale de la Coopération* de Gaumont. Mais ce n'est que dans ces dernières années que la question a pu être, sinon résolue, tout au moins posée dans des termes qui permettent d'espérer des réalisations prochaines.

Les résolutions non concertées et cependant concordantes du Congrès de la Fédération de la Mutualité et de la Coopération agricoles, tenu à Paris en juin 1920, et du Congrès de la Fédération Nationale des Coopératives de Consommation, tenu la même année à Strasbourg, ont été le point de départ d'études poursuivies en commun.

Ces études ont abouti à une formule précise d'organisation : l'Union mixte, composée de sociétés coopératives agricoles et de sociétés coopératives de consommation et remplissant, à compte commun et pour l'avantage commun, celles des fonctions qui, faute d'organisation, sont actuellement accomplies par le commerce intermédiaire.

Cette formule, dont l'idée première fut émise par notre vieil ami Garbado, a pris forme législative dans le texte de la proposition de loi déposée par le sénateur Chanal. Bien que cette proposition ait fait l'objet d'avis favorables des commissions compétentes, elle attend encore le vote du Sénat. Une action de tout le mouvement telle que celle que préconisait Maurice Camin, dans l'*Action Coopérative* du 27 novembre dernier, serait nécessaire pour hâter le vote de la proposition Chanal. Aussi serait-il souhaitable que sans attendre le Congrès de Nîmes, tous les Congrès des Fédérations Régionales renouvellent les vœux déjà émis en sa faveur et se préoccupent d'organiser l'intervention de leurs sociétés adhérentes auprès des Sénateurs de leurs départements respectifs.

Si désirable que soit le vote prochain de la proposition Chanal, nous devons reconnaître que les années de crise monétaire qui viennent de s'écouler n'étaient guère favorables à la constitution des unions projetées de coopératives agricoles et de coopératives de consommation. Le dérèglement des prix et l'insécurité financière auraient, à n'en pas douter, rendu difficile leurs premiers pas. Tout le temps écoulé depuis le dépôt de la proposition Chanal n'a d'ailleurs pas été perdu. Les relations morales entre les deux mouvements sont devenues plus étroites, des campagnes communes ont été engagées, les principes fondamentaux d'une loi organique applicable à toutes les formes de la coopération ont été posés. Peu à peu sont tombées les barrières doctrinales élevées à une époque où, pour créer, forme par forme, catégorie par catégorie, des fédérations homogènes, il pouvait paraître plus nécessaire de se définir que de s'associer. Aujourd'hui, à chacune des principales formes de la coopération française correspond une organisation distincte, en sorte que ce n'est plus dans la confusion, mais dans l'ordre, que s'établissent les contacts et les relations. C'est par des délibérations séparées, mais concourantes, que s'affirment les parentés profondes et que s'organise l'action solidaire pour la poursuite des intérêts communs. Nous croyons que de cet état d'esprit, de cette bonne volonté, pourraient sortir dès maintenant, sans même attendre le vote de la proposition Chanal, certaines réalisations pratiques.

Si intéressante, en effet, que soit l'union mixte de sociétés coopératives agricoles et de sociétés coopératives de consommation — et nous verrons plus loin tout l'intérêt des agences mixtes de ce type qui existent déjà sur le plan international — si utiles que soient les dispositions législatives attendues qui donneront un statut juridique à ces unions dans le cadre de la loi sur le crédit agricole, nous ne devrons pas, croyons-nous, négliger l'emploi de modalités similaires qui, dès maintenant, sans aucune aide du législateur, pourraient déjà dans certains cas et pour certains produits, assurer une liaison coopérative entre la production et la consommation.

Les principes mêmes de l'union mixte, les éléments d'autonomie et d'association qui la caractérisent, peuvent être mis en œuvre sous des formes juridiques multiples tout aussi diverses que les rouages mêmes du commerce intermédiaire.

C'est ainsi que pour les œufs, par exemple, la liaison coopérative entre les producteurs et les consommateurs est, en fait, réalisée en plusieurs pays sous des formes diverses. Nous trouvons d'une part, des sociétés coopératives de ramassage d'œufs en rapports directs avec des sociétés coopératives de consommation ou leur Magasin de Gros, et, d'autre part, des sociétés coopératives de consommation qui s'approvisionnent directement auprès de certains de leurs sociétaires. C'est ainsi que la Société Coopérative de Consommation de Derby achète, chaque semaine, une moyenne de 500 livres sterlings de produits agricoles à ses propres sociétaires et que, pour les six premiers mois de 1925, elle leur a acheté 1.275.000 œufs pour la somme de 9.055 livres.

Nos grandes sociétés régionales, à la fois urbaines et rurales, présentent des conditions favorables pour un système qui serait étudié en vue de retenir tous les avantages techniques des coopératives autonomes de ramassage d'œufs, tout en assurant aux producteurs le marché sûr et stable des consommateurs organisés. Les risques à courir ne sont pas tels qu'ils puissent détourner d'entreprendre : le succès se traduirait par une plus grande activité des sections rurales de nos grandes sociétés, par un accroissement de la production régionale, un accroissement des ressources des sociétaires qui livreraient des œufs et pour tous un approvisionnement assuré en œufs de qualité.

Relations internationales

Dès les premiers Congrès de l'Alliance Coopérative Internationale, la question des relations entre les coopératives agricoles et les coopératives de consommation fut portée à l'ordre du jour, sans doute sur l'indication du premier président de l'Alliance, Henry W. Wolff, qui mit si activement au service de l'Alliance naissante sa connaissance approfondie de toutes les formes de la coopération et ses relations personnelles avec les coopérateurs de tous les pays.

Par la suite, l'Alliance a semblé devoir devenir une organisation représentant, non pas l'ensemble du mouvement coopératif, mais seulement les coopératives de consommation. Heureusement un redressement s'est lentement mais décidément opéré. Déjà, au Congrès de Glasgow, la question des relations entre les coopératives agricoles et les coopératives de consommation figura de nouveau à l'ordre du jour, et fut l'objet d'un remarquable rapport de H. Kaufmann. Au cours de ces dernières années, les résolutions adoptées sur les rapports d'Albert Thomas au Congrès de Bâle, puis au Congrès de Gand (1) et l'ordre du jour même du Congrès de Stockholm, marquent le chemin accompli.

Cette évolution est d'ailleurs commandée par le fait que la coopération de consommation, presque toujours d'origine ouvrière et citadine, s'est maintenant dans un grand nombre de pays largement développée parmi les populations rurales. Selon une formule heureuse de Poisson, elle groupe maintenant « toutes les forces de consommation, et particulièrement celles qui ont pour origine le travail, mais le travail des champs aussi bien que le travail des villes, le travail de l'agriculteur aussi bien que le travail industriel » (2).

Nous ne nous dissimulons pas, cependant, les obstacles qui restent à vaincre avant que la nécessité de rassembler et d'unir toutes les formes de la coopération soit pleinement et franchement reconnue. Des habitudes d'esprit devront être modifiées et il faudra un certain temps pour que certaines formules encore paresseusement employées apparaissent à tous comme des formules vides de sens.

Et cependant, alors que l'établissement entre coopératives agricoles et coopératives de consommation apparaît encore à beaucoup comme

(1) Extrait de la résolution du Congrès de Gand : « Il est désirable que des rapports directs et organiques s'établissent entre les coopératives de consommation et les coopératives agricoles en vue d'unir, dans les cadres locaux et nationaux, les consommateurs-producteurs des villes et des campagnes et sur le plan international, les pays industriels et les pays agricoles, sur la base du respect mutuel de leurs conditions de travail et de vie.... »

(2) Rapport présenté par E Poisson au *VIIe Congrès de l'Agriculture française* (Rouen, 13-16 mai 1925) sur les « Relations à organiser entre les Coopératives Agricoles de production et de vente et les Coopératives de Consommation ou leurs Magasins de gros ».

une simple vue d'avenir et à certains même comme une utopie, des institutions, nées sans bruit, mais sous la pression des besoins mêmes à satisfaire, existent depuis plusieurs années déjà qui, d'un pays à un autre, ont établi un courant continu de transactions entre coopératives agricoles et coopératives de consommation.

Nous énumérons ci-dessous celles d'entre elles qui nous sont connues. On remarquera que toutes s'apparentent plus ou moins étroitement par leur structure et leurs conditions de fonctionnement aux unions mixtes de coopératives agricoles et de coopératives de consommation visées dans la proposition du Sénateur Chanal.

a) La « New-Zealand Produce Association » a été constituée à Londres, en 1921, par le Magasin de Gros Anglais et la « New-Zealand Producers Co-operative Marketing Association » qui est une fédération des laiteries coopératives agricoles de la Nouvelle-Zélande. Les deux parties constituantes ont contribué, par parts égales, à la formation du capital de l'agence commune et chacune d'elles désigne deux des quatre directeurs. Les transactions sont fondées sur les principes commerciaux ordinaires; un droit de courtage, au taux courant, est demandé pour chaque opération et le bénéfice, après le prélèvement des frais, qui allait jusque-là aux commerçants, est réparti entre les producteurs et les consommateurs. Le Magasin de Gros n'est pas obligé d'acheter les produits des laiteries coopératives de Nouvelle-Zélande, et celles-ci peuvent ne pas vendre au Magasin de Gros; mais, en fait, le Magasin de Gros Anglais est le premier et le principal acheteur, et, parfois, il absorbe tous les envois des sociétés de Nouvelle-Zélande. En 1924, les opérations de l'agence commune ont porté sur 68.950 quintaux de fromage, d'une valeur de 627.029 livres sterlings, et sur 17.900 quintaux de beurre, d'une valeur de 330.948 livres. Le succès de cette association nous donne la preuve qu'une agence coopérative peut fonctionner pour l'avantage commun et sous le contrôle commun de l'organisation des consommateurs et de l'organisation des producteurs.

b) L' « Overseas Farmers' Co-operative Federations Ltd » fut constituée, en 1921, comme agence à Londres de la Fédération des coopératives agricoles de Nouvelle-Zélande, à laquelle vinrent se joindre, par la suite, les fédérations des coopératives agricoles de l'Australie et de l'Afrique du Sud. Chacune des trois fédérations associées a une part égale dans le capital et dans la gestion de l'agence commune qui exerce, pour leur compte, les fonctions de commissionnaire, tant pour leurs achats que pour leurs ventes. Le chiffre d'affaires de l'agence s'est élevé, en 1925-26, à 270.469 livres sterlings en ce qui concerne les achats et à 5.684.811 livres sterlings en ce qui concerne les ventes. Il est particulièrement intéressant de noter que cette agence est adhérente au Magasin de Gros Anglais et en relations directes d'affaires avec lui. Au cours du premier semestre 1926, le Magasin de Gros Anglais a vendu, par l'intermédiaire de l' « Overseas Farmers' Co-operative Federations Ltd », pour 2.066 livres de marchandises aux coopératives agricoles des trois Dominions et leur a acheté, par le même intermédiaire, pour 380.622 livres de produits agricoles. C'est, d'autre part, à la suite de négociations engagées par l' « Overseas Farmers' Co-operative Federations Ltd » que la Banque du Magasin de Gros Anglais est entrée en relations avec les coopératives de producteurs de blé d'Australie auxquelles elle a consenti, l'année dernière, une ouverture de crédit de 1.365.000 livres. Cette ouverture de crédit a permis aux coopératives de producteurs d'écouler 2 millions et demi de quintaux de blé, sans avoir recours, pour le financement de ces opérations, aux banques privées. Notons enfin que le caractère international de l' « Overseas Farmers' Co-operative Federations Ltd » a été renforcé du fait que cette agence a consenti à être le mandataire à Londres, de la « Fruit Growers Corporation » de Californie et de la Fédération des laiteries coopératives de Lettonie.

, c) La « Danish Co-operative Bacon Trading Co », établie en Angleterre en 1902, groupe actuellement 18 abattoirs coopératifs danois. Elle écoule, à elle seule, le tiers du « bacon » danois importé en Grande-Bretagne. Elle est en relations directes d'affaires avec le Magasin de Gros Anglais. D'après ses statuts, ses excédents nets sont répartis par moitié entre les abattoirs fournisseurs et les firmes acheteuses. La part revenant aux abattoirs est répartie entre eux, au prorata de leurs livraisons de « bacon » et, de même, chaque acheteur reçoit une ristourne proportionnelle au montant des opérations qu'il a faites avec la société. Le capital de la société a été fourni, pour la plus grande partie, par les abattoirs coopératifs, proportionnellement à l'importance de la portion de leur production qui est destinée à l'exportation et le surplus du capital a été fourni par les firmes acheteuses. Ces dernières sont autorisées à employer le montant de leur ristourne à augmenter leur participation au capital.

Citons également, comme exemples d'agences mixtes, les deux sociétés suivantes, dans lesquelles l'Etat et des sociétés privées sont associés aux organismes coopératifs de producteurs et de consommateurs.

a) La « Russo-British Grain Export Co » a été constituée en 1923. Son objet est l'achat du blé russe et son écoulement en Grande-Bretagne, en France, en Italie et dans les pays du Sud de l'Europe. Du côté russe figurent, d'une part, des organismes d'Etat (le commissariat pour le commerce extérieur et son agence à Londres et la Banque d'Etat) et, d'autre part, l'Union Centrale des Coopératives de Consommation « Centrosoyus », l'union pan-russe des Coopératives agricoles « Selsko-soyus » et la Banque Coopérative pan-russe « Vsekobank ». Du côté britannique figurent, pour moitié, le Magasin de Gros Anglais, et pour l'autre moitié, deux maisons privées de courtage et d'armement. Les quantités de blé exportées par cette société se sont élevées, en 1926, à 6.858.000 quintaux.

b) La société « Ratao », de Vienne, groupe, du côté autrichien, le Magasin de Gros des Coopératives de Consommation et une société privée et, du côté russe, le « Centrosoyus » et l'Etat. Son objet est d'exporter en Russie des produits manufacturés autrichiens et, notamment, des produits textiles et de recevoir de Russie, pour les consommateurs autrichiens, des produits agricoles et notamment du blé et des œufs.

Faisant abstraction de différences dont certaines peuvent tenir à des conditions de fait impératives et d'autres aux simples tâtonnements qui accompagnent toute nouvelle forme d'activité, il nous a paru possible de dégager des exemples déjà existants, les éléments d'une constitution typique qui serait la suivante :

a) Coopératives agricoles d'une part et coopératives de consommation d'autre part s'associent dans des conditions d'égalité parfaite. En conséquence, les deux parties ou les deux groupes participent par parts égales à la formation du capital de l'entreprise commune, et ont une égale représentation dans les assemblées et autres organes de la société. Les excédents de l'entreprise sont partagés en deux parts égales, chacun des deux groupes répartissant secondairement la part qui lui est échue entre ses membres, au prorata des opérations, soit de livraison, soit d'achat, faites par chacun de ses membres.

b) Dans ses opérations avec l'une ou l'autre partie (ou les membres de l'un ou de l'autre groupe), l'entreprise commune exerce les fonctions d'intermédiaire dans les mêmes conditions qu'un intermédiaire du commerce privé, c'est-à-dire qu'elle se réfère, tant pour ses achats que pour ses ventes, au prix du marché. Elle réalise par suite un bénéfice brut qui peut être considéré comme équivalent à celui que réaliserait un intermédiaire du commerce privé. Ce bénéfice brut sert à couvrir les frais généraux de l'entreprise et le surplus, après prélèvement pour les réserves sociales, est ristourné aux deux parties.

c) L'entreprise commune peut ne pas être qu'un simple intermédiaire commercial, mais adjoindre à ses opérations d'achat et de vente des opérations complémentaires de transformation, d'affinage, de conditionnement. Un bénéfice brut industriel s'ajoute ainsi au bénéfice commercial proprement dit, sans que cela modifie les règles de répartition des excédents.

Il résulte de ce qui précède, que la société mixte se substitue à l'intermédiaire du commerce privé pour exercer à sa place les fonctions utiles qu'il exerçait dans le processus de circulation et, si possible, les assurer avec un meilleur rendement technique. Le montant des excédents à répartir par parts égales entre l'organisation des producteurs et l'organisation des consommateurs, sera supérieur ou inférieur au profit net des intermédiaires privés, suivant que l'organisation coopérative aura ou n'aura pas réalisé un progrès technique par rapport aux méthodes ordinaires du commerce. La cogestion de l'entreprise par des représentants des deux parties se fait, non sur la base d'une balance équilibrée d'intérêts opposés, mais sur la base d'un intérêt commun qui est la réduction des frais généraux et l'accroissement de l'efficacité technique de l'entreprise commune.

L'année dernière, dans une note sur « Le Commerce coopératif international » qu'Albert Thomas a bien voulu annexer à son Rapport (1), nous avons exposé comment nous concevions — spécialement quant à la formation des prix — le fonctionnement des agences internationales qui mettraient en contact, pour la satisfaction commune de leurs besoins respectifs d'approvisionnement et d'écoulement, les coopératives de consommation et les coopératives agricoles des différents pays. On voudra bien considérer que cette note appartient tout entière à la discussion ouverte sur la question qui fait l'objet du présent rapport et nous nous permettons d'y renvoyer expressément.

Il apparaît déjà que les transactions entre coopératives de consommation des pays industriels et coopératives agricoles des autres pays, dépassent en importance les transactions que les Magasins de Gros des coopératives de consommation des divers pays se sont efforcées d'établir entre eux par l'intermédiaire de la Société du Magasin international Coopératif de Gros (1).

---

(1). Voir pp. 197-210 du compte-rendu du *XII° Congrès de la Fédération Nationale des Coopératives de Consommation* (Lille 1926). Le Rapport d'Albert Thomas sur « Protectionnisme, libre-échangisme et organisation internationale des échanges », ainsi que notre note sur « le Commerce Coopératif International » ont été également reproduits dans le numéro d'Avril-Juin 1926, des « Annales de l'Economie Collective (Anciennes Annales de la Régie Directe) » que dirige notre ami Edgard Milhaud.

(1) Sur l'importance des transactions internationales des coopératives de consommation et des coopératives agricoles de vente, voir le Mémoire sur « Le

A vrai dire, si utiles que soient les contacts établis entre les Magasins de gros, si intéressantes que puissent devenir les statistiques encore trop sommaires du Magasin international coopératif de Gros, il y a peu à attendre du développement de leurs relations mutuelles sous la forme où elles se présentent actuellement.

Essentiellement établis et organisés pour l'approvisionnement de leurs propres sociétés, les Magasins de Gros nationaux ne peuvent être qu'accessoirement complémentaires les uns des autres. Au contraire, pour les denrées agricoles — et abstraction faite des cas où les Magasins de Gros, comme les Magasins de Gros britanniques, peuvent posséder des exploitations du type colonial, — ce sont les relations entre les Magasins de Gros des pays importateurs et les Centrales des coopératives agricoles des pays exportateurs qui répondent à des besoins essentiels d'échange. Seules, ces relations peuvent à bref délai devenir fécondes.

Le Congrès de Nîmes tiendra, pensons-nous, à donner une adhésion explicite aux conclusions de Bernard Jaëggi que le Comité central de l'Alliance aura déjà fait sienne au cours de sa session d'avril.

Le projet de résolution ci-après n'est donc présenté que comme une base de discussion pour les congrès des fédérations départementales.

Projet de résolution

Le Congrès,

Considérant que, tant dans l'intérêt général des populations des villes et des campagnes que dans l'intérêt du développement du mouvement coopératif, il est nécessaire que des relations directes et organiques soient établies entre les coopératives agricoles et les coopératives de consommation,

Confirme les résolutions adoptées à cet effet au Congrès national de Strasbourg ainsi qu'aux Congrès coopératifs internationaux de Bâle et de Gand.

Il émet le vœu que la proposition du Sénateur Chanal concernant les unions mixtes de coopératives agricoles et de coopératives de consommation soit adoptée dans le plus bref délai, et que dès maintenant la Fédération étudie, conjointement avec les représentants de la Fédération de la Mutualité et de la Coopération agricoles, les méthodes qui pourraient assurer pour certains produits dans le cadre de la législation actuelle, des relations organisées entre la production et la consommation.

Il donne en outre mandat aux représentants du mouvement coopératif français de poursuivre tant au prochain Congrès coopératif international que dans les organes centraux de l'Alliance Coopérative Internationale, une politique active de rassemblement de toutes les formes de la coopération, en vue notamment de l'établissement d'organismes communs de transactions entre les Magasins de Gros des coopératives de consommation et les Centrales des coopératives agricoles des différents pays.

---

rôle des organisations coopératives dans le commerce international du blé et des produits laitiers et de quelques autres produits agricoles ». Ce Mémoire fait partie de la documentation préparée par le Bureau International du Travail, par la Conférence économique internationale. Rappelons que, dans le Comité préparatoire de la Conférence, les intérêts du mouvement coopératif étaient représentés avec autorité par deux membres du Comité Central de l'Alliance Coopérative Internationale, Mmes Emmy Freundlich et Anders Orne. La Conférence s'ouvrira le 4 mai. Son ordre du jour comprend, sous la rubrique : Agriculture, le libellé suivant : « Possibilités d'action internationale : a) développement et collaboration internationale des organisations de producteurs et consommateurs, y compris les différents systèmes d'organisation coopérative. »

Les Moyens techniques de la Coopération moderne

Rapporteur : Gaston LEVY

La Coopération de Consommation a fait de très grands progrès au cours de ces dernières années. Si l'on compare les statistiques de chaque pays à 25 années d'intervalle, par exemple, on constatera une augmentation du nombre de sociétés mais surtout un accroissement considérable de sociétaires coopérateurs et du chiffre d'affaires.

Ces progrès sont-ils, et dans quelle mesure, proportionnés au développement général économique ?

La réponse à cette question variera évidemment selon les pays et il serait certes intéressant de faire cette étude spéciale. Il n'est pas douteux d'ailleurs qu'on constatera au moins pour les pays de l'Europe, sauf les péninsules ibérique et italique, une progression coopérative plus forte que le développement économique général. Il en sera de même pour certaines parties de l'Asie, Inde Anglaise et Japon, et dans tous les pays où la Coopération a fait son apparition au cours des dernières années.

Mais si l'on s'en tient seulement aux pays européens où la Coopération avait déjà une existence réelle vers 1900 et que l'on compare ses progrès au progrès coopératif économique général on trouvera presque toujours que le progrès coopératif se marque d'autant plus que ses moyens techniques rejoignent ou devancent les moyens techniques utilisés par l'économie privée.

L'étude des moyens techniques utilisés par la Coopération moderne qui est à l'ordre du jour du Congrès International de Stockholm est donc une des questions les plus importantes pour l'avenir du mouvement coopératif.

Si chaque pays coopératif pouvait apporter sa contribution à cette étude il y aurait là une source d'enseignement mutuel fécond et il semble que la meilleure solution pratique du Congrès devrait être l'ouverture d'une enquête à ce sujet qui ferait l'objet d'un rapport dont la publication devrait avoir lieu aussi rapidement que possible.

D'autre part, les moyens techniques à employer par la Coopération moderne devant être proportionnés aux progrès techniques de l'économie privée, il paraît intéressant de rechercher quelles sont les formes diverses que l'économie capitaliste a tendance à employer dans le processus de l'échange et de la répartition qui sont avec la production les buts matériels de la Coopération.

Il ne faut pas oublier que le but de la Coopération est la satisfaction des besoins et que même si l'on admet que les formes de la production seraient d'autant plus harmonieuses et rémunératrices que les producteurs auraient la jouissance la plus complète possible du produit de leur effort, les consommateurs, les usagers des services de production ou d'échange ont le droit impérieux de contrôler les conditions de la production et organisant eux-mêmes la répartition des produits selon leurs besoins, de veiller à ce que la production soit faite dans ce but.

Il en résulte que les moyens techniques de la production ne peuvent être indifférents aux Coopératives de consommation et qu'elles doivent les connaître soit pour les utiliser à leur profit si elles organisent elles-mêmes leur propre production, soit si elles s'entendent avec les autres formes de la Coopération (production industrielle ou agricole) soit même si leur développement insuffisant les oblige encore à recourir à l'économie privée en matière de production.

Si l'on examine donc l'économie privée sous le triple aspect de la répartition, de la production ou du crédit, on constatera une évolution différente dont il faut tenir compte et qu'on doit utiliser pour le développement coopératif.

Répartition

Le lieu de la répartition a tendance à se modifier dans un sens très net. Il n'y a plus de centre de répartition où les producteurs et les consommateurs se rencontrent et où tous les besoins peuvent se satisfaire. Le système des foires ou des marchés tend à disparaître au moins pour la répartition immédiate et les expériences nouvelles telles que les grandes foires ou expositions de Leipzig, Moscou, Lyon, Londres, Paris, sont uniquement des foires d'échantillons réservées au commerce de gros.

Le répartiteur se déplace très nettement vers le consommateur et la création des maisons à succursales multiples, leur développement dans certains pays et même la multiplicité des moyens de livraison ou de vente à domicile le prouve.

La concentration qui s'était d'abord opérée sous la force des grands magasins s'opère actuellement à un stade différent : Entrepôt — Production et surtout Capital.

En France le phénomène est manifeste. Les grands magasins d'alimentation ou de nouveautés ont dû d'abord organiser un service de livraison à domicile très complet et qui a tendance à se développer tous les jours. Par exemple, les magasins de nouveautés livrent à domicile jusqu'à 100 kilomètres autour de Paris et même pour certaines régions vont jusqu'à 200 kilomètres. Puis ils ont dû songer à établir des succursales en Province mais maintenant c'est à Paris même, malgré les facilités de communication et pour être plus près de leur clientèle qu'ils créent des succursales.

Dans l'alimentation, c'est plus précis encore non seulement par les sociétés à succursales multiples mais par la forme de roulottes employées par certaines maisons et qui vont de porte en porte non plus livrer des commandes mais présenter et vendre les marchandises non seulement dans des campagnes mais même dans les villes.

La nature des marchandises réparties par établissement a également subi une évolution qui peut être caractérisée assez nettement. Dans l'économie primitive le marchand a tendance à fournir à son client ce qui lui est nécessaire et le boutiquier de village comme celui de la petite ville quand il n'est pas artisan vend de tout. L'évolution économique a amené dans la répartition comme dans la production le système de la sélection ou de la spécialisation et l'on a vu en France en tout cas se multiplier, dans toutes les branches de la répartition, les magasins spécialisés dépendant plus ou moins effectivement ou apparemment de la production, soit que le producteur soit un artisan vendant lui-même sa production ou plus exactement le produit de la transformation qu'il opère (boulanger, charcutier, tailleur, chemisier, cordonnier, laitier, ébéniste, etc...), soit qu'il soit commandité ou dépendant de son fournisseur principal producteur ou grossiste (débitant de tabac, cabaretier, magasin de confections, magasin de chaussures, bonnetier, marchand de meubles, quincaillier, voire épicier, marchand de vins, etc...)

Cette tendance à la spécialisation s'est modifiée très sensiblement dans ces dernières années, non seulement pour les commerçants indépendants que les frais généraux croissants ont amené à rechercher une augmentation de leurs ventes en adjoignant à leur commerce principal d'autres articles qui souvent d'accessoires sont devenus principaux, comme par exemple, boulangers devenus en même temps pâtissiers et confiseurs, chemisiers devenus bonnetiers et adjoignant la lingerie de femme à la lingerie d'homme, confectionneurs pour hommes, devenant marchand de nouveautés pour hommes et femmes, charcutiers devenus épiciers, épiciers devenant charcutiers, etc..., etc..., mais encore pour les grandes firmes, grands magasins de nouveautés ouvrant rayons d'alimentation et restaurant, grande société laitière vendant l'épicerie, Maisons à succursales multiples augmentant sans cesse le nombre de leurs rayons.

On peut donc dire très justement que la période de l'intégration succède à la spécialisation qui elle-même était un progrès sur l'intégration primitive, mais cette intégration nouvelle exige une surveillance un contrôle, des capitaux beaucoup plus importants et surtout une technique appropriée pour ne pas être infériorisée par les spécialistes continuant à vivre et à lutter quelquefois victorieusement.

En d'autres termes, la fonction de répartition devient plus compliquée, exige un contrôle et une responsabilité mieux établis, et la lutte ne pouvant s'exercer utilement que si les conditions d'achat des produits à répartir sont favorables, exige forcément pour les répartiteurs une concentration dans les achats qu'ils trouvent soit dans les essais d'association pour achats en commun soit, ce qui est le cas le plus fréquent, par la constitution de grandes firmes concentrées pour les achats, la comptabilité, le contrôle et la direction, et fortement décentralisées pour la répartition proprement dite. D'où nécessité de créer de nouveaux moyens techniques, de nouveaux organismes, de contrôle et de surveillance sous la forme d'inspecteurs, chefs de vente, agents de la Direction.

Nous reconnaissons là tous les organismes que les Coopératives développées ont dû créer et qui font souvent croire aux coopérateurs anciens que la Coopération s'est transformée dans son but alors qu'elle n'a fait que modifier ses moyens pour s'adapter aux nécessités de l'évolution moderne.

Plus l'intégration est grande, plus la spécialisation de certains agents doit être poussée pour éviter les erreurs et la confusion qu'entraîne forcément l'incompétence car on ne peut pas compter sur la multiplication des génies universels.

Production

L'évolution de la production n'a pas suivi du tout le même chemin que la répartition. Le but du producteur n'est pas en soi la satisfaction de besoins du consommateur. Il ne le connaît pas souvent et ne cherche à le gagner par ses agents ou les intermédiaires que par la qualité et le prix de ses produits. Son but est de produire la meilleure qualité au meilleur prix et bien souvent il ne diminue la première qu'en fonction du second. Il lui faut donc produire en grand et à l'endroit le plus avantageux.

Le lieu de la production sera d'abord celui où se trouve la matière première et la main-d'œuvre qualifiée, mais avec le développement du machinisme la qualification de la main-d'œuvre se modifie et l'importance du facteur force intervient. La production s'établira de plus en plus là où la force motrice est près (près des mines de charbon ou des chutes d'eau) sauf dans les cas où les prix de transport du produit fini étant beaucoup plus élevé que le transport de la matière première, il faudra se rapprocher du lieu de consommation. Des migrations de production peuvent donc se produire encore selon le développement du progrès général qui rendra plus ou moins coûteux le transport de la force, de la matière première et du produit fini, la main-d'œuvre suivant naturellement le lieu de la production.

Produire à meilleur compte c'est produire en plus grande quantité possible et comme en matière de production l'investissement des capitaux est à peu près 6 fois dans l'industrie, 12 fois dans l'agriculture, plus grand que dans la répartition, que la valeur des techniciens est plus difficile à obtenir, que la spécialisation joue beaucoup plus encore dans le prix de revient, la fabrication en grande série exige une telle quantité de chaque fraction de la série que l'intégration est à peu près impossible en tout cas dans l'usine elle-même, sauf pour les sous-produits.

La tendance organisatrice de la production a donc été plutôt la concentration en vue de la spécialisation et la forme de concentration a été celle des trusts, cartels et comptoirs c'est-à-dire une entente entre les producteurs d'une même spécialité pour déterminer à la fois la quantité à produire et les prix ou la concentration par un consortium financier de la plupart des usines produisant une spécialité déterminée. Cette tendance à la maîtrise du marché d'un produit donné, exercée par un groupe de producteurs, a évidemment un avantage organique, mais il s'agit dans ce cas plutôt d'un moyen technique financier que d'un moyen technique de la production.

Ce moyen financier a pu être employé aussi pour aboutir non plus à la maîtrise du marché d'un produit donné, mais à l'intégration de tous les produits dépendant les uns des autres, et le plus bel exemple de ce système qui a d'ailleurs échoué finalement, est la constitution du consortium Stinnes en Allemagne, dont la faillite retentissante au moment de la stabilisation monétaire en Allemagne a attiré l'attention générale à l'époque.

Pour le mouvement coopératif, la question se pose donc d'avoir pour sa production des moyens techniques équivalents à ceux des firmes privées et entraîne pour lui par conséquent la concentration intensive de la production pour un produit déterminé, c'est ce qui explique d'ailleurs que sauf pour la production agricole et pour les petites productions qui ne peuvent être éloignées du lieu de répartition, les sociétés coopératives ont renoncé à la production particulière et ont remis ce soin à leur organisme de gros ou à des sociétés spéciales, de façon à assurer la production la plus grande possible d'un produit destiné aux besoins des sociétés.

La lutte contre les trusts ne peut être entreprise utilement que si l'on peut opposer force à force, c'est-à-dire si les besoins du mouvement coopératif d'un pays sont tels que la production nécessaire à ce mouvement est équivalente à la production du trust ou si les sociétés coopératives acceptent de supporter momentanément une perte en cas de lutte de prix pour conserver leur fidélité entière à leur service de production centralisée, mais encore faut-il observer que cette lutte, si elle a pu être tentée sur le terrain national dans certains pays, ne l'a pour ainsi dire jamais été encore sur le terrain international ; les moyens techniques de la Coopération internationale étant encore embryonnaires s'ils ne sont pas totalement inexistants.

En tout cas, pour le mouvement coopératif, l'avantage le plus efficace est la connaissance la plus exacte possible des besoins, qui permettra d'adapter la force de production à l'importance de ces besoins et de n'entreprendre la production d'un produit déterminé que lorsque cette production sera suffisante et que, grâce à l'emploi des moyens techniques les plus perfectionnés le prix de revient du produit sera un avantage pour le mouvement coopératif.

Crédit

L'économie privée en matière de crédit est arrivée à un stade d'évolution que le mouvement coopératif ne peut pas avoir la prétention de dépasser momentanément. Il y a donc lieu là surtout de rechercher les méthodes modernes qui permettent l'utilisation des crédits effectuée grâce à l'affluence de capitaux dans les organismes spécialisés.

Certes, à cet égard, le mouvement coopératif est handicapé au départ; le capital propre des sociétés coopératives et de leurs organisations centrales atteindra difficilement l'importance proportionnelle des capitaux investis dans une entreprise privée.

L'attrait du gros bénéfice capitaliste n'existe pas dans le régime coopératif; mais, par contre, si les sociétés coopératives et leurs organismes centraux sont prudemment gérés, si des réserves importantes sont faites chaque année, si les amortissements sont faits largement et si la distribution des trop-perçus n'est pas la recherche exclusive des administrateurs, si enfin on obtient des coopérateurs qu'ils laissent dans l'entreprise sous forme d'augmentation de capital tout ou partie des résultats qu'ils obtiennent de l'organisation coopérative, la part de capital collectif et non rétribuable de la coopération peut être assez rapidement proportionnellement beaucoup plus importante que dans les firmes privées et permettre ainsi une économie sur les frais de rémunération du capital.

Mais, malgré tout, cette attente peut être assez longue pour retarder et peut-être arrêter le mouvement coopératif dans son développement nécessaire pour soutenir la lutte contre l'économie privée d'autant plus que celle-ci n'hésite pas à adjoindre à son capital propre le fonds de roulement que lui procurent les crédits des banques. Celles-ci ont d'autant plus intérêt à faciliter les opérations des firmes privées qu'elles participent elles-mêmes ou font participer leurs clients aux résultats de l'entreprise qu'elles soutiennent et le contrôle qu'elles exercent ainsi souvent sur de multiples branches de l'activité productrice, leur permet par de multiples moyens d'aider au développement des entreprises privées.

C'est par les banques que l'intégration se poursuit autant sur le domaine national qu'international ; c'est par les banques que se constituent ou que sont soutenus les cartels ou les trusts et même lorsqu'une banque semble se spécialiser soit comme banque de dépôt, soit comme banque d'escompte, soit comme banque d'affaires, elle ne cesse pas d'être en relations d'intérêts avec les banques qui en apparence ont d'autre spécialité que la sienne.

L'organisation du crédit est à l'inverse de l'organisation de la répartition. C'est auprès du fournisseur que la Banque se place, elle cherche à décentraliser ses bureaux qui recueillent les capitaux; au contraire, la centralisation s'opère pour le remploi de ces mêmes capitaux.

La Banque se met à la portée de son client, non pas de celui qui utilise les capitaux, mais de celui qui les fournit et c'est un des paradoxes les plus curieux de voir des consommateurs organisés en coopératives apporter leurs épargnes aux banques capitalistes qui les utilisent contre leurs intérêts propres. Mais ce sont ces moyens techniques qui sont les plus sûrs puisqu'ils réussissent.

La Banque est non seulement l'endroit où l'on porte son argent; c'est aussi celui où on va chercher des conseils pour l'employer.

La Banque est indépendante, son rôle théorique est de choisir, de surveiller, de contrôler les entreprises où elle place l'argent que ses clients lui confient.

La Banque offre donc plus de confiance aux déposants que la firme ou entreprise commerciale ou industrielle pour la sécurité du placement.

Le Mouvement Coopératif doit employer et emploie cette méthode, mais là aussi il faut des moyens techniques et des techniciens et l'appel au crédit fait directement par la société coopérative de gros ou de détail peut offrir des inconvénients graves si on ne sépare pas nettement le service de Banque que l'on crée des services commerciaux existants.

Enfin là plus que partout ailleurs la concentration la plus grande est indispensable pour résister victorieusement aux crises locales de confiance, de chômage ou de production.

Toutes les organisations de crédit qui se sont créées d'abord localement ont été amenées à constituer des organismes régionaux ou nationaux. L'épargne des coopérateurs, que ce soit des consommateurs ou des producteurs industriels et agricoles, doit être utilisée prudemment et utilement pour le développement du mouvement coopératif et ne pas être laissée à la disposition de ceux qui assument la responsabilité de la sauvegarde de l'Epargne.

Conclusion

En conclusion de tout ce qui précède, on peut dire que la Coopération de Consommation a la possibilité de posséder les moyens techniques que nécessite une entreprise moderne, si la société coopérative est suffisamment développée pour pouvoir faire supporter facilement à ses frais généraux la tenue d'une comptabilité modèle susceptible de fournir aux agents de direction des éléments qui les guident dans leur action, et aux sociétaires et administrateurs, les moyens de contrôler efficacement et automatiquement la gestion; les services d'achats perfectionnés et composés d'éléments capables et spécialisés — un service d'inspection régulier qui représente la direction auprès du répartiteur, des agents chargés d'organiser la vente, la mise en valeur des produits et l'éducation du consommateur pour que ses besoins soient satisfaits le plus complètement possible, au meilleur prix possible.

Si la Société Coopérative n'a pas atteint ce développement suffisant, elle peut encore trouver ces moyens techniques en se déchargeant d'une partie de son activité sur une organisation commune des sociétés, de préférence son organisation centrale de gros, soit pour sa comptabilité, soit pour ses achats, soit pour sa publicité.

La Société Coopérative doit s'efforcer de trouver parmi ses membres le capital propre à son exploitation et ne recourir au crédit que pour des périodes passagères ou pour son fonds de roulement en utilisant de préférence les organismes créés à cet effet, et concentrés. Elle doit s'efforcer surtout d'augmenter son capital collectif, impartageable, pour pouvoir, sans réduire les avantages qu'elle offre à ses adhérents, effectuer son développement et se perfectionner techniquement.

La Production Coopérative peut trouver tous les moyens techniques dont elle a besoin, si elle est assurée de son écoulement et de la fidélité des coopératives associées et intéressées à cette production ; si, dès le début, le capital d'investissement est suffisant pour organiser techniquement l'industrie intéressée, et la production assez considérable pour supporter les frais de cette installation technique.

Là encore, des services communs peuvent être créés, soit pour l'administration, soit pour le service financier, soit pour l'écoulement des produits, soit pour la publicité. Les bénéfices de la production doivent être en grande partie réservés pour le développement ou la modification des moyens techniques en évolution constante et aucune production ne doit être entreprise sans une étude préalable sérieuse et la fidélité contractante des intéressés.

Enfin, par l'organisation du crédit coopératif, les moyens financiers doivent être fournis au mouvement coopératif dans les conditions suffisantes qui ne doivent exclure ni la prudence, ni la sécurité.

ANNEXE

Rapport sur le fonctionnement

DE LA

Caisse Fédérale des Retraites

La Caisse Fédérale a continué, pendant l'année 1926, sa laborieuse ascension.

Plus de 8.000 assurés aux retraites ouvrières y sont inscrits; 300.000 fr. ont été versés cette année et ont pu être placés à un taux intéressant.

La Caisse Fédérale a donc à gérer, maintenant, une somme de 1.315.000 fr.; elle le fait au mieux des intérêts des assurés, puisque nous allons pouvoir augmenter, à nouveau, notre taux de capitalisation et le porter de 5,30 % à 6 % pour l'année 1927.

Les retraites que nous allons fournir vont ainsi augmenter dans une forte proportion. Les coopérateurs comprendront-ils enfin qu'ils ont un véritable intérêt à prendre une carte des Retraites Ouvrières à la *Caisse Fédérale*, bien préférable à un livret de la *Caisse Nationale* ?

Nous avons pu également, cette année, consentir un prêt de 50.000 fr. à une commune de la Seine. Ce genre de prêt, tout en étant fait à un taux avantageux pour notre Caisse, atteint le but social que nous nous proposons. D'autres demandes de prêts nous ont été adressées, mais nous n'avons pu, jusqu'à présent, leur donner satisfaction.

En somme, la situation est meilleure, un peu plus chaque année. Nous devons dire, aussi, qu'un gros effort a été fait par quelques Fédérations Régionales et quelques Sociétés Coopératives, à la suite de la propagande faite par la *Fédération Nationale*.

Nous devons signaler, entr'autres, la Fédération du Nord et du Pas-de-Calais, la Fédération des Coopératives de la Région Lyonnaise, *La Solidarité Sottevillaise, l'Union des Coopérateurs du Sud de l'Aisne*.

Les adhésions nouvelles qui nous sont parvenues très nombreuses, nous font espérer de bonnes rentrées de cartes pour l'année 1927. Que l'on parle de la Caisse Fédérale, les résultats se font sentir ! Continuons donc notre propagande si nous voulons faire de la Caisse Fédérale des Coopératives une des plus importantes Caisses de Retraites et qu'elle puisse donner à ses adhérents le maximum d'avantages.

N'oublions pas, non plus, que si le projet de loi sur les assurances sociales est bien long à devenir une réalité, il chemine quand même lentement; tenons-nous prêts à fonctionner dès son vote en faisant de la *Caisse Fédérale* un outil solide.

TABLE DES MATIÈRES

TROISIEME SEANCE

QUATRIEME SEANCE

Amiens

—

IMPRIMERIE NOUVELLE
28-30
Rue des Vergeaux